D1720763

RUSSLAND

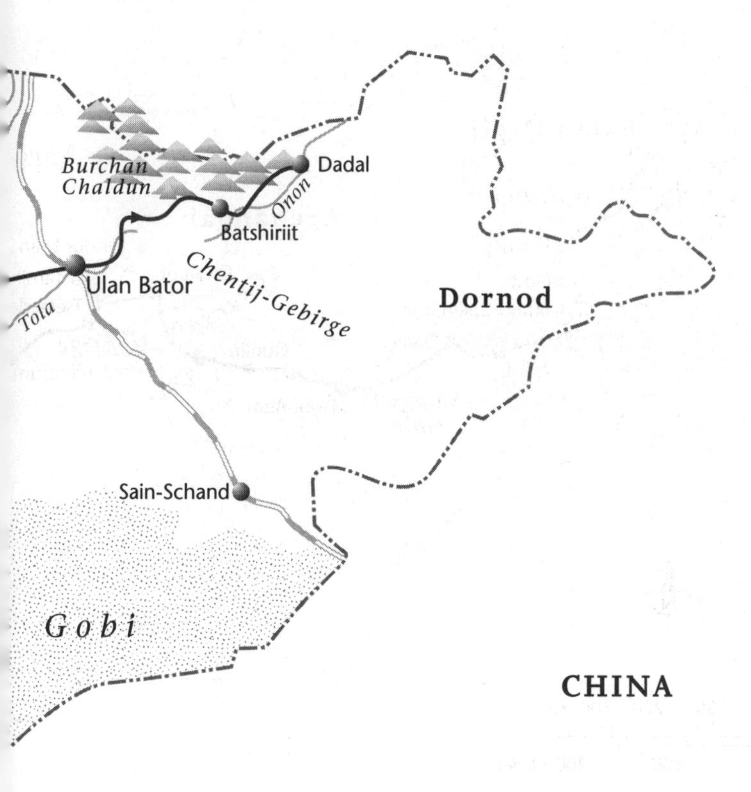
Burchan
Chaldun
Dadal
Onon
Batshiriit
Ulan Bator
Tola
Chentij-Gebirge
Dornod
Sain-Schand
Gobi
CHINA

A Cinzia con amore

VORWORT

Als kleiner Junge war ich für meine Großmutter ein »Mongole«. In der Erinnerung ruft dieses Wort den Geruch von Gras und welkem Laub wach und das Bild von Pferden im Dämmerlicht.

Meine Großmutter lebte in einem irischen Dorf, an der höchsten Stelle mit Aussicht auf die Mourne-Berge im Süden. In der langen Abenddämmerung – Großmutter nannte diese Zeitspanne »Sonnenpäuschen« – spielte ich immer auf dem erhöhten Pflasterweg neben der Friedhofsmauer unter dem Gewölbe der Lindenkronen. Es waren einsame und geheimnisvolle Abenteuer, in denen es um Pferde und flüchtige Bösewichte ging. Mein Hengst sprang über Haufen frisch gemähten Grases und welken Laubs und war mit einem Satz über der Mauer.

Wenn es dunkelte, rief mich Großmutter ins Haus; ihre Stimme schwang wie ein Lasso durch das verharrende Zwielicht. Ich widerstand dem Sog ihrer Stimme so lange wie möglich und galoppierte zwischen den Bäumen hindurch in die Düsternis. Wenn sie aufhörte zu rufen, thronte ich auf Blätterhaufen und schaute nach Süden, wo die Mourne-Berge den Horizont schulterten. Die dunklen Berge, die Grenze zur weiten Welt von County Down, faszinierten mich. Mein Vater sagte: »Jenseits der Berge liegt das Meer.«

Wenn das Lasso von Großmutters Stimme abermals durchs Dunkel peitschte, war mein Pferd schon im Begriff, sich zwischen den Gräbern in Luft aufzulösen. Ich ging ins Haus und stand dann mit aufgeschürften Knien und Blättern im Haar in der Diele. Wenn Großmutter sich über mich beugte, mich abbürstete und mir die Jacke zurechtzog, sagte sie immer dasselbe: »Wie ein Mongole.« Sie seufzte. »Wie ein richtiger kleiner Mongole.«

Niemand sonst sprach je über die mysteriösen Mongolen. Ich hatte keine Ahnung, wer sie sind. Zwar hörte ich schon eine gewisse Ermahnung aus diesem Wort heraus, doch irgendwie klang darin auch eine Art von Anerkennung. Mir gefiel das Wilde in diesem Wort und auch seine Vieldeutigkeit, und so verwegen, wie Mongolen zu sein schienen, wollte ich auch leben.

Lange bevor die Mongolei für mich zu einem geografischen Begriff wurde, gehörte das Wort zu den wichtigen Requisiten meiner Abenteuer, die ich allabendlich durchspielte, wenn die irische Abenddämmerung sich langsam herabsenkte und ich mich heftig gegen den Sog von Großmutters Rufen wehrte.

Erst fünfundzwanzig Jahre später sah ich im Iran zum ersten Mal Nomaden. Ich nahm an einer Expedition teil; wir suchten die persische Königsstraße. Der Führer unserer kleinen Gruppe, die wohlgemut einem Trugbild nachjagte, war ein charmanter Scharlatan, eine Kreuzung zwischen Rommel und dem amerikanischen Komiker W. C. Fields. Achtzehn Monate lang waren wir mit zwei Landrovern unterwegs, ratterten durch Anatolien und das Zagros-Gebirge, ausgerüstet mit einem löchrigen Zelt und einer Herodot-Ausgabe. Es war eine wunderschöne Reise: herrliche Landschaften, ein gastfreundliches Volk, und wir hatten eine Forschungsaufgabe als Alibi.

Unterhalb der Ruinen von Persepolis zogen die Kashgai-Stämme über die Marv-Dasht-Ebene nach Norden, zu ihren Sommerweiden in den Bergtälern bei Hanalishah. An Weizenfeldern entlang zogen sie vorbei wie eine Karawane im Mittelalter, eine ganze Gemeinschaft auf dem Marsch nach Norden, frischem Gras entgegen. Die Frauen trugen mehrere Röcke übereinander, deren Silber- und Goldfäden im Sonnenlicht blitzten, wenn sie abenteuerlustigen Lämmern nachjagten. Die Männer auf ihren schmächtigen, langbeinigen Pferden trabten die Karawane entlang und riefen sich gegenseitig Worte in einer Sprache zu, die sie aus Zentralasien mitgebracht hatten. Kamele, beladen mit Zeltstangen, eingerollten Teppichen und großäugigen Kindern, schwankten durch den staubigen Dunst. Am Rande des Dorfes Sivand hackte ein alter Mann in seinem mauergeschützten Garten Gemüse; er schaute auf, als die Karawane sich näherte, und sein Gesicht verfinsterte sich aus uralter Abneigung.

Ich hatte noch nie ein Volk gesehen, das so großartig auftrat. Diese Menschen besaßen keinen Quadratzentimeter Land, doch sie zogen so stolz durch die Provinz Fars zu den Gebirgspässen, als wären sie deren Herren und Besitzer. Dabei waren sie sich ihrer Haltung gar nicht bewusst, als sie unterhalb der steinernen Paläste von Persepolis dahinzogen.

Wochen später fuhren wir in die Berge rings um Ardakan, wo Alexander die letzten Verteidigungslinien der Achaimeniden durchbrochen hatte, so dass ihm der Weg nach Persepolis, seinem Siegespreis, offen stand. In diesen engen Tälern besuchten wir ein Oberhaupt der Kashgai. Es war Juni, der beste Monat, das Gras war saftig und die Herden waren fett.

»Nomadenzelte haben breite Eingänge«, bemerkte der Khan, als wir ankamen, und das bezog sich auf die Gastfreundschaft der Kashgai. Im Zelt thronten wir auf herrlichen Kelims und Polstern und blickten auf einen steinigen Hang, an dem sein Sohn gerade Ziegen zu einem grün schimmernden Flusslauf hinabtrieb. An der Rückwand waren bestickte Säcke, Truhen und Satteltaschen aufgereiht, das ganze Mobiliar eines Nomaden. Die Töchter des Khans kamen hinter ihren Webstühlen am anderen Ende des Zelts hervor, um uns Gläser mit Tee und Wasserpfeifen zu bringen.

Wir sprachen über Politik und den Druck, den die Regierung auf die Stämme ausübt, um sie zur Sesshaftigkeit zu bewegen.

»So war es immer«, sagte der Khan. »Die Stadt- und die Landbewohner sind beunruhigt, weil sie uns nicht unter ihrer Fuchtel haben. Sie halten uns für Barbaren.« Sich der Ironie bewusst, lächelte er, ein souveräner Gastgeber mit feinen Manieren, ein Mann mit einer dreihundertjährigen Ahnenreihe. »Sie wollen, dass wir uns an einem Ort niederlassen. Wir sollen unbedingt Teil des Stadtlebens werden.«

Der Wind blies die Zeltwände auf, und es knackte wie auf einem Schiff. Die Satteltaschen an den Zeltstangen schwankten.

»Einst waren die Stämme im Iran sehr mächtig. Aber das ist vorbei. Was die Zukunft für sie bereithält – ich weiß es nicht. Aber ich fürchte, dass sich das Ende unserer Lebensweise abzeichnet.« Mit einer Handbewegung wies er ins Tal, als wiche die Landschaft selbst bereits zurück. »Vor Jahrhunderten sind wir über diese Berge eingewandert. Im Gefolge von Dschingis Khan sind wir hergekommen.«

Die Kashgai sind ein Überbleibsel eines der unzähligen Nomadenvölker, die aus den großen Prärien Zentralasiens kamen. Die iranische Zivilisation befand sich in einem Zustand der Erschöpfung, und die Einfälle der

Nomaden prägten die persische Geschichte. Als die Dynastien schwankten, die Kunst dekadent wurde, als sich die Beamten als korrupt und die Aristokraten als schwach und feige erwiesen, wussten sie, dass die Barbaren im Anmarsch waren – Geißel und Rettung zugleich.

Dieses Muster – ungebärdige Reiter, die aus den Steppen heranstürmten, um ihre verstädterten Nachbarn zu plündern – wiederholte sich in ganz Asien. Es war eine verwirrende Vielzahl von Stämmen: Kimmerier, Sarmathen, Tocharer und Hiung-nu, in Europa Hunnen genannt. Bis zum 16. Jahrhundert lag das »tartarische Joch« schwer auf Russland. In Indien schuf ein barbarischer Nomade von jenseits des Oxus das große Mogulreich. In China wurde die Chinesische Mauer gebaut, in der vergeblichen Hoffnung, sich damit die Barbaren vom Leibe zu halten.

Im 13. Jahrhundert standen die Mongolen auf dem Höhepunkt ihrer Macht. Im Lauf einer einzigen Generation kamen sie unter ihrem charismatischen Führer Dschingis Khan auf ihren Pferden aus den zentralasiatischen Steppen und schufen das größte Kontinentalreich, das die Welt je gesehen hatte. Vom südchinesischen Meer bis zur Ostsee traten sie aus den Albträumen der Städter hervor und standen auf einmal auf ihrer Schwelle. Mit einem Schlag tauchten die Mongolen überall zugleich auf, drohten die Wiener Bälle zu sprengen, entführten persische Prinzessinnen, stürzten chinesische Dynastien, plünderten Tempel in Birma, legten Budapest in Asche und landeten als Invasoren in Japan. Sogar im fernen England sorgten sie für Schlagzeilen auf den Titelseiten. Matthew Paris, ein Chronist des 13. Jahrhunderts, blies den Zapfenstreich: Die Mongolen kommen, das Ende ist nah. Hysterische Gemeinden drängten sich in ihre Kirchen und flehten um Erlösung.

Ihrer Tradition nach beharren die Kashgai auf ihrer Abstammung von den Mongolen und von ihrem großen Führer Dschingis Khan, so wie Dorfälteste in abgelegenen Winkeln Pakistans darauf beharren, dass sie die Nachkommen von Alexander dem Großen sind.

»Die Mongolen waren ein Heldenvolk«, sagte der Khan. »Nomaden, die die Welt beherrschten. Und was ist aus ihnen geworden? Verschwunden sind sie, wie alle andern.«

»Sie sind in ihre Mongolei heimgekehrt«, entgegnete ich.

Der Khan sah mich fragend an. Es war ihm nie in den Sinn gekommen, dass die in eine Aura von Legenden eingehüllten Mongolen ein tatsächlich existierendes Volk mit einem richtigen Heimatland sein könnten.

»Und wo liegt diese Mongolei?«, fragte er nach einer Weile.

»Nördlich von China«, erwiderte ich.

»Waren Sie schon dort?«

»Nein.«

Die Abendluft trug uns die Pfiffe und Rufe der Hirten zu, die ihre Herden zu den Zelten trieben; sie klangen wie fernes Vogelgezwitscher von den gegenüberliegenden Hängen. Die Frauen hatten ihre Webstühle verlassen und gingen mit Eimern und Ziegenlederflaschen zum Melken.

»Was meinen Sie, wie ist die Mongolei jetzt?«, fragte der Khan.

»Da leben immer noch Nomaden«, antwortete ich. »Nicht wie hier, wo die meisten ja sesshaft sind. Die Mongolei ist eine Nation von Nomaden, die letzte in Asien.«

Der Khan grübelte über diese Neuigkeit nach.

»Ich würde gern in die Mongolei reisen«, verkündete er schließlich. »Um das Volk von Dschingis Khan zu sehen. Ihre Zelte und Herden und wie sie leben.«

Die Idee faszinierte ihn, und unsere kameradschaftliche Anteilnahme riss ihn mit. »Wir gehen zusammen!«, erklärte er. »Das wird Ihnen gut tun – einem Mann ohne Weib und ohne Schaf. Wir reisen zusammen in die Mongolei und besuchen die Söhne von Dschingis Khan.«

Erfüllt von dieser prachtvollen Vision einer mythischen Expedition genossen wir gemeinsam das Mahl: geschmortes, mit Aprikosen gewürztes Lammfleisch. Im Dämmerlicht redeten wir noch lange über Pferde. Am Morgen fuhr uns der Khan nach Schiras. Er wollte den Gebietskommissar aufsuchen, um ihm in einem Streit um Winterweiden den Standpunkt seiner Leute vorzutragen. »Ja, so sieht es heute aus«, sagte er seufzend. »Wir müssen betteln um das, was uns gehört, um das Gras, auf dem wir seit Generationen unsere Herden weiden lassen. Betteln bei einem Bürokraten der Regierung!«

Unsere Reise in die Mongolei hatte er schon vergessen.

Ich aber hatte sie nicht vergessen. Immer wieder, fünfundzwanzig Jahre lang, hatte ich diesen Gedanken an die Äußere Mongolei. Immer wieder packte mich die Sehnsucht, die Weiten Asiens zu erkunden, die letzte Domäne nomadischen Lebens. Ich sah sie vor mir, eine Reise über schwierig zu überwindende Grenzen hinweg – Grenzen zwischen der Welt der

Sesshaften und der Welt der Hirtenvölker, zwischen den Erbauern von Mauern und den Bewohnern eines »beweglichen Landes«, wie die Chinesen diese Leute nennen, die Ansiedlungen und Bindung an Städte als Verrat empfingen. Ich sehnte mich danach, in die Mongolei zu reisen und das ganze Land zu Pferd zu durchqueren – ein Ritt von tausend Meilen.

Dieser Ritt war das Hauptziel bei dieser Reise. Mongolenkinder lernen reiten, bevor sie gehen können, und in der Mongolei hatte ich die seltene Gelegenheit, eine Reise auf dem Pferderücken zurückzulegen, ohne mich wegen exzentrischen Gehabes unbehaglich zu fühlen. Für den verwegenen irischen Jungen im Licht der untergehenden Sonne ging es um die konsequente Verwirklichung eines Traums. Es war eine Reise ganz nach seinem Herzen.

Im Banne dieser Vision übersah ich geflissentlich, dass ich nur einmal in meinem Leben auf einem Pferd gesessen hatte, nämlich in Wyoming, wo mir ein verständnisvoller Farmer ein Pferd gegeben hatte, das so ruhebedürftig war, dass es mitten im Trott einzuschlummern drohte. Immerhin hatte es mir genügt, um mir zu zeigen, dass ich der geborene Reiter bin. Hie und da brachten wohlmeinende Freunde meine Reiterfahrung zur Sprache, wiesen behutsam darauf hin, dass ein Unterschied zwischen Ferien auf dem Lande und einem Tausendmeilenritt in der Mongolei bestehe. Aber ich ließ mich nicht beirren.

In der hektischen Zeit vor der Abreise beschloss ich, mir einen eigenen Sattel zu kaufen. Die Mongolen haben Sättel aus Holz, und ich ahnte, dass man sich damit schon sehr früh anfreunden musste, um sie heil zu überstehen. Ich entschied mich für einen Westernsattel mit Sattelknopf, an den man sich klammern konnte, sollte das Pferd plötzlich in ausgelassene Munterkeit verfallen. In einem prächtig ausgestatteten Reitsportladen in Herefordshire verbrachte ich einen erhebenden Nachmittag mit der Auswahl meiner Ausrüstung. Ich ließ mich von der Reitstallatmosphäre des Ladens hinreißen und kaufte eine Menge Zeug: eine verwirrende Kollektion von Stricken und Riemen, einen Halter, einen Striegel, einen großartigen Hufräumer, einen Woilach, Satteltaschen, ein Paar Sporen, eine Feldflasche, Steigbügelriemen, ein Paar lederne Cowboy-Hosen, und ein rätselhaftes Gerät, das einem Käsemesser glich und dessen Zweck ich nie herausfand. Meine Laune wurde etwas getrübt durch einen skeptischen jungen Verkäufer, der verzweifelt suchte, die Großartigkeit meiner geplanten Expedition mit meinen naiven Fragen in Einklang zu bringen.

Vor der Rückreise nach London besuchte ich die Kathedrale von Herefordshire, um mir die Mappa Mundi anzusehen. Diese Karte hängt in einem modernen Ausstellungsraum; sein gedämpftes Licht war nach dem hellen Sonnenlicht im Kreuzgang wie ein Sinnbild der dunklen Vergangenheit, in der die Konturen verschwimmen. Die Landkarte wurde im späten 13. Jahrhundert gezeichnet, als das Mongolenreich auf dem Gipfel seiner Macht stand.

Im Lauf der Jahrhunderte war ein großer Teil der obersten Farbschicht abgeblättert – die hellgrünen Meere, die blauen Flüsse; geblieben war nur der verwitterte Untergrund von der Farbe alten Leders. In dieser religiös angehauchten Atmosphäre wirkte die Karte wie ein rituelles Bild einer vorgeschichtlichen Kultur, ein Stück uralte Tierhaut, bedeckt mit Symbolen und obskuren Texten eines zauberischen Weltbilds voller Wunder.

Im 13. Jahrhundert war das geografische Wissen in Europa auf seinem tiefsten Stand. Die Mappa Mundi hat wenig mit Kartografie zu tun, sie ist eher ein Moritatenblatt mit vielen Geschichten, einem Kompendium aller Legenden und Wunder aus der Bibel, dem Werk klassischer Autoren und aus mittelalterlichen Mythen aller Erdteile. Hier fanden die über vierzig Jahre früher niedergeschriebenen Befürchtungen von Matthew Paris in den Schrecken Asiens ein undeutliches Abbild: Während sich in Europa die schützenden Städte, dargestellt durch kleine Federzeichnungen von Burgen und Türmen, drängen, ist der Rest der Welt eine Landschaft voller Fabelwesen. Eine Schreckenskammer voll fantastischer Geschichten, fixer Ideen, Hoffnungen und Ängste vor dem Finsteren, das jenseits der eigenen Grenzen droht.

In Afrika sieht man Einhörner und Männer, die auf Krokodilen reiten. In den heiteren Provinzen am oberen Nil laufen Blemyes herum, die den Kopf mitten auf der Brust tragen; dahinter Satyrn, Hermaphroditen, Troglodyten und eine wunderbare Spezies mit Unterlippen, die so weit vorspringen, dass sie als Schirme gegen die mörderische Äquatorsonne dienen können.

Wie damals üblich ist Osten oben. Asien nimmt die ganze obere Hälfte der Karte ein. Indien ist voll legendärer Vögel wie dem Wappenvogel Alerion, ferner gibt es Alligatoren, die sich an den Ufern des Hydaspes tummeln. Drachen schwärmen über die Insel Ceylon, und hundeköpfige Männer streifen durch die östlichen Karpaten.

Meine Reise in die Mongolei würde mich ans östliche Ende des Schwarzen Meeres führen, wo Jasons Goldenes Vlies aufgespannt ist wie ein zum Trocknen aufgehängtes Fell. Nördlich davon liegt Skythien, das von Barbaren bewohnte Hinterland der alten Griechen, wo sich zwei feindselig blickende Männer mit Messern drohend gegenüberstehen. Westlich davon erkennt man Grifons, die in den nomadischen Legenden jener Region lebendig sind. Angeblich verwendeten sie die Körper ihrer Feinde in unterschiedlicher Form als Pferdegeschirr; man sieht eine Menschenhaut, als Sattel über einen Hengst geworfen. Hinter dem Oxus liegt Samarkand – eine der wenigen Städte in diesem Landstrich –, das wie eine zeitgenössische Skizze für das Globe Theatre aussieht. Am anderen Ufer des Jaxartes sind die Essedener damit beschäftigt, respektvoll die Leichen ihrer Eltern aufzuessen, weil ihnen das sinnvoller erschien, als sie den Würmern zu überlassen. Auf einer eckigen, von einer türmchenbewehrten Mauer umfangenen Halbinsel wird in fehlerhaftem Küchenlatein umständlich beschrieben, dass Alexander hier die Söhne Kains gefangen setzte, einen Furcht erregenden Stamm, der einst zur Zeit des Antichrist ausbrechen wird. Nicht fern davon, auf der Insel Terraconta, leben die Nachkommen von Gog und Magog, eine »monströse Brut«, Feinde Gottes, die eines Tages in sein Reich einfallen werden.

Auf Zehenspitzen stehend versuchte ich, am äußersten Rand von Asien mein Ziel zu finden. Am obersten linken Rand der Karte, an den Ausläufern der bekannten Welt, wo die Mongolei hätte liegen sollen, war die Leinwand zwischen der Grenze Chinas und dem dunklen Meer ganz außen nachgedunkelt, und in dieser Region, die in Zwielicht zu verdämmern schien, waren auch die skizzierten Gestalten nur noch schwach zu erkennen – Männer mit Pferdehufen: das Land der Hippopoden.

Seit den alten Griechen hatten die sesshaften Völker immer die fantastische Vorstellung, dass die Reiter der Steppe ihre Meisterschaft auf dem Pferderücken nicht ihrer menschlichen Geschicklichkeit verdankten, sondern der Tatsache, dass sie selbst halbe Pferde waren. Falls diese Gerüchte von den Mongolen damals bis zu den Kartografen vorgedrungen waren, hatten diese sie vielleicht hier im Land der Hippopoden angesiedelt, die so flink, so ungebärdig und verwegen waren, dass sie tänzelten und scharrten wie Pferde.

Dort also lag mein Ziel: hinter schwachen Markierungspunkten am äußersten Rand Asiens, auf einem Atlas fantastischer Visionen.

KAPITEL EINS

~

UNSERE LIEBE FRAU VON DEN MONGOLEN

Auf dem Abendflug nach Istanbul bockte das Flugzeug in widrigen Winden. Dunkle Wolken zogen im Osten auf. Unter den ruckenden Flügeln lag Asien, schwarz und von Gewittern bedroht.

Ich kam erst nach Mitternacht in die Stadt. Istanbul war zu dieser Zeit wie tot. Ich war erstaunt, wie europäisch die steil ansteigenden Gassen aus der Zeit des Sultan Ahmed wirkten: schmale, hohe Häuser, fächerförmige Oberlichte über den Türen, gusseiserne Balkone, Fenster mit Gardinen. Ich durchquerte die leeren Gärten des alten Augustaeums, wo sich die zwei großen Rivalen Istanbuls auf beiden Seiten der Rosenbeete gegenüberstehen, die Sultan-Ahmed-Moschee und die Hagia Sophia, die Siegerin und die Besiegte. Die Moschee ist ganz Anmut und Eleganz, eine Ballerina der Architektur, wie auf Zehenspitzen schwebend. Vögel glitten in hohen Lichtstrahlen um die Minarette. Am Ende des Platzes schmollte die von alten Platanen eingefasste Hagia Sophia, die einst größte Kirche der Christenheit.

Im Gewirr der Kopfsteinpflaster-Sträßchen, die zur Seemauer von Byzanz und dem Marmarameer abfallen, fand ich das Hotel, klopfte ans Fenster und weckte den *bekçi*, der auf einer Bank in der Lobby schlief. Der hoch gewachsene Mann mit Trauermiene führte mich die Treppe hinauf in mein Zimmer, das er mir mit melodramatischer Geste zuwies. Dann zog er die Tür so vorsichtig hinter sich zu, als schlösse er den Deckel einer kostbaren Schatulle.

In der ersten Nacht fühlt man sich immer ganz fremd. Ich ging zum Fenster und schaute auf die türkischen Straßen hinunter. Im Abfall gegenüber markierte eine Katze ihr Revier. Über die Dächer hinweg sah ich Schiffe vor Anker liegen, wo sich das Marmarameer zur Bosporus-Straße verengt. Ob da wohl auch russische Schiffe darunter waren? Ich hoffte nämlich, auf einem russischen Frachter meine erste Etappe über das Schwarze Meer zur Krim zurückzulegen. Aber in Gedanken war ich immer noch im London. Ich schlief unruhig und träumte, ich würde in den vertrauten Zimmern meines Hauses meine Sachen packen. Einmal wachte ich auf, weil ich plötzlich dachte, ich müsse ja auch noch Karotten für die Pferde einpacken. Draußen hinter dem geisterhaft verdunkelten Fenster riefen die Muezzine.

Ich frühstückte auf der Dachterrasse mit Blick auf die verfallenden Mauern der Hagia Sophia. Plötzlich war mir London aus dem Sinn, und die Welt hatte eine ganz andere Perspektive. Im Zimmer breitete ich Karten aus und telefonierte mit Schiffsagenturen, um zu erfahren, welche Schiffe in der nächsten Woche nach Sewastopol fahren würden.

Der Autor und der unermüdliche Fred (Provinz Chentij)

Obgleich Istanbul seit fünfhundert Jahren eine muslimische Stadt ist, fühlen sich die Europäer immer noch als ihre Besitzer. Fast zweitausend Jahre lang war die Stadt schließlich unser Byzanz, eine griechische Stadt, und ihre Nachfolgerin Konstantinopel das neue Rom. Im archäologischen Museum stehen der herrliche Sarkophag Alexanders und ein Relief von Euripides, Prachtstücke in den mit klassischen Altertümern überladenen Räumen. Istanbul ist die einzige Stadt der Welt, die in zwei Kontinente hineinragt, aber lange Zeit war sie das Herz Europas. Als wir dann anderswo zu tun hatten, entglitt sie dem europäischen Bannkreis und wurde zu Istanbul, einer türkischen Stadt, die über ein asiatisches Reich gebot, Hauptstadt des osmanischen Sultanats und des Kalifats. Dem europäischen Besucher erscheint das moderne Istanbul vielleicht wie ein etwas aus der Art geschlagener Onkel, der nach Arabien ausgewandert und Jahre später mit Bart, Satinhose, Wasserpfeife und junger, schwarz gewandeter Frau zurückgekehrt ist.

Im Mittelalter verstärkte die Macht Konstantinopels die vorhandenen Ängste vor barbarischen Nomaden. In den Gerüchten über berittene Skythen, die auf der anderen Seite des Schwarzen Meeres durch die Don-Steppen streiften, hallten die griechischen Legenden von Kentauren wider, Kreaturen halb Pferd, halb Mensch, die ein unbezähmbares Verlangen verspürten, die Zivilisation und ihre Ordnungen zu zerstören. Aber die Stadt wurde von Nomadeneinfällen kaum berührt. Als die Türken im Frühjahr 1453 Konstantinopel besetzten, hatten sie ihre Hirtenvergangenheit längst vergessen. Sie hatten den Islam angenommen, die feinen Manieren des persischen Hofs und hatten schon vor vielen Generationen auch die Lebensweise der Städter übernommen.

Die Mongolen nahmen Konstantinopel nie ein. Dennoch besitzt die Stadt ein kurioses Relikt des Mongolenreichs, eine byzantinische Kirche aus dem 13. Jahrhundert, genannt Mouchliotissa oder Unsere liebe Frau von den Mongolen. Diese Kirche stellt ein einzigartiges Verbindungsglied zur griechischen Hauptstadt vor der türkischen Übernahme dar, da sie als einzige byzantinische Kirche nicht in eine Moschee umgewandelt wurde. Ich hatte von London aus in einem Fax an das Patriarchat um Informationen über die Mouchliotissa gebeten. Darauf erhielt ich eine äußerst höfliche Antwort vom Metropoliten von Laodicea, einer Stadt, die schon in Ruinen lag, bevor Kolumbus nach Amerika segelte. Er forderte mich auf, ihn nach meiner Ankunft in Istanbul aufzusuchen, dann werde er mir einen Besuch der Kirche ermöglichen. Sein Fax schloss mit den Segenswünschen des Patriarchen für meine Reise, und einen Augenblick lang empfand ich es als erhebenden Gedanken, dass ich in die Äußere Mongolei reisen würde, begleitet vom Segen einer Kirche, die um vieles älter und erhabener ist als die des Papstes.

Das Patriarchat der griechisch-orthodoxen Kirche, der Vatikan der Ostkirche, bleibt in Istanbul, als wäre die türkische Eroberung 1453 nur eine vorübergehende Verirrung gewesen und als lohnte es sich angesichts der vorhersehbar kurzen Dauer dieser Übernahme nicht umzuziehen. Zwar lebten noch jahrhundertelang nach der türkischen Eroberung Griechen in Istanbul und hielten dort ihre Gottesdienste ab, aber es wurden immer weniger. Als im 20. Jahrhundert das ottomanische Reich aufhörte zu bestehen und türkischer Nationalismus und islamischer Fundamentalismus immer mehr fanatische Anhänger fanden, erfolgte eine dramatische Abwanderung der Griechen. Heute gibt es in dieser Stadt mit ihren zwölf Millionen Einwohnern nur noch viertausend Griechen. Dennoch lebt der Patriarch weiter in seiner Stadt, als wäre nichts vorgefallen. Er ist zwar das Oberhaupt einer internationalen Gemeinde orthodoxer Christen, aber seine Gemeinden hier in Istanbul, seinem Amtssitz, sind im Schwinden begriffen. Diese absurde Situation verleiht dem Patriarchat etwas seltsam Unwirkliches, ähnlich wie dem letzten Kaiser von China in der Verbotenen Stadt – ein Hof, der über ein untergegangenes Reich herrscht.

Eines sonnigen Morgens winkte ich einen alten Hadji mit einer Wollkappe und einem Seidenwams herbei und ließ mich mit dem Flusstaxi zum Goldenen Horn bringen. Das Patriarchat liegt in Fener, das einst ein griechisches Viertel war. Jetzt ist es ein ärmliches Türkenviertel mit stark fundamentalistischer Ausprägung. Umringt von hohen Mauern und von Wachtposten bewacht, gleicht es einem belagerten Ort. Islamische Fundamentalisten neigen dazu, sich Feinde zu schaffen, wo gar keine sind, und das Patriarchat ist das Ziel ständiger Angriffe, als wären diese betagten Geistlichen eine Bedrohung für die religiöse Überzeugung von sechzig Millionen Muslimen. Die Wände sind mit Graffiti beschmiert, und im letzten Jahr wurde von einem Minarett in der Nähe eine Bombe in den Innenhof geworfen, die den fünfzigjährigen Pförtner und die anderthalbtausend Jahre alte Bibliothek nur um ein Haar verfehlte.

George, ein Sekretär, hieß mich willkommen und entschuldigte sich für die Verspätung des Metropoliten. Seine Diözese war bereits über fünfhundert Jahre lang muslimisch, aber der Metropolit fand sich offenbar nicht mehr zurecht. Ich machte es mir in Georges Büro bequem und wartete. George war ein hoch gewachsener, etwas korpulenter Mann, wie alle innerhalb dieser uralten Mauern in langem schwarzem Rock und dichtem Bart. Er sah aus wie ein kirchlicher Würdenträger. Überrascht hörte ich, dass er in Minnesota die High-School besucht hatte.

Der dramatische Schwund der griechischen Gemeinde in Istanbul stellte das Patriarchat vor die schwierige Aufgabe, die fehlenden Stellen auch innerhalb der eigenen Mauern neu zu besetzen. Die Appelle an die Griechen in aller Welt hatten George, einen jungen griechischstämmigen Amerikaner aus Minnesota, dazu veranlasst, in dem Jahr zwischen High-School und College hier zu arbeiten. Sein Äußeres passte perfekt ins Bild; mit seinem schmalen, länglichen Gesicht, den tief liegenden dunklen Augen und den schwarzen Brauen sah er aus wie ein veritabler Erzbischof. Er bekam einen langen Rock, ließ sich einen Vollbart stehen, und auf einmal sah er selbst aus wie ein Patriarch, viel überzeugender als der echte Patriarch – als ob er aus einem Mosaik des 11. Jahrhunderts herausgetreten wäre. Aber trotz seiner würdevollen Erscheinung von hohem religiösem Rang brach immer wieder der High-School-Student durch.

Istanbul war nicht seine Stadt. Er heuchelte zwar diplomatisch große Begeisterung für die Altertümer, für den Bosporus, für die Speisen, aber er konnte seinen amerikanischen Widerwillen gegenüber dem Chaos und der Hinfälligkeit ringsum nur mit Mühe unterdrücken. Er hatte Heimweh nach dem Mittelwesten. Ich fragte ihn, was ihm am meisten fehle. Er kaute auf seinem Bleistift herum. Ich dachte, er würde das Gefühl der Zusammengehörigkeit in der Familie und in seiner Heimatkirche nennen.

»Cheetos«, sagte er nach einer Weile.

»Cheetos?«

»Ja, ja, Sie wissen schon, diese Chips mit Käsegeschmack.«

Die Cheetos waren mehr als ein kleines Signal. Zwei Seelen kämpften in Georges Brust. Er vertraute mir an, er habe vor, orthodoxer Priester zu werden, beklagte sich aber fast im selben Atemzug darüber, wie schwierig es war, in Istanbul Mädchen kennen zu lernen. Schon verheirateten Aspiranten auf die orthodoxe Priesterschaft erlaube man großzügigerweise, mit ihren Frauen zu leben, erklärte er, aber ledige Priester seien nach der Weihe zum Zölibat verpflichtet. Von September an werde er drei Jahre lang in einem amerikanischen Seminar sein, auch nicht der ideale

Ort, um Mädchen kennen zu lernen. George sehnte sich verzweifelt nach einer Liebesbeziehung. Dafür gab es sicher auch religiöse Gründe, aber wie bei den meisten Neunzehnjährigen waren es wohl eher die Hormone.

So behutsam, wie seine patriarchalische Erscheinung es erlaubte, erkundigte er sich nach meiner Freizeitbeschäftigung und lenkte die Unterhaltung unmerklich auf gesellschaftliche Themen. Ich wusste, was er wissen wollte: Wo kann man in Istanbul jemand »aufreißen«? Aber das kirchliche Amt, der schwarze Rock, die Ikone über seinem Schreibtisch erschwerten eine offene Unterhaltung über diese Dinge.

Das Telefon läutete. Ein Schulfreund aus Amerika. Mit einem Schlag fiel die Maske des bärtigen Geistlichen von ihm ab, und er verfiel in den Jargon amerikanischer High-School-Kids.

»Hey Bobby, wie geht's?«, fragte George. »Hey Mann, ich muss mal hier raus. Ist jetzt neun Monate her. Hier werd ich noch verrückt.«

Er hörte eine Zeit lang zu und fragte dann: »Was ist mit diesem Mädchen aus der St. Pauls?«

Pause. George kaute auf seinem Bart herum. »Weißt du doch, die mit den Spaghettiträgern. Debbie. Wir haben sie bei Dairy Queen getroffen.«

Noch eine Pause, diesmal länger. Sein Gesicht verdüsterte sich. In Debbies Leben hatte sich offenbar etwas getan. Nach einer Weile zuckte er die Achseln. »Hey, was soll's«, sagte er. »Mädchen gibt's wie Sand am Meer.«

Sie plauderten noch eine Weile über Basketball und die Chicago Bulls. Dann legte George auf. In seinem schwarzen Rock schien er jetzt etwas geschrumpft.

»Hayal Kahvesi«, sagte ich. »Gleich bei der Istiklal-Straße in der Nähe des Taksim-Platzes.«

»Wie war das?« George war in Gedanken noch bei Debbies Spaghettiträgern.

»Das ist ein Café«, erklärte ich ihm. »Da gibt es Bier und Live-Musik. Guter Treffpunkt, um Leute kennen zu lernen.« Das Bild von George, der wie eine Geistererscheinung in seinem schwarzen Rock bei dem unkonventionellen Haufen in diesem In-Schuppen auftaucht, huschte mir durch den Sinn.

»Ziehen Sie was Normales an«, fügte ich hinzu.

Der Metropolit von Laodicea tauchte nie auf. Er rief über Handy an, um sich zu entschuldigen: Er sei aufgehalten worden, habe aber den Priester der Mouchliotissa gebeten, mich zu der Kirche zu führen.

Vater Alexandros erschien auch sogleich, atemlos und gekleidet wie ein Leichenbestatter. Ein gut aussehender Bursche Mitte vierzig, mit dunklem dichtem Haarschopf, langen Wimpern und dem obligatorischen Bart. Er war Apotheker gewesen, doch als der Patriarch, ein Freund der Familie, angesichts des Priestermangels auf ihn einredete, vertauschte er Aspirin und Schlaftabletten gegen Weihrauch und Weihwasser.

Alexandros hatte in Fener gewohnt, bevor die Griechen während der antigriechischen Ausschreitungen im Jahr 1955 aus dem Viertel in sicherere Gegenden von Istanbul flohen. Wir kletterten die engen Straßen seiner Kindheit hinauf, in denen griechische Villen aus dem 19. Jahrhundert dicht gedrängt zwischen Überresten von Konstantinopel standen: einer alten Stadtmauer, Trümmern eines Klostergewölbes und einer griechischen Schule, den angekohlten Außenwänden des walachischen Palasts. Am Ende einer Gasse, die so steil war, dass sie zur Treppe wurde, zeigte er auf sein altes Haus, eine abblätternde ockerfarbene Villa, in Wohneinheiten aufgeteilt und mit Wäschestücken behangen. Kinder kamen durch das Tor herausgeschwärmt und zogen uns an den Händen durch den Garten, in dem Alexandros als Kind gespielt hatte. Jetzt war er voller Abfall und öliger Pfützen. Über eine verfallene Mauer hinweg hatte man einen Blick auf das Goldene Horn.

»Clematis«, sagte Alexandros, »an dieser Mauer wuchsen früher Clematis.« Er steckte eine Hand in ein Loch zwischen den alten Ziegelsteinen. »Hier hab ich immer Murmeln versteckt«. Aber er zog nur eine Hand voll Staub hervor.

Unsere liebe Frau von den Mongolen stand in der nächsten Straße hinter hohen roten Mauern. Die große Kuppel thronte über einem sonnigen Hof mit alten Rosen, wo ein Hausmeister gerade Laub zusammenkehrte. Alexandros öffnete das hohe Westportal, und die altbekannten Kirchendüfte von Weihrauch, Kerzenwachs und gewachstem Holz wehten heraus. Das Glas der gerahmten Madonnenikone war voller Lippenstiftküsse.

Im Lauf der Jahrhunderte gingen der Kirche viele Teile verloren. Geblieben ist eine recht reizvolle Anordnung von Bögen und Gewölben, die in verwirrenden Winkeln aufeinander stoßen. Staubige Kerzenleuchter hingen an langen Ketten von den hohen Decken und wirkten wie Überbleibsel aus einem mittelalterlichen Bankettsaal. Byzantinische Ikonen bedeckten die Wände, Gesichter von Heiligen und Propheten, die aus der dunklen Patina der Porträts herausstarrten. Neben der Ikone der heiligen Barbara hing eine Krücke aus Metall, zurückgelassen von einem Lahmen, der auf wunderbare Weise geheilt worden war. An anderer Stelle hingen vor den Ikonen mächtigerer Heiliger Votivminiaturen an Fäden, in der Hoffnung auf ähnliche Wunder: viele Beine, Ohren und Füße. Aber die Gläubigen beschränkten sich nicht auf Bitten um neue Körperteile. Auch Spielzeugautos, kleine Modelle neuer Häuser und kleine Flugzeuge baumelten da, um die Gebete um materiellen Erfolg und Ferien im Ausland zu verstärken. Ein etwas schamloser Bittsteller hatte voller Hoffnung eine Seite aus einer Zeitschrift an die Ikone des heiligen Georg geheftet. Das Glanzfoto zeigte die makellose Figur einer jungen Frau im Bikini, und ich war mir nicht sicher, ob es sich um die Bitte eines Mannes handelte, der um Hilfe in seinem Liebesleben nachsuchte, oder um die Bitte einer Frau, die eine Diät machte.

Die Kirche war von Prinzessin Maria gegründet worden, einer unehelichen Tochter von Michael VIII., einem Kaiser von Byzanz, der seine Töchter wie Hilfsgüter an die Verbündeten verteilte. Das war Mitte des 13. Jahrhunderts, und die Mongolen standen bedrohlich vor seinen Grenzen. Eine Tochter hatte er schon zum Mongolenkhan der Goldenen Horde verfrachtet, dem Herrscher über die Gebiete nördlich vom Schwarzen Meer. Maria war im zarten Alter mit Hulegu verlobt worden, einem Enkel von Dschingis Khan und Gouverneur einer der vier Provinzen des Mongolenreichs, dem Jl-Khanat Persien.

Die Verlobungszeit dauerte lange, und als Maria dann zur Hochzeit in Täbris erschien, war der Bräutigam tot. Aber Hulegu hatte seine Verlobte dankenswerterweise seinem Sohn Abaqa vermacht, und so wurde Maria ordnungsgemäß mit dem Mann verheiratet, den sie als Stiefsohn betrachtet hatte. Fünfzehn Jahre lang war sie Königin der Mongolen, bis Abaqa 1281 von einem seiner Brüder ermordet wurde. Vorsichtig wich sie den Annäherungen des Mörders aus, der sie als Teil seines Erbes ansah, und kehrte nach Konstantinopel zurück, wo ihr Vater, mittlerweile knapp an Töchtern, sie prompt mit einem andern Mongolenkhan zu verheiraten suchte. Aber für Maria war das jetzt ein Ehemann zu viel. Die mongolische Art zu lieben hatte sie von den Vorteilen der Keuschheit überzeugt; sie wurde Nonne und gründete in den 80er-Jahren des 13. Jahrhunderts diese Kirche oder ließ sie möglicherweise wieder aufbauen.

Zur Zeit der türkischen Eroberungen etwa zwei Jahrhunderte später, als es hieß, alle Madonnenikonen in der ganzen Stadt weinten bittere Tränen, wurden die Kirchen von Konstantinopel in Moscheen umgewandelt. Selbst die Hagia Sophia, neun Jahrhunderte lang die schönste und ehrwürdigste Kirche der Christenheit, bekam rings um die Kuppel Minarette, die sie wie Wächter im Auge behielten. Nur Unsere liebe Frau von den Mongolen entging dieser Massenumwandlung. Warum genau, weiß kein Mensch. Vielleicht konnten die Gemeindemitglieder überzeugend darlegen, dass diese Kirche, immerhin von der Frau eines Mongolenprinzen erbaut, in Ruhe gelassen werden sollte, denn schließlich waren die Mongolen leuchtende Beispiele für ihre späten Nachfahren, die ottomanischen Türken. Wie dem auch sei, jedenfalls gewährte der türkische Eroberer Fatih dieser Kirche die unglaubliche Erlaubnis, weiterhin als Kirche zu bestehen, und der *firman*, der das bestätigt, hängt noch innen an der Westtür. Unsere liebe Frau von den Mongolen ist die einzige Kirche in der Stadt, in der nach wie vor christliche Gottesdienste abgehalten werden.

Während ich mir die Ikonen ansah, hantierte Vater Alexandros geschäftig in der Kirche herum wie ein gewissenhafter Hausmeister; er stellte Kerzenständer zurecht, leerte die Opferstöcke und staubte die Leisten der Bilderwand ab. Er war sehr stolz auf seine alte Kirche und hoch erfreut, dass sich ein Fremder dafür interessierte. Immer wieder unterbrach er seine Arbeit und zeigte mir Einzelheiten, die ich auf keinen Fall übersehen durfte. Er nahm mich am Arm und führte mich zu einem schönen Madonnenmosaik aus dem 11. Jahrhundert. »Theotokos Pammakaristos«, sagte er, wobei er sich verneigte, als wollte er uns gegenseitig vorstellen. Der Ruß der Jahrhunderte hatte die Augen der »Glückseligen Gottesmutter« in traurige Lichtflecke verwandelt. Er zeigte mir Fatihs *firman* in schwungvoller arabischer Schrift. Später führte er mich über eine kleine Treppe in die Krypta und besprengte mich mit Weihwasser aus der Quelle. Auf dem Fresko an der hinteren Wand schwebte, geisterhaft undeutlich, die Gottesmutter mit Kind. Die Beziehung der Kirche zu den Mongolen ließ Vater Alexandros kalt; für die griechische Gemeinde der Mouchliotissa zählte nur die Beziehung zu Byzanz.

Der syrische Kirchendiener brachte uns Tee in den Hof, wo wir in einem langen Sonnenstreifen auf einem Vorsprung der Südmauer saßen. Ich fragte Vater Alexandros nach der Zukunft der griechischen Gemeinde in Istanbul. »Da gibt es keine Zukunft«, sagte er kurz. »Fast dreitausend

Jahre lang waren Griechen hier, aber ich werde das Ende noch erleben. Die meisten meiner Freunde sind ausgewandert. Meine Kinder wollen auch weg, nach Athen, vielleicht aber auch nach Amerika.« Er strich über den steinernen Mauervorsprung, während er sprach. Der alte Mörtel zerbröckelte ihm unter den Fingern. »Diese Stadt ist meine Heimat, die Heimat unseres Volks, aber sie hat uns im Stich gelassen. Wenn man kein Türke ist, kann man hier nicht leben. Das ist unmöglich. Griechen haben in Konstantinopel keine Zukunft.«

Als der erste Ansturm der mongolischen Eroberer Mitte des 13. Jahrhunderts abgeflaut war, wollten die Fürsten der christlichen Welt gern wissen, was es mit diesen östlichen Erscheinungen, die beinahe ganz Europa überrannt hatten, auf sich hatte. Mehrere Gesandtschaften wurden losgeschickt, zumeist unter der Führung franziskanischer Mönche. Sie sollten über die Mongolen berichten und versuchen herauszufinden, ob es möglich wäre, sie zu bekehren. Angefangen vom Papst hegten alle europäischen Führer die etwas bizarre Hoffnung, die mongolischen Reiterhorden könnten möglicherweise als Verbündete eingespannt werden, um die Muslime aus dem Heiligen Land zu vertreiben.

Zwei dieser Mönche, Giovanni de Piano Carpini und Wilhelm von Rubruk, schrieben Berichte über ihre Reise. Wilhelm schrieb das interessantere Buch, voller verschrobener, farbiger Beobachtungen über die berittenen mongolischen Hirten, die sich plötzlich als Herrscher über den größten Teil der bekannten Welt sahen. Seine Mission fand rund zwanzig Jahre vor Marco Polos bekannterer Reise nach Cathay statt. Selbst der große englische Kommentator Marco Polos, Sir Henry Yule, musste zugeben, dass Bruder Wilhelm einen Reisebericht geschrieben hatte, »der viel anspruchsvoller war als irgendeine Kapitelfolge Marco Polos«. Aber Wilhelm teilte das Schicksal so vieler lesenswerter Autoren: Er hatte einen inkompetenten Verleger. Sein Buch erreichte niemals eine so große Leserschaft wie die Reiseberichte Marco Polos.

Wir halten Bruder Wilhelm heute für einen der frühen Entdecker, und wie die besten Entdecker hatte er keine Ahnung, wo er hinwollte, wie er dorthin kommen würde und was er machen sollte, wenn er angekommen war. Als Wilhelm im Frühling 1253 von Istanbul aus aufbrach, zog er wie Jason und die Argonauten in das Dunkel einer barbarischen Welt. Die Reise führte ihn von Istanbul durch Südrussland und das heutige Kasachstan in die ferne Hauptstadt der Mongolen, Ulan Bator, das alte Karakorum. Das war auch die Route, der ich zu folgen gedachte, und ich betrachtete ihn, über sieben Jahrhunderte hinweg, als Reisegefährten.

Wilhelm war mit einem der Handelsschiffe, die Baumwolle, Seide und Gewürze von Konstantinopel zu den Häfen an der Nordküste des Schwarzen Meeres brachte, von Istanbul abgesegelt. In Karaköy, beim Goldenen Horn gleich um die Ecke, entdeckte ich moderne Versionen von Wilhelms Schiff: russische und ukrainische Frachter, die die gleiche Strecke befuhren. Der Zusammenbruch des Kommunismus hat dem Schwarzmeerhandel neuen Aufschwung gegeben, und die Türkei wurde zum Umschlagplatz für westliche Güter, von Tomatenkonserven bis zu Johnnie Walker. Russen und Ukrainer, die jetzt so ungehindert reisen können wie Levis-Jeans und Coca-Cola, kommen nach Istanbul, um die hellen Lichter zu genießen und im großen Stil einzukaufen. Sie fahren auf Frachtern, auf den einzigen Schiffen, die ihre Gepäckmengen aufnehmen können.

Meine telefonischen Erkundigungen hatten sich als unergiebig erwiesen, und so war ich zum Kai gegangen, um eine Passage in nächster Zeit zu organisieren. Da lag ein großes Kreuzfahrtschiff mit dem Namen *Marco Polo*. Hätte Wilhelm einen aggressiveren Verleger gefunden, wäre dieser schwimmende Palast vielleicht nach ihm benannt worden. Hinter Marco Polos luxuriösem Namensträger gab es nur noch auffallend wenig Schiffsbetrieb. Da lagen ein paar europäische Frachtschiffe, die am Kai lagen wie muskelbepackte Seeleute. Dann zwei bleigrau angestrichene türkische Schiffe. Am Ende des Kais kam ich zu den russischen und ukrainischen Frachtern, von Rost und rußigen Ölflecken zusammengehaltenen Schrottkähnen.

Das letzte Schiff war die *Mikhail Lomonossow*, ein betagter Rosteimer, den offenbar nur noch die Mooringleinen über Wasser hielten. Sie machte einen schwachen, geschrumpften Eindruck, was man bei Schiffen nicht so gern hat, so als ob jemand die Luft herausgelassen hätte. Sie hatte Schlagseite. Sie hing durch. Schwarzer Rauch drang aus unguten Öffnungen, wie zum Beispiel aus Bullaugen.

Ich rief zu dem Mann im Marinekittel hinauf, der oben am Geländer der Gangway lehnte, und erfuhr, dass das Schiff am Montag, also in zwei Tagen, nach Sewastopol auslaufen würde. Er winkte mich an Bord, und vorsichtig betrat ich die Gangway, weil ich befürchtete, das Schiff könnte unter meinem Gewicht zusammenbrechen.

Dimitri stellte sich vor: Er war der Zweite Maat. Er hatte ein slawisches Gesicht, schmal, sehr bleich und knochig, angespannt wie in ständiger Angst. Ich fragte nach Kabinen, und er holte den Quartierchef, indem er etwas in ein Rohr in der Schiffswand hinter mir brüllte. Der Quartierchef führte mich nach unten, zeigte mir eine mit Zwiebelsäcken voll gepackte Kabine. Er versicherte mir, die würden alle weggeräumt, und nahm mir dann im Austausch für eine schmierige Quittung, die er auf eine Bierfilz-Rückseite schrieb, einen Hundertdollarschein ab.

Ich stutzte über diese geschwinde und beiläufige Abfertigung. Oben an Deck blieb ich noch kurz auf der Gangway beim Zweiten Maat stehen und hoffte, etwas mehr über dieses Schiff zu erfahren, in das ich einen Großteil meines Buchvorschusses gesteckt hatte. Trotz seiner verdrossenen Miene redete er offenbar gern. Er sprach das auf Schiffen übliche abgehackte Englisch.

»Quittung bekommen?«

Ich zeigte ihm meinen Bierfilz. Er nickte. Anscheinend waren Bierfilze anerkannte Währung auf der *Mikhail Lomonossow*.

»Sie können auf diesem Schiff keinem vertrauen«, sagte er, beugte sich vor und spuckte über die Reling. »Das ist meine letzte Reise. Ich kann nicht mehr. Wissen Sie, wie oft ich diese Fahrt gemacht habe? Sewastopol, Istanbul, Istanbul, Sewastopol?«

Ich sagte, ich hätte keine Ahnung.

»Vierhundertsiebenundvierzig Mal«, sagte er. »Das ist kein Leben. Das ist meine letzte Fahrt. Vierhundertsiebenundvierzig! Das reicht, denke ich. Ich werde hier noch verrückt. Wenn ich nicht von dem Schiff runterkomme, bring ich noch jemand um.«

Ich tröstete mich, so gut es ging, mit der Tatsache, dass er eine Laufbahn als Mörder offenbar nicht in Betracht zog.

Irgendwo im Schiff läutete eine Glocke zweimal, und er wandte sich zum Gehen. »Montagabend um sechs laufen wir aus. Kommen Sie nicht zu spät.«

Am folgenden Tag, einem Sonntag, besuchte ich die Frühmesse in Unserer lieben Frau von den Mongolen. Ich dachte, ein paar Gebete vor der Reise könnten nicht schaden. Als ich ankam, hatte die Messe schon begonnen, aber Vater Alexandros brach mitten in einem Sprechgesang ab, um mir persönlich einen Platz zuzuweisen. Als ich mich unbehaglich umsah, wurde mir klar, warum ich eine Sonderbehandlung erfuhr. Ich war die Gemeinde. Es war bezeichnend für den Niedergang dieser uralten Kirche in der Patriarchenstadt, dass der einzige Teilnehmer am Gottesdienst, den diese Kirche an einem schönen Frühlingssonntag aufzuweisen hatte, ein einsamer irischer Presbyterianer war.

Beim presbyterianischen Gottesdienst gibt es nicht viel zu tun, außer auf der Bank einzudösen, während der Priester erregt vor der Hölle warnt, die einen gleich nach der Pensionierung erwartet. Zwei, drei Kirchenlieder, die Kollekte, und alle gehen nach Hause. Für Presbyterianer ist sogar eine einfache anglikanische Messe eine komplizierte Angelegenheit mit einer Vielzahl verwirrender Elemente – gemeinsame Antworten, gemeinsame Gebete, ganz zu schweigen vom endlosen Stehen und Knien in unvorhersehbaren Momenten. Und nun war ich plötzlich ein entscheidender Bestandteil im geheimnisvollsten Ritual, das die christliche Kirche kennt, hier im letzten Überrest von Byzanz.

Außer mir gab es nur noch einen Messdiener mit dem Aussehen eines kleinen Neandertalers, der durch eine Tür in der Ikonostase lugte, als hätte er noch nie Gläubige in der Kirche gesehen, und einen ältlichen Kantor, eine Kadavergestalt in schwarzer Robe. Grinsend und mit einer Sense in der Hand sah er aus wie der Schnitter Tod. Er stand neben einem Chorpult und intonierte mit dünner, aber schöner Stimme einen endlosen Singsang auf Altgriechisch. In den Pausen, in denen die Gemeinde offenbar antworten sollte, blickte er unter halb gesenkten Lidern zu mir herüber. Ich schaute angespannt zu Boden oder zur Kuppel hinauf. Amen war das einzige Wort, das ich verstand, und wann immer ich es hörte, stimmte ich zum Ausgleich für all die wichtigen Passagen, die ich leider auslassen musste, herzhaft ein; außerdem war meine innige Teilnahme dadurch erkennbar, dass ich bei jeder Gelegenheit ein Kreuzzeichen machte – nicht gerade ein presbyterianisches Ritual, aber ich hatte das oft in Filmen gesehen.

Der Große Schnitter verabschiedete sich später im Hof mit einem feierlichen Begräbnisnicken, während Vater Alexandros und ich bei Nadia, dem syrischen Kirchendiener, noch einen Kaffee tranken, als wäre das bereits ein festes Ritual.

Ich ging nicht darauf ein, dass keine Gläubigen erschienen waren. Es war wie eine kleine Panne, die man höflicherweise ignoriert. Alexandros erwiderte meine Höflichkeit, indem er meine miserable Darbietung als orthodoxer Gläubiger mit Delikatesse überging.

»Wie lange wollen Sie in Istanbul bleiben?«, fragte er.

»Morgen reise ich ab.«

»Geht es zurück nach London?«

»Nein, ich fahre weiter in die Äußere Mongolei«, sagte ich, als wäre das eine übliche Tour durchs Land. Als ich die Etappen meiner Reise aufzählte – übers Schwarze Meer, dann über Land durch die Krim, Südrussland und Kasachstan –, versuchte er sein Entsetzen hinter einer höflichen klerikalen Miene zu verbergen.

Er stellte die leere Tasse auf den Mauervorsprung zwischen uns. »Was hoffen Sie denn in der Mongolei zu finden?«, fragte er. Trotz seiner Bemühung hörte ich doch den sarkastischen Unterton in seiner Stimme.

In hastigen Worten ließ ich mich über die Faszination des Nomadenlebens aus. In dem Bemühen, ihn zu überzeugen, trug ich mit meiner Begeisterung zu dick auf. Ich hätte genauso gut über die dunkle Seite des Mondes sprechen können. Alexandros war der Inbegriff eines gebildeten Metropoliten – ein Grieche, ein Stadtmensch aus dem Volk, das einst die Stadtstaaten gegründet hatte, ein Mann, dessen Vorfahren diese Stadt, eine der ältesten und großartigsten schon vor Christi Geburt, vielleicht bewohnt hatten. Unwillkürlich schauderte er bei der Vorstellung von Nomaden, die in Zelten lebten und noch nie etwas gebaut hatten. Angesichts seiner Weltklugheit und Lebenserfahrung fiel es mir schwer, mir einzureden, dass die Mongolen keine Barbaren sind, die einst den falschen Weg eingeschlagen haben, weil sie sich für Schafe entschieden haben, statt, wie die Siedler, etwas zu schaffen, was über ihr Leben hinaus Bestand hat.

»Ich habe wenig Gelegenheit zu reisen«, sagte er schließlich.

Er sah zu der alten Kirche empor. »Ich muss mich um die Mouchliotissa kümmern. Wenn wir die Kirche nicht am Leben erhalten, nehmen die Türken sie uns weg. Wenn diese Kirche verschwindet, bleibt von Konstantinopel – oder von uns – nichts mehr übrig.«

Es war der unwiderstehliche Sog der Stadt. Er war fest zwischen diesen uralten Steinen verankert.

Die große Hagia Sophia war schon recht alt, als Bruder Wilhelm eingeladen wurde, am Palmsonntag 1253 dort zu predigen. Kaiser Justinian der Große hatte sie um 530 erbauen lassen. Architektonisch gehört sie in die Tradition der römischen Basiliken, also indirekt auch zur heidnischen

Welt der griechischen Tempel. Die Großartigkeit der Hagia Sophia beruht auf dem Übergang vom erdhaften Außen zur himmelstrebenden Leichtigkeit des Inneren. Von außen wirkt die große Kirche wie ein erdschwerer Monumentalbau, dessen ursprüngliche Form nach der türkischen Eroberung durch Strebepfeiler und Minarette verunziert wurde, ehe er dann als Moschee diente. Der großartige Übergang ist in der Architektur zu sehen. Man lässt die Hand über die Außenmauern gleiten, die nach anderthalb Jahrtausenden fleckig geworden sind und unter den Fingern bröckeln, aber den ätherischen Zauber des Mittelschiffs kann man nicht ertasten. Die Luft darin ist golden und rostfarben, wie eine Ausdünstung alter Mosaiken und roten Marmors. Strahlen staubgesättigten Lichts fallen von den hohen Fenstern auf den großflächigen Boden. Die Mauern, die Säulen, die hohen Gewölbe wirken schwerelos; die große Kuppel, schrieb Procopius vor über vierzehnhundert Jahren, scheint mit einer goldenen Kette am Himmel aufgehängt zu sein. Robert Byron verglich die alte Basilika mit dem Petersdom in Rom. Die Hagia Sophia, schrieb er, ist eine Gott geweihte Kirche, St. Peter lediglich »ein Salon für seine Makler«.

Vor einer Reise in die Steppen der Nomaden kann einen diese Kirche richtig einschüchtern. Stundenlang wanderte ich in der Hagia Sophia durch die oberen Galerien unterhalb der Muschelgewölbe und blickte hinab in die große Schlucht des Mittelschiffs. Die Kirche war allmählich zu meiner Welt geworden, und ich hielt mich lange darin auf, um Abschied zu nehmen. Während das Nachmittagslicht schräg durch die Galerien fiel und die Schatten länger wurden, lauschte ich dem Crescendo der Geräusche in der großen Stadt, deren Bewohner nun nach Hause eilten. Plötzlich sah ich meine Reise in die Mongolei so, wie ein Byzantiner sie gesehen hätte: als eine Fahrt in die Leere, in eine Furcht erregende Welt. Ich begriff den Ehrgeiz und den Reichtum der Städte. Das Verlangen, der Nachwelt das Streben des menschlichen Herzens in einer dauerhaften Form zu überliefern, war in meiner Welt ein entscheidender Impuls. Ein solcher Impuls war es auch, der der Hagia Sophia in dieser erhabenen Form Gestalt gegeben hatte.

An diesem Tag Anfang Juni packten die Mongolen auf der anderen Seite Asiens jetzt wohl zusammen und zogen zu den Sommerweiden, ohne eine Spur zu hinterlassen außer den Schatten auf dem frischen Gras, auf dem ihre Zelte gestanden hatten.

KAPITEL ZWEI

~

DIE ABREISE

Die anderen Passagiere der *Mikhail Lomonossow* waren schon am Kai versammelt, eine Schlange stämmiger Gestalten in formlosen Säcken, im Begriff die Gangway hinaufzugehen.

Unten in der Kabine waren die bisherigen Bewohner, die Zwiebeln, schon evakuiert worden, hinterließen allerdings einen strengen Geruch und einen Teppich roter Häutchen. Der Quartiermeister erschien mit meinem Kabinengenossen, einem fünfzehnjährigen Bengel aus Sewastopol. Kolya hatte seine Mutter besucht, die in Istanbul arbeitete. Er war ein magerer Junge mit rebellischem Gesichtsausdruck und großem Bewegungsdrang. Seine schlaksigen Glieder zuckten dauernd in pubertärer Ungeduld.

Kolya und ich unterhielten uns in einem bizarren Gemisch aus Englisch, Türkisch und Russisch mit Hilfe zahlreicher Sprachführer und einem Vokabular aus Gesten und Mimik. Damit konnten wir uns überraschend klar verständigen. Zunächst versuchte ich, mit ihm über Kindersachen zu plaudern, über sein Alter, seine Schule, seine Mutter und Eishockey, aber er wischte dieses dumme Zeug beiseite. Was er unbedingt wissen wollte, war, ab welchem Alter man in England rauchen und Alkohol trinken durfte, was für Schusswaffen die englische Polizei benutzt und ob die Königin Delinquenten immer noch köpfen ließ. Sein Istanbul war ein wenig anders als meines. Von der Hagia Sophia hatte er nie gehört, aber er wusste, wo man sich Rolex-Imitate besorgen kann, und konnte die Preise in drei verschiedenen Währungen aufsagen. Wie jeder andere auf dem Schiff war er ein kleiner Händler und brachte Waren heim, die er in Sewastopol verkaufen wollte. Er zeigte mir die Sachen – T-Shirts, Springmesser und Pornohefte.

Er saß auf der Kojenkante, trommelte nervös auf seinen Knien herum und blies Rauchringe zum Bullauge. Kolya hatte es eilig, erwachsen zu werden und auf schnellstem Weg Zugang zur Welt der Erwachsenen zu finden, in der sich alles um harte Währung, illegale Geschäfte und Frauen drehte. Als Kabinengenosse übertraf ich all seine Hoffnungen, ich, ein Vertreter des glitzernden und dekadenten Westens, dieses seligen Landes der Rap-Stars und Playstations. Um unsere Bekanntschaft auf Dauer zu festigen, suchte er nach Wegen, um mir dienlich zu sein. Ich war ein einsamer Fremder auf einem Schiff voller Ukrainer und Russen, und er warf sich zu meinem Beschützer auf.

Seine Mutter erschien an der Kabinentür, um Abschied zu nehmen. Sie war eine hoch gewachsene blonde Venus in einem Mantel mit Pelzkragen und machte als Striptease-Tänzerin in Istanbuls Nachtclubs für ukrainische Begriffe ein Vermögen. Kolya war einen Augenblick lang zu Tränen gerührt, ein Junge eben, der sich von seiner Mutter verabschiedet. Kaum war sie wieder gegangen, legte er seine unerwünschte Sentimentalität wieder ab. Er zählte die Hand voll Dollars, die sie ihm in die Tasche gesteckt hatte. Dann stürzte er zur Tür hinaus, als müsste er noch ein anderes Schiff erwischen. Eine Viertelstunde später kam er mit einer Einkaufstasche von den Freihafenläden am Kai zurück. In der Tasche war ein Kästchen aus Hartplastik. Er machte es auf und holte eine automatische Pistole heraus.

»Hundert Dollar«, sagte er und brach das Siegel auf der Munitionsschachtel.

»Wozu brauchst du das?«, fragte ich und duckte mich, als er die Pistole durch die Kabine schwenkte.

»Um mich zu schützen«, sagte der Junge. Seine Augen glänzten.

Er hatte auch ein Schulterhalfter gekauft und bat mich, ihm beim Festschnallen über den dünnen Schultern zu helfen. Dann ließ er die Pistole in das Lederetui gleiten und zog seine Jacke an, um die Waffe zu verbergen. Dieses Kind stand nun lächelnd vor mir, bewaffnet und gefährlich, für die Heimreise gerüstet.

~

Um neun Uhr legten wir ab. In der Kabine unten spürte ich das Rucken durchs ganze Schiff und ging an Deck, wo ich sah, wie wir langsam vom Kai wegglitten. Wir schwenkten zum Einlass des Goldenen Horns, wo sich eine Autoflut über die Galata-Brücke ergoss, und fuhren dann den Bosporus hinauf, immer weiter weg von der Altstadt. Die großartigste Stadtsilhouette der Welt, bestückt mit feinen Minaretts und Kuppeln, wurde nun dunkler vor dem limonenfarbenen Himmel. Der runde Rücken der Hagia Sophia über den Baumkronen von Gülhane hatte die Farbe einer Muschelschale, zart rosa und grau in Grau getönt. Im Wellenschlag der Strömungen stießen Fähren von den Kais von Eminönü ab und setzten nach Üsküdar über, wo die Lichter an der asiatischen Küste angingen. Als wir nordwärts durch das Herz der Stadt fuhren, stapfte ich auf dem Vorderdeck über Kabel und zwischen aufgestapelten Kisten hindurch zum Bug.

Zu unserer Linken erhob sich die strenge Fassade des Dolmabahçe-Palasts, der im 19. Jahrhundert die Nachfolge des Topkapi-Palasts antrat. Die schmucklose Fassade ist ein steinerner Protest gegen die kitschige Innenausstattung, eine Mischung von Bühnenversatzstücken, deren Scheußlichkeit jeder Beschreibung spottet. Hier sahen die letzten Sultane ihr geschwächtes Imperium Anfang des letzten Jahrhunderts einem schmählichen Ende zutreiben. Ein Großteil des Palasts wurde dem Harem zuge-

Beim Aussuchen von Pferden im Namarjin-Tal

schlagen, der umso mehr Zuwachs bekam, je mehr die kaiserlichen Provinzen verfielen. Sex schien über politische Impotenz hinwegzutrösten.

Für Lotsen ist der Bosporus ein Albtraum. In den gewundenen Engen müssen die Schiffe zwischen den zwei Kontinenten dauernd die Richtung wechseln, um einander und den mächtigen Strömungen auszuweichen. Wir mussten auf der europäischen Seite so nahe an der Moschee von Ortaköy vorbeifahren, dass ich durch die Gitterfenster auf eine ordentliche Reihe aufragender Hinterteile betender Gläubiger hinabblicken konnte. Eine halbe Meile weiter hatte ich eine gute Aussicht auf das Fernsehprogramm in den modern eingerichteten Zimmern der alten renovierten ottomanischen Häuser an der asiatischen Küste. Unfälle sind hier häufig, und man erzählt sich amüsante Anekdoten über Bewohner von Ufervillen, die mitten in einer nebligen Winternacht aufwachen und über ein russisches Frachtschiff in ihrem Wohnzimmer staunen. Seit Ende der 70er-Jahre sind nicht weniger als zwölf *yalis*, ottomanische Häuser, von Schiffen zerdrückt worden, die alle unter dem Kommando betrunkener russischer Kapitäne standen.

Ein Frühlingswind war aufgekommen, der *kozkavuran firtinasi*, der »Wind von den gerösteten Walnüssen«, der von den anatolischen Hügeln hinunter zum Bosporus weht. Am asiatischen Ufer sahen wir die zweitürmige Fassade der ottomanischen Kavallerieschule, in der man den Kadetten einen Hauch der Reitkünste vermittelt, die ihre Vorväter aus Zentralasien hierher gebracht hatten. Hinter der Schule konnte ich den gezackten Umriss der Vorstadt Rumeli Hisari mit ihren zinnenbewehrten Wällen erkennen, die sich den europäischen Hügeln entgegenstellen. Auf den Hängen darunter befindet sich der älteste türkische Friedhof von Istanbul. Hier und im Friedhof von Eyüp findet man wunderbaren Lesestoff zum Thema Tod, ironisch und heiter. Ich hatte Übersetzungen davon beim Frühstück gelesen und erhielt eine großartige Lektion darüber, wie man Lebewohl sagen kann.

Auf einer Grabschrift steht: »Erbarmen für den gutherzigen Ismail Efendi, bei dessen Tod seine Freunde große Trauer empfanden. Die Krankheit der Liebe hatte ihn, den Siebzigjährigen, gepackt, und er nahm die Trense zwischen die Zähne und raste in vollem Galopp ins Paradies.«

Ein Relief auf einem anderen Grabstein zeigt uns drei Bäume, einen Mandelbaum, eine Zypresse und einen Pfirsichbaum; Pfirsiche sind das türkische Symbol für Brüste. »Diese Bäume habe ich gepflanzt, damit man mein schweres Schicksal sieht. Ich liebte eine mandeläugige, zypressenschlanke Jungfrau und sagte der Welt Lebewohl, ohne je von den Pfirsichen gekostet zu haben.« Als wir vorüberzogen, versank der Friedhof im Dunkel.

Bald entschwand die Stadt hinter uns. Die Lichterreihen an beiden Ufern verloschen, und mit der sich weitenden Meerenge trieben auch Europa und Asien auseinander. Ich stand am Bug, als wir Rumeli Feneri und Anadolu Feneri passierten, die Leuchttürme der beiden Kontinente, die die nördliche Einfahrt zum Bosporus flankieren. Sie blinken nicht im gleichen Takt.

Im Altertum bildete das Schwarze Meer eine Grenze. Als die Ionier die windgepeitschten Fluten auf der Suche nach Fisch und Weizen durchquerten, trafen sie an der gegenüberliegenden Küste auf ein Volk, das ihrer eigenen Mythologie hätte entstammen können. Die Skythen bestanden aus verschiedenartigen Nomadenstämmen, die alle eine Leidenschaft für Gold und Pferde hatten. Für die Griechen waren sie Barbaren, eine Quelle ihrer Ängste und Vorurteile.

Herodot hat uns spannende Berichte hinterlassen. Sie haben auffallende Ähnlichkeit mit Bruder Wilhelms Bericht über die Mongolen zweitausend Jahre später, ein weiterer Hinweis, so es dessen noch bedurfte, auf die gleich bleibende Lebensweise nomadischer Gesellschaften und die Ängste, die sie bei sesshaften Bevölkerungen auslösten. Sie waren eben ein Volk ohne Städte und ohne Ernten, wie uns Herodot entnervt mitteilt. Sie lebten von den Erzeugnissen ihrer Viehherden, ihrer Schafe und Pferde, und zogen mit den Jahreszeiten zu neuen Weiden. Sie schlachteten ihre Schafe, ohne Blut zu vergießen, tranken gegorene Stutenmilch und rauchten Hanf, wobei sie vor Wonne brüllten. Es waren Schamanen, die die Elemente und die Gräber ihrer Ahnen verehrten. Im Kampf bildeten sie Abteilungen berittener Bogenschützen. Ihre Reitkünste waren unübertroffen, und als Trophäen sammelten sie die Schädel ihrer Feinde, die sie als Trinkgefäße benutzten.

Das Schiff hob sich auf den Wogen, der Bug schob sich nach oben in dunkle Leere. Jetzt wehte ein neuer Wind, der Meltemi, ein Nordostwind, der über 500 Meilen Meer hinweg aus der pontischen Steppe kam. In Istanbul heißt es, der Meltemi säubere die Luft, verjage üble Gerüche und böse Gedanken.

Die Stadtbewohner hatten immer gemischte Gefühle gegenüber den unbewohnten Steppenlandschaften. Einerseits betrachteten sie sie als arkadische Gefilde, andererseits herrschte dort Chaos. Die Sesshaften fühlten sich hin und her gerissen bei der Beurteilung der Nomaden: Waren sie nun barbarische Ungeheuer, die Ordnung und Zivilisation bedrohten, oder unschuldige Wilde, die elementare Tugenden besaßen, die den Sesshaften verloren gegangen waren? »Nomaden sind der Schöpfung Gottes näher«, schrieb der arabische Historiker und Philosoph Ibn Khaldun im 14. Jahrhundert, »und sie sind unempfänglich für die tadelnswerten Sitten, welche die Herzen der Ansässigen verdorben haben.« Er glaubte, sie allein könnten dem Kreislauf der Dekadenz entgehen, welche die ganze Zivilisation zugrunde richtet. Nur regelmäßige Böen ihrer reinigenden Winde würden es der Zivilisation ermöglichen, ihre Tugenden beizubehalten.

Kolya kam, um mich von meinem Posten am Bug abzuholen. Er bedeutete mir, ihm zu folgen, als hätte er mir etwas Dringendes zu zeigen. Unten in unserer Kabine holte er eine Flasche Champagner und vier Plastikbecher hervor. Dann verschwand er und kam kurz darauf mit zwei Frauen zurück.

Anna und Olga hatten die Kabine nebenan. Sie waren drastische Beispiele dafür, dass es bei slawischen Frauen offenbar kein Mittelding zwischen anmutiger Schlankheit und grober Plumpheit gibt. Anna machte in engen Jeans und einer kurzen ärmellosen Bluse eine bemerkenswerte Figur. Olga, mit Wollweste und schweren Schuhen, wäre in einer Gruppe von Dockarbeitern nicht weiter aufgefallen. Kolya, der weiblicher Schönheit bereits verfallen war, hatte Olga nur wegen der korrekten Verteilung der Geschlechter eingeladen.

Er war ein energischer Gastgeber, ein Fünfzehnjähriger, der Cocktail-Party spielt. Er goss Champagner ein, holte amerikanische Zigaretten und eine Tüte Pistazien hervor und plauderte mit allen – der Mittelpunkt der Party. Ich fühlte mich wie eine Debütantin, die sich unerwartet in der feinen Schiffsgesellschaft bewegt. Als die Frauen Kolya nach mir fragten, erklärte er ihnen, dass ich die Tataren besuchen wolle und ein guter Freund eines Priesters namens Wilhelm sei, der sie schon besucht habe.

Olga war stumm und verdrießlich, und Anna übernahm das Reden. Sie hatte drei Wochen in Istanbul verbracht und reiste nun heim nach Sewastopol. Der Zweck ihres Besuchs blieb unklar. Sie tat so, als sei es ein

Urlaub gewesen, aber ihre Kabine war, wie alle Kabinen auf dem Schiff, so voll gepackt mit Leinensäcken und verschnürten Pappkartons, dass die Tür kaum aufging. Der Zusammenbruch des Kommunismus hatte alle Menschen zu Handelsvertretern gemacht. Aber ich hatte Anna in Verdacht, dass sie mit mehr handelte als mit Sardinenbüchsen. Auf den Schwarzmeerpassagen wurden ganze Ladungen junger Frauen in die Rotlichtbezirke von Istanbul befördert. Viele arbeiteten nur Teilzeit und machten die Reise drei- oder viermal im Jahr, um die Haushaltskasse etwas aufzubessern.

Wir tranken den Champagner aus, und als die Flasche leer war, holte Kolya eine neue hervor, die ich vergeblich zu bezahlen suchte. Der Junge war unser Gastgeber, großzügig und überschwänglich. Er brachte Trinksprüche aus und erzählte schlüpfrige Witze, die die Frauen zum Lachen brachten. Seine Jacke ließ er zugeknöpft, um das Schießeisen zu verbergen. Olga stapfte alsbald davon, um ein paar Kisten umzustellen, und Anna badete nun allein in unserer Bewunderung. Jetzt war sie zum Flirten aufgelegt. Mit dem Jungen verband sie schon eine Art mütterlicher Vertrautheit, die ihr Spaß machte. Mal drückte sie ihn an sich, mal gab sie ihm in gespieltem Tadel einen Klaps, und nun dehnte sie ihre Aufmerksamkeit auf mich aus, kniff mich in die Schulter und stützte ihre Ellbogen auf mein Knie.

Kolya führte seine Kollektion von T-Shirts mit amerikanischen Sprüchen vor. Eines verkündete: »California is a State of Mind«. Auf einem andern stand: »Better Dead than in Philadelphia«. Als er Anna eines schenkte, sprang sie auf, um es anzuprobieren. Sie stand in der engen Kabine mit dem Rücken zu uns und zog ihre Bluse aus. Der Junge beäugte ihren nackten Rücken und die Brüste, die üppig hervortraten, als sie sich bückte, um das T-Shirt aufzuheben. Mit glühenden Augen warf er mir einen fragenden Blick zu. Sie drehte sich um, um das Geschenk zurechtzuziehen. Es war eine Spur zu klein. Die Brustwarzen drückten sich unter der Aufschrift »Flying Fuck: the Mile High Club« durch das dünne Gewebe ab.

Als wir die zweite Flasche geleert hatten, führte uns Kolya zum Nachtclub. Ich hätte nie gedacht, dass es auf der *Lomonossow* einen Nachtclub gibt, aber Kolya war offensichtlich ein alter Hase auf den Schwarzmeerpassagen. Wir stiegen eine schmale Treppe hinab in ein fensterloses Verlies in den Eingeweiden des Schiffes. Farbige Lichter in scheußlichen

Rot- und Blautönen schienen trübe auf die schäbigen Plüschsofas und Plastiktische rund um die kleine Tanzfläche. Der Raum roch nach abgestandenem Bier und Bilgenwasser. Disco-Pop tönte blechern aus den Lautsprechern. Kolya bestellte und zahlte eine Runde Drinks mit Schirmchen in den Gläsern. Ich hatte es aufgegeben, ihn zu bremsen.

Anna goss die Cocktails hinunter und war nun in der richtigen Party-Laune. Ein als Rasputin angekündigter hoch gewachsener Russe mit einem Synthesizer, der jedes nur denkbare Bar-Instrument imitierte, hatte die kleine Bühne eingenommen. Anna bestand darauf, mit mir zu tanzen, und zog mich am Arm auf die leere Tanzfläche. Sie kannte zwei Schritte, die beide nichts mit der Musik zu tun hatten. Der erste war leicht unzüchtig: Sie rieb ihre Hüften provokant an mir und schob ein Bein zwischen meine Beine. Der andere war eine Kreuzung zwischen dem, was die Tänzerinnen im Moulin Rouge machen, und einer Kung-Fu-Übung mit einer Folge hoch schnellender Tritte und aufregender Drehungen. Eine nervtötende Angelegenheit. Der Übergang von gespieltem Sex zur Kriegskunst ging so rauschartig geschwind vor sich, dass ich dauernd in Gefahr war, zwischen romantischen Umklammerungen einen Tritt gegen den Kopf zu bekommen.

~

Den ganzen nächsten Tag auf hoher See folgte mir Kolya, mit ausgebeultem Jackett, auf Schritt und Tritt wie ein Bonsai-Leibwächter. In der Kabine unten verbrachte er die meiste Zeit damit, die Pistole zu laden und zu entladen. Ich tat mein Bestes, um mich aus der Schusslinie zu halten.

Im Speisesaal aßen Kolya, Anna und ich zusammen an einem Ecktisch. Die Mahlzeiten auf der *Mikhail Lomonossow* waren recht unerfreulich. Das Frühstück bestand aus einer uralten Wurst und süßem Gebäck. Mittag- und Abendessen waren austauschbar: Borschtsch, graues Fleisch, Kartoffeln, hart gekochte Eier. Die Passagiere aßen stumm – breite, aufgeschwemmte Gestalten, die in einem Raum, in dem das einzige Geräusch peinliches Besteckklirren war, mit ernster Miene das Essen in sich hineinschaufelten.

Beim Frühstück saßen wir zusammen wie eine gereizte Familie und stritten uns über die Teetassen hinweg. Wir trieben in eine sonderbare Beziehung, in der mir die Rolle des zerstreuten und griesgrämigen Vaters zugeteilt wurde. Dass ich nicht auf Annas Annäherungen eingegangen war, nahmen mir beide übel. Sie benahm sich, als wäre ich ein schlapper Ehekrüppel, der sie gedemütigt hatte. In übler Laune lehnte sie die Vermittlungsversuche des Jungen ab und schalt ihn wegen seiner Tischmanieren, seines Fluchens, seines heraushängenden Hemdes und seiner mangelnden Aufmerksamkeit für sie. Dann tadelte sie mich, weil ich ihn nicht genügend in Zucht hielt. Ich zog mich einsilbig hinter Zeitungen zurück. Kaum zu glauben, dass wir uns erst vor zwölf Stunden getroffen hatten. Wir rieben uns wund an den Beschränkungen unserer Rollen, als hätten wir sie schon ein Leben lang innegehabt.

Kolya hatte zwar eine gewisse Loyalität zu mir als Kabinengenosse und Ausländer entwickelt, aber trotzdem war ich eine Enttäuschung für ihn. Ich wusste nichts über die Rap-Stars, mir fehlten all die tollen Dinge, die für ihn Sinnbilder des Westens waren, und ich nahm eine entschieden negative Haltung gegenüber seinem Hauptvergnügen ein: dem Hantieren mit der Pistole. Mit Anna hatte er eine stürmische und mehrdeutige Beziehung, wobei er abwechselnd an ihrem mütterlichen Zügel zerrte und die Ausbrüche ihrer Zuneigung genoss. Die Zankerei schien eine Art perverses Band zwischen ihnen zu festigen. Wenn sie ihren Streit beilegten, kaufte ihr Kolya Flaschen georgischen Champagners und falsche Rolex-Uhren, schmiegte sich dann zwischen all den Säcken in ihrer Kabine in ihren Schoß, ein unsicheres Zwischending zwischen kindlichem Kuscheln und der Umarmung eines Liebhabers.

Dass ich nicht mit Anna geschlafen hatte, empfand er als persönlichen Affront. Waren wir allein, versuchte er mich zu überreden, ich solle sie endlich ins Bett nehmen. Seine Appelle beruhten teils auf gekränkter Unschuld, teils auf schmuddeligem Wissen, das weit über seine Jahre hinausging. Gerade noch war er das jammernde Kind geschiedener Eltern, und im nächsten Moment ein minderjähriger Zuhälter, der versuchte, das Geschäft anzukurbeln.

~

Obwohl Kolya meine kameradschaftlichen Beziehungen zur Mannschaft missbilligte, hatte ich eine Einladung von Dimitri, dem Zweiten Maat, angenommen. Er bewohnte eine kleine Kabine an Backbord, und dort hatte er für den Nachmittagstee gedeckt: Fleischscheiben in Aspik, gesalzene Heringe, hart gekochte Eier, Schwarzbrot und Wodka. Trotz seiner langen Dienstzeit auf der *Lomonossow* wirkte die Kabine völlig unpersönlich. Auf dem Bett lag eine Reisetasche, zwei Nylonhemden hingen auf Bügeln, und eine Offiziersjacke hing an der Innenseite der Tür. Er hätte genauso gut ein Passagier mit ungewöhnlich leichtem Gepäck sein können. Seit unserem ersten Abend, als das Schiff noch am Kai lag, hatte sich seine Laune nicht gebessert.

»In der Ukraine, in Russland, hat die Schifffahrt keine Zukunft«, sagte er kopfschüttelnd. »Da gibt's keine Möglichkeiten. Als ich anfangs zur See fuhr, war die Sowjetunion eine große Seemacht. Die russischen Schiffe fuhren über alle Meere. Nicht zu fassen, was mit uns passiert ist. Sie werden's ja in Sewastopol sehen. Die große Schwarzmeerflotte. Die Kais und Docks sehen aus wie Schrottplätze.«

Er schenkte Wodka ein und schlug die Zähne in ein Ei.

»Wissen Sie, was das für ein Schiff war?«, fragte er.

Ich schüttelte den Kopf. Die Eier waren wie Gummi, sie machten das Sprechen schwierig.

»Es war ein Forschungsschiff«, sagte er so herausfordernd, als wollte ich ihm widersprechen. »Siebzehn Jahre lang bin ich auf diesem Schiff gewesen. Vor 1990 fuhren wir durch die ganze Welt, den Indischen Ozean, Südamerika, Afrika. Wir hatten Wissenschaftler an Bord. Intelligente Leute, interessante Leute, mit wichtigen Forschungsaufgaben. Professoren aus Leningrad, Moskau, Kiew. Sie können sich die Unterhaltungen im Speisesaal nicht vorstellen. Über Philosophie, Genetik, Hydrographie, Meteorologie. Man ging nie raus, ohne was gelernt zu haben. Und nett waren die Leute auch.« Bei der Erinnerung an die netten Professoren wurde seine Stimme ganz weich. »Sehr nette Leute. Höflich. Leute mit Manieren.«

Er stopfte sich einen Hering zwischen die kleinen Zähne. Es hatte sich wie eine schwere Schuldzuweisung angehört, so als nähme ich den Platz ein, der eigentlich einem weisen Professor mit einem interessanten Gesprächsthema und guten Tischmanieren zugedacht war.

»Sehen Sie sich doch an, was aus uns geworden ist! Wir transportieren Gemüse und solches Zeug über das Schwarze Meer, hin und zurück, wie ein Frachter auf Trampfahrt. Nicht zu fassen.«

Ich fragte nicht, wie es dazu gekommen war. Er würde es mir sowieso erzählen.

»Geld«, rief er aufbrausend. »Das Land ist bankrott. O ja, wir wollten schon alle die Freiheit. Wir wollten alle das Ende des Kommunismus. Aber kein Mensch hat uns gesagt, dass das Land deswegen Bankrott geht. Für Forschung ist kein Geld mehr da. Es ist überhaupt kein Geld mehr da. Für gar nichts. So weit haben wir's gebracht.«

Sein Zorn legte sich lange genug, dass er die Gläser wieder füllen konnte. »Seit fünf Monaten habe ich kein Geld mehr bekommen«, sagte er ruhig.

Ich fragte ihn, wie er damit zurechtkomme.

»Ich habe einen Kiosk in Sewastopol.« Er sprach leiser. Murmelte. Als ob er sich wegen dieses Abstiegs ins Geschäftsleben schämte, als wäre es seiner nicht würdig. Er war schließlich Schiffsoffizier. »Wir verkaufen Whisky und Wodka, Süßigkeiten und Tabak. Ich bring das Zeug aus der Türkei mit. Sonst würden wir verhungern.«

In der Ukraine wie auch in den anderen Teilen der alten Sowjetunion gibt es nur noch eine Frage: Wie kann ich den nächsten Tag überleben? Vom Erziehungswesen bis zur Atomindustrie sind alle großen öffentlichen Einrichtungen wohl oder übel damit beschäftigt, hastig nach Verkäuflichem zu suchen und wie Ruheständler alte Sachen vom Dachboden an den Straßenecken Moskaus zu verhökern. Dimitri hatte jede Hoffnung auf Beförderung in der Handelsflotte aufgegeben. Die letzten zwölf seiner siebzehn Dienstjahre war er Zweiter Maat auf der *Lomonossow* gewesen, und der Erste Maat machte keine Miene, aufzuhören oder zu sterben.

Wirtschaftlicher Druck und die Langeweile der endlosen Passagen hatten aus der *Mikhail Lomonossow* ein Schiff von Unzufriedenen gemacht, die sich mit Eifersüchteleien und Intrigen aufrieben. Die Offiziere hassten einander. Dimitri hasste den Frachtmeister, der Frachtmeister hasste den Ersten Ingenieur, der Ingenieur hasste den Ersten Maat, der ihn seinerseits ebenfalls hasste. Und alle hassten den Kapitän, dem seine Position den Zugang zur lukrativen Welt der Korruption ermöglichte.

Dimitri häufte noch mehr Würste auf meinen Teller. Sein Zorn war verraucht, und er hatte offenbar ein schlechtes Gewissen, weil er mich in diese Misshelligkeiten hineingezogen hatte, die ja doch eher eine Familienangelegenheit waren. Es schickte sich keineswegs, sie vor Ausländern auszubreiten.

»Wissen Sie, wer Mikhail Lomonossow war?«, fragte er.

Ich gestand mein Unwissen ein. Ich hatte sein Bild im Speisesaal hängen sehen, eine Gestalt aus dem 18. Jahrhundert mit gepuderter Perücke und Rüschenhemd.

»Sie sind kein Russe. Woher sollten Sie's wissen? Aber die Passagiere! Keiner von denen weiß, wer Lomonossow war!« Er regte sich unwillkürlich wieder auf und durchschnitt die Luft mit der Handkante. »Ein großer Russe war das, ein Gelehrter, ein Schriftsteller. Er hat die Universität von Moskau gegründet. Hat das erste Laboratorium in Russland eingerichtet. Und er war auch ein Dichter, ein großer Dichter! Er veröffentlichte linguistische, naturwissenschaftliche und historische Bücher. Die Wissenschaftler damals auf dem Schiff kannten alle sein Werk. Sie diskutierten darüber. Aber diese Leute hier, diese Krämerseelen, die wissen nichts. Die kennen nicht mal ihre eigene Geschichte. Die können Ihnen den Preis von jeder Wodkasorte sagen, aber von Mikhail Lomonossow haben sie keine Ahnung. Um so etwas kümmert sich niemand mehr. Niemand kümmert sich mehr um Wissenschaft, um Lyrik. Nur über Geld wissen sie Bescheid, und über die Preise in Istanbul.«

Am Abend ging ich auf die Brücke, um ihn auf seiner Wache zu besuchen. Er war allein. Die stille Abgeschiedenheit inmitten der Instrumente seines Berufs – Karten, Radarschirme, Kompasse – hatte seine Laune aufgehellt. Auf dem Kartentisch war das Schwarze Meer durch Längen- und Breitengrade sauber in Parzellen unterteilt. Nahe am unteren Rand machte Istanbul eine Grätsche über den Bosporus. Am oberen Rand sah man die Krim, wo Sewastopol sorgfältig in einer Ecke an der Südwestküste eingebettet lag. Eine dicke verschmierte Bleistiftlinie verband die beiden Punkte. Unzählige Male überzeichnet, markierten sie die eine unveränderliche Linie, auf die sich sein Leben reduziert hatte: 43°NE.

~

Unten im Nachtclub sang Rasputin »*My Way*«. Auf Russisch. Anna hatte mich verzweifelt aufgegeben und übertrug ihre Bemühungen nun, etwas theatralisch, auf den Sänger. Sie kreiselte einladend vor der winzigen Bühne. Die purpurfarbenen Scheinwerfer taten Rasputin keinen Gefallen. Seine Augen und Wangen waren bösartig wirkende Löcher der Finsternis.

Kolya saß allein an einem Ecktisch und streichelte ein Glas mit einem doppelten Brandy.

»Anna scheint sich prächtig zu amüsieren«, sagte ich und setzte mich.

Er sah mich wortlos an und wandte den Blick wieder zur Tanzfläche und zu Rasputin im purpurnen Strahlendunst.

»Also Sinatra ist er nicht ganz«, meinte ich.

»Der ist doch Scheiße«, sagte Kolya.

Der Junge wirkte geschrumpft auf seinem Hocker und sank immer tiefer in sich zusammen. Er kochte vor unterdrücktem Zorn. Er hatte das Gefühl, dass Rasputin ihm Annas Zuneigung streitig machte und dass die launenhaften Gezeiten der Erwachsenenwelt gewechselt hatten, ohne auf ihn Rücksicht zu nehmen. Finster starrte er den Sänger vom Ecktisch aus an wie ein jugendlicher Gangster.

Ich zog mich zurück. Als Kolya später in die Kabine kam, war er mürrisch und verschlossen. In bedrücktem Schweigen spielten wir Karten.

Eine halbe Stunde später kam Anna mit Rasputin herein und führte uns den ganzen verkrampften Frohsinn des Nachtclubs vor. Sie wollte mir und Kolya unbedingt ihre Neuerwerbung zeigen – ihre kleine billige Rache.

Sie setzten sich auf die gegenüberliegende Koje. Anna streichelte seinen Schenkel. Sie plauderten miteinander auf Ukrainisch. Der Junge beobachtete sie kalt. Rasputin versuchte, ihn mit neckenden Worten aus der Reserve zu locken. Der Nachtclub hatte geschlossen, und die beiden wollten nun Kolyas bekannte Großzügigkeit ausnutzen. Anna hatte den Arm in eine seiner Taschen getaucht, eine Wodkaflasche herausgeholt und regte an, sie gemeinsam zu trinken. Rasputin hob sie hoch und ging daran, den Verschluss aufzuschrauben. Dabei blickte er Kolya schelmisch an, um eine Reaktion herauszufordern. Er lachte mit aufgerissenem Mund und stieß ein bellendes Gelächter zwischen den langen gelben Zähnen hervor. Aber plötzlich schloss er den Mund, und sein Gesichtsausdruck änderte sich. Anna und er erstarrten schlagartig.

Ich schaute mich nach Kolya um. Der Junge hatte die Pistole auf den Sänger gerichtet. Er verfluchte ihn, mit gedämpfter Stimme, als spräche er zu sich selbst.

»Leg die Pistole hin, Kolya«, sagte ich.

Er reagierte nicht. Lange Minuten vergingen, in denen wir stumm und starr da standen. Die Pistole lähmte uns.

»Leg sie hin, Kolya.« Ich zwang mich aufzustehen. Kolyas Blick flackerte kurz zu mir, ging aber sofort wieder zu Rasputin. Er war rot im Gesicht. Ich merkte, wie mein Herz schlug, meine Knie waren wie Watte. Ich trat zwischen die beiden.

»Verschwinden Sie!«, sagte ich zu Rasputin.

Der Sänger wollte wohl noch protestieren, aber Anna hieß ihn schweigen. Sie stand auf und zog ihn am Arm. Ich schob beide aus der Tür, die ich hinter ihnen schloss.

Kolya hatte die Waffe gesenkt. Mit dem Mittelfinger kratzte er geistesabwesend auf dem Lauf herum wie ein Kind. Er spitzte die Lippen und setzte ein unbeteiligtes Gesicht auf, als ginge ihn der Schrecken, der noch greifbar in der Luft hing, nichts an.

»Du bist ein Idiot«, sagte ich zu ihm. Ich wollte ihn anbrüllen, meine Anspannung brauchte ein Ventil. Er setzte sich, kaute auf der Lippe herum und starrte zu Boden. Er warf die Pistole auf seine Koje.

»Du musst dieses Ding loswerden«, sagte ich. Er schwieg. »Der Sänger wird dem ukrainischen Zoll von der Pistole erzählen. Sie werden dich durchsuchen. Vielleicht verrät er's sogar in diesem Augenblick dem Kapitän. Du musst das Ding loswerden. Und zwar sofort!«

Er starrte auf den Boden. Dann, mit der mürrischen Miene eines Kindes, dem man aufgetragen hat, sein Zimmer aufzuräumen, nahm er die Pistole, öffnete das Bullauge und warf sie ins Meer. Er legte sich in die Koje und schluchzte in sein Kissen.

~

Sewastopol, an der Südküste der alten Sowjetunion gelegen, war ein Fenster in etwas freizügigere Welten. Auf dieser Halbinsel wehte gewissermaßen ein mediterraner Wind, von Süden kam der Geruch von Tang, und in der Luft lag eine Verheißung von Fluchtmöglichkeiten und eine vom Meer getragene Helligkeit, die sich auf den rötlichen Steinfassaden widerspiegelte. Aufgebaut von Schwarzmeer-Händlern, die Neapel gesehen hatten, hat die Krim Anflüge grandioser Architektur und das südliche Verlangen nach Farbe. Seitenstraßen mit Blumenkästen und hochmütigen Katzen. Steinerne Treppen verbanden breite Straßen voller Platanen und Oberleitungsbusse. Kletterpflanzen hingen lose von den Maulbeerbäumen in ummauerten Gärten. In der Mittagssonne breiteten sich Cafés in den Straßen aus, und lebhafte Menschen gesellten sich frohgemut zueinander.

Es war sehr verständlich, dass die Krim den Neid der restlichen Sowjetunion erweckte. Abgespannte Moskauer pflegten nach Sewastopol und Odessa zu kommen, nur um sich das Gemüse anzusehen. In jenen Tagen machte das Politbüro Ferien am Schwarzen Meer. In diesem lebensfrohen Klima war man schnell davon überzeugt, dass alles glatt lief. Ein übers andere Jahr ließen die ersten Familien des Ostens ihre Mäntel ünd Sorgen zu Hause, ergatterten ein erholsames Plätzchen in der Nähe von Jalta direkt an der Küste – die Breschnews, Honeckers, Schiwkows, Ceauşescus und die Tsendbals –, um Wachstumsraten und Enkel miteinander zu vergleichen.

Tsendbal war außerhalb des eigenen Landes so gut wie unbekannt, aber damit, dass er sich so lange hielt, stellte er alle andern in den Schatten. Vierundvierzig Jahre lang regierte diese finstere Persönlichkeit die Volksrepublik der Mongolei, erst als Generalsekretär und später als Präsident. Die Mongolei war der zweite kommunistische Staat überhaupt und Russlands ältester Verbündeter. Um Tsendbal unter Kontrolle zu behalten, verheiratete ihn das KGB mit einer Agentin, der bäurischen Filatova, einer Russin aus dem sowjetischen Teil Zentralasiens. Die Krim war eine ihrer Leidenschaften, und die Tsendbals fuhren wenigstens zweimal im Jahr ans Schwarze Meer. Sofern im Unterbewusstsein der Krimbewohner noch tief verwurzelte Erinnerungen an die Mongolenhorden herumgeisterten, brachte Tsendbal sie sicher in Verwirrung. Dieser Erbe Dschingis Khans war ein kleiner, unscheinbarer Mensch, der Inbegriff eines gesichtslosen Bürokraten, der folgsam auf seine dominante Frau und die Herren im Kreml hörte.

Am Nachmittag schlenderte ich durch den Park, wo zwischen den Blumenbeeten die Kriegsdenkmäler der Krim standen. Todleben hatte 1855 die Verteidigung der Krim organisiert, jetzt blickte er streng auf die flanierenden Marinekadetten hinab, deren Hüte so lächerlich waren, als hätte man sie für eine Kinderparty kostümiert. Am Ende des Parks verkaufte mir ein dicker Zeitung lesender Mann ein Billett für das Riesenrad.

Vor zehn Jahren war Sewastopol von allen verbotenen Städten der Sowjetunion die verschlossenste. Ein westlicher Spion hätte eine Fahrt auf dem Riesenrad als Höhepunkt seiner Karriere betrachtet. Aber jetzt war dem Betreiber die Anwesenheit eines Feindes so gleichgültig, dass er nicht einmal von der Zeitung aufblickte. Unter heftigem Knarren und Rucken stieg ich hoch über die Stadt. In dem lang gestreckten geschützten Hafen unter mir sah ich die große Schwarzmeerflotte. Sie sah aus wie eine Schrotthalde mit lauter rostenden Schiffsrümpfen. Der wirtschaftliche Zusammenbruch hatte offenbar geschafft, was den Nato-Strategen nicht gelungen war, nämlich den Großteil der Flotte dauerhaft in den Hafen zu verbannen. Russland hatte sich mit der Ukraine wegen der

Schiffe gestritten, als diese ihre Unabhängigkeit erklärte. Doch keiner von beiden könnte es sich noch leisten, seinen Anteil an der Beute instand zu halten.

Als ich ins Hotel zurückkam, wurde die Lobby von einer Leuchtreklame beherrscht. Sie machte Werbung für »*El Dorado*«. Darunter waren junge Spekulanten mit Baseball-Kappen an den Glücksspielautomaten zugange. Der Fernseher oben in meinem Zimmer bot zwei russische Sender zur Auswahl an. Im ersten war das alte Russland noch lebendig. Schrankförmige Männer in grauen Anzügen hielten endlose Reden. Im anderen Sender sah man das neue Russland in all seiner Pracht. Angefeuert von einem ausgeflippten Showmaster führten Hausfrauen einen Striptease vor. Je nachdem, wie kräftig das Publikum applaudierte, gewann eine Dame eine Waschmaschine von der Art, die meine Mutter, wie ich mich erinnern konnte, in den 60er-Jahren ausrangierte. Es war nicht schwer zu erraten, welcher Sender den Quotenkrieg gewinnen würde.

Der schönste Teil Sewastopols ist die Uferpromenade, wo der große abendliche Corso stattfindet. Eine lange Reihe neoklassizistischer Bauten – Marine-Akademien, Zollhäuser, städtische Behörden – säumt die Promenade, wo die Einwohner Arm in Arm entlangschlendern und die Meeresbrise genießen, während die Schwalben ihre Tauchflüge zwischen den Dächern vollführen. Wie die Spaziergänger haben auch die meisten Gebäude die Sicherheit des Staatsdienstes eingebüßt und bemühen sich verzweifelt, mit dem Vorhandenen auszukommen. Eckzimmer in den alten Akademien wurden vermietet und haben sich in Bars und Restaurants verwandelt. Als die weiche südliche Nacht sich herabsenkte, tauchten überall aus dem Nichts lärmende Discotheken zwischen den korinthischen Säulen auf, wo einst hochrangige Besucher, einschließlich der Tsendbals, die Flotte begutachteten, damals der Stolz der Sowjetunion.

Zu dieser Jahreszeit war die Krim voller Mohnblumen. In dem gewundenen Engpass, der landeinwärts ansteigt – diese trügerische Topografie hatte die Leichte Brigade in die Irre geführt –, schmückte der Mohn das zutage tretende rosafarbene Gestein. Oben auf dem Plateau umstanden Kränze aus Mohnblumen die Felder, auf denen Heerscharen stämmiger Frauen das Heu mit Sicheln schnitten. Dann fuhr der Bus in ein mit Obstbäumen bestandenes Land, wo Mohn locker in den Schneisen zwischen den Bäumen wuchs und sich im apfelgrünen Schatten zu kleinen Teppichen verdichtete.

Ich war erleichtert, dass ich wieder in Bewegung sein und wieder Landschaften in mich aufnehmen konnte. Das Schiff mit seinen persönlichen Verwicklungen hatte in mir ein Gefühl von Eingesperrtsein, Ekel und einer völlig unangebrachten Verantwortlichkeit wachgerufen. Jetzt aber spielte ich die Fluchtnummer, die jeder Reisende beherrscht, den Verschwindetrick, der die Etappen einer Reise markiert. Für den Reisenden ist jede Begegnung von vornherein durch die Abreise bestimmt, sie richtet sich nach den Fahrplänen, nach den Fahrscheinen, die er schon in der Tasche hat, und nach der Verheißung neuer Weidegründe. Die Abreise ist zugleich Beschränkung und Befreiung.

An diesem schönen Morgen eröffneten sich mir neue Landschaften. Ich schaute durchs Busfenster und erfreute mich an den vorbeifliegenden Häusern, Feldern und den verschwimmenden Mohnflecken. Ich sah ganze Städte durch Weizenfelder vorbeigleiten und hinter uns rasch wieder verschwinden. In Simferopol würde ich den Zug besteigen und am nächsten Abend an der Wolga sein, siebenhundert Meilen weiter östlich. Die schnelle Fortbewegung brachte mich in Hochstimmung. Während ich mit dem Bus ostwärts floh, hatte ich das Gefühl, mein eigenes Verschwinden zu inszenieren; hinterlassen hatte ich nur eine handschriftliche Notiz am Fenster meines vorherigen Lebens: »Bin in die Mongolei gefahren, Post bitte wegwerfen.«

Seit der Zeit der Skythen haben die Weidegründe im Innern der Krim eine Welle von Nomaden nach der anderen aus den südrussischen Steppen auf die Halbinsel gelockt. Als die Mongolen im 13. Jahrhundert hierher kamen, wurde die Krim ein wichtiger Bestandteil der Westprovinz des mongolischen Reichs, der Heimstatt der so genannten Goldenen Horde, deren Hauptstadt Saraj an der Wolga war. Die Russen nannten diese Eindringlinge aus dem Osten irrtümlich Tataren, aber das war nur ein Stamm unter vielen, die Dschingis Khan in den ersten Jahren seiner Eroberungen unterworfen hatte. Doch der Name blieb haften. Im Westen wurden daraus die »Tartaren«, als Ludwig IX., Wilhelms Gönner, die Bezeichnung durch ein Wortspiel mit einem klassischen lateinischen Zitat – *ex tartarus*, »aus dem Reich der Hölle« – veränderte.

Bruder Wilhelm landete am 21. Mai 1253 in Sudak an der Südküste der Krim. Er hatte die Absicht, den mongolischen Fürsten Sartak, zu besuchen, der angeblich ein Christ war und sein Lager drei Tagesritte hinter dem Don aufgeschlagen hatte. Dem Rat griechischer Kaufleute in Sudak folgend, beschloss er, mit einem Karren zu reisen, den er »mit Früchten, Muskatellerwein und trockenem Zwieback« belud, Geschenke für mongolische Würdenträger, denen er unterwegs begegnen würde. Er brach mit vier Reisegefährten auf, seinem Mitbruder Bartholomew, der, war Alter und Umfang betraf, noch weniger für so eine lange Reise taugte als Wilhelm selbst; Gosset, einem Träger; Homo Dei, einem syrischen Dolmetscher, dessen Kenntnisse irgendeiner gesprochenen nützlichen Sprache recht kläglich waren, und Nicholas, einem Sklavenjungen, den Wilhelm in Konstantinopel aufgelesen hatte.

Aber Wilhelms Reise sollte ihn ein gutes Stück weiter führen, als er geplant hatte. Er war zu einer Odyssee aufgebrochen, die ihn am Ende in die ferne mongolische Hauptstadt Karakorum, das heutige Ulan Bator, am anderen Ende Asiens brachte, über viertausend Meilen weiter. Hatte er gehofft, mit den anderen Mönchen an Weihnachten wieder zu Hause zu sein, so sah er sich getäuscht.

In Simferopol fand ich den Zug nach Wolgograd, bewacht von einer Armee Furcht erregender Wagenbegleiter und vollbusiger Frauen, die vor den Waggontüren standen wie Rausschmeißer. Sie hatten Frisuren wie Bienenkörbe, Stiernacken und die Art von Schultern, die sich durch den Kampf mit Koffern und den schweren Fenstern in russischen Zügen mit der Zeit bildet. Selbst ihr Make-up war einschüchternd: scharlachroter Lippenstift, blaue Lidschatten, himbeerrotes Rouge auf den Backen und verklumpte Wimperntusche, die sich böswillig in den Augenwinkeln gesammelt hatte. Kaum aber war der Zug abgefahren, vollzog sich eine Wandlung mit ihnen: Aus den grimmigen Wachtposten wurden Matronen. Sie vertauschten ihre Stiefel gegen Pantoffel und befassten sich mit den Vorhängen. Mitleid mit dem unglücklichen Ausländer veranlasste meine Wagenbegleiterin, mir einen großen Becher Tee vom Samowar zu bringen, und ich breitete ein Picknick aus Bananen, geräuchertem Käse, einer Wurst und ukrainischem Gebäck aus.

Ich teilte das Abteil mit einem stämmigen Russen mit Automechanikerhänden, der mit seinem tiefen Haaransatz aussah wie ein Affe. Er legte sich in die Koje gegenüber und war schon eingeschlafen, als wir die

Industriegebiete von Simferopol durchfuhren. Ein Auge war einen Spaltbreit geöffnet, während er schlief. Unter dem leicht angehobenen Lid folgte mir sein Blick durchs ganze Abteil. Als er in Tiefschlaf geglitten war, zuckten seine Glieder wie bei einem Hund, der im Traum Kaninchen jagt.

Am westlichen Rand des Asowschen Meers verließen wir die Krim über eine Kette von Inseln. Eine Zeit lang hing die Welt unentschieden zwischen Himmel, Wasser und Land. Dämme verbanden schmale Marschen, wo abgelegene Häuser sich schwarz von wechselnden Horizonten abhoben. Ein Fischer fuhr vorbei, über Netze gebeugt wie ein ins Gebet versunkener Mensch; sein Boot war nicht größer als eine Badewanne. Wasserflächen verloren sich allmählich unter Wolkenfeldern, bis Meer und Himmel ineinander übergingen, beide im selben milden Grauton, mit derselben grenzenlosen horizontalen Ausdehnung.

Hinter Melitopol fuhren wir über abfallende Prärien unter lastenden Himmeln. Hier war Nomadenland, die Don-Steppe, von Winden gebeutelt, die aus dem Herzen Asiens bliesen. Die ersten griechischen Handeltreibenden, die wagemutig das Schwarze Meer überquert hatten, fanden sich auf einmal beunruhigt am Ufer eines anderen Meeres, dessen Wellen aus Gras nach Norden und Osten verliefen. Die Grasflächen im Süden, die sich mit Unterbrechungen von Ungarn bis in die Mandschurei erstrecken, waren seit Jahrtausenden ein ideales Gelände zum Reiten, für jede Art von Fortbewegung über weite Strecken.

Metaphern aus der Seemannssprache sind mit klettenhafter Zähigkeit seit jeher mit diesen Landschaften verbunden. Tschechow wuchs östlich von hier in Taganrog an der Küste des Asowschen Meers auf. Er erinnerte sich, wie er als Junge in einem Ochsenkarren auf Weizensäcken gelegen und dabei das Gefühl gehabt hatte, langsam über ein großes Steppenmeer zu segeln. Aus der gleichen Stimmung heraus schrieb Wilhelm: »Als wir schließlich ... auf Menschen stießen, freuten wir uns wie schiffbrüchige Matrosen, die endlich in einem Hafen landen.« Das Hirtenleben dauerte auf diesen Steppen noch bis zum Beginn des 20. Jahrhunderts an, als die tödliche Kombination von moderner Zeit und Kommunismus der Welt der Skythen ein Ende machte. Zelte und Pferde wurden verdrängt, als polternde Traktoren das Grasland für den Weizenanbau umpflügten und Bauern Dörfer bauten und die Prärie nutzbar machten.

Der Nachmittag war durch Landbahnhöfe und Heuhaufen gekennzeichnet. Auf den Bahnsteigen standen Bauersfrauen mit Metalleimern voll praller roter Kirschen, die sie den Passagieren schüsselweise durchs Zugfenster verkauften. Als wir weiterfuhren, hängten sie die Eimer an die Lenkstangen ihrer alten Fahrräder und verschwanden auf Feldwegen zwischen flachen Kohlfeldern und hinter Böschungen voller cremefarbener Blüten. Wie ein widerspenstiges Laken, das von Telegrafenmasten festgehalten wird, flatterte die Prärie hinter uns in unüberschaubare Ferne davon.

Am frühen Abend stand ich am offenen Fenster im Gang und sog die Landluft tief ein, während wir unsichtbare Duftkammern durchquerten: gemähtes Gras, Erdbeeren, nasse Gräben mit brackigem Wasser, frisch aufgeworfene Erde und brennendes Holz. In blauem Zwielicht lag das Mündungsgebiet des Dnjepr vor uns, dunkel wie Stahl und so breit wie ein See. Dunstwölkchen lösten sich über der glatten Wasseroberfläche auf. Schwache gelbe Lichter markierten einen neuen Horizont, ob aus Häusern oder Schiffen, war nicht zu erkennen.

Das Einzige, was von den Kulturen der Nomadenstämme, die einst diese Gebiete durchstreiften, noch geblieben ist, sind die Gräber ihrer Vorväter. Wilhelm schreibt, diese Landschaft bestehe aus drei Komponenten: Himmel, Erde und Gräber. Skythische Gräber, *kurgans* genannt, tauchen unregelmäßig auf wie Buckelwale, die in einem Ozean aus Weizen schwimmen. Unter großen Hügeln aus Erde und Stein liegen die Häuptlinge begraben, zusammen mit ihren Pferden, ihrem Gold, ihren Dienern und ihren Frauen. Gräber waren die einzigen dauerhaften Behausungen, die sie jemals bauten. Seit Jahrhunderten haben Grabräuber die hohen Hügelgräber geplündert und skythisches Gold erbeutet – Zierrat, Schmuckstücke, Waffen, Pferdegeschirre, alles mit Tieren dekoriert, üppig eingerahmt von Steinböcken, Hirschen, Adlern, Geiern, Löwen und Schlangen. Doch der wichtigste Bestandteil dieser Grabbeigaben war nicht Gold – es waren Pferde.

Pferde haben einen mythischen Rang in nomadischen Kulturen, sie waren immer die entscheidende Beigabe bei Bestattungen und bestimmten auch die Vorstellung von Unsterblichkeit. Bei den Totenfeiern geopfert, begleiteten sie ihre Herren, um sie in die nächste Welt zu tragen. In einer berühmt gewordenen Passage beschreibt Herodot, wie berittene Diener rings um die skythische Grabkammern aufgestellt waren. Man hatte eine ganze Abteilung Pferde und Reiter erdrosselt, ausgeweidet, mit Stroh ausgestopft und auf kreisförmig angeordneten Pfosten gepfählt, damit sie den toten König auf seinem letzten Ritt begleiten möge. Jahrhundertelang wurde das als eines der vielen Märchen von Herodot abgetan, bis der russische Archäologe N. I. Weselowsky im 19. Jahrhundert das Ulskii-Hügelgrab freilegte und die Überreste von dreihundertsechzig Pferden fand. Sie waren in einem Ring um das Grab herum mit Stricken an Pfählen festgebunden, die Vorderhufe in der Luft, als wollten sie fliehen.

Dass die Nomaden Pferde mit Unsterblichkeit gleichsetzten, war schon im 2. Jahrhundert v. Chr. über die Ostgrenze des Grasmeers hinaus bis nach China gedrungen. Im Bewusstsein des Kaisers Wu-ti hatten sich die militärischen Niederlagen, die ihm die Hiung-nu, die Hunnen in der westlichen Geschichtsschreibung, zugefügt hatten, merkwürdig mit seinen Befürchtungen, er könnte nicht unsterblich sein, vermischt. Ihm schien die Überzeugung der Nomaden, die seine Grenzen bedrohten, sehr plausibel. Während er hinter den einengenden Mauern des Kaiserreichs verharrte, beneidete er sie um ihr plötzliches Auftauchen und ihr flinkes Verschwinden. Ihre Pferde, so glaubte er, wären seine Rettung, und es war sein Herzenswunsch, die berühmten feurigen Rösser aus dem fernen zentralasiatischen Fergana zu erwerben. Die Chinesen nannten sie »göttliche Pferde«, und angeblich schwitzten sie Blut und waren imstande, ihre Reiter in die Arme ihrer Ahnen im Himmel zu tragen.

Während seiner ganzen Herrschaft verschwendete Wu-ti ein Vermögen und opferte unzählige Leben auf Expeditionen, die ihm dreißig Paare dieser »göttlichen Pferde« nach China bringen sollten. Erst als er sie endlich hatte, gewann er seinen Seelenfrieden zurück. Von den Fenstern seines Palastes aus betrachtete er sie wie ein hingerissener Liebhaber – große herrliche Pferde mit glänzenden Flanken, die auf Alfalfaweiden grasten und wie auf Kommando gleichzeitig die edlen Köpfe hoben, um die Luft zu wittern. »Sie werden mich aufrichten und zum Heiligen Berg bringen«, schrieb er in einem Gedicht. »So (auf ihrem Rücken) werde ich die Jadeterrasse erreichen.«

KAPITEL DREI

~

DER KASACHSTAN-EXPRESS

Die Lobby des Wolgograder Hotels war in Dunkel gehüllt. Irgendwo tickte eine Uhr. Dünne Strahlen blauen Lichts von den Straßenlaternen schnitten in die kaukasischen Teppiche und fielen über die Marmorsäulen. Eine großartige Freitreppe schwang sich zu dunklen Gewölben hinauf. Auf dem Platz fuhr ein Auto vorbei, und die Scheinwerfer beleuchteten nackte Statuen, die wie erschrockene Gäste wirkten, die man zwischen alten Sofas und Kübelpalmen überrascht hatte. Es war erst zehn Uhr abends, aber im Hotel war es so ruhig, als wäre es völlig unbewohnt.

Als ich am Empfang läutete, hob eine Frau den Kopf. Ich hatte sie vorher gar nicht gesehen. Sie hatte geschlafen. Ihr Gesicht hatte offenbar auf dem Empfangsbuch gelegen, dessen Kante sich auf ihrer Wange abzeichnete. Sie starrte mich eine ganze Weile wortlos an, bis sie sich aus dem Gewirr ihrer Träume gelöst hatte.

»Pass!«, flüsterte sie heiser, als ob der ihr einen nützlichen Hinweis darauf geben könnte, wo sie sich befand.

Mein Zimmer war im sechsten Stock. Ich kämpfte mit den Türen eines uralten Aufzugs, als ein betagter Hoteldiener lautlos aus einem Seitengang auftauchte. Er trug ein Paar übergroße Stoffpantoffeln und hatte einen Seidenschal um die Hüften geschlungen, der ihm als Gürtel diente. Mit einem Schlüssel von einem riesigen Schlüsselbund entriegelte er den Aufzug, und zusammen stiegen wir, begleitet vom langsamen Klicken der Rollen und Räder des Aufzugs, empor, bis wir unter heftigem Rucken im sechsten Stock ankamen. Als ich in den dunklen Gang trat, schlugen die Türen des Lifts hinter mir zu, und der gespenstische Aufzugführer entschwebte, von einem kleinen Lichtschein umflossen, an meinen Füßen vorbei nach unten. Einen Augenblick lang blieb ich stehen und lauschte den geheimnisvollen Lauten des Hotels, dem Knacken und Seufzen und Quietschen. Ich fragte mich, ob ich wohl der einzige Gast war.

Mein Zimmer war einstmals großartig gewesen. Man hätte mit einem Pferd über die Schwelle reiten können. Der Stuck an der sieben Meter hohen Decke war mit barocken Obstkörben beladen. Die Armaturen wirkten wie aus hochherrschaftlichen Baderäumen. Die Möbel allerdings schienen vom Minsker Flohmarkt zu stammen. Da gab es einen Resopal-Couchtisch mit einem gebrochenen Bein und eine in Tarnfarbe angestrichene Kommode. Das Bett bestand aus Spanplatten und Chintz, und als ich mich versuchsweise auf die Kante setzte, schwankte es beängstigend. Zwischen den Fenstern stand ein riesiger Kühlschrank; er heulte wie ein Flugzeug vor dem Abheben.

Ich war müde und hätte gern gebadet. Leider war kein Stöpsel vorhanden. Doch wie durch ein Wunder kam mir der unorthodoxe Gedanke, den am Zimmerschlüssel befestigten metallenen Anhänger als Stöpsel zu verwenden. Als ich das Wasser aufdrehte, klopfte es laut.

Im Gang stand eine stämmige Russin mit tief ausgeschnittenem Kleid, Netzstrümpfen und einer hohen, wackeligen Frisur. Ohne diese Aufmachung hätte sie eine russische Traktorfahrerin aus den 60er-Jahren sein können, eine Heldin der Kolchosen, muskulös und mit eckigem Kinn, bereit, ihr Leben für eine gute Ernte hinzugeben. Doch in der Hand, in der man einen Schraubenschlüssel erwartet hätte, trug sie ein elegantes weißes Handtäschchen.

Sie lächelte. Ihre Zähne waren mit Lippenstift verschmiert.

»Sie wollen Massage?«, fragte sie auf Englisch. »Sex? Sehr gut!«

Prostitution ist der einzige Zimmerservice, den die meisten russischen Hotels anbieten, und das Tempo, mit dem er unverlangt an die Tür geliefert wird, ist überraschend, zumal man in diesem Land für so viele lebenswichtige Dienstleistungen lange Schlange stehen muss. Hier konnte man etwas über die Kräfte des Marktes lernen.

Die Frau lächelte und nickte. Ich lächelte auch und schüttelte den Kopf.

»Nein, danke«, sagte ich.

Aber Olga hätte ihre Karriere nicht gemacht, wenn sie sich mit einem Nein begnügt hätte. »Massage sehr gut! Ich komme zurück, später. Ich bringe noch andere Mädchen.« Sie zog ein Handy aus dem Täschchen. »Was Sie wollen? Blond? Ich haben sehr schöne Blonde. Wie viele Blonde Sie wollen?« Sie wählte eine Nummer, vermutlich die Hot-Line für Blon-

Kasachischer Adlerjäger in Bajan Ölgij

dinen. Vor mir sah ich eine Legion blonder Traktorfahrerinnen aus den vier Ecken von Wolgograd auf uns zumarschieren.

»Nein, nein«, sagte ich. »Nein, danke. Keine Massage. Kein Sex. Keine Blondinen.«

Ich schloss die Tür. Die fröhliche Geschäftstüchtigkeit war wie weggeblasen. Im Halbdunkel des Flurs sah sie plötzlich alt und niedergeschlagen aus. Sie tat mir Leid, und Russland tat mir Leid, weil es so heruntergekommen war, dass es Blondinen an betuchte Ausländer verkaufen musste.

»Viel Glück«, sagte ich. »Hoffentlich finden Sie jemanden zum Massieren.«

»Alte Soldaten.« Sie zuckte die Achseln. »Hier kommen nur Kriegsveteranen. Nicht gut für Geschäft. Sind zu alt für Blonde. Und immer kommen mit Frauen.«

Was für ein ungehöriger Ausbruch ehelicher Treue! Ich hatte Mitleid mit ihr.

»Woher Sie kommen?«, fragte sie. Bei der Erwähnung von London hellte sich ihr Gesicht auf.

»Charles Dickens!«, rief sie. Und plötzlich vergoss sie Tränen. Dickens hatte mit seiner Schilderung der Armen in London unter dem alten russischen Regime eine wichtige Rolle in der Kindererziehung gespielt. »David Copperfield. Oliver Twiski, Nikolai Nickelowitsch. Ach, ich liebe Charles Dickens. Sie kennen Malinkaja Nell? Ooohh, so traurig!«

Plötzlich hörte ich das Badewasser rauschen. Ich flitzte ins Badezimmer und drehte den Hahn zu, gerade noch rechtzeitig, bevor das Wasser den Rand erreichte.

»Was ist dein Name?« Olga stand jetzt mit einem Fuß im Zimmer. Sie schien enttäuscht über das undickenssche Stanley. »Du musst David sein. David Copperfield. In Russland sie machen Film von David Copperfield. Er sieht aus wie du. Groß, bisschen hungrig und selbe Problem mit Haare.«

»Was stimmt denn nicht mit meinen Haaren?«, fragte ich.

»Nein. Sehr schöne Haar. Aber du musst kämmen.« Über meine Schulter hinweg schaute sie ins Zimmer. »Sie geben dir Zimmer ohne Balkon. Nächste Zimmer, selbe Preis, bessere Zimmer mit Balkon. Die sind faul. Hotel ist leer. Ist egal.«

Als ich mich umschaute, um mir das Zimmer genauer anzusehen, schwankte sie auf ihren hohen Absätzen an mir vorbei und setzte sich auf den einzigen Stuhl, offenbar erleichtert, dass sie ihre Füße entlasten konnte.

Ich stand noch einen Augenblick lang an der Tür, merkte dann aber, dass ich nicht das Herz hatte, sie hinauszuwerfen. Dickens hatte uns zu Kameraden gemacht.

»Vielleicht ein Glas Wodka?«, fragte ich.

Ich packte den Imbiss vom Zug aus, aber sie übernahm sofort die Regie. Sie schob mein Schweizer Taschenmesser weg und holte aus ihrer Tasche ein Springmesser. Sie kickte ihre Schuhe weg und schnitt sich Wurst, Schwarzbrot und Käse ab, schälte Orangen, pellte die hart gekochten Eier und goss uns zwei Gläschen Wodka ein.

Wir sprachen über Dickens und Russland. Siebzig Jahre lang hatten die Russen Dickens gelesen, als Beispiel für die Übel des Kapitalismus. Nun hatten sie selbst den Kapitalismus, und zwar den groben Kapitalismus aus dem 19. Jahrhundert, den die Revolution zerschlagen hatte. Das Land wurde überflutet von halbwüchsigen Rowdys, Betrügern, Scharlatanen, narbengesichtigen Verbrechern, habgierigen Anwälten, tauben Richtern, eingeschüchterten Angestellten, alternden Huren, verarmten gutherzigen Bürgern von ehemals hohem Rang, von Menschen ohne Vergangenheit und Menschen mit zu viel Vergangenheit.

»Russland ist kaputtes Land.« Olga seufzte, doch es entging ihr, wie sehr die rein kommerziell ausgerichtete Arbeit ringsum dem glich, was Dickens in viktorianischer Zeit beschrieben hatte.

Ihr Handy klingelte. Sie brummte ein paar Mal hinein und steckte es dann weg. »Geschäfte«, verkündete sie und quetschte die Füße wieder in die abgewetzten hochhackigen Schuhe. Sie packte unser Picknick zusammen.

»Käse nix draußen lassen«, sagte sie.

Mit einem langen Seufzer rappelte sie sich hoch. »Ich bin müde«, sagte sie und strich ihr Kleid glatt. »Wiedersehen, Master Stanley. Wenn was ist, du was brauchen, dann rufen mich. Fragen am Empfang. Kennen mich alle.«

Darauf wankte sie davon, durch den Flur in die finsteren Winkel des Hotels.

~

Die Tragödien Russlands sind von anderer Dimension als die anderer Nationen – als ob das Verhängnis hier den Platz gefunden hätte, um sich in dem riesigen Raum auszubreiten. Von allen Verlusten im Zweiten Weltkrieg – rund fünfzig Millionen Menschen – waren über die Hälfte Russen. Ein Sechstel der Bevölkerung ist angeblich im »großen Krieg fürs Vaterland«, wie die Russen ihn nennen, umgekommen. Wolgograd, das frühere Stalingrad, war der Schauplatz einer der entsetzlichsten Schlachten. 1942 belagerte die deutsche Sechste Armee die Stadt vier Monate lang, bombardierte sie ohne Unterlass und verwandelte sie in einen Trümmerhaufen und die Bewohner in Kannibalen. In einem Feldzug, der mehr von eiserner Entschlossenheit zeugte als von strategischer Planung, warfen die Russen die Deutschen zurück und trieben sie über den Don. Aber der Preis dafür war Schwindel erregend. Bei der Verteidigung von Stalingrad kamen eine Million russische Soldaten um, doppelt so viele, wie die Stadt Einwohner hatte, und mehr als amerikanische Soldaten im Zweiten Weltkrieg. Das ihnen errichtete Denkmal ist fast ebenso kolossal wie die Tragödie.

Ich fuhr mit der Straßenbahn zu »Mütterchen Russland«. Ihr Standbild erhebt sich in den nördlichen Ausläufern der Stadt über die Wolga. Lange bevor ich hinkam, sah ich schon das erhobene Schwert über den Wohnblocks. Es verschwand kurz, und dann kam hinter den Schornsteinen einer verfallenen Fabrik der gewaltige Kopf zum Vorschein. Seine schiere Größe brachte mein Gefühl für Entfernungen und Maßstäbe so durcheinander, dass ich drei Haltestellen zu früh ausstieg.

Breite, flache Stufen führten über mehrere Steinterrassen nach oben, vorbei an steinernen Reliefs klagender und trauernder Bürger auf beiden Seiten. Auf der letzten Stufe, wo ein Soldat mit Sturmgewehr die Verteidigung der Stadt symbolisiert, erklingen zwischen den Bäumen und den Ruinen der alten Stadtmauer Schlachtgeräusche. Auf einer Rotunde sind siebentausendzweihundert Namen, willkürlich aus den Totenlisten ausgesucht, in gewölbte Wände aus rotem Marmor in Gold gemeißelt. Von einem Endlosband wird Schumanns *Träumerei* abgespielt, zum Zeichen, dass die Russen keinen Groll gegen gewöhnliche Deutsche hegen.

Auf der Erhebung darüber überspannt Mütterchen Russland den ganzen Himmel. Sie ist so groß wie die Nelson-Säule in London und wiegt achttausend Tonnen. Die Statue stellt eine junge Frau dar, eine russische Version von Delacroix' Gemälde »Die Freiheit führt das Volk an«; mit großen Schritten schreitet sie in eine neue Zeit, ohne in der Eile zu bemerken, dass sie noch im Nachthemd ist. Ihr erhobenes Schwert hat die Länge eines Tennisplatzes, jeder ihrer Füße ist so groß wie ein Londoner Bus. Sie schreitet über die Wolga nach Osten und blickt über die Schulter, um zu sehen, ob Russland ihr folgt.

Ich rastete auf ihrem von der Nachmittagssonne gewärmten großen Zeh und blickte über die Wolga auf die leere löwenfarbene Steppe unter einem grenzenlosen Himmel. Die Stadt erstreckt sich am Westufer über rund vierzig Meilen, ohne sich je auf die andere Seite zu wagen, als wüsste sie, dass dahinter ein anderes Land liegt. Es gibt keine Brücken. Wenn das Schwarze Meer für die alten Griechen die Grenze zum Nomadenland war, so ist diese unheimliche Grenze für die Russen der Neuzeit die Wolga. In ihrer weiten Umarmung liegt Mütterchen Russland, und jenseits davon erstreckt sich der wilde Osten, das ungezähmte Land der Tataren. Wolgograd wurde im 16. Jahrhundert als Festung gebaut, um die russischen Siedler vor den Einfällen der Nomaden zu schützen. Wenn die Wolga der russische Fluss schlechthin ist, so deshalb, weil er eine Grenze darstellt, eine Grenze zwischen den nationalen Gegensätzen des Westens und des Ostens, den Slawenvölkern und den Tataren.

Kratze an einem Russen, sagt ein altes Sprichwort, und du entdeckst einen Tataren. Die mongolische Goldene Horde, die von ihren Zeltstädten an der Wolga aus die russischen Fürsten beherrschte, wurde im Lauf der Jahrhunderte in das verwickelte System der Völkerschaften Russlands eingesogen. Die Autonome Tatarische Republik liegt entlang der nördlichen Wolga, rings um ihre Hauptstadt Kasan. Die Kalmücken, ein mongolisches Volk, haben ihr eigenes Gebiet weiter südlich. Die Kosaken, auch eine mongolische Gruppe, sind jetzt Teil der russischen Folklore. In diesen Gegenden hat jede russische Stadt ihren tatarischen Bezirk, in dem die Straßen enger und die Menschen lauter sind, und das Leben etwas ungeregelter verläuft. Unterhalb der Füße von Mütterchen Russland, die ihr Schwert gegen die östlichen Steppen schwingt, liegt ein Tatarengrab, das Mamajew Kurgan, das um Jahrhunderte älter ist als die Stadt.

Auf dem Zeh von Mütterchen Russland sitzend, wird man an das zwiespältige Verhältnis der Russen zu den Tataren erinnert. Denn die Statue, die forsch zur Wolga schreitet, ist ein Symbol für die Umkehrung einer historischen Strömung. Im 18. Jahrhundert hat sich das Gleichgewicht der Kräfte unwiderruflich zu Ungunsten der Völker verschoben, die aus Zentralasien gekommen waren und Russland jahrhundertelang mit ihren Tributforderungen ausgenutzt hatten. Erst unter Peter dem Großen wurde Russland den Nomadenhorden aus den Steppen allmählich Herr und brach seinerseits zu einem Vormarsch nach Osten auf, der am Ende sogar bis die ferne Mongolei führte. Die Russen bauten Städte, Straßen, Schulen und Fabriken; sie wollten den Regionen jenseits der Wolga die Zivilisation der Sesshaften nahe bringen. Nur wenn sie diese turbulenten Gegenden unter Kontrolle hatten, konnten sie sich sicher fühlen. Auf den östlichen Horizont zumarschierend, versucht die kolossale Statue das Ausmaß der Ängste der Russen zu verbergen. Denn ihr Machtstreben war nichts anderes als das Streben nach einer Ordnung, nach der Sicherheit und Berechenbarkeit eines sesshaften Lebens.

Es war Mitte August, als Bruder Wilhelm die Wolga erreichte. Das Problem seiner Mission bestand darin, dass niemand wusste, was man mit ihm anfangen sollte. Die mongolischen Fürsten, denen er sich vorstellte, behalfen sich damit, ihn an den Nächsthöheren zu verweisen. Auf der Krim hatte ihm der mongolische Gouverneur Skakatai eine Audienz im Lager gewährt. Auf die Frage, welche Botschaft Wilhelm den Mongolen zu überbringen habe, antwortete er nur: »Worte des christlichen Glaubens.« Der Gouverneur »verharrte schweigend, schüttelte nur den Kopf« und sagte dann, er solle besser mit Sartak sprechen, einem Vorgesetzten, der sein Lager auf der anderen Seite des Don hatte.

Während Wilhelm auf Vorkehrungen für die Weiterreise wartete, gelang ihm ein kurzer Durchbruch an der religiösen Front. Er konnte einen dort lebenden Muslim überreden, zum Christentum überzutreten. Der Mann war von der Idee, dass man sich von seinen Sünden reinigen konnte, anscheinend ebenso angetan wie von Wilhelms Verheißung von der Auferstehung der Toten. Allerdings wurde die gute Absicht im letzten Moment vereitelt, als der Mann darauf beharrte, zuerst mit seiner Frau zu sprechen. Und die erklärte ihm, dass es Christen nicht erlaubt sei, koumiss zu trinken, gegorene Stutenmilch, das Hauptgetränk in den Zelten der Nomaden. Trotz aller Zusicherungen Wilhelms, dass das nicht stimme, beschloss der Mann, kein Risiko einzugehen.

Die damals im Westen herrschende Überzeugung, dass Sartaq ein Christ sei, erwies sich als reines Gerücht. Er freue sich zwar, wenn er Geschenke von den christlichen Abgesandten erhalte, berichtete Wilhelm nach seiner Rückkehr ins Lager, aber wenn Muslime mit besseren Geschenken kämen, würden sie sofort bevorzugt behandelt. »Mein Eindruck ist«, berichtet Wilhelm, »dass er sich über die Christen lustig macht.« Sartak wusste auch nicht, was er mit den Mönchen anfangen sollte, und schickte sie weiter zu seinem Vater Batu, der sein Lager an der Wolga aufgeschlagen hatte.

Batu war bereits auf dem Weg zu den Winterweiden in den Steppen östlich der Wolga, als ihn die Mönche einholten. »Scheu ergriff mich«, schrieb Wilhelm, nachdem er das Lager gesehen hatte. Das riesige Meer von Zelten erschien ihm »wie eine große Stadt ... deren Einwohner drei bis vier Meilen weit in alle Richtungen verstreut waren«. In der Mitte stand das große Prunkzelt Batus, dessen Eingangsklappen weit zum sonnigen und Glück verheißenden Süden hin aufgeschlagen waren.

Wilhelms erste Audienz bei Batu erwies sich als interessanter Moment in den west-östlichen Beziehungen. Als sie von einer Eskorte ins Zelt geführt wurden, sahen sie den Enkel von Dschingis Khan auf einem breiten, mit Gold eingelegten Liegesofa sitzen, umgeben von Gefolgsleuten und Frauen. Einen Augenblick lang sprach niemand. Etwas eingeschüchtert von der Pracht standen die Mönche da, während die Mongolen sie anstarrten. Hier also standen die Abgesandten des Königs der Franken: zwei dicke Mönche, barfuß und barhäuptig, in verschmutzten Kutten. Umherziehende Hausierer wären respektabler aufgetreten.

Wilhelm war nicht gerade bester Laune. Das war nun die dritte Audienz in weniger als drei Monaten, und jede war genauso unergiebig wie die vorherige. Verärgert außerdem, dass er vor Batu niederknien musste, legte er gleich mit Hölle und Verdammnis los. Er werde für seinen Gastgeber beten, erklärte er, aber im Grunde könne er nichts für ihn tun. Sie seien Heiden, ohne Taufe in einer Christenkirche, und Gott werde sie alle zu ewigem Feuer verdammen.

Als Wilhelm mit seiner Einleitung fertig war, hätte man eine Stecknadel fallen hören können. An dieser Stelle hat der Mönch seinen Bericht sorgfältig überarbeitet und uns Batus Antwort vorenthalten. Doch die Erwiderung des barbarischen Khans, des Vorbotens von Chaos und Finsternis, ist in die Überlieferung eingegangen. Wir finden sie in den Aufzeichnungen von Giacomo d'Iseo, einem anderen Franziskaner, der von dieser Begegnung berichtet, so wie sie der König von Armenien geschildert hat. Für westliche Menschen eine Lektion in zivilisierter Gesprächsführung.

Überrascht von Wilhelms Aggressivität, antwortet Batu mit einer Parabel. »Die Amme«, sagte er, »lässt zuerst ein paar Tropfen Milch in den offenen Mund des Säuglings fallen, so dass der süße Geschmack das Kind zum Saugen ermutigt, und erst dann gibt sie ihm die Brust. So solltet Ihr uns auch in einfacher und vernünftiger Form überzeugen, da Eure Lehren uns zunächst recht fremd erscheinen. Stattdessen droht Ihr uns sogleich mit ewiger Bestrafung.« Seine Worte wurden von den versammelten Mongolen mit langsamem Händeklatschen begrüßt.

Trotz seiner Missbilligung forderte Batu den Mönch auf, sich neben ihn zu setzen, und ließ ihm eine Schüssel Stutenmilch bringen. Er wünsche den Mönchen alles Gute, erklärte er, und sei glücklich, wenn sie auf mongolischem Territorium verweilen wollten, erklärte er, doch könne er ihnen leider nicht die nötigen Genehmigungen erteilen. Dazu müssten sie zum Hof von Möngke Khan, dem Herrn über alle Mongolen, weiterreisen. Der Herrscher residiere in der Hauptstadt Karakorum in der Mongolei, fast dreitausend Meilen weiter ostwärts. Wilhelms Reise hatte also gerade erst begonnen.

Einen Monat später kam ein Führer, der sie weiter nach Osten geleiten sollte. Er schien etwas ungehalten, weil ihm zwei fette Ausländer zugeteilt worden waren, und befürchtete offensichtlich, dass sie nicht durchhalten würden. »Die Reise dauert vier Monate«, warnte er sie. »Dort herrscht eine so schneidende Kälte, dass der Frost zuweilen Felsen und Bäume spaltet ... Wenn Ihr dafür zu schwach sein solltet, lasse ich euch unterwegs einfach stehen.«

Am Tag erwachte die Lobby des Hotels Wolgograd wieder zum Leben. Der Mann am Empfang war wach, und der alte Aufzugführer lungerte an der Tür herum. Jetzt fehlten nur noch die Gäste.

Das Intourist-Büro neben der Lobby strahlte die Ehrbarkeit und den gesunden weiblichen Verstand eines Frauenvereins um 1957 aus. Besetzt war es mit einer Reihe reizender Matronen mittleren Alters in Twinsets und Perlenketten. Zur Zeit des Nachmittagtees schaute ich hinein.

In der Vergangenheit kamen die meisten Touristen aus den kommunistischen Ländern Osteuropas. Aus Westdeutschland kamen ehemalige Panzer-Offiziere, die sich die Schauplätze ihrer verlustreich verlorenen Schlachten noch einmal ansehen wollten. Die meisten Vertreter der ersten Gruppen konnten sich eine solche Reise nicht mehr leisten, die Vertreter der zweiten starben allmählich aus. Da kaum noch andere Besucher kamen, war die Touristen-Information ziemlich geschrumpft. Das Planetarium, Schiffsausflüge auf der Wolga, Visa nach Kasachstan – das waren für die Frauen von Intourist lauter Rätsel. Ich erkundigte mich nach Zugfahrscheinen. Ich hatte den größten Teil des Vormittags am Bahnhof verbracht, wo ich einen Fahrschein nach Kasachstan erstehen wollte. Swetlana, die Englisch sprach, bot mir zwar einen kleinen Teekuchen an, musste aber gestehen, dass für Zugreisen niemand zuständig sei. In der freundlichen Atmosphäre der Touristen-Information, unter Plakaten von Wolgograds Fabriken, erschienen mir meine Erkundigungen langsam unhöflich; wir sprachen dann über Tschaikowsky-Konzerte, für die es hier Karten gab.

In diese zivilisierte Runde fiel Olga ein wie eine Horde Barbaren in Gestalt einer Frau. Ich hörte meinen Namen, einen Schrei aus der Lobby, bei dem es einem den Kopf herumriss, und da war sie in voller Größe, stürmte durch die Glastüren des Büros und humpelte auf uns zu, noch immer in den hochhackigen Schuhen und der Dirnenaufmachung vom vorigen Abend.

»Master Stanley«, rief sie winkend und lächelte glücklich und aufgeregt über unsere Wiedervereinigung. Die Intourist-Damen schauten von ihrem Tee auf und starrten voller Entsetzen auf diese Erscheinung. Dann richteten sie wie ein Mann ihre missbilligenden Blicke auf mich. Ich merkte, wie ich rot wurde; Schuldgefühle übermannten mich. Einen Augenblick lang herrschte Unheil verheißende Stille, als die unbezähmbare Olga vor mir stand.

»Hallooh«, sagte ich schwach.

»Master Stanley, ich dich suche überall«, sagte Olga. »Du bist nicht im Zimmer.«

Die aufgerissenen Augen der Intourist-Damen verengten sich zu Schlitzen, als sie von meinem roten Gesicht abließen, um dieses Weib von oben bis unten in Augenschein zu nehmen – die zerrissenen Netzstrümpfe, die ausladende Gestalt in dem billigen, eng anliegenden Fähnchen, das aufgequollene Gesicht, das unregelmäßige dicke Make-up. Dann sahen sie sich gegenseitig an, und ihre hoch gezogenen Augenbrauen und gespitzten Lippen taten blasiert ihre Missachtung kund.

Unter ihren herablassenden, gestrengen Blicken erwachte in mir endlich ein Gefühl für Höflichkeit und Anstand, und ich stand auf, um Olga meinen Stuhl anzubieten. Sie lehnte ab. Eine abrupte Veränderung ihrer Haltung verriet mir, dass sie die Verachtung der Damen durchaus bemerkt hatte.

In der Lobby fragte Olga: »Du willst Ticket für Zug?« Über den heißen Draht des Hotels war sie bereits von meinem Bahnhofsbesuch informiert worden.

»Ich versuche, einen Fahrschein für den Kasachstan-Express zu bekommen«, sagte ich.

»Ich kriege«, erklärte sie. »Kein Problem. Intourist-Leute sind Zeitverschwendung.« Sie zog eine Grimasse in Richtung Glastüren. Es schien, als hegte sie eine Abneigung gegen die Gesellschaft, in der ich verkehrte.

~

Es klingt unwahrscheinlich, aber Wolgograd war während der Zeit meines Aufenthalts tatsächlich Schauplatz eines internationalen Festivals für zeitgenössischen Tanz. Am Abend besuchte ich eine Aufführung der Berliner Gruppe »Be Van Vark Kollektivtanz«. Das wichtigste Stück, *Orgon II + III*, basierte auf dem Werk des österreichischen Psychoanalytikers Wilhelm Reich, der die These vertreten hatte, dass geistige Gesundheit wesentlich von häufigem Sexualverkehr abhängig sei. Er ging so weit, die Abschaffung der traditionellen Familie zu fordern, die nur ein Hindernis für regelmäßige Orgasmen darstelle.

Die Berliner Avantgarde barg seit dem Abend, an dem ich mit meiner Mutter eine Händel-Oper in den Riverside Studios in London besucht hatte, keine Überraschungen mehr. Meine Mutter hielt sehr viel von Händel, und ich hatte uns zwei Plätze in der ersten Reihe reserviert, was bedeutete, dass man mehr oder weniger in die Handlung einbezogen wurde. Mir war nicht klar gewesen, dass die gastierende Truppe aus dem radikalen Lager deutscher Darstellungskunst kam. Es war durchaus Händel, aber nicht so, wie wir ihn kannten. Als die Darsteller nach einer schwungvollen Ouvertüre auf die Bühne flatterten, stellte ich erschrocken fest, dass sie außer einem oder zwei strategisch platzierten Feigenblättern nichts anhatten. Die Aufführung à la Reich dauerte zwei Stunden und dreiundvierzig Minuten, ohne dass etwas so Altmodisches wie Pause vorgesehen war, und in dieser Zeit hüpften uns die Darsteller bei ihrem sinnlichen und orgiastischen Tanz buchstäblich auf dem Schoß herum. In meiner Erinnerung war es einer der schlimmsten Abende meines Lebens, und ich verfluchte mich, weil ich mich von den Kartenpreisen in Covent Garden hatte abschrecken lassen. Meine Mutter war jedoch begeistert und wurde nicht müde, anderen Leuten von der Darbietung zu erzählen. »Was für eine kraftvolle Aufführung!«, sagte sie immer wieder.

Die zugespielte Musik zu *Orgon II + III* klang, soweit man feststellen konnte, wie eine Massenpaarung von Fröschen. Der Tanz selbst war eine ekstatische Angelegenheit, zum Teil brillant und sehr körperbetont. Die Tänzer behielten ihre Kleider an, und die Orgasmen, so es welche gab, waren von den Dreifachpirouetten kaum zu unterscheiden. Das Publikum allerdings schien ziemlich ratlos. Vermutlich war *Orgon II + III* etwas zu viel für Leute, die gerade siebzig Jahre sozialistischen Realismus hinter sich hatten, in dem die Kunst glücklichen Bauern gewidmet war, Menschen, die in eine goldene Zukunft voll sozialer Gerechtigkeit, weltweitem Frieden und üppigen Ernten schritten.

Durch einen Park, in dem lauthals streitende kaputte Familien zusammen Eis aßen, schlenderte ich zum Hotel zurück. Junge Leute hingen um die allgegenwärtigen Kioske herum, in denen Bier und Snacks angeboten wurden, und Scharen von Betrunkenen schwankten zwischen den Parkbänken umher. Nach dem Krieg hatte jemand den Vorschlag gemacht, die rauchenden Ruinen von Stalingrad als Andenken an die Zerschlagung des Faschismus stehen zu lassen. Aber Stalin war verständlicherweise nicht damit einverstanden gewesen, dass sein Name mit Trümmerhaufen in Verbindung gebracht werden sollte. Folglich wurden große Summen für den Wiederaufbau der Stadt ausgegeben. Das Ergebnis ist gefällig, wenn auch ziemlich einfallslos. Breite Straßen wurden angelegt, von Parks und Kriegsdenkmälern durchbrochen. In den 50er-Jahren hat man aus rotem Sandstein Wohnhäuser mit Balkons gebaut, die genauso aussehen wie die Häuser vor dem Krieg und anscheinend ewig halten sollen, und in den 60er-Jahren wurden im Blick auf die Zukunft gelbe Beton-Mietshäuser mit feuchten Flecken errichtet, die allerdings so aussehen, als würden sie das nächste Wochenende nicht mehr erleben.

Zum Abendessen ging ich in das prunkvolle Hotelrestaurant. Zu Stalins Zeiten hatte dort vermutlich die Parteispitze zu Mittag gespeist. Heutzutage ist es so grandios und so leer wie ein Mausoleum. Ich setzte mich an ein großes Fenster, wo ich den Platz überblicken konnte. Das Servicepersonal ließ mir Zeit genug, die Marmorsäulen und die vergoldeten Kronleuchter zu bewundern, die riesigen, prächtig verzierten Spiegel und die mit Silber und feinem Leinen gedeckten Tische. Der Kellner schien der ältere Bruder des Aufzugführers zu sein. Er brauchte fünf Minuten, um den weitläufigen Hartholzboden zu überqueren und mir auf einem Silbertablett ein Glas mit rostfarbenem Wasser zu bringen. Er war taub, so dass ich die Bestellung in großen Buchstaben auf eine Serviette schreiben musste. Er betrachtete sie eine Weile eingehend, wandte sich dann wortlos um und machte sich auf den weiten Weg in die Küche.

Ich genoss das Vergnügen, allein beim Essen sitzen zu können, als Olga hinter einer dicken Säule auftauchte und sich in den Stuhl mir gegenüber fallen ließ.

»Ich habe Ticket«, verkündete sie und holte den kostbaren Schatz aus ihrer Tasche. »Du gehst mit Morgenzug nach Saratow, dann umsteigen in Almaty-Zug.«

Ich dankte ihr überschwänglich, aber sie winkte ab.

»Ich wünsche mir mitgehen«, sagte sie und suchte ihre Backenzähne mit einem Zahnstocher nach Speiseresten ab.

»Nach Kasachstan?«, fragte ich. Das war nicht unbedingt ein Ziel, zu dem es die Russen hinzieht.

»Nach Saratow. Mein Dorf ist da. Auf andere Seite von Fluss.«

Ich hätte nicht gedacht, dass sie von außerhalb kommt, schon gar nicht aus einem Dorf. Sie schien derart verwurzelt in dieser Stadt mit all ihren Kompromissmöglichkeiten und ihrer Anonymität.

»Wie sieht es denn aus, Ihr Dorf?«, fragte ich.

»*Krassiwoje*«, sagte sie. »Ist schön. Jetzt die Apfelbäume blühen. Da ist Wolga. Das ist wie ...« Sie suchte nach einem Wort und deutete zur Decke.

»Ein Kronleuchter?«, fragte ich.

Sie schüttelte ungeduldig den Kopf.

»Eine vom Tabakrauch gelbe Decke?«

Sie runzelte die Stirn. »Nein, nein.« Sie wedelte mit der Hand und deutete weiter nach oben.

»Der Himmel? Aha! Das Paradies!«

»Wie Paradies.« Ihre Miene entspannte sich. »Mein Sohn ist da. Mit seine *babuschka*.« Sie sah mich an, und mir wurde klar, dass ich befördert worden war. Mit einem potenziellen Kunden spricht man nicht über einen Sohn.

»Wie alt ist er?«, fragte ich.

»Acht«, sagte sie. »Ich schicke Geld. Aber bringe nicht nach Wolgograd. Nie in diese Stadt.« Sie schüttelte heftig den Kopf, als wäre die Stadt und nicht der Mensch verantwortlich für ihren Niedergang.

~

Was man über den Kasachstan-Express erfuhr, war nicht ermutigend. Was immer ich über diesen Zug gehört und gelesen hatte – er wird stets als Albtraum dargestellt. Die Intourist-Damen im Hotel wechselten höflicherweise das Thema, wenn ich den Zug erwähnte. Im Reiseführer für die russische Eisenbahn wird den Lesern dringend empfohlen, erst gar keine Züge zu nehmen. Selbst Olga fühlte sich nicht wohl, was diesen Zug betraf.

Angeblich hatten Huren, Zuhälter, Drogenhändler und Diebe alle guten Sitze inne. Wer keine Beziehungen zur Unterwelt hatte, musste auf der sechzigstündigen Reise nach Almaty, das heutige Alma Ata, stehen. Die Passagiere wurden als ständig betrunken und streitsüchtig geschildert, und die Schaffner schlossen sich in den Dienstwagen ein, um Messerstechereien aus dem Weg zu gehen. Raubüberfälle kamen häufiger vor als Fahrkartenkontrollen. Es hieß auch, Reisende würden im Schlaf regelmäßig mit Gas betäubt und ihrer Habe beraubt. Berichte über Mongolenhorden im 13. Jahrhundert waren kaum so schlimm wie der Ruf dieses Zugs.

Der aus Moskau kommende Kasachstan-Express kroch, um Stunden verspätet, in den Bahnhof von Saratow, ein schäbiger, müde wirkender Zug, dessen Fenster so verdreckt waren, dass man nicht ins Innere sehen konnte. Die beruhigend wirkenden russischen Zugbegleiterinnen beendeten hier ihre Schicht und wurden von kasachischen Schaffnern abgelöst, untersetzten, tätowierten Männern mit bleistiftdünnen Schnurrbärten.

Die ersten Eindrücke waren ermutigend. Ich stieg ein und ging durch den Gang, ohne einem Messer schwingenden Mordgesellen zu begegnen. Wie vorauszusehen, war meine Koje schon von einem andern besetzt, der den Schaffner bestochen hatte, aber nach einigem Verhandeln gelang es mir, einen Platz in einem anderen Abteil am Ende des Waggons zu ergattern. Dort sah es aus wie in einem Bordell. Über die Fenster gehängte Halstücher sorgten für ein gedämpftes rötliches Licht. Überall verstreute Frauenunterwäsche wirkte wie eine Dekoration. Über allem lag der schwere Geruch billigen Parfums, und der Tisch war übersät mit Haarnadeln, Kämmen, Schminkutensilien und Zigaretten; zwei leere Flaschen georgischen Weins rundeten das Bild ab. In dem Durcheinander lagen drei Frauen in den Kojen, schlummernde Odalisken in ausgestreckter Schlafhaltung, und schnarchten sanft vor sich hin.

Ich erkletterte eine der oberen Kojen und begann meine ganze Habe am Körper zu verteilen. Da es auf meiner Route nur wenige Banken gab, hatte ich immer Bündel von Banknoten bei mir. Ich band mir Packen von Rubeln um meinen Äquator und polsterte meine kurze Unterhose mit Dollars aus. Der schlechte Ruf des Zuges und die Atmosphäre im Abteil erinnerten mich an eine Geschichte, die ich kürzlich über die Transsibirische Eisenbahn gehört hatte. Ein Freund hatte das Abteil notgedrungen mit einer sittsam aussehenden Frau teilen müssen, die tagsüber als Bibliothekarin arbeitete und nachts als Freudenmädchen. Von Moskau bis Wladiwostok hatte sie einer Reihe von Kunden auf der oberen Koje Labsal gespendet. Ich spähte über den Kojenrand auf meine Reisegefährtinnen. Ihr scharlachroter Lippenstift und die falschen Wimpern deuteten darauf hin, dass sie die Maske der Bibliothekarin offenbar nicht nötig hatten. Ich fragte mich kurz, ob Russland mich in einen geistesgestörten Puritaner verwandelte, der hinter jeder Ecke Unzucht erblickt.

Wir ratterten über die Wolga und fuhren durch eine endlose Ebene mit Wildblumen in den späten Nachmittag hinein. Die Reihe der Telegrafenmasten schrumpfte ins Nichts, wo die Feldwege über den Rand des flachen Horizonts kippten. Die verstreuten, von aller Welt abgeschnittenen Dörfer erschienen in dieser Weite wie Trugbilder. Alles sah selbst gemacht aus. Die Häuser waren aus aufgelesenen Brettern gebaut, die Traktoren anscheinend aus Schubkarren und alten Nähmaschinen zusammengesetzt. Eine Stadt kam in Sicht, Güterwagen und Kornsilos hatten sie angekündigt. Uralte Autos rumpelten durch die Straßen und wirbelten Staubwolken zwischen Betonhäusern und leeren Bauplätzen auf. Aus einer Reihe von zerschlagenen Laternen hingen die losen Drähte heraus. In dieser Gegend war öffentlichen Einrichtungen nur ein kurzes Leben beschert. Betrunkene benutzten die Laternen für ihre Zielübungen, und junge Unternehmer klauten das Glas und die Birnen für den Schwarzmarkt. Dann fuhren wir wieder durchs Land, über nasse Wiesen, wo braune und weiße Kühe traurig die Köpfe hoben, als der Zug vorbeifuhr.

Um sechs Uhr wachten die Frauen gleichzeitig auf, als hätte ein Wecker geklingelt. Sie nickten mir kurz zu, zündeten sich Zigaretten an und machten sich ans Feilen ihrer Nägel. Die Zahl der Goldzähne im Mund bestimmte die Rangfolge. Ich fragte mich, ob es an der Reputation dieses Zuges lag, dass sie beschlossen hatten, ihre Ersparnisse in Gebisswerten anzulegen. Die Älteste, ein blondes Mannweib, hatte den ganzen Mund voll davon, während sich die Jüngste, eine hübsche Frau mit Satinhose und Sonnenbrille, mit einem einzigen goldenen Schneidezahn zur finanziellen Absicherung begnügte. Sie setzten sich zurecht, um die russischen Boulevard-Zeitungen zu lesen, die den täglichen Meldungen über Korruption, Sex und Gewaltverbrechen gewidmet waren. Die gruseligen Titelseiten zeigten Fotomontagen von Leichen, amerikanische Dollars, rauchende Maschinenpistolen und einen tätowierten Mann, der eine halb nackte Frau bespringt. Ich spähte über eine Schulter auf eine Innenseite, die von einem großformatigen Foto beherrscht wurde: einem nackten männlichen Hinterteil, in dessen rechte Hälfte jemand einen Speer gerammt hatte. Zum Glück war das Schwarzweißfoto etwas verschwommen.

Gegen Abend breitete sich eine gemütliche häusliche Atmosphäre im ganzen Zug aus – gerade das Gegenteil der finsteren Gewalttaten, deretwegen der Zug einen so üblen Ruf genoss. Im ganzen Wagen hatten sich die Fahrgäste in ihren Abteilen wohnlich eingerichtet. Reisetaschen waren ausgepackt, Decken ausgerollt, Schuhe unter den Sitzen verstaut, und Lebensmittel, Zeitungen und aller möglicher Kram lagen unordentlich auf Tischen und Sitzen. Das Geländer im Gang diente allgemein als Wäscheleine für Handtücher und Flanellunterwäsche. Die Reisenden machten es sich gemütlich in Pantoffeln und alten Pullovern, rauchten Pfeife und öffneten braune Bierflaschen. Sie ruhten so zwanglos und unbekümmert auf den unteren Kojen, als lägen sie zu Hause auf dem Sofa. Im ganzen Waggon herrschte ein altmodischer nachbarschaftlicher Geist; die Leute gingen in den Abteilen ein und aus, erzählten und hörten sich an, was andere zu erzählen hatten, teilten sich Würstchen oder standen im Gang wie Dorfbewohner an ihren Gartenpforten, schwatzten, bewunderten die Aussicht und schenkten sich gegenseitig Tee aus dem Samowar ein.

Bei Berichten über barbarische Verhaltensweisen neigen die Leute stets zu Übertreibungen. Der schlechte Ruf des Schnellzugs nach Kasachstan stammt aus den finsteren Jahren 1992 und 1993, in denen Gewaltverbrechen in der früheren Sowjetunion das Vakuum füllten, das durch die nicht mehr vorhandene Autorität der Regierung entstanden war. Aber die Bahnpolizei und der hartnäckige Widerstand normaler Reisender, die sich wie ein lynchender Mob auf Diebe stürzten, hatten die gesetzlose Zeit beendet. Natürlich gibt es immer noch Probleme, aber ich kann nur berichten, dass der Kasachstan-Express ein ordentlicher Zug für normale, anständige Leute ist. Die drei Frauen in meinem Abteil waren keine Prostituierten, sondern Geschäftsfrauen, die Kleider nach Almaty brachten. Am Abend organisierten sie eine kleine Modenschau für unsere nächsten Nachbarn, die die neueste Mode aus Moskau mit unschuldiger Begeisterung beklatschten.

Nach Einbruch der Nacht gingen die Lichter in den Abteilen an. Irgendwann vor einer oder zwei Stunden hatten wir die kasachische Grenze überquert, ohne von Grenzkontrollen belästigt worden zu sein. Ich stand am offenen Gangfenster und beobachtete den wandernden Mond, der bei jeder Kurve in Sicht kam oder verschwand. Die Rauchfahne der Lokomotive flatterte über eine große silberne Leere dahin.

Die »Dorfstraße« auf dem Gang war jetzt fast völlig verwaist. Zwei Fenster weiter saß ein älterer Herr in schwerem Baumwoll-Pyjama und Hausschuhen und las unter einer Abteillampe ein Buch. Er war hoch gewachsen, aber etwas klapprig, hatte ein knochiges Gesicht und eine widerspenstige Mähne. Er sah wie der kauzige Außenseiter eines Dorfes aus. In dem gedämpften Licht schob er sein Gesicht so dicht an die Buchseite heran, als ob er die Druckfarbe riechen wollte. Er schaute auf und bemerkte, dass ich ihn beobachtete.

»Puschkin«, murmelte er. Er hatte eine Adlernase. Das in die Stirn fallende Haar ließ ihn bestürzt aussehen.

»Kennen Sie *Eugen Onegin?*«, fragte er auf Französich.

Ich bejahte und verriet ihm, dass ich meine Katze auf den Namen Puschkin getauft hatte. Das Gesicht des Alten lief ob dieser Frivolität dunkel an, und mit seinen langen Händen umklammerte er schützend sein Buch.

»Russlands Shakespeare«, sagte er halblaut, als wollte er mich der Katze wegen tadeln. »Onegin war dauernd auf Reisen«, fuhr er fort. Ich hörte einen anklagenden Unterton in seiner Stimme. Er schaute mich an, als wäre auch ich ein schlecht lesbarer Druck, den er entziffern müsste. Mit seinen Augen stimmte offenbar etwas nicht. Sie sahen mich einzeln an – erst das eine, dann das andere. »Er war niemals zufrieden«, sagte der Mann, »er brauchte immer einen neuen Horizont.« Das Rattern des Zuges steigerte sich, als wir über ein schadhaftes Gleis fuhren. Der Zug bockte, und wir kippten allesamt gegen die Fenster. Einzelne Wörter drangen durch das Getöse wie auftauchende Teile nach einer Schiffshavarie – »... *un romantique* ... unfähig zu Beziehungen ... ein Nomade ... ein Dilettant in Gefühlsdingen ... wollte nur, was er verloren hatte ...« – bis das Donnern der Räder uns endgültig zum Schweigen brachte und der Mann murmelnd entschwand, immer noch den armen Onegin beklagend, der sich in Liebeskummer verzehrt hatte.

Ich zog mich in die Koje zurück. Die Frauen schliefen schon. Die ganze Nacht über hörte ich wie ein Echo in meinen Träumen den lang gezogenen Pfiff der Lokomotive, einen einzelnen melancholischen Ton, den Klageruf eines Reisenden, in dem beunruhigende Ahnungen von ständiger Bewegung und Verschiebung mitschwangen.

Der Ausblick auf farblose Langeweile dauerte auch am nächsten Tag an. Die Landschaft war auf einfachste Muster reduziert – ein weißer Himmel und eine unansehnliche Ebene, über die Wolken und deren Schatten zielstrebig hinwegeilten. Hie und da wurde das raue Bild der Wüste gemildert durch eine frühlingshafte grüne Glasur, ein kleines Zwischenspiel zwischen den Extremen von Winter und Sommer. Die einzigen Bauten, die gelegentlich in der Ferne auftauchten, schienen Regierungsprojekte zu sein, eine Anhäufung blechgedeckter Betonscheunen, eine Ansammlung von Silos, umzäunte Gelände voll veralteter Traktoren, ein umgepflügtes Feld so groß wie Wiltshire – und dann wieder nichts. Wie müssen Mongolen diese Gegend geliebt haben! Auf dem Eroberungszug nach Europa konnten sie hier draußen tausend Meilen weit reiten, ohne einen Graben zu überqueren, ohne von Städten aufgehalten zu werden. Bruder Wilhelm war da weniger glücklich. Er brauchte fast sieben Wochen, um die Wüsten von Kasachstan hinter sich zu bringen.

»Es war eine schlimme Prüfung«, berichtete Bruder Wilhelm. »Unzählige Male waren wir ausgehungert, halb verdurstet, halb erfroren und völlig erschöpft.« Die wenigen Unterkünfte, die sie unterwegs fanden, gehörten Mongolen, die erst kürzlich in diese neu eroberte Wildnis gekommen waren. Alle waren erpicht darauf, von den Schafen, Kühen und Pferden in Frankreich zu hören und zu erfahren, ob der Papst wirklich fünfhundert Jahre alt ist.

Im Nebenabteil war eine russische Familie, bestehend aus drei plumpen, bärenartigen Gestalten – Vater Bär, Mutter Bär und ein kleiner Bär, ein achtjähriges Mädchen. Vater Bär war Oberst in der Armee. Er fand Interesse an mir und tauchte immer auf, wenn er mich auf dem Gang sah, um mir in passablem Englisch irgendetwas mitzuteilen. Er erzählte mir von der Arbeitsweise der Bohrer an fernen Ölquellen, von Kamelzucht, den Steuerungssystemen in Raumschiffen, von den Zugfahrplänen auf unserer Strecke. Was immer man antippte, Vater Bär war darin Experte. Durch die offene Abteiltür konnte ich hören, wie er seiner Frau dröhnend etwas vorleierte. Die Heirat mit Vater Bär hatte die leidgeprüfte Frau zu einer professionellen Zuhörerin gemacht. Sie hörte seinen endlosen Vorträgen, die eine anderthalbstündige Belehrung über die Verpackung von Ballengütern einschloss, stundenlang geduldig zu, während wir durch diese flache Leere fuhren.

Die beiden luden mich zum Mittagessen ein. Der Hauptgang bestand aus einem meterlangen getrockneten Fisch, den sie unter dem Sitz aufbewahrt hatten. Vater Bär informierte mich über russische Autos, von denen er eine unsagbar hohe Meinung hatte. Wir kamen an einem riesigen Fabrikgelände vorbei, eines der vielen aufgegebenen Regierungsprojekte in dieser trübsinnigen Gegend. In den leeren Gebäuden gähnten Fensterhöhlen.

»Hören Sie mal«, sagte Vater Bär. »*Perestroika*. Gorbatschows Reformen.« Worauf ein längerer lauter Redeschwall anhob, bei dem der letzte kommunistische Staatschef nicht gut wegkam. Der tiefe Hass der Russen auf Gorbatschow ist den meisten Leuten im Westen ein Rätsel, besonders in Anbetracht der richtungslosen Regierungen, die folgten. Kaum hatten die Russen die Diktatur abgeschüttelt, missverstanden sie die Demokratie als Freibrief für alle Schandtaten. Jelzins Wirkung beruhte auf seiner Reputation, ein Mann der Straße zu sein. Er hatte den typischen Charakter eines Russen mit allen Fehlern und Tugenden: zäh und hartnäckig, romantisch, bereit, sich ausnutzen zu lassen, und trunksüchtig. Er war *prostonarodny*, ein russischer Begriff, der schwer zu übersetzen ist und etwa erdverbunden, Teil des einfachen Volkes bedeutet. Im Gegensatz dazu war Gorbatschow ein Pädagoge, am glücklichsten dann, wenn er in seinen Vorträgen die Unzulänglichkeit der Nation geißeln konnte. Noch kurioser aber war der Hass auf seine Frau Raissa. Vater Bär machte sie persönlich für den Niedergang des Landes verantwortlich. Sie habe den Kommunismus zerstört, damit sie ihre Hüte in Paris kaufen könne.

Wir ratterten durch die unbarmherzige Steppe. Das Gras wurde spärlich, so dass man hie und da Fleckchen nackter Erde sah, bleich wie raue Haut.

Hinter Tschelkar gewann der Sand die Oberhand, und das Gras war auf einzelne Büschel auf Treibdünen geschrumpft. In einiger Entfernung streiften zweihöckrige Kamele träge umher, deren Höcker nach dem langen Winter hinten noch eingefallen waren. Salzkrusten umschlossen den festgepressten Sand wie Gürtel, und die Luft schmeckte scharf und beißend.

»Salz vom Aralsee«, bemerkte Vater Bär und fuhr sich mit der Zunge über die Lippen. »Der stirbt.«

Gegen Mittag fuhren wir durch Aralsk, einen einst wichtigen Fischereihafen am Aralsee. Wir blickten hinaus auf eine ausgezehrte Stadt. Viele der heruntergekommenen Häuser waren mit Brettern vernagelt, ganze Stadtteile verlassen. Am Ende der leeren Straßen sahen wir dort, wo früher Docks gewesen waren, zwischen den Dünen die zur Seite gekippten rostigen Rümpfe der Fischerboote, darüber die Gerippe von Baukränen.

Der Tod des Aralsees ist eine der größten ökologischen Katastrophen unserer Zeit, ein Beispiel für den Wahnsinn der Planwirtschaft. Wie so viele sowjetische Tragödien fing auch diese mit Stalin an. Er entschied in den 20er-Jahren, dass die Sowjetunion, was Baumwolle betraf, autark werden müsse. Schauplatz dieses grandiosen Programms waren die weiten Räume Zentralasiens, vor allem die Niederungen der beiden großen Flüsse, die den Binnensee speisen: Amudarja und Syrdarja, im Altertum Oxus und Jaxartes genannt. Riesige Bewässerungssysteme, die König Baumwolle versorgen sollten, führten dazu, dass die Flüsse in die umgebende Wüste abgelassen wurden und der Pegel des Aralsees, des viertgrößten Sees der Welt, zu sinken begann. Ein zusätzliches Problem entstand durch die Zunahme der Bevölkerung Zentralasiens, denn damit stieg auch der Wasserbedarf für die modernen Haushaltsgeräte. Der neu erbaute Karakorum-Kanal entzog dem Amudarja ein Fünftel seines Wassers, so dass jetzt auch das südliche Turkmenistan in den Baumwollgürtel einbezogen werden konnte.

In den 80er-Jahren betrug der Zufluss in den Aralsee nur noch ein Zehntel der Wassermenge, die in den 50er-Jahren zur Verfügung gestanden hatte. Um 1993 bedeckte der See nur noch die Hälfte der ursprünglichen Fläche. Sein größter Hafen, Mujnak in Usbekistan, lag mittlerweile fast sechzig Meilen vom Ufer entfernt, und die Dünen um die Stadt herum sind wie die von Aralsk mit dem Schrott alter Schiffe bedeckt. Bis 2020 wird der See von der Größe Irlands wahrscheinlich ganz verschwunden sein.

Der sterbende See hat die ganze Region in den Abgrund gerissen. Es gibt keine Fischbestände mehr, und eine Industrie, die einst sechzigtausend Menschen ernährte, ist gestorben. Das Klima hat sich drastisch verändert, die Zahl der regenlosen Tage vervierfacht. Winde haben die dicken Salzablagerungen vom ausgetrockneten Seebett meilenweit in die Umgebung geblasen und damit der Landwirtschaft schwere Schäden zugefügt und zahllose Gesundheitsprobleme verursacht – von Asthma bis hin zu Speiseröhren- und Kehlkopfkrebs. Die hohe Verdunstungsmenge des in die Baumwollfelder gelenkten Wassers hat zu weiterer Versalzung geführt, während die chemischen Düngemittel in die zwei Flüsse gespült wurden, die einen Großteil der Region mit Trinkwassers versorgt.

Jahrtausendelang waren die Kasachen ein Nomadenvolk, das im Rhythmus des Auf und Ab der mageren Weiden in seinem riesigen Land weiterzog. Ihre Lebensweise stand mit der kargen Vegetation und dem trockenen Klima wunderbar im Einklang. Als die Russen kamen, hatte ihr Hirtenleben ein Ende. Die Eisenbahn beförderte Horden von Siedlern ins

Land, Städte wurden gebaut, und Farmen zerstörten das Weideland und den fein abgestimmten Wechsel der Lagerplätze. Verlockt durch die Entlohnung in barem Geld und feste Behausungen, gaben die Kasachen ihr Nomadenleben allmählich auf. Die Enkel der Hirten wurden Angestellte auf Staatsgütern, und die stolze Tradition der kasachischen Horden verkam zu einer ausgefallenen Lebensweise. Die ökologische Katastrophe des Aralsees war die Rache der Natur für ein System standortgebundener Landwirtschaft, welche die geografischen Realitäten außer Acht gelassen hatte.

Aber Vater Bär sah das nicht so. Für ihn war der Tod des Aralsees einfach ein Fehler der Kommunisten. Als ich von den nomadischen Traditionen dieses Landes sprach, runzelte er die Stirn; er missverstand meine Bemerkungen als ein weiteres Beispiel für die Schwierigkeiten, die Kasachstan erduldet hatte.

»Nomaden«, meinte er achselzuckend. »Leute ohne Bildung. Die können nicht für die Zukunft planen.«

»Vielleicht sind sie zufrieden mit der Gegenwart«, sagte ich.

»Und wo sind sie jetzt?«, fragte er und spähte hinaus in die leere Prärie, als wäre die Abwesenheit von Reitern und Schafen, die er durchs Zugfenster feststellte, bereits ein Argument.

Ich erwähnte die Mongolei und die Tatsache, dass der größte Teil der Bevölkerung dort immer noch mit der Lebensweise der Nomaden zufrieden ist.

»Mongolei«, schnaubte er. »Wozu sprechen wir über Barbaren?«

KAPITEL VIER

~

DER STURM DER MONGOLEN

1238 brach der Fischmarkt in Yarmouth zusammen. Die Schiffe aus den Ostseehäfen, die sich sonst immer hier im Hafen versammelt hatten, um Fisch zu laden, blieben aus, und bei dem plötzlichen Überangebot fielen die Preise in den Keller. Fischer und Kaufleute gingen Bankrott, und noch in den Midlands kosteten fünfzig Salzheringe nicht mehr als einen Shilling.

Im selben Jahr erschien eine seltsame Gesandtschaft am Hof Ludwigs IX. von Frankreich. Später kam sie auch nach London, wo Heinrich III. sie empfing. Sie stellten sich als Gesandte eines mysteriösen östlichen Potentaten vor, den die Kreuzfahrer den Alten vom Berge nannten. Von seiner Festung im nordpersischen Elburs-Gebirge aus entsandte dieser sonderbare Einsiedler seine jungen fanatischen Schüler, damit sie seine politischen Feinde töteten. Diese Schüler wurden als *haschaschin* oder Haschisch-Esser bezeichnet; daraus abgeleitet ist das französische Wort *assassin*, Meuchelmörder. Durch ihr heimtückisches Vorgehen hatten sich die Ismaili-Assassinen fast zwei Jahrhunderte lang eine beachtliche politische Macht im ganzen Mittleren Osten gesichert. Aber nun drohte ihnen aus heiterem Himmel eine neue Gefahr, und zwar von einem Volk, dessen Führer für ihre Mordkommandos zu weit weg und zu unberechenbar waren. So kamen die Ismaili nach Europa, um Verbündete gegen die mongolische Bedrohung zu gewinnen.

Die beschränkte Sichtweise der Europäer zeigt sich darin, dass sie in den ersten Jahrzehnten des 13. Jahrhunderts nicht die geringste Ahnung von den umwälzenden Entwicklungen in Asien hatten. Unter dem Kommando des charismatischen Dschingis Khan waren die Mongolen zu einem Eroberungszug über den ganzen Kontinent aufgebrochen. Alte Dynastien zerbrachen, Reiche zerbröckelten, große Städte wurden dem

Erdboden gleichgemacht und ihre Einwohner abgeschlachtet, während Europa weiter schlummerte, nicht ahnend, dass die mongolischen Reiterhorden auf dem Vormarsch nach Westen waren.

In Umkehrung der üblichen historischen Gepflogenheiten wurde die Geschichte des mongolischen Vorstoßes von den Besiegten und nicht von den Siegern geschrieben. Die apokalyptischen Berichte, die uns überliefert sind, spiegeln das Entsetzen und die Vorurteile der Besiegten wider. Die Mongolen sind darin unweigerlich die Kräfte der Finsternis, barbarische Horden, eine Geißel Gottes, eine Pest, welche die Zivilisation vernichtet. Aufgrund des überkommenen Bildes, das durch die Berichte seiner Feinde entstand, ist Dschingis Khan als einer der größten Übeltäter der Menschheit in die Geschichte eingegangen.

Für die Mongolen war Dschingis Khan ein großer, weltkluger Führer und ein scharfsinniger Politiker, unbestechlich und diszipliniert. Als klugem, vorausschauendem Gesetzgeber und als tüchtigem Verwalter und Meister strategischen Denkens gelang es ihm, die mongolischen Stämme zum ersten Mal seit Generationen zu vereinen. Dank dieser ungewöhnlichen Einheit konnten sie den Blick über ihre Weidegründe hinaus nach außen auf die reichen, aber degenerierten Städte lenken. Die ersten Eroberungen waren erstaunlich leicht, und dank der ungeheuren Dynamik ihrer Schrecken erregenden Erfolge entstand das mongolische Reich.

Man konnte von Dschingis Khan kaum erwarten, dass er die Städte und deren Einwohner respektierte. Er war ein Mann der Steppe, eine Nomade, der sesshafte Gesellschaften vom Standpunkt einer kulturellen und moralischen Überlegenheit aus mit Misstrauen und Abscheu betrachtete und letztlich mit Mitleid. Aus der Sicht der Nomaden lebten Männer und Frauen in Städten in einem Zustand der Verderbtheit, und Bauern, die ihr Leben lang auf Knien das Feld bestellten, verdienten kaum mehr Beachtung als eine Herde Schafe. Ihre Vernichtung bekümmerte die Mongolen ebenso wenig, wie die Konquistadoren das Abschlachten der Inkas bekümmerte oder die ersten Sklavenhändler das Schicksal der Afrikaner. Nach den Maßstäben asiatischer Kriegsführung im Mittelalter waren die Methoden des Dschingis Khan nicht einmal besonders brutal. Sein furchtbarer Ruf kennzeichnet seinen Erfolg und die vorrangige Stellung, die die vernichteten Städte in den historischen Quellen innehatten.

Ausschlag gebend waren die Belagerung und Zerstörung von Buchara. »Sie kamen, rotteten alles aus, legten Feuer, schlugen tot, plünderten und ritten davon«, schrieb ein Historiker jener Zeit. Jakut, der berühmte arabische Geograf, der aus Merv geflohen war, als die Mongolen näher rückten, berichtete, die vornehmen Gebäude der Stadt seien »vom Erdboden getilgt worden, so wie geschriebene Zeilen vom Papier getilgt werden«. Die Mongolen brauchten nur eine kurze Pause, um die Pferde zu tränken und weiden zu lassen, stürmten dann weiter und plünderten alle großen Städte von Transkaspien und Oxiana, von Afghanistan und Nordpersien: Samarkand, Khiva, Balkh, Merv, Herat, Kandahar, Ardabil, Qasvin, Täbris, Qom. Sie erlitten alle das gleiche Schicksal wie Nischapur in der persischen Provinz Khorasan, der Heimat des Dichters Omar Khayyam. Nicht ein Hund und nicht eine Katze wurde verschont. Die einzigen Denkmäler, die der Stadt blieben, waren Pyramiden menschlicher Schädel.

Dann stürmten die Mongolen nach Westen, fegten durch den Kaukasus in die Ukraine und die Krim. Sie überwinterten am Schwarzen Meer, zwischen den Hügelgräbern ihrer nomadischen Vorfahren, der Skythen,

Das alte Karakorum, Hauptstadt des Mongolenreichs und Mittelpunkt der Welt im 13. Jahrhundert

ehe sie 1223 weiter nach Norden galoppierten, wo sie drei russische Armeen besiegten. Danach ritten sie, so gelassen und selbstverständlich wie Pendler, durch die Weite Asiens heimwärts, um sich zu einem *quriltai* zu versammeln, dem großen Treffen mongolischer Unterführer. Die Welt hatte den ersten Vorgeschmack auf einen militärischen Feldzug bekommen, der in puncto Marschgeschwindigkeit und Flexibilität bis in unsere heutige technisierte Zeit seinesgleichen sucht. Die Vorstellung, dass die Mongolen nur ein wilder Reiterhaufen waren, der ganze Länder mit seiner schieren Masse überflutete, wurde bald widerlegt. Sie waren eine disziplinierte und gut organisierte Truppe, ihren Feinden zahlenmäßig für gewöhnlich im Verhältnis 2:1 unterlegen. Ihren Erfolg verdankten sie außergewöhnlicher Beweglichkeit und einer ausgeklügelten Strategie. Sowohl Patton wie Rommel studierten die Taktik des mongolischen Generals Subedei. Mongolen wurden im Sattel geboren, und ihre Eroberungen stehen für die größten Feldzüge der Geschichte, die ausschließlich von Kavallerie geführt wurden. Immer wieder tauchten mongolische Reiter aus dem Nichts auf, nachdem sie in einem Tempo, das ihren Feinden unvorstellbar erschien, riesige Entfernungen zurückgelegt und unüberwindliche natürliche Hindernisse bezwungen hatten. Sie führten einen Blitzkrieg – siebenhundert Jahre vor der Erfindung der Panzer und des Luftkriegs.

Im Sommer 1227, mitten in der Eroberung Chinas, starb Dschingis Khan nach einer heftigen Fieberattacke. Vermutlich ist er etwa siebzig Jahre alt geworden. Auf dem Totenbett soll er seine Söhne um sich versammelt, ihnen ein Bündel Pfeile übergeben und sie aufgefordert haben, es zu zerbrechen. Als sie es nicht fertig brachten, gab er ihnen jeden Pfeil einzeln. Die Lektion lautete: Ihr müsst vereint bleiben. Einzeln – wie die Pfeile – seid ihr schwach. Sein Reich übertrug er Ögädäi, seinem dritten Sohn, der als Großkhan herrschen sollte. Unter ihm sollte sein zweiter Sohn Dschagatai Zentralasien regieren. Batu Khan, dem Bruder Wilhelm an der Wolga begegnete, wurde Herr über die russischen Steppen; sein Heer wurde als die Goldene Horde bekannt. Seinem jüngsten Sohn Tului übergab er das mongolische Stammland. So war ganz Asien, der Tradition der mongolischen Weiderechte entsprechend, in mehrere Gebiete aufgeteilt. Der älteste Sohn (in diesem Fall ein Enkel, da Dschingis Khans Erstgeborener vor ihm gestorben war) erhielt das von der Heimat am weitesten entfernte Weideland, während dem jüngsten das »Herzland« zugesprochen wurde.

Der Leichnam des Großen Khan wurde in die Mongolei heimgebracht und in den Hentiyn-Bergen in der Nähe seines Geburtsorts an einer Stelle begraben, die er sich selbst ausgesucht hatte. Alle Träger im Leichenzug und alle, die ihm unterwegs begegneten, wurden getötet, auf dass das Geheimnis seiner Grabstelle gewahrt bleibe. Bis zum heutigen Tag weiß niemand, wo sein Grab sich befindet.

Als Dschingis Khan starb, war sein Imperium viermal so groß wie das Reich Alexanders und doppelt so groß wie das Römische Reich. Aber noch hatten die Mongolen den Zenit nicht erreicht. Unter dem neuen Khan Ögädäi wurden die Eroberungszüge fortgesetzt. Bis 1234 war ganz Nordchina unterworfen. Angeblich hatte Ögädäi erwogen, die gesamte chinesische Bevölkerung, rund fünfundvierzig Millionen Menschen, zu massakrieren. »Sie sind für uns ohne Nutzen«, soll er einem chinesischen Historiker zufolge gesagt haben. »Es wäre also besser, sie in ihrer Gesamtheit auszurotten und das Gras wachsen zu lassen, damit unsere Pferde Weideland haben.« Doch eingedenk der Steuern, die man von all den hart arbeitenden Chinesen erwarten durfte, überlegte er es sich anders.

Da man die alten Feinde jetzt erledigt hatte, wandten sich die Mongolen nun wieder neuen Horizonten im Westen zu, um die Grenzen des Reiches nach Europa hinein auszudehnen. Im Winter 1237/38 überquerten sie die zugefrorene Wolga und stießen nach Russland vor – der einzig erfolgreiche winterliche Vorstoß in diese Richtung, der die Anlieger der Ostsee derart aufschreckte, dass sie die jährliche Fahrt nach Yarmouth strichen, was dramatische Folgen für den englischen Heringsmarkt hatte.

Den Sommer über rasteten die mongolischen Heere in den Don-Steppen. Aus der Mongolei wurden über eine Entfernung von weit über viertausend Kilometer militärische Verstärkung und ein Nachschub an Pferden geschickt. Am anderen Ende Europas hatten die Gesandten der Assassinen inzwischen den stürmisch bewegten Kanal überquert, um den englischen König vor der drohenden Gefahr zu warnen. Sie sprachen von »einer unmenschlichen Rasse, Ungeheuern in Menschengestalt«, die aus den Bergen im Norden hervorgestürmt waren, um die Länder im Osten zu verwüsten. »Fürchterliche Sendboten haben Drohbriefe überbracht«, verkündeten die Abgesandten aus dem Mittleren Osten, »und wenn nicht einmal sie in der Lage seien, den Angriffen dieser Menschen Einhalt zu gebieten, gebe es nichts mehr, was diese davon abhalten könne, die westlichen Länder zu zerstören.«

Ihre Appelle stießen auf taube Ohren. Der Bischof von Winchester, der der Anhörung beiwohnte, fand die Vorstellung, Ungläubigen zur Seite zu stehen, völlig absurd. Kreuzfahrer hatten seit Jahrhunderten Krieg gegen die Muslime im Nahen und Mittleren Osten geführt, und er sah keinen Grund, ihnen jetzt aus der Patsche zu helfen. »Sollen sich diese Hunde doch gegenseitig auffressen«, riet er, »auf dass sie sich gegenseitig aufreiben und umkommen, und wenn es dann noch Feinde Christi gibt, werden wir gegen sie vorgehen, sie erschlagen und den Erdboden von ihnen säubern.« Für fast ganz Europa waren die Mongolen immer noch ein Gerücht. Durch die Ereignisse der folgenden zwei Jahre wurde aus dem Gerücht allerdings grimmige Realität.

Im Frühjahr 1240 unternahmen die mongolischen Streitkräfte gestärkt einen neuen stürmischen Vorstoß nach Europa. Sie fielen zuerst in Kiew ein, das damals der politische und religiöse Mittelpunkt Russlands war. Die Einwohner berichteten, der Lärm der donnernden Hufe und das Kriegsgeschrei der anstürmenden Mongolen seien so laut gewesen, dass man sich innerhalb der Stadtmauern nur schreiend verständigen konnte. Die Eindringlinge aus dem Osten zerstörten die Stadt bis auf die Grundmauern und verschonten nur die Sophienkirche. Die Armee wurde in Divisionen aufgeteilt. Eine davon überquerte die Karpaten-Pässe und fiel in Ungarn ein; eine andere galoppierte über die polnischen Ebenen und hatte noch vor Ende März Krakau und Breslau vollkommen zerstört. Bei Liegnitz vernichtete sie eine geschlossene Armee von Polen und germanischen Reitern und füllte neun Säcke mit den Ohren gefallener Feinde. Unterdessen fegte die andere Division durch Moldawien, die Walachei und Transsylvanien und legte dort alles in Trümmer. An den Ufern des Sajó besiegte sie ein Heer aus hunderttausend Reitern, setzte Pest in Brand und bekam die weite ungarische Tiefebene in ihre Gewalt. Die Söhne und Enkel von Dschingis Khan waren auf der Höhe ihrer Macht. Zwischen den Grenzen Polens und dem Gelben Meer konnte »ohne mongolische Erlaubnis kaum ein Hund bellen«. Und nun sah es so aus, als könnte keine Macht auf Erden sie noch davon abhalten, bis zur Atlantikküste vorzustoßen.

Anfangs hatten die Europäer noch versucht, die seltsamen Gestalten, die in Scharen aus dem Osten heranpreschten, mit den Armeen des legendären christlichen Königs Prester (Priester) John gleichzusetzen, einem Abkömmling eines der Weisen aus dem Morgenland, dessen Ankunft die

Europäer jedes Jahr erwarteten, auf dass er ihnen helfe, die Muslime aus dem Heiligen Land zu jagen. Daher wurden die ersten vagen Berichte über Dschingis Khan noch als Verheißung einer Erlösung betrachtet und nicht als Warnung vor kommendem Unheil.

Die Vorstellung, dass von Prester John die Erlösung komme, hielt sich erstaunlich zäh, selbst noch als die mongolischen Heere 1223 durch Georgien und Russland stürmten und angeblich zweihunderttauend Menschen umbrachten. Aber da die Toten nur orthodoxe Christen und keine Katholiken waren, blieben die Europäer bei ihrer Überzeugung, dass der christliche König als Wohltäter gekommen sei, um die Ungläubigen zu vertreiben.

Erst nach den verheerenden Feldzügen in Polen und Ungarn wurde dem restlichen Europa allmählich bewusst, dass die Mongolen nicht als Freunde kamen, sondern als Zerstörer. Noch immer von mittelalterlichen Legenden durchdrungen, mutmaßten die Europäer, dass es sich bei den Mongolen um Gog und Magog handeln könnte, die beiden verderbten Ungeheuer, von denen es in der Offenbarung heißt, Satan werde sie aus ihrer Gefangenschaft im Osten befreien, damit sie als Herolde die Apokalypse ankündigen. Die Fürsten Europas beschworen einander, ihre Streitigkeiten beizulegen und vereint die Christenheit zu verteidigen. Graf Heinrich von Lothringen schrieb an seinen Schwiegervater:

> Die seit langem in der Heiligen Schrift vorhergesagten Gefahren brechen nun auf Grund unserer Sünden über uns herein. Ein grausamer Volksstamm, unübersehbar an Zahl, gesetzlos und wild, dringt jetzt über unsere Grenzen ... nachdem sie durch viele Länder geritten sind und die Menschen dort getötet haben.

Der Landgraf von Thüringen wollte den Herzog von Boulogne zum Kampf aufstacheln. »Der Tag des Herrn ist gekommen ... (die Tartaren) haben in ihrer grenzenlosen Verruchtheit ... von Osten bis an die Grenzen unseres eigenen Herrschaftsbereichs die Erde ganz verwüstet.« König Ludwig von Frankreich war ein Philosoph. »Wir haben den himmlischen Trost«, schrieb er an seine Mutter, »dass Wir die Tartaren, sollten sie kommen, entweder zur Hölle jagen werden, woher sie ja kommen, oder selbst in den Himmel auffahren, um die Wonnen, welche die Erwählten dort erwarten, zu genießen.«

Selbst in England, wo der Bischof von Winchester seine früheren Worte demütig widerrief, klingelten die Alarmglocken. Matthew Paris schrieb in seiner Chronik:

> Eine verruchte Satansbrut ... die unzähligen Heere der Tartaren ... die wie die Teufel aus dem Tartarus hervorquollen ... Heuschrecken gleich schwärmten sie über das Antlitz der Erde und brachten den Ländern im Osten schreckliche Zerstörung, verwüsteten sie durch Feuer und Gemetzel. Denn sie sind unmenschlich, wie Tiere, eher Ungeheuer denn Menschen, nach Blut dürstend und Blut trinkend. Hunden und Menschen reißen sie das Fleisch vom Leib und verschlingen es. Sie sind untersetzt, stämmig, stark, unbesiegbar, unermüdlich ... trinken mit Wonne das Blut ihres Viehs ... Menschliche Gesetze kennen sie nicht, auch keine Bequemlichkeit ... sind wilder als Löwen und Bären ... Sie sind vortreffliche Bogenschützen ... kennen nur ihre eigene Sprache, die sonst kein Mensch versteht, denn bis jetzt gab es keinen Zugang zu ihnen ... Sie ziehen mit ihren Frauen und ihrem Vieh umher ... Und so kamen sie mit der Schnelligkeit des Blitzes an die Grenzen der Christenheit, verwüstend und schlachtend, versetzten jedermann in Schrecken und Entsetzen ohnegleichen ...

Unter dem Eindruck dieses Schreckens sagte Matthew selbstsicher das Ende der Welt für 1250 voraus. In ganz Nordeuropa wanderten die Flagellanten durch die Städte und prophezeiten die dämonische Versammlung von Armageddon. In Deutschland trieb man die üblichen Verdächtigen zusammen und schlachtete die Juden reihenweise ab – auf Grund des absurden Verdachts, dass sie den Mongolen Waffen zukommen ließen.

Vor dem Winter des Jahres 1241/42 bereiteten sich die Mongolen auf den nächsten Feldzug in Europa vor. Am Weihnachtstag führte Batu seine Truppen über die zugefrorene Donau, wo er Buda und Gran (Esztergom), das religiöse Zentrum, einnahm und plünderte. Eine Vorhut von zehntausend Mann wurde nach Österreich entsandt und verwüstete das ganze Land bis zur Wiener Neustadt. Eine andere Abteilung galoppierte, nachdem sie Zagreb geplündert hatte, an der dalmatinischen Küste entlang nach Split, dem ungarischen König dicht auf den Fersen. Im Frühling wurden mongolische Aufklärungstrupps bei Udine gesichtet, nur sechzig Meilen von Venedig entfernt. Gleichzeitig sah man mongolische Aufklärer schon an den Rändern von Wien. Armageddon stand unmittelbar bevor, wie es schien. Ganz Europa wartete mit angehaltenem Atem auf das Erschallen der Posaunen des Jüngsten Gerichts.

Und dann geschah etwas Sonderbares.

Die Mongolen ritten nach Hause.

Sie hatten die Nachricht von Ögädäis Tod erhalten. Der Großkhan hatte seine letzten Jahre im mongolischen Heimatland in alkoholisch bedingter Verwirrtheit verbracht.

An einem Maimorgen brachen die Mongolen ihre Zelte ab und lenkten ihre Pferde ostwärts, um in die Heimat zurückzureiten, über sechstausend Kilometer quer durch Asien. Ein großer *quriltai* war einberufen worden, um den neuen Großkhan zu wählen, und niemand konnte es sich leisten, bei dem politischen Intrigenspiel der Neuwahl zu fehlen. Als sich der aufgewirbelte Staub auf die politischen Machenschaften der Mongolen senkte, konzentrierte sich ihr Augenmerk wieder auf Asien, und Europa wurde nicht noch einmal von den Mongolen bedroht. Europa war gerade noch einmal davongekommen.

Im Kasachstan-Express hatte sich die Nachricht meiner Expedition wie Dorfklatsch im ganzen Zug verbreitet, so dass die Reisenden in den anderen Waggons über die Mongolei und den wunderlichen Ausländer Bescheid wussten. Als ich in Turkestan ausstieg, war diese Nachricht rätselhafterweise bereits aus dem Zug und bis in die Stadt gedrungen. So kam es, dass ich im Hotel schon am Empfang erwartet wurde. Oben im Restaurant fragte mich der Geschäftsführer, ob ich glaubte, dass mein frommer Franzose, Bruder Wilhelm, bei seinem Aufenthalt in der Mongolei vielleicht Kinder gezeugt hätte. Anscheinend hatte er in Almaty einmal eine Mongolin kennen gelernt, die offenbar nur ein sehr verklausuliertes Französisch sprach. Ich war hoch erfreut, dass mein frommer Franzose wieder eine gewisse Bekanntheit in den Städten erlangte, durch die er vor sieben Jahrhunderten gekommen war.

Turkestan ist eine kasachische Stadt am Nordrand der Kyzylkum-Wüste, zu abgelegen und öde, um für russische Ansiedler interessant zu sein. Wüstenstaub bedeckte die Blätter der Schatten spendenden Bäume an der Hauptstraße. Der Basar war eine schäbige Ansammlung von Blechhütten. Am einen Ende hackten die Metzger, von Fliegen umschwärmt, toten Schafen die Beine ab, während am anderen ein paar ältere Wahrsager neben Häufchen prophetischer Bohnen und Spielkarten mit Eselsohren hockten, die das Geheimnis des Schicksals ihrer Kunden bargen. Draußen auf der Straße lockten Marktschreier die Massen mit Scherzen und akrobatischen Kunststücken an.

Turkestan beherbergt, so unglaublich das scheinen mag, das bedeutendste kasachische Heiligengrab, das Mausoleum des ersten großen muslimischen Turkheiligen, Scheich Ahmed Yasavi, der im 12. Jahrhundert einen Sufi-Orden gründete. Die blaue Kuppel erhebt sich am Rand der Wüste, hinter einer Reihe schäbiger Lehmhäuser, den einzigen Überbleibseln aus der glanzvollen Vergangenheit der Stadt. Tamerlan, der grausame Eroberer des 14. Jahrhunderts, der seine Ahnenreihe bis auf Dschingis Khan zurückverfolgen konnte und sich die untergegangene Herrlichkeit der mongolischen Ära zum Vorbild nahm, hatte das Grabmal errichten lassen. Eingefasst von großen, mit Zinnen versehenen Mauern, die inzwischen verfallen sind, trotzt der stolze Bau den nomadischen Traditionen des Landes.

Das Mausoleum war während der Chruschtschow-Zeit geschlossen und wird jetzt auf Kosten der allgegenwärtigen Türken renoviert, die glücklich die väterliche Rolle übernehmen, die die Russen aufgegeben haben, denn so können sie wieder die lang ersehnte Brücke zu ihren Brüdern in Zentralasien schlagen. Die Kasachen, in der postsowjetischen Ära auf der Suche nach einer nationalen Identität, nehmen das Bauwerk als großartiges Beispiel kasachischer Architektur für sich in Anspruch. Das könnten sie auch ohne Zweifel, wenn es so etwas wie eine kasachische Architektur gäbe. Das Gebäude ist im persischen Stil erbaut, Teil der timuridischen Tradition, die ihren wunderbarsten Ausdruck in Samarkand gefunden hat.

Ich schritt an etwa fünfzig Meter Rosenbeeten vorbei, deren Blütenblätter die Wege bedeckten. Die gewellte Kuppel ruhte auf Mauern mit türkisfarbenen und azurblauen Kacheln. Bei Tamerlans Tod waren die Kachelarbeiten noch nicht fertig, und die Handwerker hatten keine Lust – vielleicht auch, weil sie keinen Lohn bekamen –, die Arbeit abzuschließen. Die Reste des Holzgerüsts, das sie vor sechshundert Jahren verließen, hängen noch heute an den Türmen. Im kühlen Innenraum steigen weiß getünchte *ivans* durch ein filigranes Netzwerk von Arabesken hinauf zu einem schmucklosen Kuppelgewölbe. Überwölbte Gänge führen von den zentralen Räumen in ein Labyrinth hoher weißer Räume, deren vergitterte Fenster von der Außenwelt nur noch trübes gedämpftes Licht und unterdrückte Geräusche nach innen dringen lassen. Selbst hier, an den Grenzen der muslimischen Welt, erkennt man den architektonischen Zauber des Islam. Derart hat noch keine Religion die Sehnsucht nach der vollkommenen Seelenruhe in Stein und kunstvoll gestaltetes Mauerwerk gebannt.

Das Hauptinteresse der kasachischen Pilger, die ins Mausoleum strömten, galt dem gewaltigen, zwei Tonnen schweren Wasserbecken aus Bronze genau unter der Kuppel, einem Geschenk von Tamerlan. Die Pilger standen Schlange, um den Rand zu küssen und Münzen in die hallende Tiefe fallen zu lassen. Als die Russen das Becken 1935 in die Eremitage, das große Kunstmuseum in Leningrad, abtransportierten, gab es alsbald Gerüchte ähnlich denen bei der Räumung von Tutanchamons Grab, als einige der Beteiligten vorzeitig starben. 1989 brachten die Russen das Bronzebecken zurück, vermutlich weil sie selbst mehr als genug Probleme hatten, um sich auch noch über Tamerlans Fluch ärgern zu müssen.

Auf einer schmalen Terrasse oberhalb des Mausoleums war ein wunderbarer Hammam, ein türkisches Bad, in dem Marmorbänke in Alkoven unter einem niedrigen Gewölbedach zum Ruhen einluden. Wenn das Mausoleum ein Heiligtum für die Seele war, so war der Hammam ein der sinnlichen Lust gewidmeter Palast für den Leib. Die ihnen gemeinsamen architektonischen Formen – Bögen, Gewölbe und Kuppeln – schufen eine erfrischende Verbindung zwischen Profanem und Himmlischem.

Draußen an einem Verkaufsstand sah ich mir ein paar Peitschen mit verzierten Griffen an. Der Verkäufer stellte sich neben mich.

»Serr schön Peitschen«, sagte er, »ich mache gut Preis.«

»Ich habe kein Pferd«, sagte ich achselzuckend.

Er sah mich verblüfft an. »Die sind nicht für Ihr Pferd«, sagte er und nahm mir die Peitschen ab. »Die sind für Frau.«

~

Am Morgen kam ein Fahrer, und wir fuhren in seinem uralten Lada auf einer blauen Straße nach Osten. Der löchrige Asphalt flimmerte in der Hitze. Zu unserer Linken kamen in der Ferne Berge mit schattigen Mulden zwischen den Flanken in Sicht, das Karatau-Gebirge. Die Wasserläufe von ihren Höhen durchschnitten die Felder bis hinab zum armseligen Amudarja, der sich aus Usbekistan hinaus nach Süden schlängelt, wo ihn

Myriaden von Bewässerungskanälen seiner Kraft berauben. Dicke Grasdecken lagen zwischen den kargen Feldern, und Pappeln säumten die Wasserwege. Fern zur Rechten wichen die Äcker in den zinnfarbenen Dunst der Kyzylkum-Wüste zurück.

Ich wollte die Ruinen der großen Stadt Utrar am Rand der Wüste zwischen Turkestan und Tschimkent sehen. Im Dorf Saul'der, einem staubigen, schattenlosen Flecken ein paar Meilen abseits von der Hauptstraße, hielten wir einen streng blickenden Pascha an, um ihn nach dem Weg zu fragen. Er brauchte die halbe Länge der Hauptstraße, bis er sein Maultier zum Stehen gebracht hatte. Zwei Frauen, die schwitzend hinterhertrotteten, begrüßten dankbar die Atempause. Der Alte deutete auf ein kleines Museum am Dorfende.

Durch die Türen des Museums hereingewehter Sand hatte sich in den Ecken der Eingangshalle gesammelt. Bei meinem Anblick erschrak die Kartenverkäuferin derart, dass sie die Flucht ergriff. Wortlos sprang sie auf und verschwand eine Treppe hinauf. Minuten später tauchte sie mit einem kleinen Mann auf, der mich willkommen hieß, indem er mir lange und kräftig die Hand schüttelte. Er war der Kustos und hiesige Archäologe, doch mit seiner schäbigen Jacke und den zerrissenen Schuhen hätte man ihn für einen Putzmann halten können. Er nickte aufgeregt, als er vom Fahrer erfuhr, ich würde in die Mongolei reisen. »Ja, ja«, sagte er, ohne meine Hand loszulassen, und sah mich prüfend an. »Ja natürlich, die Mongolei.« Ich hatte die gespenstische Vorstellung, er habe mich womöglich schon seit Jahren erwartet.

Zu Beginn seiner Laufbahn hatte nichts darauf hingedeutet, dass Dschingis Khan einmal ein Reich gründen würde. Als er im Jahr 1211 die Wüste Gobi durchquerte, um in China einzufallen, gab es zunächst nur einzelne Überfälle nach dem üblichen Muster der Nomaden: Beute machen und weg, nur in der Absicht zu plündern, nicht zu erobern. Erst nach der Konfrontation mit dem Turkstaat Chorasm, dem großen Nachbarn im Westen, erwachte sein Herrscherehrgeiz.

Die Beziehung war schon etwas gespannt, als Dschingis Khan 1218 eine große Abordnung von Kaufleuten nach Chorasm entsandte, um Handel zu treiben. An der Grenzstadt Utrar wurden sie als Spione festgenommen, zweifellos nicht ohne Grund, und hingerichtet. Zunächst war Dschingis noch versöhnlich und schickte drei Abgesandte zum Schah nach Samarkand, um Wiedergutmachung zu fordern. Hier wurden die

Mongolen weiter gedemütigt. Ein Abgesandter wurde getötet, und den beiden andern schor man die Bärte. Für die Mongolen, die peinlich genau auf diplomatische Etikette achteten, war das gleichbedeutend mit einer Kriegserklärung. Die Frage nach der Reaktion der Mongolen ist strittig. Vielleicht hat die Behandlung der Sendboten in Samarkand den Lauf der Geschichte geändert. Oder sie war nur der Vorwand, auf den Dschingis Khan gewartet hatte.

Im Herbst 1219 sammelten sich fünfzigtauend mongolische Reiter unter dem Kommando zweier Söhne von Dschingis Khan vor den Stadtmauern von Utrar, um die Provokationen zu rächen. Die Strategie der Mongolen war kaum dazu geeignet, eine Stadt zu belagern, aber sie waren ein einfallsreiches Volk und hatten in China ein paar Belagerungstechniken kennen gelernt, zum Beispiel, wie man mit Katapulten Naphtha und brennenden Teer über die Stadtmauer schleudern konnte und was für ein effizientes, weit reichendes Wurfgeschütz eine Balliste ist. Die Belagerung dauerte fünf Monate, für die Mongolen eine Ewigkeit. Als die Mauern endlich fielen, wurde die gesamte Garnison, rund achtzigtausend Mann, einschließlich aller Einwohner, abgeschlachtet. Den Befehlshaber und seine Frau wollte Dschingis Khan lebend haben. Als die beiden aufs Dach des Zeughauses flohen, nahmen die Mongolen den Bau Backstein um Backstein auseinander. Der Befehlshaber wurde nach Samarkand gebracht, das nun in mongolischer Hand war; dort goss man ihm Augen und Ohren mit geschmolzenem Silber aus. Utrar wurde bis auf die Grundmauern niedergebrannt, und das Reich von Chorasm, ein gewaltiges Gebiet, das Zentralasien, Nordiran, Afghanistan und Teile Pakistans umfasste, fiel in die Hände der Mongolen. Diese plötzlich Erwerbung der reichen Städte Asiens eröffnete Dschingis Khan eine völlig neue Perspektive, die Aussicht zu erobern und zu herrschen. Hier in Utrar war die Geburtsstunde des mongolischen Reiches.

Die Ruinen der alten Stadt liegen ein paar Meilen von Saul'der entfernt in den hitzeverbrannten Feldern verstreut. Das Museum, das der Archäologe gebaut hatte, war ein Denkmal für die Stadt und zugleich für den zukunftsträchtigen Augenblick, da die Nomaden sie überrannt hatten. Besucher kamen nur wenige, und der Kustos drückte mir die Hand, als hätte er nicht die Absicht, mich ungeschoren ziehen zu lassen. Hinter den dicken konvexen Brillengläsern irrten seine wässrigen Augen kurzsichtig umher. Er hatte sich beim Rasieren geschnitten und ein Blutströpfchen war auf der schlaffen Haut am Hals geronnen. Wie durch Zauberhand erschien eine Dolmetscherin, ein Mädchen aus der Stadt.

Ich fragte ihn, wie lange er schon hier arbeite. Fünfunddreißig Jahre, sagte er, und hielt diverse schmutzige Finger hoch. Als junger Student war er aus Saratow gekommen. Als ich ihn nach Frau und Familie fragte, meinte er achselzuckend, er habe sein Leben Utrar gewidmet. Die Zeichen seiner Einsamkeit waren unübersehbar: Er trug ungepflegte Kleider, war verschüchtert und fühlte sich sichtlich unwohl. Die junge Dolmetscherin wich nervös vor ihm zurück, als würde sein Ruf als Sonderling sie aus der Fassung bringen.

Er habe fünfzehn Jahre lang Ausgrabungen gemacht, erklärte er, und im Herbst immer drei Monate lang vor Ort gearbeitet, bis die Regierung die Zuschüsse strich. Als ich ihm mein Bedauern über diese Unterbrechung seiner Arbeit ausdrückte, wischte er es ungeduldig beiseite. Die eigentliche Arbeit, sagte er, sei das Interpretieren, nicht das Ausgraben. »Da gibt es so viel zu katalogisieren, zu prüfen ...« Er gehörte zu der Sorte Archäologen, die die sauber geordnete Welt des Museums und das Katalogisieren der Bestände der Drecksarbeit bei den Ausgrabungen und neuen Entdeckungen vorziehen. Verzweiflung klang in seiner Stimme mit. »Hier kann man keine guten Mitarbeiter finden. Eine große Stadt kann man nicht mit Landarbeitern ausgraben.«

Wie ein gewissenhafter Anwalt führte er mich durch die Ausstellungsräume und erläuterte genau den Inhalt der Vitrinen, damit mir ja nichts entging. Die Geschichte von Utrar besteht nicht nur aus der mongolischen Belagerung, aber der Archäologe hatte sich mit seinem Museum auf diese grauenhafte Begebenheit konzentriert, so als hätte ihr überwältigender Nachhall die vorangegangenen Jahrhunderte einfach verdrängt. In diesen Räumen saßen die Mongolen auf der Anklagebank. Jedes Schaustück, das die Größe der Stadt belegte, war eine Anklage. Das Haus war ein Holocaust-Museum und der Archäologe ein Mann mit dem Drang, den Schutt der Geschichte zu durchwühlen, um die uralte Schuldfrage zu klären.

Ein großes Wandgemälde, nach seinen Zeichnungen ausgeführt, zeigte die Stadt am Vorabend der mongolischen Belagerung, ein Bild friedvollen, blühenden Stadtlebens mit geschäftigem städtischem Treiben. Blaue Kuppeln ragen über Mauern mit Zinnen, ein Zeugnis architektonischer und religiöser Raffinesse. Die Besonderheiten des sesshaften Lebens waren abgebildet wie ein sorgsam gegliederter Beweis – Handwerk und Handel,

Landwirtschaft und Wissenschaften –, der eine stumme Anklage der mongolischen Barbarei enthielt. Karawanen von Kaufleuten kamen an die Stadttore, Händler hielten an ihren Ständen Stoffballen feil, ein Arbeiter stellte Backsteine her, ein Bauer betrieb ein Wasserrad, das das Wasser der Stadt über die Kornreihen sprudeln ließ. Der Archäologe wies auf verschiedene Gestalten hin, die er mir vorstellte wie gute Bekannte: einen Historiker, einen Astronomen, einen Buchhändler mit einem Packen neuer Bände, den Philosophen Abu Nasir Muhammed aus dem 13. Jahrhundert am Stadttor, bärtig und mit langem Gewand.

Wir kamen zu einer Landkarte. Utrar lag in der Mitte, die großen, über Asien ausgefächerten Handelsrouten verbanden die Stadt mit dem Rest der Welt, mit Kaschgar, Samarkand, Täbris, Sudak, wo Bruder Wilhelm am Schwarzen Meer gelandet war, und Konstantinopel. Am Ostrand der Karte befand sich die Mongolei, eine leere Fläche ohne Straßen, ohne Städte. Unter der Landkarte standen Vitrinen mit Fundstücken, die von dem blühenden Handel entlang der nördlichen Abzweigungen der Seidenstraße zeugten. In einer sahen wir persische Porzellanscherben und in einer anderen chinesische. Der Archäologe kramte in seinen Taschen nach den Schlüsseln; er schloss eine Vitrine auf und reichte mir das iranische Fundstück. Aus Kashan, sagte er. Es war mit blauen Arabesken übersät. Er drückte mir die chinesische Scherbe in die Hand, deren Verzierungen selbstbewusster, reifer und weniger von technischer Perfektion abhängig waren.

»Entwicklung«, flüsterte er, »Entwicklung, Austausch, Fortschritt.« Er blinzelte mich an. »Aus der Mongolei gibt es hier nicht ein Stück. Die Nomaden haben keinen Beitrag zur Kultur dieser Länder geleistet. Nur Zerstörung.« Durch die dicken Brillengläser wirkten seine Augen verzerrt, wie geschwollen, fast entzündet. Er war ein Besessener. Die Strafverfolgung der Mongolen war zum Kreuzzug seines Lebens geworden.

Hier standen Regale mit Luxusgegenständen, etikettiert wie Beweisstücke vor Gericht – Weingefäße, reich verzierte Messer, blinde Spiegel und Kosmetiktöpfchen, Kacheln und Gläser aus dem Badehaus, die immer noch etwas vom kühlen Hauch des Wassers ausstrahlten. In einer anderen Vitrine sahen wir landwirtschaftliche Geräte. Ganz allein in einem Eckschrank lag, auf Samt gebettet wie ein religiöser Gebrauchsgegenstand, ein polierter Ziegelstein, Grundbestandteil der Städte. Schweigend standen wir davor.

»Das alles.« Er breitete die Arme weit aus. Er war ein Experte in der Kunst dramatischer Zusammenfassung. »Das alles. Zerstört. In einer Nacht. Von einem Volk mit dem allerengsten Blickwinkel auf menschliches Tun.«

Ich kämpfte mit mir, dachte an mildernde Umstände. Angesichts solch erdrückender Beweise fühlte ich mich zur Verteidigung der Nomaden aufgerufen. Aber was hätte ich sagen sollen? Dass sie Städte hassten? Am Ende sagte ich nichts und trabte als schweigender Komplize hinter dem Archäologen her. In größerem Zusammenhang betrachtet, war sein Zorn lächerlich. Utrar und alle Städte dieser Welt haben Siege errungen und Beute gemacht. Der große historische Konflikt zwischen ansässigen und umherziehenden Völkern, zwischen Stadt und Steppe, ist längst gewonnen. Nomaden, und nicht die Einwohner Utrars, sind die Opfer der Geschichte. Unter dem Einfluss der modernen Welt wurde ihre Lebensweise bestenfalls zum Anachronismus, im schlimmsten Fall zu einem tödlichen Schicksal. Sie sind bedeutungslos geworden, zu einer Kuriosität. In der Mongolei ziehen die Nomaden immer noch stolz mit ihrem Vieh, ihren Zelten und Pferden umher, aber dem Rest der Welt erscheinen sie so archaisch wie die Stämme vom Amazonas mit ihren Blasrohren oder wie die Lappen, die Rentiere halten. Dass sie einst mächtig waren, verleiht ihnen einen nostalgischen Charme.

Ich war überrascht, dass der Archäologe zu den Ruinen von Utrar nicht mitkommen wollte. Da er von meinem Besuch so angetan schien, wunderte es mich, dass er jetzt den Höhepunkt meines Besuchs versäumen wollte. Tatsächlich zögerte er in der Eingangshalle des Museums und schüttelte mir die Hand. Sein Utrar, jenes sorgsam aufgebaute Bild, dem er sein Leben gewidmet hatte, lag hier in diesen halbdunklen Räumen – nicht draußen in der Hitze und im Staub zwischen den unbeackerten Feldern.

»Passen Sie auf sich auf«, sagte er und winkte mir in der Tür seines Museums nach.

Außer ein paar Kühen, die im weißen Staub dösten, war die Straße nach Utrar leer. Die alte Stadt schwebte über den Feldern, auf einem lang gestreckten, uninteressanten Hügel, der sich gegen anrollende Maisfelder stemmte. Pfade führten über die steilen Hänge, wo einst Mauern gewesen waren, hinauf bis zum aufgerissenen Hochplateau, unter dem die Stadt begraben liegt. Der Hügel war übersät mit trockenem Gestrüpp, Tonscherben und ausgebleichten Knochen. Eidechsen flitzten über die

Steine. Die Mittagssonne brannte unbarmherzig. Ich stapfte durch die dickste Hitze zu einer der Ausgrabungsstellen. Als ich an den Rand der Grube trat, stiegen Schwärme von Schwalben, die in den bröckeligen Rändern nisteten, als flatternde Wolke in die Höhe, Schrecken erregend wie Gespenster.

Ich kletterte in die Grube hinab, zum einstigen Boden der Hauptmoschee von Utrar. Nur die zertrümmerten Sockel der Ziegelsäulen waren übrig geblieben. In den Gesteinsschichten der Grubenwände sah man deutlich eine Aschenschicht: die mongolische Ära, die Reste der Feuersbrunst. Die Zeit hatte den ganzen Konflikt zu dieser schmalen, fünf bis zehn Zentimeter hohen Schicht zusammengedrückt. Ich grub meine Finger hinein, und die alte Asche, die uralten Feindschaften bröselten über meine Stiefel.

Später im Wagen betrachtete ich meine Hände; das unauslöschliche Zeichen der mongolischen Eroberung hatte meine Fingerspitzen schwarz gefärbt.

KAPITEL FÜNF

~

DIE GEBURTSTAGSFEIER

Marat hatte das Gesicht eines Cherubs und einen farblosen schmalen Bart, der wie ein verrutschter Heiligenschein aussah. Er erinnerte mich an Pu der Bär der mit einem Blick verletzter Unschuld durch die Welt stolpert, ein Teddybär auf Reisen.

Marat lebte in einem halb fertigen Haus am Rand von Alma-Ata, dem früheren Almaty. Die Straße, in der er wohnte, war vor zwei Jahren aufgerissen worden, weil neue Wasserrohre eingebaut werden sollten, die aber nie eingetroffen waren. Wir ließen seinen Wagen eine halbe Meile entfernt stehen und stapften durch ein morastiges Durcheinander aus Gräben und aufgeworfener Erde nach Hause. Alles in der früheren Sowjetunion scheint entweder im Aufbau zu sein oder zu verfallen: Straßenpflaster, Straßen, Häuser – und im übertragenen Sinn auch Regierungsbeschlüsse und das Leben der Menschen.

Zu den vielen Überraschungen, die Marat zu bieten hatte, gehörte nicht zuletzt seine schöne Frau. Ich kam gerade zum Mittagessen – Soleier, Salzheringe und Pferdefleisch. Valentina schwebte so anmutig durch die Küche wie eine Ballerina, lebhaft und unwiderstehlich. Sie hatte einen großen, sinnlichen Mund, dunkle Augen und eine plötzlich ausbrechende Überschwänglichkeit, die Marat schwerfällig erscheinen ließ. Marat sagte, sie sei eine halbe Zigeunerin. Mir schien sie eher ein Vollblut.

Marats eigenes Völkergemisch – seine Mutter war Russin, sein Vater Kasache – war ein schönes Beispiel für die Demografie Kasachstans, wo die russische Besiedelung im letzten Jahrhundert zur Folge hatte, dass die Kasachen nur noch die Hälfte der Bevölkerung ausmachen. Der Zusammenbruch der Sowjetunion war für Marat so traumatisch gewesen wie eine Scheidung der Eltern, und die Gründung der zentralasiatischen

Republiken eine Katastrophe. Seine Sympathien galten uneingeschränkt Mütterchen Russland. Er betrachtete sich selbst als Russen, und wie viele Russen, von denen es in Kasachstan rund sechs Millionen gibt, empfand er seine Heimat plötzlich als ein fremdes Land, das auf den nationalen Bestrebungen irgendeines Fremden beruhte.

Als Kind wurde er gegen den Willen seiner Mutter auf eine kasachische Schule geschickt. Da er hellblond war und aussah wie ein Russe, wurde er als Attraktion vorgeführt, wenn Würdenträger die Schule besuchten, als kleiner Russe, der Kasachisch spricht, ein schönes Beispiel für die Völkerfreundschaft in der UdSSR. Sobald die Würdenträger fort waren, hauten die kasachischen Knaben dem kleinen Russen wieder die Hucke voll.

Marat war der traditionellen Überzeugung – die sich auch hinter dem brüderlichen Getöne der Partei verbarg –, dass russische Kultur und Industrie die Völker Zentralasiens aus ihrer Rückständigkeit geholt hatten.

Er war als Englisch sprechender Fremdenführer beschäftigt und sollte mich auf einen kleinen Ausflug nach Kirgisien begleiten, den ich geplant hatte. Ich war an seinem Geburtstag angekommen, und am Abend drängten sich die Gäste, lauter Russen, um den Küchentisch, der unter den Platten ächzte, die einander den Platz streitig machten. Ich hatte mich auf einen Abend mit alkoholischen Exzessen und Gesprächen über die Freiheit eingestellt. Valentinas jüngere Schwester Julia wurde zu meiner Rechten platziert, um ihr Englisch zu üben, was sie in große Verlegenheit stürzte. »Sie ist Pianistin«, sagte Marat. »Redet über Chopin.« Das ätherische Mädchen sah aus, als wollte es lieber sterben.

Am unteren Ende der Tafel war Marats Nachbar damit beschäftigt, schmutzige Witze zu erzählen. Er schien direkt aus einer amerikanischen Sitcom gefallen zu sein, ein dicker Mensch in kariertem Hemd, der typische Nachbar, immer mit einem Elektrobohrer oder einem Schwiegermutter-Witz bei der Hand. Links und rechts von ihm saßen zwei Frauen mit prallen Ausschnitten, schlechten Zähnen und schmierigem Lippenstift; sie warfen bei seinen Witzen brüllend die Köpfe in den Nacken.

Ein Mann, den Marat als den »Bekehrten« vorgestellt hatte, beugte sich über den Tisch und fragte mich, ob ich Katholik sei. Er war eine ernste Jesusgestalt mit dunklem Bart und Augen, die verschiedenen Personen zu gehören schienen. Das rechte war zugekniffen, forschend, scharf prüfend, das andere weit offen und düster, ein Auge für Dogmen und apokalyptische Visionen. Er war vom russisch-orthodoxen Glauben zum Katholizismus übergetreten, ein Zeichen radikaler Modernität in dieser Gegend.

Der Konvertit war von Bruder Wilhelm hingerissen und deutete meine Reise als Pilgerfahrt zu Ehren Wilhelms. Bei der Borschtsch-Suppe begann er ein kompliziertes Gespräch über die katholische Liturgie. Er erklärte, er sei fasziniert vom Wunder der Transsubstantiation. Sein linkes Auge glühte. Dann blickte er mich mit dem rechten Auge scharf an und fragte mich vorsichtig, ob er so taktlos sein dürfe, mich nach meiner Meinung zur päpstlichen Enzyklika Nr. 23 zu befragen. Marat rettete mich mit Politik, allemal ein leichteres Thema, um zu bluffen. Er erläuterte uns den Wahnsinn des kasachischen Nationalismus.

Mittagessen in einem kasachischen *ger* in Bajan Ölgij

»Das ist ein Schritt zurück ins 19. Jahrhundert, zum Nationalstaat. Wir dachten schon, wir hätten diesen engstirnigen Nationalismus hinter uns. Jetzt schießen mit einem Schlag überall neue Nationen aus dem Boden. Wer sind denn diese Kasachen? Sie sind nie eine Nation gewesen. Nomaden waren sie, bis die Russen kamen. Seht euch nur diesen Präsidenten an! Ich spreche besser Kasachisch als er. Dabei hat er wie jeder Kasache, der eine gute Ausbildung will, eine russische Schule besucht.«

»Die wollten gar keine Unabhängigkeit«, sagte ein Mann, der links von Marat saß. »Die Russen waren erschöpft und konnten es sich nicht mehr leisten, denen beizustehen. Moskau hat ihnen die Unabhängigkeit auf einem silbernen Tablett serviert, so dass sie gar keine andere Wahl hatten als anzunehmen.«

Er war ein freundlicher Bursche, und sein schönes Gesicht hatte die weicheren Züge mittleren Alters angenommen. Marat hatte ihn als »unser Casanova« vorgestellt. Er hatte mich beiseite genommen, um mir flüsternd etwas von seinen Eroberungen zu erzählen.

»Dieses Streben nach Unabhängigkeit«, sagte Marat und nahm das Thema wieder auf, »einfach lächerlich. Nehmt Algerien. Die haben gemerkt, dass es ein Fehler war, aber da war es schon zu spät. Vor dreißig Jahren war Algerien ein *département* von Frankreich. Was wollten sie mehr? Jetzt haben sie ihre Unabhängigkeit, und alle Algerier wollen nach Frankreich emigrieren.« Er reichte mir eine Schale mit Bohnen. »Alles in Kasachstan kommt von den Russen – Straßen, Schulen, Krankenhäuser, Fabriken. Jetzt gehen die Russen weg, und das Land ist ruiniert.«

»Wir sind der Abschaum«, sagte Casanova und bezauberte uns mit seinem Lächeln, »den man zurücklässt.« Er sprach gleichmütig, ohne Marats Bitterkeit.

»Sehen Sie«, meinte Marat, »der nimmt alles hin. Kein Wunder, dass die Frauen ihn lieben. Er ist ein Schutzwall gegen klare Erkenntnis.«

Am anderen Tischende war der Nachbar aufgestanden, um einen Toast auf den Geburtstag auszubringen. Marat übersetzte ihn mir.

»Ein guter Nachbar ist ein Mann, der nichts sieht und alles versteht.« Er machte eine dramatische Pause. »Wir trinken auf Marat, die schlimmste Sorte Nachbar, die man sich denken kann.« Die beiden Frauen brüllten, und wir leerten die Gläser wie ein Mann.

Unter Russen ist einsames Trinken verpönt. Trinken ist ein gemeinschaftliches Unternehmen, man trinkt, wenn die anderen trinken, und die anderen trinken nur, um den Trinkspruch würdig zu besiegeln. Die Trinksprüche fangen zunächst in trügerischer Gelassenheit an.

Valentina brachte weitere Platten vom Büfett. Sie war jetzt aufgedreht, zum Flirten bereit und herausfordernd. Sie schlang Marat ihre langen Arme um den Nacken und küsste ihn mitten auf seine Glatze.

»Frauen sind am zärtlichsten«, sagte der Nachbar warnend, »wenn sie einen Verrat vorhaben.«

Marat zog sie auf seinen Schoß und flüsterte ihr etwas ins Ohr. Sie lachte, bog den Hals und warf den Kopf in den Nacken. Marat erhob sein Glas. »Wir trinken auf mein Weib, das ich heute mehr liebe als vor zehn Jahren.« Alle tranken. Errötend eilte Valentina zum Büfett, um eine neue Flasche zu holen.

Auf Drängen der Gäste holte Marat seine Gitarre.

»Bulat Okudschawa ist heute Morgen gestorben«, sagte er. Er schüttelte den Kopf. »An meinem Geburtstag.«

Okudschawa war ein Dichter und Sänger, die Stimme der russischen 60er-Generation, Marats Generation. Er gehörte zur russischen Intelligenzija, die sich von Politik fern gehalten hatte, um sich weit weg von dem grauenhaften sowjetischen Gemeinschaftsgetue private Freiräume zu schaffen. Aus seinen zurückhaltenden Liedern, die in krassem Gegensatz zum gängigen Stil der Zeit standen, sprach die Stimme des einfachen Volkes, das das Privatleben keinesfalls grundsätzlich der Politik opfern wollte. Es waren Lieder für den Küchentisch.

Marat sang eines der frühen Lieder über Liebe und Verlust und ging dann ohne Pause zu einem Lied über den Abschied über. Eine zarte melancholische Stimmung verbreitete sich am Tisch.

»Mit dem Liederdichten hörte er auf, als die Sowjetunion zusammenbrach«, sagte einer.

»Weil jetzt alles besser ist, deshalb«, sagte Valentina feurig. Sie rebellierte gegen dieses bequeme Absinken in slawische Verzweiflung. »Okudschawa gehörte in eine andere Zeit. Seine Melancholie ist jetzt nicht mehr von Bedeutung. Das hier ist eine neue Welt. Jetzt können wir leben. Wir sind frei.«

Marat zupfte zarte Akkorde auf der Gitarre. Eine Weile sprach niemand. Melancholische Stimmungen liegen den Russen, und mit Ausnahme von Valentina wollte sich eigentlich niemand so schnell davon verabschieden. Es ist ein so vertrautes Gefühl. Hoffnung ist immer riskant, die überlässt man besser der jüngeren Generation. Aber für Menschen, die sich gerade von dem Zusammenbruch der letzten »neuen Welt« erholen, ist der Gedanke an eine neue »neue Welt« erschreckend.

»Freiheit ist relativ«, bemerkte der Bekehrte. Das rechte Auge übernahm die Führung. »Nehmt zum Beispiel meinen Freund Sergei. Er war Arzt und hatte sechs Jahre Ausbildung hinter sich. In der kommunistischen Zeit verdiente er hundert Rubel im Monat. Nicht viel, aber genug, um davon zu leben. Dann kam das Ende des kommunistischen Regimes und der Beginn der Freiheit. Innerhalb weniger Jahre war er mittellos. Hundert Rubel, das war nichts im neuen Russland, und außerdem musste er monatelang auf sein Gehalt warten. Also wurde er Taxifahrer. Von dem, was sein Vater ein Leben lang gespart hatte, kaufte er sich ein Auto. Jetzt steht er da, wo er am Anfang gestanden hat, jetzt kann er Frau und Kindern wenigstens eine bescheidene Existenz bieten. Jetzt hat er eine Menge neuer Freiheiten. Die Freiheit, ein eigenes Taxi zu besitzen und ein Geschäft zu betreiben. Die Freiheit, bei Wahlen seine Stimme abzugeben, die Freiheit, mit seinen Fahrgästen über Politiker zu schimpfen, ohne befürchten zu müssen, dass sie Informanten des KGB sind. Aber eine wichtige Freiheit hat er verloren – die Freiheit, Arzt zu sein.«

»Auf das Ende des Kommunismus!« dröhnte der Nachbar vom anderen Ende und erhob sein Glas. »Und den Beginn der Demokratie. In siebzig Jahren könnten wir wieder da stehen, wo wir vor siebzig Jahren waren. Ich trinke auf den Fortschritt.« Die beiden Frauen lachten brüllend, als hätte er wieder einen seiner schmutzigen Witze erzählt.

»In Russland braucht alles seine Zeit«, sagte Marat zu mir. »Wir haben eine Redensart: Die ersten fünfhundert Jahre sind immer die schlimmsten.«

Dann sang Marat ein Trinklied, und sofort schlug die Stimmung von Nachdenklichkeit in Trinkfreudigkeit um. Alle sangen und klatschten im Takt mit. Der Nachbar zog eine der Damen hoch, um zu tanzen. Das dicke, schwerfällige Paar füllte die ganze Küchenmitte aus. Valentina warf die Arme hoch wie eine Flamenco-Tänzerin und schwenkte aufreizend die Hüften, während Casanova um sie herumschlurfte.

In diesem Augenblick fiel der Strom aus, und die Lichter erloschen. Das war in Alma-Ata gang und gäbe. Ausrufe schwirrten durch die Dunkelheit. Jemand warf einen Stuhl um. Die Tänzerin kreischte; offenbar hatte sich der Nachbar das Dunkel zunutze gemacht, um sie in den Hintern zu kneifen. »Einen Moment«, sagte Marat. »Ich hole Kerzen.«

Wir hörten, wie er nebenan in der Garage geräuschvoll herumwühlte. Von meinem Platz aus konnte ich Valentina sehen, einen Schattenriss vor dem grauen Viereck des Küchenfensters. Sie hatte den Kopf gedreht und nach hinten gelegt. Und dann beugte sich Casanova unvermittelt über sie. Die schwarzen Schatten ihrer Köpfe trafen zusammen, und sie küssten sich. Angesichts der Gefahr des gestohlenen Augenblicks fühlte ich mein Herz rasen, und ich wollte, mit aller Willenskraft, dass sie aufhörten, bevor das Licht wieder anging.

Gleich darauf kam Marat zurück. Streichhölzer wurden angezündet, und der Tisch und die Gesichter rundum tauchten im flackernden Licht der Kerzen aus dem Dunkel auf. Valentina und Casanova hatten ihre Plätze wieder eingenommen. Sie sahen sich nicht an. Die anderen nahmen die angeregte Unterhaltung wieder auf. Ich warf einen verstohlenen Blick auf Julia neben mir. Sie starrte verwirrt auf ihren halb leeren Teller. Ihr Gesichtsausdruck hatte sich verändert. Auch sie musste die Silhouetten vor dem Fenster gesehen haben.

Über den Tisch hinweg machte Marat eine Geste in ihre Richtung. »*Nostalgie*«, sagte er auf Französisch, als ob dieser Gedanke eine andere Sprache erforderte. »Sie erinnert mich an die erste Begegnung mit meiner Frau.«

Julia stieß plötzlich wortlos ihren Stuhl zurück und flüchtete nach oben.

Marat sah ihr verblüfft nach. »Dasselbe Temperament«, sagte er seufzend. »Als wollte man versuchen, fließendes Wasser mit den Händen festzuhalten.«

Weich umhüllt vom Kerzenlicht verharrten wir in besinnlicher Stimmung. Das konsonantenreiche russische Gemurmel wogte hin und her über den Tisch. Niemand versuchte mehr, Englisch zu sprechen oder etwas für mich zu übersetzen, und ich war ganz froh, dass ich wieder meinen Platz als stummer Beobachter einnehmen konnte. Auch Valentina und Casanova zogen sich aus der Unterhaltung zurück in ihre persönliche Verstrickung von Leidenschaft und Schuld. Meine unfreiwillige Mitwisserschaft belastete mich. Die Beziehung zwischen Marat und Valentina hatte mich fasziniert. Doch nun war meine Neugier verflogen. Ich wusste schon zu viel. Im Zimmer über uns spielte Julia Klavier. Die unterdrückte Leidenschaft einer Chopin-Sonate drang über die Treppe zu uns herab.

Ich entfloh den endlosen Trinksprüchen und folgte der Musik. Oben standen die Fenster offen, und frische Nachtluft strömte auf den Strahlen des Mondlichts ins dunkle Zimmer. Julia saß am Klavier, den schmalen Rücken, einer ansteigenden Phrase folgend, leicht gedreht. Ich blieb in der Tür stehen und lauschte. Die aufgewühlten Emotionen der Sonate erfüllten das Zimmer. Die junge Frau war der verwirrenden melancholischen Stimmung beim Abendessen entflohen und gab sich jetzt ganz der Musik hin. Ich war überwältigt und auf einmal den Tränen nahe. Das lag nicht an dem bemitleidenswerten Marat, der blind für seinen Kummer war, sondern an dieser Frau, die in der verzaubernden Umarmung der Musik ihren Kummer vergaß.

Die ganze Woche hingen die Himmelsberge, das Tien-Schan-Gebirge, hoch über Alma-Ata und verhießen einen Fluchtweg. Die Stadt war voller unbedeutender Widrigkeiten gewesen – Warteschlangen, übervolle Busse, Mafia-Schießereien, Bankhäuser, die über Nacht verschwanden. In der Mittagshitze bewegten sich die Menschen auf den großen Boulevards wie in Zeitlupe, so als wateten sie durch Melasse. Als ich die Augen zum Himmel erhob, sah ich die weißen Hänge des Tian-Schan-Gebirges zwischen den Wolken durchscheinen. Der Anblick machte mich ganz schwindlig vor Sehnsucht.

Marat war weniger angetan. »Ich muss ab und zu mal raus«, gestand er und packte den Jeep mit Honiggläsern voll. »Gute Luft atmen und so. Aber diese Leute.« Er schüttelte den Kopf. »Barbaren sind das.«

Wir nahmen die Straße nach Bischkek, dem früheren Frunse, durch die samtenen Gebirgsausläufer. Scharen von Heumachern waren mit Heugabeln und Sicheln zugange. Auf der anderen Seite eines pappelbestandenen, von rosafarbenen Felsen gesäumten Passes quollen Scharen von Schafen aus Staubwolken hervor, angetrieben von Reitern mit knallenden Peitschen.

Marat sah sie voller Unbehagen. Er betrachtete unsere Expedition als eine Höllenfahrt ins Herz der Finsternis, fort von den zivilisierenden Einflüssen Russlands zu Schwindel erregenden Orten, wo das Zuhause ein Filzzelt war und das Mittagessen eine Schale mit Schafstestikeln.

»Ich musste jahrelang jeden Sommer drei Monate mit der Familie meines Vater in Tekeli verbringen. Bis ich neun war.« Marat schauderte.

»Aber dann habe ich mich geweigert. Mein Vater schlug mich, aber es machte mir nichts aus, denn dafür durfte ich bei meiner Mutter in Alma-Ata bleiben. Ihr war es auch lieber, in der Stadt zu bleiben.«

»Was hat dir denn da nicht gefallen?«, fragte ich.

»Alles«, antwortete er. »Die Jurte. Das Essen. Die Insekten. Meine Vettern.«

»Deine Vettern?«

»Ich war ein Großstadtjunge. Ich hatte Angst vor Pferden.« Ein Kindheitstrauma überschattete sein Gesicht. »Meine Vettern haben mich schikaniert.« Er wechselte das Thema und sprach über die Misere Kirgisistans seit der Unabhängigkeit und über die Probleme, die es bereitete, den russischen Bevölkerungsanteil, größtenteils berufserfahrene und technisch ausgebildete Fachleute, zum Bleiben zu bewegen. Im Laufe dieses Monologs passierten wir irgendwann Stelle die Grenze des neuen Staates. Unabhängigkeit war ein romantischer Begriff. Kein Mensch kümmerte sich um so lächerliche Kleinigkeiten wie Nationalität oder Grenzkontrollen.

Bischkek, die Hauptstadt von Kirgisistan, war ein hübsches Provinzstädtchen mit baumbestandenen Straßen. Die Hauptstraße hieß Seidenstraßen-Allee. Dort gab es eine Champagner-Kellerei mit einer angemessen großartigen Fassade und eine russische Kathedrale, deren überreiche Ausstattung an Disneyland erinnerte. Vor dem Präsidentenpalast kletterten zwei Jungen über die hohe Mauer, um Aprikosen zu klauen.

Die Straße zum Issyk-kul, dem großen See, der eingebettet im Himmelsgebirge liegt, führte über Hochalmen voller Wildblumen. Wir fuhren am Burana-Turm vorbei, einem Leuchtturm an der Seidenstraße aus dem 11. Jahrhundert, der jetzt einsam über Hänge voller Edelweiß wachte. In der Boum-Schlucht über einem traubenfarbenen Fluss beobachtete uns von der Höhe aus ein Kirgisenjunge auf einem ungesattelten Fuchs. Wir kamen an einer Straße vorbei, die zum Turugart-Pass führte, über den man durch die Berge in das nur vierhundertfünfzig Kilometer entfernte Kaschgar in China gelangte . Es kam mir komisch vor, dass ich in einem meiner Lieblingshotels in China, dem Semen-Hotel, zu Abend essen könnte.

Am Nachmittag kamen wir zum See hinunter, einer glasklaren Wasserfläche, doppelt so groß wie Kent, in der sich beschneite Gipfel und windgepeitschte Wolken spiegelten. Die Seidenstraße verlief am Nordufer entlang. Einst hatten mongolische Heere hier überwintert, und Tamerlan verbannte Gefangene hierher. Die Chinesen schauten immer begehrlich auf den See, aber es gelang ihnen nie, den Schutzwall des Himmelsgebirges zu durchbrechen, der den Zugang von Osten her versperrt.

Auf halbem Wege zum Nordufer kamen wir an dem eleganten Kurort Cholpon-Ata vorbei. In der kommunistischen Ära galt es als schick, dort seine heilkräftigen Mineralwässerchen zu trinken. Breschnew kam jedes Frühjahr hierher, um seinem blassen, korpulenten Körper innerlich und äußerlich eine Frühjahrskur zu gönnen, in einem Sanatorium, das, nicht sehr überzeugend dem Kreuzer *Aurora* nachgebaut worden war, dessen Kanonen die Oktober-Revolution eingeleitet hatten. Seit dem Zusammenbruch des Kommunismus hatte der Andrang ziemlich nachgelassen. Die neuen Zaren, die Millionäre der Marktwirtschaft, geben Florida den Vorzug.

Wir holperten durch Lebkuchendörfchen, in denen russische Datschas mit hübschen blauen Fensterläden über Lattenzäune lugten. Eine Familie in einem Lieferwagen fuhr vorbei, der Patriarch mit hohem Filzhut saß, umringt von einer Schar Töchter, bequem auf Polstern frischen Heus. Roter Klee, gelber Enzian und blaue Vergissmeinnicht schmückten die Wiesen wie dicke farbige Decken. Am Ostende des Sees fuhren wir durch Apfelgärten hinunter nach Karakol.

Die Stadt Karakol ist die äußerste Grenze für russische Siedler; hier waren sie am weitesten nach Zentralasien vorgedrungen. China ist kaum hundert Meilen entfernt. Die geraden, mit Grün bewachsenen Straßen wirken irgendwie kosmopolitisch. Blonde russische Schulkinder zogen an alten Holzhäusern vorbei nach Hause. Uiguren aus Xinjiang mit ihren hübschen bestickten Kappen hatten auf zusammengeschusterten Ständen auf dem Hauptplatz billige chinesische Importwaren ausgestellt. Auf dem Markt zerteilten usbekische Metzger Kühe mit riesigen Beilen. Kasachen ritten auf hoch gebauten Pferden. Ältere kirgisische Herren, die an schattigen Straßenecken auf Bänken saßen, ließen ihre strähnigen Bärte wippen, während ihre bezaubernden Enkelinnen mit Sonnenbrillen und Miniröckchen auf und ab gingen, um den Beifall brutal aussehender junger Typen mit Baseballkappen und tief hängenden Hosen herauszufordern.

Zur Zeit der Sowjets hieß die Stadt Prschewalsk nach dem großen russischen Entdecker, dessen ausführlich beschriebene Reisen durch Zentralasien den britischen Verwaltern Indiens gehörigen Schreck einjagten; sie fürchteten nämlich, Russland könnte ein Auge auf die Länder nördlich von Indien geworfen haben. Von charismatischem Wesen, herrisch, puritanisch und mit erstaunlichen physischen Kraftreserven ausgestattet, machte Prschewalskij in den 70er- und 80er-Jahren des 19. Jahrhunderts eine Reihe von Forschungsreisen durch Xinjiang, Tibet, China und die Mongolei. Er war der erste Europäer, der einen wissenschaftlichen Bericht über Lhasa verfasste. Zweimal durchquerte er die Wüste Gobi und »entdeckte« das Wildpferd, das seinen Namen trägt und heute nur noch in Gefangenschaft überlebt. Die Russische Geographische Gesellschaft zeichnete ihn mit Ehrungen aus, und die Royal Geographical Society ehrte ihn, die politischen Sorgen ihres Landes ignorierend, mit einer Goldmedaille, ihrer höchsten Auszeichnung.

Prschewalskij starb hier 1888 mit neunundvierzig Jahren an Typhus. Er wurde oberhalb des Issyk-kul-Sees in seiner Entdecker-Kleidung begraben. Die Grabinschrift – darauf hatte er bestanden – enthielt keinerlei Angaben über die vielen militärischen, akademischen und wissenschaftlichen Ehrungen, sondern bestand nur aus einem Wort: Reisender.

Eine ältere Kirgisin in einer roten Strickjacke zeigte uns das Museum und den Gedenkstein. Auf einer Landkarte waren die Reiserouten von Prschewalkijs drei großen Vorgängern eingezeichnet, Entdeckern, die diese Landstriche sechs Jahrhunderte vor ihm bereist hatten: der Franziskanermönch Giovanni de Piano Carpini, Marco Polo und unser Bruder Wilhelm. Es war eine impressionistische Collage von Ausstellungsstücken aus Reisen durch die Mongolei und die abgelegeneren Regionen Zentralasiens im 19. Jahrhundert: Zeichnungen von Yaks, ein chinesisches Visum, ein Telegramm aus St. Petersburg, das Modell einer Jurte, ein ausgestopfter Schneeleopard, Fotos von finster blickenden regionalen Herrschern in pelzbesetzten Mänteln. Dann ein sepiafarbenes Foto von Urga, der Vorgängerin von Ulan Bator, der einzigen festen Ansiedlung in der Mongolei. Das Foto zeigte das recht auffallende buddhistische Kloster in einem Meer schäbiger Zelte. Auf einem anderen Foto, vom Alter pockennarbig geworden, sah man eine vornehme Mongolin auf einem hochlehnigen Stuhl. Die aufgebogenen Spitzen ihrer winzigen Schuhe ragten unter den Röcken aus schwerem Brokatgewebe hervor. Sie trug an jedem ihrer zehn Finger Ringe, und auf ihre Wangen waren zwei Schönheitsfleckchen gemalt. Sie sah recht cholerisch aus. Daneben hingen Fotos mongolischer Landschaften. Ich betrachtete sie durch das Glas der Vitrine. In dem verschwommenen Schwarzweiß schienen der weite Himmel und die weite Steppe ineinander überzugehen.

»Er hat nie geheiratet«, sagte die Frau, die mir über die Schulter sah. »Es gibt keine Nachkommen. Hier ist er gestorben, ganz allein.« In der Kultur dieser Region gibt es keine größere Tragödie, als ohne Kinder zu bleiben, die das Andenken des Verstorbenen ehren. Sie breitete die Arme aus. »Wir sind seine Familie«, sagte sie.

Auf dem Weg nach draußen trug ich mich noch ins Gästebuch ein. Der letzte Eintrag war fast zwei Monate alt. Er stammte von einem japanischen Besucher. Er hatte auf Englisch geschrieben: »Nach vierzig Jahren der Verehrung verbeuge ich mich endlich in dieser Gedenkstätte vor dem großen Prschewalskij.«

Am nächsten Morgen folgten wir der Spur von Tamerlan ostwärts in die Berge. Diese große Persönlichkeit in der zentralasiatischen Geschichte war für Marat nur ein weiterer Nomadenhäuptling ohne den Segen russischer Erziehung. Wie die meisten ehrgeizigen Männer in dieser Gegend führte Tamerlan seine Herkunft auf Dschingis Khan zurück, und sein ganzes Leben lang trachtete er danach, seinem bemerkenswerten Ahnen gerecht zu werden. Sein Reich im 14. Jahrhundert konnte sich jedoch nie mit dem seines mongolischen Ahnen messen; im Schlachtergeschäft allerdings hatte Tamerlan kaum Rivalen. In seiner Hauptstadt Samarkand ließ er eines der schönsten islamischen Gebäude-Ensembles der Welt unangetastet, ein herrliches Beispiel architektonischer Eleganz und Raffinesse. Doch überall sonst, von Bagdad bis Delhi, hinterließ er Berge von Schädeln.

Den ganzen Tag lang zog sich die Agrarlandschaft immer mehr zurück: Heuwiesen, Leiterwagen, alte Mähmaschinen, die wie riesige gelbe Insekten aussahen, hübsche russische Bauernhäuser – all das wurde immer spärlicher. Wir kamen in Hochtäler – nur noch Gras und Nomaden. Zur Rechten teilten sich die silbernen Wolken und gaben den Blick frei auf ein Meer weißer Gipfel, die auf uns herabzufallen schienen. Wir konnten sie durch die offenen Fenster riechen, den zarten Duft von Schnee, Kiefern und Bergluft.

Am Ende einer engen Passstraße fuhren wir ins Kachara-Tal hinab. Im Abendlicht wirkte es leer und unberührt. Viele Vögel sangen, Bergbäche funkelten zwischen mannshohen Gräsern. Das Tal stieg majestätisch zu einem weit entfernten Horizont an, der aussah, als wäre dort der Rand der Welt. Als Vorgeschmack auf die Mongolei war kaum etwas so verheißungsvoll.

Auf der Hälfte der Talstrecke kamen wir zum *kurgan* von San Tasch, einem gewaltigen Haufen von Gesteinsbrocken. Die Steine markieren das Grabmal eines unbekannten Turk-Häuptlings. Sein geplündertes Grab lag in der Nähe, von Votivteppichen Einheimischer umgeben, denen der Ort noch immer heilig ist. Doch die Legende schreibt diesem *kurgan* eine andere Geschichte zu. Als Tamerlan auf seinem Weg nach China durch dieses Tal kam, soll er allen seinen Soldaten befohlen haben, einen großen Stein auf den Haufen zu legen. Auf dem Rückmarsch vom Kriegszug nahm jeder Soldat wieder einen Stein weg. Auf diese Weise konnte Tamerlan seine Verluste berechnen. Der Hügel der verbleibenden Steine, mehrere zehntausend, war ein Ehrenmal, das die Gefallenen zu ihrem eigenen Andenken errichtet hatten.

Ich kletterte hinauf. Die Brocken rutschten und rumpelten unter meinen Füßen wie alte Knochen. Die Zeit mildert den Krieg, sie verlagert die Gewichte, und so verwandeln sich die Schrecken des Krieges allmählich in ein Melodrama. Aber hier am San Tasch verwandelten sich die bestürzenden Verlustzahlen, die die Annalen der zentralasiatischen Geschichte beflecken, wieder in Menschen. Jeder Stein unter meinen Füßen bedeutete einen Toten. Im herabsinkenden Zwielicht dieses abgelegenen Tals empfand ich die grausige Tragödie dieser ungeheuren Verluste, die vielen jungen Gefallenen, die Angehörigen mit ihrer bitteren Trauer als unendlich niederdrückend.

Marat war schweigsam geworden, ihm war unbehaglich zumute. Er befürchtete, wir könnten kein Nachtquartier mehr finden. Im letzten Licht folgten wir einem holprigen Weg durchs Tal hinauf. Auf der Fahrt kamen auf allen Seiten Schneegipfel in Sicht, die die grasbewachsenen Talhänge überragten. Zu unserer Linken trottete eine unbeaufsichtigte Herde Pferde durch das blaue Zwielicht.

An diesem trostlosen Ort stießen wir am Steilufer eines dunklen Flusses auf mehrere Jurten. In der Dämmerung zogen Schafherden heimwärts, angelockt von den Rufen und Pfiffen der Kinder. Ein alter Mann kam auf einem Schimmel angeritten. Er trug hohe Lederstiefel und einen Hut, wie ihn ein australischer Parkaufseher um 1937 getragen haben mochte. Im Sattel wirkte er so gebieterisch wie Tamerlan. Mit einer ruckartigen Kopfbewegung lud er uns zum Abendessen ein.

Seine Jurte, ein gewölbtes Zelt aus grauem Filz, war so gemütlich wie ein Mutterschoß. Mit unserem Gastgeber machten wir es uns auf einer erhöhten Plattform auf Teppichen bequem. Schalen voller Milchtee mit Butter wurden herumgereicht, und jemand setzte uns eine große Platte mit steinhartem Käse vor.

Das flache Kasachengesicht des alten Mannes hatte die Farbe von Leder, und sein weißer Bart war an den Rändern gelb geworden. Er betrachtete uns schweigend, als grübelte er über unser Schicksal nach. Dann machte er sich ans Essen. Seine Tischmanieren wären auf einem mittelalterlichen Bankett sicher als etwas ungeschliffen empfunden worden. Schmatzend aß er sich durch Brot und Käse und stieß dabei tiefkehlige Knurrlaute aus wie ein brünstiger Elefantenbulle. Schließlich ließ er sich mit einem lauten Rülpser rücklings auf die Kissen fallen und benutzte sein Messer als Zahnstocher. Marat nagte an seinem steinharten Käse herum und erkundigte sich höflich nach den Herden. Aber der Alte sah Marat nicht an. Er sah mich an. Ich spürte, wie ich unter seinem Furcht einflößenden Blick zusammenschrumpfte.

»ENGLÄNDER«, brüllte er plötzlich. Ich bin kein Engländer, aber das schien mir nicht der Augenblick, um über Bagatellen zu streiten. »ENGLÄNDER, WO IST DEINE WEIB?«

Einen Moment lang dachte ich, er wüsste etwas über meine Frau, was ich nicht weiß. Aber dann fiel mir ein, dass ich gar keine Frau habe.

»Kein Weib«, stammelte ich erleichtert.

Er drückte mimisch seine Überraschung aus. Seine teefarbenen Augen wurden so groß wie Untertassen.

»KEIN WEIB«, brüllte er. Dann sank seine Stimme zu einem Pianissimo herab. »Engländer, bist du beschnitten?«

Marats Übersetzung geriet ins Stolpern. »Beschnitten«, murmelte er und machte eine unbestimmte Rundschnittgeste. Als Muslime waren alle Kasachen beschnitten, die Russen hingegen, zum Entsetzen der Kasachen, nicht.

Ich bejahte die Frage, und die Miene des Alten hellte sich auf. »BESCHNITTEN«, brüllte er seiner Frau zu. Sie war eine stille Frau und nickte mir unter ihrem Kopftuch lächelnd und ermutigend zu. »Keine Sorge, Engländer, du wirst schon ein Weib finden.« Mit seinem Zwölf-Zoll-Messer pulte er ein heimtückisches Stück Käse aus den hinteren Backenzähnen und erklärte mir, wie man auf kasachische Art eine Frau kriegt.

Kasachen neigen dazu, die Jagd abzukürzen, wenn es ums Freien geht. Ein unbeweibter Mann mit vielen Schafen, der eine Frau braucht, schnappt sich einfach die Frau seiner Träume und entführt sie. Dann macht er durch Mittelsmänner, meistens den eigenen Vater, der Familie der Braut ein Angebot, das sie unmöglich ablehnen kann. Wenn der Handel perfekt ist, wobei meist eine Menge Schafe den Besitzer wechseln, wird ein Datum festgesetzt, und der junge Mann und seine Verlobte tauchen aus ihrem Versteck auf, um sich von beiden Familien herzlich begrüßen zu lassen.

Der Alte setzte sich zurück und breitete die Arme weit aus. »Das ist der einzige Weg, wie man zu einer anständigen Frau kommt«, sagte er, und seine eigene Frau und frühere Geisel strahlte beifällig.

Später, außerhalb der Jurte, sagte Marat achselzuckend: »Du siehst jetzt, wie diese Leute sind. Unmöglich!« Er zog sich leicht watschelnd und mit abgespreizten Armen zum Jeep zurück, wo er beschlossen hatte zu schlafen. Im Mondlicht sah ich, wie er zu einem Mitternachtsschmaus Brot und Honig auspackte.

~

Auf dem Heimweg nach Alma-Ata machten wir eine Pause, um ein Kloster in den Sailijskij-Alatau-Bergen im Süden der Stadt zu besuchen. Eine rote Lehmstraße führte hinauf zur Aksay-Schlucht, einem beliebten Picknickplatz, wo sich Familien aus der Stadt in der Nachmittagssonne zwischen Schüsseln mit Kartoffelsalat, Schwarzbrotscheiben und Wodkaflaschen auf Decken niederlassen. Eine Horde Jungen schwamm in dem reißenden hellbraunen Fluss. Schlampig gebaute Datschas lugten zwischen den Kiefern an den Steilhängen hervor.

Wir ließen den Wagen stehen und kletterten durch den duftenden Wald, an Blaubeergestrüpp und abfallenden Wiesen mit langstieligen gelben Blumen vorbei. Als der Wald dichter und der Weg steil und morastig wurde, benutzten wir das Flechtwerk der Wurzeln als Leitern. Über uns riefen die Kuckucke.

Nach zwei Stunden traten wir oben auf einer Hochwiese ins Sonnenlicht. Die grün bewachsenen Bergspitzen fielen nach Süden hin ab. Zwei Frauen, die Blumen für ein paar Mönche pflückten, die vor siebzig Jahren von den Bolschewiken erschlagen worden waren, führten uns durch die Bäume hinab zum Kloster, einer winzigen Ansammlung hölzerner Hütten im Schatten der Pinien auf einem Teppich trockener Kiefernnadeln. Unter dem Strohbaldachin eines Refektoriums im Freien saßen zwei junge Mönche. Sie standen auf, um uns zu begrüßen, und die Frauen gingen zu ihnen, um ihnen die Hände zu küssen.

Die Mönche wirkten auf uns wie mittelalterliche Pilger: struppiges Haar, staubige Kutten und abgetragene Ledersandalen. Ihre Namen waren so mythologisch wie der ganze Schauplatz. Seraphim, der Abt, hätte der jüngere Bruder Christi sein können. Er war groß, schlank und blauäugig und hatte einen hellen Bart. Artemis war der Bruder Lukull in diesem Wald: untersetzt und dick, mit lang bewimperten grünen Augen und einem schwarzen Bart. Die beiden waren die einzigen Mönche in diesem bukolischen Kloster. Ihre winzige Gemeinde wurde ergänzt durch zwei halbwüchsige Novizen und einen mageren Koch, der in einem großen Topf über dem offenen Feuer herumrührte.

Wir setzten uns an den Tisch. Artemis goss Tee aus den Früchten des Waldes in die Becher. Ich fragte nach ihren Ordensregeln, und sie erklärten mir, sie hätten drei Gelübde abgelegt: Gehorsam, Enthaltsamkeit und Zölibat. Die Einsamkeit mache ihnen nichts aus, sagten sie. Sie schienen ganz stolz darauf zu sein, dass sie hier nur zu zweit waren, als bezeugte das ihre Frömmigkeit.

»Wir haben viele Besucher«, sagte Seraphim schlicht. Er deutete auf die Frauen, die die blanke Erde vor einer der Hütten fegten. Es waren einfache Frauen mit schweren Röcken und Kopftüchern, und sie waren offensichtlich verliebt in die beiden jungen Mönche, denen es an mütterlicher Fürsorge fehlte.

In ihrem abgelegenen Horst schienen die beiden Mönche ins 12. Jahrhundert zurückgefallen zu sein. Sie lebten in einer mittelalterlichen Welt, mit all den kleinlichen Urteilen der Frühkirche: über die Ketzereien des Arius im 14. Jahrhundert, die Schismen beim Konzil von Chalkedon im Jahr 451. Ich erwähnte einen Besuch in den koptischen Klöstern in Ägypten, und sie wechselten wissende Blicke. »Ach ja, die Monophysiten«, sagte Artemis mit einem missbilligenden Unterton, der der theologischen Auseinandersetzung galt, die vor fünfzehnhundert Jahren die Kirche gespalten hatte. Als ich Boris Jelzin erwähnte, sahen sie mich verständnislos an. Aber als ich von meinem Besuch der Hagia Sophia in Istanbul erzählte, die Welten von diesen Kiefernwäldern entfernt lag, sprachen sie angeregt und kenntnisreich über die Kaiser Konstantin und Julian, als wären sie Zeitgenossen. Ich dachte, sie könnten an Bruder Wilhelm interessiert sein, der ja auf seiner Reise in die Mongolei keine Tagesreise von hier entfernt vorbeigekommen war. Aber wenn die Monophysiten Heiden waren, dann waren Katholiken Angehörige eines verblendeten Kults. Für diese Männer war der Papst ein peinlicher Abtrünniger mit der Autorität und der Würde eines Predigers auf dem Rummelplatz.

Artemis erzählte, er sei in Jerusalem gewesen. Ich stellte ihn mir in der Aufmachung von Bruder Wilhelm vor, als fußkranken Pilger, der den Kaukasus überquerte und die Gastfreundschaft der Armenier natürlich verschmähen musste, da sie ketzerische Ansichten über Ikonen hatten. Aber er räumte ein, dass er bei einer Chartergesellschaft in Alma-Ata einen billigen Rückflug gefunden habe. Nach diesem kurzen Zwischenspiel im 20. Jahrhundert war er schnellstens wieder ins Mittelalter eingetaucht. In Jerusalem, so berichtete er, habe der orthodoxe Patriarch wunderbarerweise ein Feuer auf dem Altar der Grabeskirche entfacht. Es müsste schon sehr kalt in der Hölle sein, ehe der Papst ein solches Wunder vollbrächte.

Artemis sprach in Gleichnissen, aber nicht in den klaren Gleichnissen des Evangeliums; er hatte eine Sammlung von Legenden parat, alle mit ausgefallenen Wundern gespickt, die ihn faszinierten wie ein kleines Kind. Sein Gott war ein einfacher Gott, dessen Überzeugungskraft auf der Fähigkeit beruhte, die physikalischen Gegebenheiten unserer Welt außer Kraft zu setzen. In seiner gemessenen Redeweise erzählte Artemis Geschichten vom Kaiser Julian und fliegenden Dämonen, von göttlichen Feuerwänden, die die Byzantiner vor den Persern geschützt hatten, von Ikonen, die echte Tränen weinten, und von Splittern des heiligen Kreuzes, die auf magische Weise im Gepäck von Pilgern aufgetaucht waren und diese unbehelligt durch das Tal des Todes geleitet hatten.

Das Licht wurde schwächer. Kühle kroch zwischen den Bäumen empor, und wir standen auf, um uns zu verabschieden.

»Segen liege auf eurer Reise«, sagte Seraphim. »Wie weit habt Ihr es noch?«

»Bis in die Mongolei«, sagte ich, »ins Land der Kentauren.«

Die Mönche nickten ernst.

Wir stiegen durch schräge Balken von Licht und Schatten hinab. Die beiden Mönche schauten uns noch eine Weile nach; ihre in Kutten gehüllten Gestalten zwischen den Kiefern über uns wurden langsam dunkler.

Als ich mich wieder umsah, waren sie verschwunden.

KAPITEL SECHS

~

EINE FREMDE WELT

Aus der Luft sieht die Mongolei aus wie ein Rohentwurf Gottes, als er die Erde plante – nicht wie ein Land, sondern eher wie eine Ansammlung von Zutaten, aus denen ein Land besteht: Gras, Gestein, Wasser und Wind. Sanfte Hügel, weich wie Filz, die in unendliche grasbewachsene Weiten auslaufen. Ein Fluss spült ein Spitzengewebe aus Wasser über sanfte Senken. Die Leere war bestürzend. Da erschienen einem die dicht gedrängten Wolken am Himmel wie eine barocke Übertreibung. Ein paar Bäume tauchten auf; sie fühlten sich in dieser Landschaft fremd und drängten sich an einer windgeschützten Stelle am Hügel aneinander. Meilenweit waren weder Felder noch Straßen noch Städte noch Häuser zu sehen. Die einzigen Anzeichen dafür, dass hier Menschen wohnten, waren gelegentliche Lager mit weißen Rundzelten, die urplötzlich aus dem Gras aufschossen wie Pilze.

Meine Nachbarin, eine sehr alte Frau mit einem abgenutzten Filzhut, beugte sich über mich, um auf ihre Heimat hinunterzusehen. Sie roch nach Butter und Dungfeuern. Sie stützte sich auf mein Knie und reckte den Hals, um einen Blick auf die Lager unter uns zu werfen. Als sie sie erspäht hatte, schnalzte sie anerkennend mit der Zunge.

Beim Imbiss auf dem Inlandflug – zwei Bonbons und ein Glas klebrige Limonade – fragte sie mich über meine Reise aus. Ich erzählte ihr, ich wolle die Strecke von Bajan Ölgij nach Dadal, die über tausend Meilen nach Osten, zu Pferd zurücklegen.

Sie schnalzte wieder mit der Zunge, was ich für ein ermutigendes Zeichen hielt.

»Mongolische Pferde sind kräftig«, versicherte sie mir. »Die werden Sie schon hintragen.«

Der Flug war ein Kompromiss gewesen. Ich hatte vorgehabt, von Alma-Ata aus über Land zu fahren, auf gewundenen Wegen nordwärts durch Kasachstan ins Altai-Gebirge, durch ein Eckchen von Russland und dann weiter in die Mongolei. Aber meine Gewährsleute erklärten mir, dass die mongolischen Landesgrenzen im westlichen Abschnitt gesperrt seien; ich hätte also einen über achthundert Meilen weiten Umweg machen müssen, um mich mit einem Grenzbeamten auf eine unergiebige Auseinandersetzung einzulassen.

Stattdessen hatte ich diesen Flug von Alma-Ata nach Bajan Ölgij in der Westmongolei entdeckt. Angeboten wurde er von einer kaum bekannten Fluglinie, einem der vielen Privatunternehmen, die in der ehemaligen Sowjetunion gegründet wurden, nachdem dank der Aufhebung von Kontrollen und der Privatisierung das Monopol von Aeroflot durchbrochen war.

Meine Fluglinie, deren Flotte nur aus diesem einzigen Flugzeug bestand, operierte derart unvorschriftsmäßig, dass der Betrieb fast illegal zu nennen war. Anscheinend flog sie ohne die Genehmigung der Flugbehörde, die fürs Wegsehen bezahlt wurde. Ich hatte das Ticket von einem Mann namens Boris gekauft. Sein Geschäft, das er als Reinigungsfirma ausgab, befand sich in einem Blechschuppen hinter dem Museum der Kasachischen Kultur. Am nächsten Morgen stieg ich im Schutz der Dämmerung in eine uralte Antonow, zusammen mit einem Haufen Mongolen, die mit ihren Einkäufen nach Hause flogen. Ihre Stereoboxen belegten die besten Sitze.

Hinter dem Balchaschsee, der in der Weite der Wüste schimmerte, stößt der Altai ins Zentrum Asiens vor, wo sich die Grenzen von China, Kasachstan, Russland und der Mongolei treffen. Die Gipfel der Altai-Berge sahen alt und faltig aus, die knochigen Grate entsprangen kahlen Flanken. Als wir nach Osten bogen, zeigte sich unter uns die Mongolei wie ein riesiger Wildwuchs am Rand der Welt. Das Land ist so groß wie Westeuropa, hat aber nur etwas über zwei Millionen Einwohner, von denen ein Viertel in der fernen Hauptstadt Ulan Bator lebt. Als das Flugzeug zum Landeanflug ansetzte, schaute ich hinab auf eine Welt aus Gras, die sich bis zum Horizont erstreckte. Vom winzigen Schatten unseres Fliegers gejagt, galoppierte eine Pferdeherde über die überschwemmten Wiesen. Dann tauchte eine Stadt auf, ein Klecks verwahrloster Häuser in einer staubfarbenen Ebene.

Wir setzten hart auf einer Landebahn aus roter Erde auf und kamen in Asiens letzter Nomadendomäne zum Stehen. Die alte Frau lächelte mich mit zahnlosem Munde an. »Zu Hause«, flüsterte sie.

Städtebau ist nicht die Stärke der Mongolen, und das bewies auch Ölgij. Die Hauptstadt dieses *aimak*, dieser Provinz von der Größe Hollands, wirkte wie ein verlassener Außenposten am Ende der Welt. Es sah aus wie nach der Apokalypse, als könnte nur eine kürzlich eingetretene Katastrophe so eine freudlose Öde geschaffen haben.

Die wenigen Städte in der Mongolei sind rein administrative, staatliche Projekte, innerhalb der letzten fünfzig Jahre erbaut, um skeptischen Hirten die Errungenschaften modernen Lebens nahe zu bringen: Ausbildung, Gesundheit und Ringkampfarenas. Sie sind alle aus den gleichen Bestandteilen zusammengesetzt, als ob die mit Städten nicht vertrauten Beamten einfach eine Liste abgehakt hätten – ein kahler Platz, ein Rathaus, ein Theater, ein Museum, eine Schule, ein Krankenhaus, ein Stadion. Die

Das Packpferd wird beladen

kahlen Betonbauten sind kaum voneinander zu unterscheiden. Man füge noch ein paar Schlaglöcher, viel Brachland und eine Hand voll Häuser im russischen Stil und im Zustand fortgeschrittener Baufälligkeit hinzu, und das Bild der Trostlosigkeit ist komplett.

Die Wohnungen in diesen Häusern waren wegen ihrer futuristischen Ausstattung wie Elektroinstallationen und Wasserklosetts bei der städtischen Elite sehr begehrt, obwohl man sie bei der unregelmäßigen Versorgung mit Strom und Wasser meist nicht benutzen konnte. Der Großteil der Bevölkerung blieb weiterhin skeptisch, was Häuser anbelangt, und wohnte lieber in den ausufernden »Vorstädten« aus Zelten, den runden Filzjurten Zentralasiens, von den Mongolen *ger* genannt. In dieser Jahreszeit empfand man die Trostlosigkeit der Stadt noch stärker, weil die meisten Bewohner ihre *gers* zusammengepackt hatten, um zu den Sommerweiden zu ziehen. Die städtischen Gebäude waren geschlossen und verrammelt, und überall in der Stadt lagen tote Überreste herum: ausgeschlachtete Jeeps, die Hufe verendeter Pferde und die Knochen geschlachteter Schafe. Ein scharfer Wind blies unbarmherzig zwischen den Häusern, schlug Türen auf und zu, wirbelte Papierabfälle durch die Luft und beugte umherirrende Fußgänger wie Schößlinge.

Das Hotel bot wenig Bequemlichkeit. Ein mürrischer Hausmeister wohnte mit seiner Thermoskanne und einem Feldbett wie ein Hausbesetzer in einem kleinen Vorraum der Lobby. Die Wandmalereien mit den mongolischen Landschaften im Treppenhaus bröselten auf die rotbraunen Läufer. Meine Zimmertür war so oft aufgebrochen worden, dass sie nicht mehr richtig schloss. Dahinter steckte keine Kriminalität, sondern einfach die Tatsache, dass die Leute den Umgang mit Schlössern und Schlüsseln nicht gewohnt waren. Der lästige Wind pfiff durch eine zerbrochene Fensterscheibe. Nach Sonnenuntergang senkte sich eine eisige Kälte auf die Stadt herab. Es war Ende Juni, aber tatsächlich war es wie im November. Nach dem Blick aus dem Flugzeug auf herrliches Grasland war die Ankunft in Ölgij eine bittere Enttäuschung. Diese Stadt war von Menschen erbaut worden, die Städte hassten.

Am nächsten Tag kam Bold mit einer Frachtmaschine aus Ulan Bator. Bold war der Dolmetscher, den mir mongolische Freunde besorgt hatten und der jetzt dazu verurteilt war, mich fünf Wochen lang durch die Wildnis der Westmongolei zu begleiten. Er kam mit den zwei Kisten, die ich in London aufgegeben hatte. Sie enthielten alles Notwendige für unsere Expedition, einschließlich meines wunderbaren Sattels. Ich war hoch erfreut über die Kisten, die noch mit den vielen Lagen Klebeband versiegelt waren, mit denen ich sie zu Hause, eine halbe Welt von hier entfernt, besorgt umwickelt hatte.

Bold war ein Problem. Als flotten Reiter hätte ich ihn nie eingeschätzt. Auf den ersten Blick wirkte er zerbrechlich. Er war vierzig Jahre alt, sah aber zehn Jahre älter aus und hatte einen Wuschelkopf von 1965. Sein Gesicht war flach, melancholisch und ziemlich feminin, die Mundwinkel heruntergezogen. Alles an ihm war schmal, die Schultern, die Handgelenke, die Fußgelenke in der viel zu kurzen Hose. Ich hatte mit ihm von Alma-Ata aus telefoniert. Trotz der schlechten Verbindung spürte ich, wie er erschrak, als ich ihm meine Reisepläne zu Pferd beschrieb. Bold war Lehrer in Ulan Bator, nach seinen eigenen Worten ein Stadtmensch. Pferde und offene Steppe und Nächte unter Sternen waren seine Sache nicht.

Bold hatte den Namen eines Reiters dabei, eines Verwandten von irgendwem in Ulan Bator, der uns im ersten Abschnitt der Reise möglicherweise als Führer dienen könnte. Der Beschreibung nach war der Weg dorthin die einfachste Sache der Welt. Fahrt ins Namarjin-Tal, eine Sommerweide von der Größe Hertfordshires, und fragt nach Batur.

In einem Jeep, der in den letzten Zügen lag, aber noch am Leben hing, verließen wir die Stadt. Der Fahrer war von eindrucksvoller Wortkargheit. Er trug einen weichen Strohhut mit einem Hutband, das für den World Cup 1974 warb. In einem Land, in dem Verbrennungsmotoren noch als neue Errungenschaft betrachtet werden, sind Jeep-Fahrer hoch angesehen, ja geradezu Helden. Der Erwerb einer Fahrerlaubnis ist ein Ereignis, das ähnlich wie ein Universitäts-Diplom gefeiert wird, und Mütter platzen vor Stolz, wenn sie ihren Sprössling vorstellen: »Mein Sohn, der Autofahrer.« Mongolischer Tradition zufolge dürfen Autos wie Pferde nur von einer Seite aus bestiegen werden, nämlich von rechts. Um die Unachtsamen daran zu erinnern, hat man alle Griffe auf der linken Seite umsichtig entfernt.

Wir folgten dem Fluss Hovd stadtauswärts auf Graswegen im Schatten niedriger, mit roten und rosafarbenen Felsen gesprenkelter Hügel. Nach etwa einer Stunde fuhren wir über kahles, kiesiges Flachland, die Winterweiden der Familien, die nun in den Bergen waren. In dieser Jahreszeit erkannte man nur an kleinen Büscheln Schafwolle im stacheligen Gestrüpp, dass sie hier durchgezogen waren. Von einem niedrigen Bergkamm aus kamen wir hinunter zum Fluss Khatu, der über Felsblöcke rauschte, und kletterten dann über Passwege nach Khos Tereg – Zwei Bäume –, wo zwei einsame Pappeln inmitten der großen Sommerweide standen. Hier begegneten wir den ersten Menschen, seit wir Ölgij vor zwei Stunden verlassen hatten. Sie waren gerade angekommen und noch beim Auspacken. Aus einem Durcheinander kniender Kamele, Kochtöpfe und halb aufgebauter *gers* winkten sie uns zu.

Wir bogen nach Südosten ab und rollten über das weiche Gras durch ein ansteigendes Tal. Nach einer weiteren Stunde erreichten wir ein namenloses schnelles graues Flüsschen; ein vorüberkommender Reiter wies uns den Weg flussabwärts zu einer Furt. Am anderen Ufer fuhren wir zu einem windigen Pass hinauf und kamen am späten Nachmittag in das breite Hochtal Namarjin unterhalb der weißen Hänge des Tsast Uul. Ein Meer von *gers* bedeckte das Frühlingsgras, und als die letzte Sonne schräg ins Tal einfiel, bot sich uns ein Bild wie von der amerikanischen Prärie vor der Ankunft der Europäer: weiße Zelte, angebundene Pferde, Rauchsäulen von den Lagerfeuern.

»Als ich auf sie traf«, schrieb Bruder Wilhelm, »war mir, als käme ich in eine fremde Welt.« Dschingis Khan hätte an dem Tal nichts auszusetzen gehabt – bis auf unseren Jeep. Das ist das Geheimnis von Asien, dachte ich, eine weite mittelalterliche Nomadenwelt, die im Herzen des Kontinents schlummert, von Winden und Wolken und Karamelkarawanen durchzogen, seit 1200 unberührt und ungestört. Es war ein unwiderstehlicher und auf seltsame Weise vertrauter Anblick.

Wir hielten an mehreren Zelten an und fragten nach Batur. Die Mongolen haben nur einen Vornamen. Es war, als hätte man in der O'Connell Street in Dublin nach Paddy gefragt; jede Frage erbrachte eine neue Antwort. Er war gerade jenseits der kleinen Hügel im Osten, er war auf der anderen Seite des Flusses, er war wieder in Ölgij, er hatte seine Frau verlassen und war nach Russland gegangen, er war schon seit zwanzig Jahren tot. Am Ende fand der gesuchte Batur uns. Er kam auf einem Schimmel daher, ein Patriarch mit glatt rasiertem nussbraunem Schädel und einem dünnen Bartstreifen unter den Lippen. Nachrichten verbreiten sich in den ungeheuren Weiten der Mongolei auf rätselhafte Weise. Er schien uns schon erwartet zu haben, nahm uns mit in sein *ger*, das eine halbe

Meile entfernt auf einer kleinen Anhöhe stand. Die Pferde wurden außen angepflockt, und eine Schafherde von biblischen Ausmaßen strömte vor dem Zelteingang zusammen.

Drinnnen erfolgte die offizielle Vorstellung. Die Mongolen haben Schwierigkeiten mit meinem Namen: Das »st« ist ein Problem, und das »ley« unaussprechlich. Schließlich wurde daraus »Stalin«, was allen außer mir Vergnügen bereitete. Baturs Frau reichte uns Schalen mit kochend heißem Milchtee, den wir geräuschvoll schlürften. Alle hatten hohe Reitstiefel und einen *del* an, den traditionellen abgesteppten Rock der Mongolen, der sich an der Seite knöpfen lässt und um die Taille mit einer bunten Schärpe zusammengebunden wird.

Batur und ich tauschten Schnupftabakfläschchen aus. Die Mongolei ist ein Zufluchtsort für Schnupfer. Der Austausch von Fläschchen unter neuen Bekannten, der dazu dient, die Mischung des anderen kennen zu lernen, ist eine so wichtige Höflichkeitsgeste wie das Händeschütteln. Ich hatte mich für diese Reise in die Mongolei mit einer Mischung George IV. aus einem alten Tabakladen in London eingedeckt. Batur war sichtlich beeindruckt.

Schmutzige Filzmatten bedeckten den Boden, und an den gewölbten Wänden hinter uns standen eiserne Feldbetten mit Stapeln von Daunendecken und niedrige Truhen. Hinter Batur befand sich eine Kommode in dem üblichen grellen Orange, auf der Familienfotos aufgestellt waren – schwarzweiße Schnappschüsse von streng blickenden Vorfahren. Käselaibe hingen unter dem Dach, zwei Sättel mit Zaumzeug lagen direkt neben dem Eingang unter einer dicken schwitzenden Ziegenlederflasche mit dem Familienvorrat an *koumiss*, der gegorenen Stutenmilch, die in der Mongolei *airag* heißt.

Das mongolische *ger* ist ein Meisterwerk nomadischer Technik, hervorragend geeignet für das Wanderleben in einem schwierigen Klima – kühl im Sommer, warm im Winter, in nur einer Stunde abzubauen und auf ein Kamel zu laden. Es ist auch ein elementares Symbol der eingefleischten konservativen Haltung nomadischer Gesellschaften. Das *ger* ist seit über tausend Jahren unverändert geblieben. Abgesehen von einer Neuerung, einer hölzernen Tür, gilt Wilhelms Beschreibung von 1250 nach wie vor für jedes *ger* in der modernen Mongolei. Selbst die Ausrichtung der Tür ist von jeher festgelegt: Sie geht immer zum Glück verheißenden Süden hinaus.

Im Innern hat alles seinen festen Platz. Batur saß an der Rückwand, der Tür gegenüber, der traditionelle Ehrenplatz für den Mann des *ger*. Wir als die Gäste saßen zu seiner Rechten in der Reihenfolge des Alters und des Ranges auf dem Boden. In den nächsten drei Monaten würde ich in allen *gers* der Mongolei exakt am selben Platz sitzen. Diese Ordnung hat angenehmerweise zur Folge, dass einem die Heimstatt von Fremden sofort vertraut ist. Der mit Dung gespeiste Ofen stand in der Mitte des *ger*, und das Abzugrohr führte durch ein Loch in der Decke. Auf der Frauenseite standen die Kochtöpfe und die Kinderbetten, die Männerseite war für die Sättel, den *airag* und die Gäste reserviert.

Batur wirkte wie ein alter Löwe in seiner Höhle. Er schlürfte den heißen Tee und fuhr sich mit einer gewaltigen Pranke über den großen Glatzkopf. Drei Enkel krabbelten unter den kleinen Betten hervor und klammerten sich an seine Beine wie Löwenjunge. Eines verschwand in den Falten seines *del* und tauchte dann unter seinem Kinn wieder auf, um mit weit aufgerissenen Augen den absonderlichen Gast zu betrachten.

Das Abendessen wurde serviert. Gerade war ein junger Schafbock geschlachtet worden, und als besondere Aufmerksamkeit wurde eine Waschschüssel mit Schafteilen vor uns hingestellt. Man teilte Messer aus und forderte uns auf, in die Schüssel zu greifen und uns ein paar Leckerbissen herauszuschneiden. Mongolen halten nichts davon, irgendetwas von ihren geliebten Schafen zu vergeuden. Alles schwamm in der Schüssel, in einer Art urzeitlichem Schlamm: Lungen, Magen, Blase, Hirn, Eingeweide, Augäpfel, Zähne, Genitalien. Es war ein Angeln auf gut Glück – man konnte nie sicher sein, was man herauszog. Ich fischte vorsichtig, weil ich nicht darauf erpicht war, Hoden zu ergattern. Mein erster Fang war etwas, das wie eine alte Geldbörse aussah, die man aus einem brackigen Kanal gezogen hat. Es schmeckte nach gekochtem Gummi. Vielleicht ein Ohr. Mehr Glück hatte ich mit den Eingeweiden, die überraschend gut schmeckten.

Gesättigt von den Innereien, gingen wir über zur Plauderei nach dem Essen. Bold erklärte, ich hätte vor, durch die Mongolei in die alte Hauptstadt Karakorum zu reiten, dann weiter nach Dadal, dem Geburtsort von Dschingis Khan. Batur sah mich lange schweigend an. Der Plan war offenbar zu ausgefallen, als dass man etwas dazu sagen konnte. Ich kam mir wie ein achtjähriger Junge vor, der gerade verkündet hatte, er wolle Präsident werden. Batur sah keinen Anlass, mir etwas auszureden. Das würden die Umstände von ganz allein besorgen.

Ich überging sein beredtes Schweigen und kam zu den Einzelheiten meines Plans zurück. Ich hatte beschlossen, die Reise in vier- oder fünftägige Etappen einzuteilen und wollte jeweils Pferde und ortskundige Reiter als Reiseführer anmieten. Das endlich fand Baturs Beifall. Ich hatte einen Dreimonatsritt vor mir, was für ein einzelnes Pferd zu viel wäre, wobei seine Erschöpfung nicht das einzige Problem wäre. Mongolische Pferde, die die meiste Zeit selbständig in den Hügeln herumstreifen, sind an ein bestimmtes Gebiet gewöhnt. Je weiter sie sich von ihrer heimischen Umgebung entfernen müssen, desto unruhiger werden sie. Batur erzählte von mongolischen Pferden die man vor einigen Jahren nach Nordvietnam gebracht hatte und die ihren neuen Herren sofort weggelaufen und allein zu ihren heimatlichen Weiden in der Mongolei zurückgetrabt waren.

»Ihr könnt reisen wie die Boten von Dschingis Khan«, sagte Batur und klaubte einen Enkel von seiner Schulter. »Nach dem *orto*-Prinzip.«

Auf dem Höhepunkt der mongolischen Macht hingen die Nachrichtenverbindungen in der ungeheuren Weite Asiens von einem Netz von Relaisstationen entlang der Hauptstrecken ab, an denen die Pferde gewechselt wurden. »Wenn der Große Khan dringend auf wichtige Nachrichten wartet«, schrieb Marco Polo, »... reiten die Kuriere zweihundert Meilen am Tag, manchmal sogar zweihundertfünfzig ... Sie ziehen ihren Gürtel enger und umwickeln ihren Kopf, und los geht's im schnellsten Galopp, der ihnen möglich ist, bis sie die nächste Poststation fünfundzwanzig Meilen weiter erreichen. Beim Näherkommen blasen sie ins Horn ... damit neue Pferde für sie bereit gestellt werden können ...« Ich hoffte allerdings, etwas gemächlicher zu reisen als die Kuriere von Dschingis Khan, aber im Grund wäre es das gleiche Prinzip.

Nach einigen weiteren Schalen Tee war Batur damit einverstanden, Pferde für die erste Etappe des Ritts nach Hovd bereit zu stellen. Er verfügte über einen unerschöpflichen Vorrat an Söhnen und ließ einen ins *ger* rufen, um ihm mitzuteilen, dass er dazu ausersehen sei, unser Reiseführer zu sein. Ariunbat war ein mürrischer Bursche mit einer Baseballmütze, der den Auftrag verdrossen und schweigend zur Kenntnis nahm. Der Preis wurde festgesetzt, und mit Schalen selbstgebrannten Wodkas, der so stark war wie kommerziell hergestellter, wurde der Handel besiegelt.

Danach gingen wir nach draußen. Es war dunkel. Sternbilder waren in ungewohntem Winkel über den Kuppen der gespenstischen Gipfel des Tsast Uul aufgestiegen. Ein anderer Sohn des Alten sattelte sein Pferd.

Er würde durch die Nacht reiten, um eine Pferdeherde der Familie zu suchen, die man in den Hochtälern etwa zwanzig Meilen entfernt vermutete, um sie bis zum Morgen heimzubringen.

Ich schlug mein Zelt an einem Hang oberhalb der *gers* auf. Die Reise, die ich mir jahrelang erträumt hatte, stand unmittelbar bevor. Unter dem dunklen mongolischen Himmel galoppierte ein Reiter in die Hügel, um die Pferde nach Hause zu treiben.

~

Am Morgen trafen die Pferde ein wie ein einfallendes Heer. Sie stürmten mit flatternden langen Schweifen und zerzausten Mähnen von den Hügeln herab. Das Verwandtschaftsverhältnis zwischen mongolischen Pferden und den Przewalski-Wildpferden in dieser Region wäre noch endgültig zu klären, aber immerhin scheinen sie denselben Bewährungshelfer zu haben. Sie sehen aus wie die Rabauken im Reich der Pferde – stämmige, kleinwüchsige Tiere, etwas über vierzehn Handbreit hoch, die die meiste Zeit ihres Lebens in halbwilden Herden verbringen. Gelegentlich werden sie eingefangen, um für kurze Zeit als Reitpferde zu dienen; dann entlässt man sie wieder in die Hügel zu den anderen. Was ihnen an Größe fehlt, gleichen sie durch ihren Charakter aus; sie sind zäh, eigenwillig und unempfänglich für Gefühle. Sie hatten die Horden von Dschingis Khan vor die Tore Wiens getragen und dank ihrer Schnelligkeit und bemerkenswerten Ausdauer den Mongolen den Sieg über alle Feinde ermöglicht. Jetzt liefen sie schnaubend und scharrend am Hang unterhalb des *ger* herum, ein wüster Haufen, ungebärdig und erregt.

Es bedurfte einer Art Rodeo, um sie gefügig zu machen. Die Männer des Lagers kreisten die Pferde mit *urgas* ein, Stangen mit einem Lasso am Ende, um drei von ihnen einzufangen. Allerdings hatten die Pferde ganz andere Pläne; fast achtzehn Monate lang hatten sie in den Hügeln toben können und setzten sich jetzt wie die Teufel zur Wehr, um nicht mit so einem Kümmerling von Ausländer nach Hovd reiten zu müssen. Mit bebenden Nüstern und rollenden Augen stürmte die Herde über die Ebene hin und her und wirbelte Staubwolken hoch. Eine Zeit lang schien es, als behielten die Pferde die Oberhand, da die Lassos immer wieder ihre Opfer verfehlten, aber schließlich wurden doch drei eingefangen. Einmal bezwungen, ließen sie sich resigniert von der Herde trennen, wie Gefangene, die vor Gericht gebracht werden.

Die Abreise ging enttäuschend schnell vor sich. Es war ein historischer Moment, und ich glaube, ein auf Zeremonien erpichter Teil von mir hätte die Besonderheit des hehren Augenblicks gern durch feierliche Reden, Fanfarenstöße oder Gruppenfotos gewürdigt gesehen. Ich gebe den Pferden die Schuld. Kaum waren sie gesattelt, drängten sie so zum Aufbruch, dass sie beinahe ohne uns losgezogen wären. Im Gedränge von Pferden und Mongolen wurde noch letzte Hand an die Sattelgurte und das aufgeladene Gepäck gelegt, dann warf mir Batur plötzlich die Zügel zu, und ich saß im Sattel.

Es gab nur noch einen heiklen Augenblick, als mein Pferd vor einem Hund scheute, sich aufbäumte und es so aussah, als würde ich vor den Augen einer Schar belustigter Mongolen gleich auf dem Rücken liegen. Doch es gelang mir, meinen Platz zu behaupten und meine Würde zu wahren. Der Alte wünschte uns eine gute Reise. Seine Frau kam aus dem *ger* geeilt, um Milch auf die Stirnlocke der Pferde zu tupfen, der traditionelle Segen der Mongolen. Hunde bellten, Kinder winkten, Schafe liefen durcheinander, und die Pferde im Lager, die nicht mitkamen zerrten an ihren Stricken und wieherten Mitleid erregend, als wir das Tal hinunterritten, drei Reiter und ein einzelnes Packpferd, die gewissermaßen in See stachen, in dieses endlose Meer von Gras. Vor uns lagen tausend Meilen Mongolei.

Dieser erste Morgen roch nach Thymian. Auf den Hängen liefen Schafherden ungeordnet über die felsigen Kämme und sammelten sich in grasbewachsenen Senken. Wir platschten durch überschwemmte Wiesen, wo die Schneeschmelze bis auf die Weiden geschwappt war. Wir passierten *gers*, die zwischen Säcken voller Wolle von der Frühjahrsschur und Pyramiden aus getrocknetem Dung standen, der als Brennstoff diente. In der Ferne hoben sich Reiter vor dem langen Horizont aus Gras ab. Über uns segelten Falken über den blauen Himmel. Die Sonne vertrieb bereits die Kühle von den Weiden. Vogelgezwitscher ertönte über dem taufeuchten Gras. Wir überquerten ein Flüsschen, das so jung war, dass es sich noch keine Uferhänge herausgefräst hatte. An einem solchen Morgen, an einem solchen Ort, erschien einem die Welt wie neu geboren.

Mein Pferd, ein hoher nussbrauner Wallach, war recht fügsam, da er nun nicht mehr unter dem Einfluss seiner wilden Sippe stand. Mein Sattel war die reine Freude, groß und bequem. Bold schlug sich tapfer. Seine mongolischen Instinkte waren ihm trotz Stadtleben offensichtlich erhalten geblieben. Alles lief reibungslos in unserer kleinen Reisegesellschaft.

Am Ende des Tals überquerten wir einen Fluss, dessen Wasser uns bis zu den Steigbügeln reichte. Er floss dann über niedrige Bergsättel in eine Reihe karger Täler, wo die Felsblöcke mit roten und grünen Flechten überzogen waren. Gegen Mittag erreichten wir ein Hochplateau, auf dem wir vier Reitern begegneten – einem Mädchen mit ihren zwei jüngeren Vettern und ihrem Onkel. Sie kamen aus Hovd und wollten die Großmutter des Mädchens im Namarjin besuchen. Das Mädchen war ein fröhliches, forsches Ding, überrascht und erfreut, ihren ersten Ausländer in dieser Wildnis zu treffen. Sie sagte, sie studiere Geschichte an der Schule in Hovd, und wollte wissen, was ich von der russischen Revolution halte. Nach dem Zusammenbruch des Kommunismus war das zweifellos ein Thema, das die Lehrer eilig neu interpretieren wollten. Ich machte eine Anleihe bei Tschou-Enlai, der einmal etwas zur Französischen Revolution sagen sollte und meinte, es sei noch viel zu früh, darüber zu urteilen. Und in diesem Sinne formulierte ich meine Antwort, die das Mädchen jedoch sehr enttäuschte. Mit einem schlechten Eindruck von Ausländern ritt sie nach Norden davon.

Zwischen drei und vier Uhr nachmittags rasteten wir in einer Grasmulde, windgeschützt auf dem Rücken liegend und den Hut über den Augen, während die Pferde um uns herum zufrieden Gras kauten und der Führer auf einen Felsenhang ritt, um wilde Zwiebeln zu suchen. Bold kletterte etwas steif vom Pferd, war aber guter Laune. Er war ein gutmütiger Reisegefährte, und obgleich er eine ganz andere Vorstellung von einem vergnüglichen Monat auf dem Land hatte, bekam er trotz der langen Ritte allmählich Lust auf unser Abenteuer.

Ariunbat, unser Reiseführer, war weniger gut aufgelegt. Er war ein kleinwüchsiger, gehemmter Mann, der sich jetzt zu beschweren begann. Der Viertageritt nach Hovd als Fremdenführer hatte in ihm die Erwartung von unerhörten Reichtümern und frühem Ruhestand geweckt. Sein Vater hatte nüchtern einen vernünftigen Preis für die Pferde und seine Dienste ausgehandelt, und das erfüllte ihn mit Groll. Fast den ganzen Tag lang beklagte er sich bei Bold über die Entfernung nach Hovd, die vielen Stunden zu Pferd, über die armselige Bezahlung, die ihn zum Bettler machen würde, und über die Gefahren, denen wir uns fern der heimatlichen Geborgenheit in unbekannten Gegenden aussetzten. Er war kein angenehmer Reisegenosse.

Wir ritten weitere vier Stunden durch ödes, unfruchtbares Land. Wir brauchten jedoch ein Lager, wo es Wasser gab und Gras für die Pferde. Am

Ende der Hochfläche schauten wir hinab in ein verheißungsvolles Tal mit einer Anhäufung großer Felsen, die an die Mitte einer Festungsruine erinnerten. Aber als wir unten waren, war das Gras dürftig, und Wasser gab es auch keines. Wir ritten weiter, über zwei Pässe, bis wir schließlich auf dem langen letzten Abhang, der in die Hovd-Ebene führt, zu einer Quelle kamen. Hier, auf einem Plätzchen mit Dornengestrüpp und hohem Gras, schlugen wir unser Lager auf.

Der Führer legte den Pferden Fußfesseln an, während Bold und ich die zwei Zelte aufbauten und aus Hammelfleisch und Püree aus wilden Zwiebeln ein Essen zubereiteten. Das war zwar eine übliche mongolische Mahlzeit, aber unser Führer aß mit langen Zähnen und großem Misstrauen. Mir wurde klar, dass er vorher noch nie etwas gegessen hatte, was ihm nicht seine Mami zubereitet hatte. Um ihn aufzuheitern, erzählte ich ihm, dass ich in Burma einmal eine gegrillte Ratte gegessen hatte. Die Geschichte bestätigte die Ansicht der Mongolen, dass die Essgewohnheiten der Ausländer höchst sonderbar sind, obwohl Ratten natürlich nicht annähernd so unglaublich sind wie Salat. Nichts kann einen Mongolen so sehr schrecken wie das Eingeständnis, dass Ausländer regelmäßig rohe Blätter verspeisen. Wie das Vieh!

Nach dem Essen lag ich mit dem Kopf auf meinem Sattel da und sah zu, wie die Schatten der Hügel sich langsam über die steinige Eben ausbreiteten – über unsere morgige Strecke, verlockend leer. Die nagenden Sorgen wegen der Reise, des Empfangs, den uns die Hirten bereiten könnten, wegen der Pferde, wegen Bold, wegen der Bewältigung der Entfernung und der Einsamkeit lösten sich alle auf in der wohligen Empfindung am Abend des ersten Tagesrittes. Die Welt zeigte sich in neuem Licht. Das Wenige, das wir brauchten, stand uns plötzlich zu Gebote: ein gutes Lager, Wasser, Gras für die Pferde und die Aussicht auf gutes Wetter. Alles andere war unwichtig.

~

Vögel weckten mich auf. Ihre Schatten, von der frühen Sonne verlängert, umkreisten die Querstange meines Zelts wie urzeitliche Gespenster. Unser Frühstück bestand aus getrocknetem Hammelfleisch und Brot. Wir bauten das Lager ab, sattelten die Pferde und brachen auf.

Der Tag war so monoton wie eine Überfahrt auf See. Wir ritten von den Hügeln hinunter in die trockene, unbewohnte Ebene. Die Fliegen setzten uns zu, besonders den Pferden. Der Wind war abgeflaut, und die Sonne heizte die Erde auf. In der eintönigen Weite gewöhnten sich meine Augen daran, Einzelheiten zu unterscheiden, die winzigen Veränderungen von Flora und Fauna zwischen unterschiedlichen Landstrichen. Wir fingen im Gebiet der Wildblumen in den Hügelausläufern an, wo gelbe und purpurfarbene Winden und Wicken zwischen grauem Schiefer wuchsen. Dann ging es weiter ins Gebiet der Kamele, wo schäbige, aber aristokratische zweihöckrige Kreaturen auf nackter Erde grasten. Danach kamen wir ins Gebiet der Wachteln, dann in das der Kiebitze und endlich in das der Heuschrecken, die unter den Hufen unserer Pferde aufschwirrten wie aufgezogenes Spielzeug.

Von der Herde getrennt, legte mein Pferd sehr bald die Maske des wilden Berghengstes ab. Am ersten Morgen hatte es mich davon überzeugt, dass es ein strammer Marschierer war. Irrtum. In Wirklichkeit war Braunnase eine lahme Ente in Pferdegestalt und dazu ein eingefleischter Arschschnüffler. Am glücklichsten war er, wenn er seine Nase in den Hintern eines anderen Pferdes bohren konnte. Alles, was ihn davon ablenkte, machte ihn unruhig und unleidlich. War er auch nur kurz von der Gruppe getrennt, wieherte er kläglich über die Steppe und wartete mit gespitzten Ohren auf das Echo eines Genossen mit einem anständigen Hintern. Schließlich konzentrierte er seine Aufmerksamkeit auf das Pferd des Reiseführers, die einzige Mähre und fünfzehn Jahre jünger als er. Doch leider war Braunnase ein Wallach, also war das Hintern-Beschnüffeln das höchste der Gefühle für seinen romantischen Überschwang.

Bei dem lethargischen Wesen meines Pferdes waren die letzten zwei Stunden des Tages eine Qual. Am späten Nachmittag erreichten wir eine trostlose Hügelkette, die das Ende der Steppe kennzeichnete. Wir ritten durch eine schmale Klamm – die Art von Schauplatz, wo in Western unweigerlich das Schicksal zuschlägt, aber am Ende wurden wir vom Anblick eines wunderschönen Flüsschens mit kristallklarem Süßwasser überrascht, dem Schuragiyn. Nach der ausgedörrten Steppe war es hier wie im Paradies, unwirklich und völlig unerwartet, ein Genuss für die Sinne. Vom felsigen Untergrund traten wir auf weiche Grasmatten. Die Geräusche und der Geruch des Wassers erfüllten die Luft. Zwischen den Wänden glatt geschliffener Felsbrocken schlugen wir unsere Zelte auf.

Als Bold acht Jahre alt war, fuhr sein Vater mit der Transsibirischen Eisenbahn nach Russland. Es war ein schöner Tag im Oktober, einer dieser funkelnden Tage, die im Herbst in der Mongolei häufig sind. In der Nacht war Schnee gefallen. Er erinnerte sich an die hauchdünne Schneedecke auf den Gehwegen, die er aus dem Fenster der Wohnung in Ulan Bator sah.

Seine Eltern stritten sich gerade in der Küche, als Verwandte ankamen. Sie fuhren in einem sehr großen, schwarzen Wagen zum Bahnhof, und Bold wusste noch, dass man die Fenster hinauf und herunter kurbeln konnte. Es war wohl seine erste Fahrt in einem Auto, für ihn ein grandioses Abenteuer.

Doch am Bahnhof verschwand die gute Laune. Als sein Vater auf den Wagentritten mit seinem Koffer kämpfte, waren Mutter, Großmutter und Tanten auf dem Bahnsteig in Tränen aufgelöst. Bold stand neben einem Onkel, einem Fels an männlicher Selbstbeherrschung inmitten dieses tränenreichen Jammers, der in unberechenbaren Wellen an- und abschwoll. Weinende Erwachsene machten ihm Angst. Es schien sich um eine Katastrophe zu handeln, aber er wusste nicht, worum es ging.

Der Zug blieb ihm viel klarer im Gedächtnis als sein Vater. Die Räder waren so groß wie er. Die Leute schauten aus den Fenstern durch Dampfschleier herunter, fremdartige russische Gesichter mit großen Nasen und runden Augen, die Frohsinn ausstrahlten. Man spürte eine kameradschaftliche Verbundenheit zwischen den Menschen, die im Zug zusammengedrängt waren. Hier gab es zwei Welten, die auf seltsame Weise miteinander verquickt waren, und er sah, wie sein Vater von einer Welt in die andere wechselte, von der Not und den Tränen auf dem Bahnsteig in das gemütliche und viel versprechende Innere dieses herrlichen Zuges, von der Sesshaftigkeit und dem Eingesperrtsein zu Hause in die Freiheit des Reisens. Ein Mann in dunkler Uniform marschierte über den Bahnsteig und blies in eine Pfeife. Der Zug ruckte an, und die zwei Welten drifteten wieder auseinander.

Das war 1964. Er sah seinen Vater nie wieder. Seine Abreise und die Szene auf dem Bahnsteig waren eine von Bolds frühesten Erinnerungen.

»Er ist nach Irkutsk gefahren«, erzählte Bold. Wir lagen im letzten Sonnenlicht auf der Uferböschung. »Zu einem Ingenieurslehrgang auf einer technischen Hochschule. Von Zeit zu Zeit kamen Briefe. Wahrscheinlich hat er meiner Mutter Geld geschickt. Aber wir wussten nie viel über sein Leben dort. Nach dem Lehrgang blieb er in Irkutsk. Vermutlich wollte er in die Mongolei zurückkehren, hat es aber nie geschafft. Vielleicht hat er da eine andere Frau kennen gelernt und ein neues Leben angefangen. Ich weiß es nicht. 1974 ist er gestorben. Anscheinend an Krebs. Mit fünfundvierzig oder so.«

Die heitere Stimmung in unserem Lager am Fluss hatte Bold gesprächig gemacht. Die Zelte waren aufgeschlagen, das Abendessen hatte geschmeckt, und jetzt genossen wir den schönen, milden Abend. Schiefergraue Felsbrocken bildeten einen niedrigen Wall um unser Lager und vermittelten uns die Illusion häuslicher Geborgenheit, eines Refugiums in der endlosen Steppe. Die gespenstischen Ringe der *gers*, die im Winter hier aufgestellt waren, hatten am steinigen Uferhang über uns Abdrücke hinterlassen. Mit dem zurückgelassenen Holz machten wir Feuer. Zwischen den großen Steinen liegend, plauderten wir, und unsere Pferde weideten im kniehohen Gras etwas weiter stromabwärts.

Bold war, wie sein Vater, zur Ausbildung nach Russland gegangen. Die Mongolei erklärte sich 1924 zur Volksrepublik und war damit der zweite kommunistische Staat der Welt. Während der fünfundsechzig Jahre des kommunistischen Regimes blieb sie ein Satellit der Sowjetunion und erhielt beträchtliche Beihilfen und einen Strom technischer Berater aus Moskau, während sie auf ihrem Territorium eine große Anzahl russischer Truppen beherbergte, besonders zur Zeit der Spannungen zwischen China und der Sowjetunion. Ein Nebeneffekt dieses ständigen russischen Einflusses war, dass mongolische Kinder in der Schule Russisch lernten, was ihnen in russischen Städten Chancen eröffnete, die ihnen die Mongolei nicht hätte bieten können.

Bold war nach Minsk gegangen, um Geschichte und Philosophie zu studieren. Er hatte fast fünf Jahre in Russland gelebt und von dort aus nach Ostdeutschland, Polen und einmal kurz nach Westdeutschland reisen können. Seine Odyssee durch Europa als junger Mann hatte zu zwei unvereinbaren Entdeckungen geführt: Liebe und Vernunft.

Die Mongolei hielt bedingungslos am Glauben fest. Bold beschrieb sie als einen mittelalterlichen Staat, in dem es wichtiger war zu glauben als nachzuforschen, wo überkommenes Wissen so gut wie nie in Frage gestellt wurde. Jahrhundertelang hatten die Mongolen unter dem Bann von Aberglauben und bösen Vorzeichen, von Schamanismus und tibetischem Buddhismus gelebt. Der Marxismus traf bequemerweise auf ein gläubiges Umfeld. Die Partei verlangte genau den blinden Glauben, an den die Mongolen gewöhnt waren. Nach Bolds eigener Aussage hatte ihn die Auslandsreise von dem einengenden Zwang zu glauben befreit. Als Marxist war er nach Russland gegangen, als Freidenker kam er zurück. In Minsk sei er ein moderner Mensch geworden, sagte er. Er verwendete den Begriff im Voltaireschen Sinne – ein moderner Mensch war skeptisch, neugierig, zerstörte Althergebrachtes. Für Bold war die Aufklärung eine entscheidende persönliche Offenbarung.

Mit der Liebe war die Sache weniger klar. In Minsk hatte er sich in eine Ostdeutsche verliebt. Nach zwanzig Jahren bekam er immer noch einen Kloß im Hals, wenn er von ihr sprach. Gemeinsam lasen sie Goethe, machten lange Wanderungen durch die Kiefernwälder rund um Schdanowitschi, sprachen von Heirat. Aber am Ende beschloss er, sie zu verlassen und heimzufahren; er hatte sich für sein Land entschieden. Ich bin Mongole, sagte er traurig, um es zu erklären, als gehörten Mongolen einem Volk ganz eigener Art an und seien unfähig, unter Ausländern zu überleben. Diesen Gedanken fand ich auf meiner Reise immer wieder bestätigt. Bold hatte zwar viel von seiner eigenen Tradition verworfen, aber er war immer noch in der Vorstellung befangen, dass nur eine Mongole einen anderen Mongolen verstehen könne, dass zwischen ihnen ein Blutband bestehe, das man niemandem erklären kann.

Aber sein Entschluss, die Frau aus Ostdeutschland zu verlassen, hatte einen Schatten auf sein Leben geworfen. Er denkt immer noch an sie und fragt sich, wie sein Leben wohl verlaufen wäre, wenn er bei ihr geblieben wäre. Als er damals nach Hause kam, heiratete er eine Mongolin, aber die Ehe war unglücklich, und sie trennten sich wieder. Die Liebe hatte sich ihm entzogen.

Es war dunkel, und hinter unserem Rücken war der Mond über den Bergen aufgestiegen und überflutete das Flüsschen mit silbernem Licht.

»Vielleicht hätte ich fort bleiben sollen, so wie mein Vater«, meinte er. »Vielleicht hat er in Irkutsk die Freiheit gefunden.«

»Nicht sehr wahrscheinlich«, sagte ich.

»Sie wären überrascht«, entgegnete er. »Ich habe sie in Minsk gefunden.«

Er zündete sich eine Zigarette an und hob den Kopf. »Als heranwachsendes Kind stellte ich ihn mir verloren vor, heimatlos und umherirrend. Ich glaube, meine Mutter und meine Tanten haben immer so über ihn gesprochen.«

Im Mondlicht waren seine Augen wie Rauten einer dunklen Flüssigkeit.

»Ich hatte Angst vor der Entwurzelung, unter der er sicher gelitten hat, wie man mir einhämmerte. Ich hatte Angst, fern von der Mongolei auf einmal ein Niemand zu sein.« Er schaute weg. »Aber wenn ich an seine Abreise denke, an diesen Tag am Bahnhof, als der Zug davonrollte, da kam es mir vor, als würde er flüchten. Die einzigen Trauernden waren die auf dem Bahnsteig, die zurückgeblieben sind.«

Am Morgen badete ich nackt im Fluss. Unser Reiseführer wäre wahrscheinlich weniger entgeistert gewesen, wenn ich eines seiner Pferde geschlachtet und mir zum Frühstück gebraten hätte. Dann sattelten wir die Pferde und brachen auf, über die rote Ebene nach Südosten und in die Täler der kasachischen Adlerjäger.

In der westlichen Provinz Bajan Ölgiy lebt die einzige ethnische Minderheit der Mongolei – die islamischen Kasachen. Die revisionistische mongolische Geschichtsschreibung macht uns glauben, dass alle Kasachen in den späten 50er- und frühen 60er-Jahren aus China kamen, als man in Beijing bestrebt war, die kasachischen und kirgisischen Nomaden in der nordwestlichen, an die Mongolei angrenzenden Provinz Xinjiang anzusiedeln. Damals waren die Beziehungen zwischen der Sowjetunion und China angesichts der Frage der kommunistischen Weltherrschaft ziemlich zerrüttet, und Tsendbal, der Staatschef der Mongolen, wurde von Moskau dazu animiert, den Kasachen aus China seine Tore zu öffnen – eine kleine Brüskierung von Beijing.

Die Wahrheit über die Kasachen, von denen es etwa hundertdreißigtausend in der Mongolei gibt, ist etwas komplizierter. In der Tat kamen viele als Flüchtlinge aus China, da eine frühere Generation aus dem russischen Kasachstan geflohen war, um Moskaus ebenso autoritärer Ansiedlungspolitik zu entfliehen. Aber die meisten waren schon seit Jahrhunderten hier, eingewandert über den Altai und völlig gleichgültig gegenüber Staatsgrenzen. Die Mongolen misstrauen ihnen. Bold betrachtete sie als in Clans zusammengluckende Außenseiter und potentielle Verräter, deren wahre Loyalität nur ihren Brüdern jenseits der Grenze zu Kasachstan gilt. Dieser Verdacht bestätigte sich 1990, als nach dem Niedergang des Kommunismus einige kasachische Anführer versuchten, die Autonomie der

Kasachen durchzusetzen. Als dies scheiterte, wanderten viele Kasachen in die neue Republik Kasachstan ab und zogen mit ihren Herden über die Grenze. Die meisten kamen allerdings in aller Stille zurück, da sie in Kasachstan eine modernere Welt vorfanden, die die nomadische Tradition rigoros ablehnte.

Die Kasachen in der Mongolei haben die traditionelle Falkenjagd aufrecht erhalten, die hier eine lange Geschichte hat. Dschingis Khans Vater soll ein eifriger Falkner gewesen sein, und während Bruder Wilhelms erster Audienz beim Mongolenkhan Möngke in Karakorum hatte sich dieser gerade mehrere Falken angesehen, die ihm seine Gefolgsleute gebracht hatten. Kublai Khan, der Enkel von Dschingis Khan, war gleichfalls ein Falkner; laut Marco Polo soll er fünftausend Falken besessen haben. Diese Tradition ist bei den modernen Mongolen verloren gegangen. Sie ist nur noch bei den Kasachen in Bajan Ölgij lebendig, die mit den größten Vögeln jagen, die Falkner zur Beize einsetzen, mit den großen Goldadlern aus dem Altai. Diese Vögel sind so schwer, dass die Kasachen eine hölzerne Armstütze brauchen, wenn sie zu Pferd unterwegs sind.

Den ganzen Tag ritten wir durch karge Landschaften und kamen spät nachmittags in ein schmales Seitental, in dem den gewundenen Fluss entlang *gers* aufgestellt waren. Es war der erste bewohnte Platz seit Verlassen des Namarjin-Tals vor zwei Tagen. An den steilen Wänden erkannten wir, dass es kasachische *gers* waren.

Eine Frau trat aus einer Jurte, um uns den Weg durchs Tal zu zeigen. »Orolobai hat einen Adler«, sagte sie. »Ihr könnt ihn nicht verfehlen. Sein *ger* hat eine Fernsehantenne.«

Es ist eine der sympathischsten Eigenschaften der ländlichen Gebiete in der Mongolei, dass man tausend Meilen reisen kann, ohne auf einen Fernseher zu treffen. Und nun ritten wir auf der Suche nach Adlerjägern durch ein Tal, wo ich befürchten musste, den einzigen Glotzenhocker der westlichen Mongolei anzutreffen.

Orolobai war ein stämmiger Bursche mit eckigem Kinn und einem rosafarbenen Käppchen. Hoch erfreut über den Besuch, lud er uns sofort zum Tee ein. Kasachische *gers* sind im Allgemeinen größer als mongolische und gefälliger eingerichtet. Aber selbst nach kasachischen Maßstäben war Orolobais *ger* beeindruckend: eine hochherrschaftliche Nomadenvilla. Innen war Platz genug, um einen Yak herumzuschwenken. Da hier der Ofen fehlte – er stand nebenan im Küchenzelt –, wirkte das Innere noch geräumiger. Statt des Ofens befand sich in der Mitte des *ger* eine erstaunliche Neuerung: ein Tisch und Stühle.

Scheu wie Bauernlümmel im Salon des Großgrundbesitzers nahmen wir unsere Plätze ein und beherrschten uns, um nicht mit offenem Mund das teure Mobiliar anzuglotzen, das ringsum an den Zeltwänden zu sehen war: die eisernen Feldbetten, die wie Himmelbetten von Rüschenvorhängen aus Nylon umhüllt waren, die großen Wandteppiche mit leuchtenden geometrischen Mustern, das glanzbeschichtete Poster mit zwei Kätzchen, die über eine Steinmauer spähten, und den Stapel purpurfarbener Pappkoffer. An exponierter Stelle stand das Gesprächsthema der ganzen Gegend: ein alter russischer Fernsehapparat.

Orolobai überschüttete uns mit der überschwänglichen Gastfreundschaft, die für islamische Kulturen typisch ist. Der Tee wurde in Tassen mit Untertassen serviert – ein unerhörtes Gepränge. Bold und unser Führer, an das zurückhaltende Auftreten der Mongolen gewöhnt, waren wie vom Donner gerührt. Mit einem Hemd aus Gras und einer Blumengirlande bekleidet, hätte Orolobai kaum exotischer wirken können,

Der Kasache erwies sich als gut gelaunter Gastgeber, dessen Laune noch besser wurde, als wir den *airag* kosteten, die gegorene Stutenmilch. Als wir ein paar Schalen davon getrunken hatten, wollte er mit uns nach draußen gehen, um uns den Adler zu zeigen. Aber erst musste er sich umziehen. Die Adlerjagd sei mit viel Tradition verbunden, erklärte er, und man müsse dafür angemessen gekleidet sein. Nun ja, dachte ich, er ist ein eitler Mann und wird sicher wissen, dass er bald fotografiert wird.

Plötzlich war Orolobai so unruhig und nervös wie jemand, der sich für einen offiziellen Empfang umkleiden will. Es ist ein Problem beim Nomadenleben, im Gedächtnis zu behalten, wo alles ist, da man ja alle drei Monate umzieht. Orolobai rief nach Frau und Töchtern, die Koffer und Truhen zu durchwühlen begannen, während er mit offenem Gürtel in der Mitte des *ger* stand und hilflos mit den Armen fuchtelte. »Sie waren mit den Decken auf dem zweiten Kamel«, jammerte er.

Als die Sachen Stück für Stück auftauchten, zogen ihn die Frauen an. Zu dem feierlichen schwarzen *del* trug er ein Paar Leggings über den hohen Stiefeln und eine Ledermütze mit Ohrenklappen, wie man sie zuletzt bei Charles Lindbergh gesehen hatte, als er den Atlantik überquerte. Der Beizhandschuh wurde gefunden und auch der Armschutz, und nach weiterem Wühlen in einer Kommode mit geräumigen weißen Schubladen kam auch die Haube zum Vorschein. Erleichtert schoben die Frauen Orolobai aus der Tür.

Der Adler wurde, mit einer ziemlich schwach aussehenden Halteleine um ein Bein, nicht weit vom *ger* entfernt auf einen Felsblock gesetzt. Neben diesem Vogel hätte sogar ein Dobermann wie ein Pinscher ausgesehen. Er war fast einen Meter groß. Sein gebogener Schnabel hatte die Größe eines Schnitzmessers. Aber das Auffallendste waren die Augen, kalte schwarze durchdringende Augen, dazu gemacht, möglichst bösartig zu starren. Und in diesem Augenblick starrten sie mich bösartig an. Der Vogel hatte sicher noch keinen Ausländer gesehen.

Auch als Orolobai den Adler sanft hochhob und ihn auf seinen Arm setzte, ließ der Vogel mich nicht aus den Augen. Ich versuchte, mich unbekümmert zu geben und schaute weg; vielleicht mochte er es nicht, wenn man zurückstarrte. Ich blickte auf ferne Hügel. Ich schaute prüfend auf meine Stiefel. Und da merkte ich auf einmal, dass ich eine Schaffelljacke trug. Ich schaute auf. Der Adler starrte mich noch immer mit leicht schief gelegtem Kopf an. Womöglich verwechselte er mich mit einem verirrten Schaf.

Er breitete seine Schwingen aus – ihre Spannweite betrug fast zwei Meter –, und da duckte sich sogar Orolobai. Ganz langsam streifte ich meine Jacke ab und ließ sie eine Armlänge entfernt fallen. Fast im selben Augenblick stürzte sich der Vogel darauf. Orolobai, den er beinahe umgeworfen hatte, machte einen Satz vorwärts, und sofort war der Vogel auf meiner Jacke, vergrub seine Krallen in den Pelz und hackte mit seinem grauenhaften Schnabel hinein.

»Gefällt ihm offenbar, die Jacke«, sagte Orolobai keuchend und versuchte angestrengt, den großen Vogel wegzuziehen.

Aber da rannte ich bereits zum *ger*.

Am Abend nach dem Essen wurden wir eingeladen, in die Glotze zu starren. Nachbarn und die Familie drängten sich im Zelt und setzten sich erwartungsvoll im Halbkreis um den Apparat. Orolobai hatte seinen eigenen Generator, den er draußen anwarf. Der blaue Bildschirm erwachte flimmernd zum Leben. Soweit man feststellen konnte, war es eine Varieté-Vorstellung in Ulan Bator, obwohl der Empfang so schlecht war, dass man es auch für einen Moriskentanz auf der dunklen Seite des Mondes hätte halten können. In der Mitte eines dichten Schneesturms sangen drei oder vielleicht auch sechs Leute ein altes mongolisches Volkslied. Orolobai war von der Empfangsqualität hingerissen, die beste seit Wochen, erklärte er.

Zum Glück war die Sache nicht von Dauer. Nach ein paar Minuten verschwanden die geisterhaften Gestalten in einem Blizzard, und der Bildschirm wurde dunkel. Wir hörten, wie der Generator draußen erstarb. Jemand hatte offenbar vergessen, Benzin nachzufüllen. Ich tat so, als wollte ich meine Enttäuschung verbergen.

Später lagen Bold und ich am Flussufer und sahen die Sternbilder langsam nach Westen ziehen. Die Sterne schienen zum Greifen nahe. Nirgends auf der Welt sieht man sie klarer als in der Äußeren Mongolei.

KAPITEL SIEBEN

~

DIE RINGER VOM NAADAM-FEST

Mangels anderer Kandidaten fiel Hovd – oder zumindest dem glücklichen Eckchen der Stadt, das über heißes Wasser, kaltes Bier und ein warmes Bett verfügte – die Aufgabe zu, die Zivilisation zu vertreten. Nach vier Tagesritten kam nun, von einem niedrigen steinigen Hügelkamm aus, weit über die Steppe schimmernd die verheißene Stadt in Sicht. In den fernen Fenstern spiegelte sich das Sonnenlicht. Jerusalem konnte nicht goldener geleuchtet haben.

Ich hätte Braunnase gern aus seiner Lethargie gerissen, um zu dieser Vision zu galoppieren. Aber die Pferde waren erschöpft. Der mühsame Ritt über die heiße Ebene wollte kein Ende nehmen. Das einzige Auffallende darin waren kurze Grabenabschnitte, die an die Maginot-Linie erinnerten; sie waren ausgehoben worden, um die Erben von Dschingis Khan auf moderne Kriegsführung vorzubereiten.

Seit der Gedanke an eine Durchquerung der Mongolei zu Pferd Gestalt angenommen hatte, war ich von einem Traumbild besessen, ähnlich dem in zahllosen Western: Drei staubige Gesellen trotten die Main Street entlang und binden ihre Pferde vor dem Saloon an, während die Einwohner mit gemischten Gefühlen zusehen. Von den Aufsehen erregenden Auftritten ließ sich meiner Meinung nach keiner mit meiner Gary-Cooper-Nummer vergleichen.

Doch unsere Ankunft war nur die erste Enttäuschung in Hovd. Kurz vor der Brücke, die über den Fluss in die Stadt führte, wo auf den Uferwiesen *gers* aufgeschlagen waren, begann unser Reiseführer zu meutern. Verärgert, dass wir ihm keinen zusätzlichen Wochenlohn für die mühselige Reise zahlen wollten, rächte er sich, indem er verkündete, er werde seine Pferde nicht in die Stadt lassen. Verdrossen steckte er den vereinbarten Lohn ein, band unsere Sättel und unser Gepäck ab, ritt mit den Pferden am Ufer entlang zu den *gers* von Verwandten und ließ uns stehen, so dass wir einen vorbeifahrenden Jeep bitten mussten, uns mitzunehmen. Er setzte uns am einzigen Hotel von Hovd ab. Keine Rede von Gary Cooper.

~

Inmitten der wild überwachsenen Pflastersteine, die den Stadtplatz darstellten, steht das Denkmal von Aldanjavin Ajusch, einem einsamen Helden hoch zu Ross, der 1905 einen Volksaufstand anführte. Der Arm, den er gegen die chinesische Unterdrückung erhebt, geht leider nur noch bis zum Ellbogen. Der Rest ist nicht mehr da, dem Verfall zum Opfer gefallen wie alle Bauwerke in Hovd. Die zerbrochenen Fenster des Rathauses sind mit Wäschestücken verhängt, die Bankleute überlassen die Finanzgeschäfte dem lieben Gott und gehen lieber in die Sonne, um sich bräunen zu lassen, und im Hotel gibt es weder heißes Wasser noch kaltes Bier. Keine Rede von Zivilisation.

In den Straßen von Hovd erkennt man den Mittelstand an Sonnenbrillen und Schirmen. Verkehr gibt es wenig – ein paar Reiter, gelegentlich ein Jeep. An unserem ersten Nachmittag drehte ein Eselskarren ziellos seine Runden; darauf lagen zwei zusammengesackte Männer, vermutlich betrunken, vielleicht auch tot. Eine Hand voll kleiner Läden auf der Straßenseite durchhängender russischer Gebäude machten sich durch nichts bemerkbar. Man stieß die schwere Tür auf und fand eine Behelfstheke, einen mürrischen Ladenbesitzer in Gummistiefeln und eine chaotische Ansammlung von Waren vor – Kerzen, zu Ziegeln gepressten Tee, Seifenstücke, lettisches Konfekt, russische Stiefel, Büstenhalter aus China. Wenn man die falsche Tür aufstieß, konnte es auch passieren, dass man eine Suppe essende Familie aufstörte.

Doch im Anschluss an Bajan Ölgij schien Hovd eine Stadt, in der etwas los war, und so tauchte ich in das kulturelle Leben ein. Am ersten Morgen ging ich ins Museum, eine alte russische Datscha in einer Seitenstraße. In der Eingangshalle schlummerte der Kartenverkäufer am Fenster. Als ich ihn weckte, schüttelte er achselzuckend den Kopf; dann nahm er mich an die Hand, um mir das Problem zu zeigen. Es gab keinen Strom, so wie meistens. Hand in Hand spähten wir in die dunklen, fensterlosen Räume voller Vergangenheit und waren uns einig, dass es hoffnungslos ist.

Keineswegs abgeschreckt, marschierte ich ins Theater, dessen rosafarbene neoklassizistische Fassade Hovds einzige Andeutung von Pracht ist. Der pompöse Eingang wurde von korinthischen Säulen flankiert. Das Gebäude war großartiger als Hovds ganze Theatertradition; die Bretter, die die Welt bedeuten, sind im Nomadenleben relativ unbedeutend. Doch Einrichtungen für Kunst und Kultur sowie medizinische Versorgung und Bildung gehörten zum sozialistischen Entwurf für eine schöne neue Welt, den ernste junge Bolschewiken vor fast achtzig Jahren aus Russland hergebracht hatten, und in jedem *aimak* wurde ein Theater gebaut, um das jährliche Gastspiel eines staatlichen Theaterensembles zu ermöglichen.

Ich spähte durch die verschmutzten Scheiben und sah, dass es kaum noch Gastspiele gab, seit Russland seine Subventionen Ende der 80er-Jahre eingestellt hatte. Das Theater sah verlassen aus. Die eingetopften Geranien auf den Fenstersimsen waren wild gewuchert. Die gewölbte Eingangshalle hatte man dem Staub überlassen. Aus dem großartigen Treppenaufgang, der ins Dunkel führte, hatte man den Teppich herausgerissen. In der Gar-

Leichtgewicht-Ringer beim Naadam-Fest in Hovd

derobe waren die Haken für die Pelzmützen und Pferdepeitschen der Hirten mit Spinnweben überzogen.

Der Bühneneingang auf der Rückseite stand offen. Innen war eine Halle, beherrscht von einem riesigen Spiegel mit Goldrahmen, in dem die Schauspieler früherer Zeiten ihren Eintritt in die wirkliche Welt bewundern konnten. Irgendwo spielte jemand Klavier. Das Spiel brach ab. Ich hörte Schritte, und einen Augenblick später näherte sich eine ältliche Erscheinung mit einem Mopp in der Hand. Sie blieb abrupt stehen, als sie einen Ausländer in der Halle stehen sah.

Der Hausmeister hätte Albert Einsteins unkonventioneller Bruder sein können. Er war ein alter Mann mit wilder Mähne, buschigen Augenbrauen, einer Wollweste, einer Brille mit Drahtgestell und einem entsetzten, aber intelligenten Gesicht. Er erholte sich von dem Schreck und hob erfreut die Hände. »Kommen Sie«, sagte er unvermittelt. »Ich zeige Ihnen etwas.«

Einstein erwies sich als Ein-Mann-Unterhalter. In einer Reihe leidenschaftlicher und lebhafter Vorführungen übernahm er alle Rollen des Hauses. In den Garderoben machte er die Schauspieler nach, die sich vor den zerbrochenen Spiegeln schminkten, und führte einen mottenzerfressenen samtenen Morgenmantel vor, den irgendeine Gastspieltruppe bei der Aufführung eines Tschechow-Stücks zurückgelassen hatte. Im Halbdunkel der Hinterbühne zeigte er mir zwischen ramponierten Kulissen, wie man die Züge bedient, und spielte sehr erfolgreich sowohl die Rolle des muskulösen Bühnenarbeiters als auch die des aus dem Bühnenhimmel herabschwebenden Prospekts, wie ein Tänzer.

Vorne in der Eingangshalle tat er, als verkaufte er mir eine Karte, und statt eines Stückes führte er mir die gerahmten Schwarzweißfotos von alten Inszenierungen an den Wänden vor. Die Schauspieler waren lauter Mongolen, aber die Stücke schienen russisch zu sein, eine Serie von Szenen, die in Wohnzimmern spielten. Einstein war begeistert, als ich ihn fragte, ob es sich bei einem Standfoto nicht um eine Szene aus den »Drei Schwestern« handelte. »*Tim, tim*« – er nickte aufgeregt. »*Tri sestry. Tri sestry.*« Offenbar war es die Szene, in der sich Andrej verzweifelt über das Leben auf dem Land, ein Leben unter ungebildeten Analphabeten beklagt. In den Tiefen der Äußeren Mongolei, tausend Meilen von allem entfernt, was auch nur annähernd nach einer Stadt aussah, klang die Klage eines Mannes, der nur ein paar Zugstunden von Moskau entfernt lebte, wohl etwas melodramatisch. Einstein stieß mich an. Seine Augenbrauen tanzten schalkhaft. Ich schaute mir Andrej genauer an – es war der Hausmeister vor vierzig Jahren.

Dann schob er mich in den Zuschauerraum. Es roch nach Staub und altem Samt. Mein Blick streifte über uralte Kronleuchter und riesige Heizkörper an den Wänden. Der Hausmeister nahm mich an der Hand und führte mich durch einen Gang. Ich musste mich in die erste Reihe setzen, und er hüpfte die Stufen zur Bühne hinauf, wo er Andrejs Monolog im vierten Akt nachspielte. Ich kannte die Szene gut, denn ich hatte Andrej selbst einmal in einer Studentenaufführung gespielt. Es war eine fabelhafte Rolle für einen Sechzehnjährigen, zornig, stöhnend, ohnmächtig wütend gegen die Ungerechtigkeit der Welt und klagend, dass niemand ihn verstehe.

Ich begab mich auch auf die Bühne, und wir führten eine zweisprachige Version vor und tobten uns vor dem leeren Parkett königlich aus. Dann lachten wir und schüttelten uns die Hände. Russland hatte uns vereint.

Am Stadtrand, wo sich die einzige gepflasterte Straße in der angrenzenden Steppe verliert, stieß ich auf eine noch ältere Erscheinung, die Stadtmauer einer Mandschu-Stadt, einen von Chinas kolonialen Vorposten während der zwei Jahrhunderte der chinesischen Herrschaft über die Mongolei.

China und die Mongolei haben sich nie gut verstanden. »Wir hassen die Chinesen«, sagte Bold immer, wenn ich auf diese uralte Antipathie zu sprechen kam. »Das haben wir im Blut. Und die Chinesen hassen uns genauso.« Das bedeutsamste Symbol ihrer Beziehung ist die Chinesische Mauer, der grandiose, aber unselige Versuch der Chinesen, die mongolischen Rüpel im Zaum zu halten. Für die Chinesen sind die Mongolen Nachbarn aus der Hölle, barbarisch, laut, chaotisch und voll irrationalem Temperament. Die Mongolen ihrerseits halten die Chinesen für zynisch, doppelzüngig, und leider zahlenmäßig für viel zu viele. Die gegenseitige Verachtung spiegelt die Temperamentsunterschiede zwischen sesshaften und nomadischen Völkern wider. Selbst heute, im gleichmachenden Schmelztiegel unserer Zeit, erlebt der Reisende auf dem Neunzigminutenflug von Ulan Bator nach Beijing einen der größten Kulturschocks, den man sich heutzutage denken kann. Keine zwei Städte, keine zwei Länder, keine zwei Völker könnten unterschiedlicher sein als diese beiden Nachbarn, die zu ihrem Leidwesen durch die geografischen Verhältnisse aneinander gekettet sind.

Die Chinesen, seit Beginn der Geschichtsschreibung von einfallenden Nomaden aus Zentralasien geplagt, halten die Mongolen für eine Naturkatastrophe wie Überschwemmungen oder Hungersnöte, für eine Strafe der Götter, die man einfach ertragen muss. Irgendwann würden sie schon heimkehren, die Satteltaschen prall gefüllt mit Reis und Porzellan. Aber der Höhepunkt dieser Invasionen, Dschingis Khans Eroberung Chinas im 13. Jahrhundert, brachte neue Schrecken. Der Gedanke eines Großreichs hatte sich im Bewusstsein der Mongolen festgesetzt. Die Barbaren hatten sich dafür entschieden, in der ältesten und zivilisiertesten Kultur zu bleiben und sie zu regieren.

Yeh-lü Tsch'u-ts'ai, Dschingis Khans Chefberater aus der führenden Sippe der K'i-tan, hatte die Mongolen darauf aufmerksam gemacht, dass Tote keine Steuern zahlen. Und er wies sie auf ein altes chinesisches Sprichwort hin, das besagt, man könne zu Pferd zwar ein großes Reich erobern, es aber nicht vom Sattel aus regieren. Kublai Khan, Dschingis Khans Enkel, herrschte über China, indem er sich selbst zum Kaiser von China aufwarf. Als Bruder Wilhelm in Karakorum ankam, wurde er von Kublai Khans Bruder Möngke in einem Palastzelt empfangen. Als Marco Polo zwanzig Jahre später in China auftauchte, residierte Kublai Khan in einem Palast in Beijing, dem Vorläufer der Verbotenen Stadt. Traditionsbewusste Mongolen haben ihm das natürlich nie verziehen, aber die von Kublai Khan gegründete Dynastie, die Yuan, regierte China fast hundert Jahre lang.

Kublai Khans Empfänglichkeit für chinesische Städte und Landwirtschaft war der Anfang vom Ende der Nomadenkultur. In den folgenden Jahrhunderten verschob sich das politische Gleichgewicht zu Gunsten der sesshaften Gesellschaften. Dank der technischen Entwicklung in Europa waren sie nicht länger den Nomaden ausgeliefert, die auf ihre alten Vorteile, Ausdauer und Reitkunst, bauten. Eine Zeit lang vermochten die Nomaden mit ihren Raubzügen das chinesische Grenzland noch aufzuschrecken, fielen aber immer weniger ins Gewicht. Bezeichnend für ihren Niedergang war es, dass die Dsungaren aus der Westmongolei im 15. Jahrhundert den Ming-Kaiser festnehmen konnten, sich aber mit einem Lösegeld in bar zufrieden gaben, statt die Zügel der Macht zu ergreifen. Jetzt war China an der Reihe, die Mongolei zu unterwerfen.

Die Chinesen kamen im 17. Jahrhundert in die Mongolei, anfangs auf einen Hilferuf der Chalcha-Mongolen hin, die den Angriffen der Oirat-Mongolen ausgesetzt waren. Die Musketen und Kanonen, welche die Chinesen kurz zuvor in Europa erworben hatten, entschieden den Kampf. Wie nicht anders zu erwarten, forderten die neuen Partner der Mongolen als Preis für die Hilfeleistung die Unterwerfung. Die Mongolei wurde ein tributpflichtiger Teilstaat von Mandschu-China, bevor sie ganz allmählich in das chinesische Reich eingegliedert wurde. Aber erst 1911, als im Innern Chinas der Druck der Republikaner wuchs, konnten die Mongolen ihre Unabhängigkeit zurückgewinnen.

Von Sangiin Herem, der alten chinesischen Ansiedlung am Stadtrand von Hovd, stehen nur noch die verfallenen Stadtmauern, die gleiche quadratische Konstruktion, mit der die Chinesen alle ihre Städte von der Mandschurei bis Kanton umgaben. Die Gebäude sind verschwunden, und die Bewohner von Hovd pflanzen in der fruchtbaren Erde, die die vertriebenen Chinesen zurückgelassen haben, Gemüse an. Diese Parzellen sind vielleicht der einzige Hinweis auf die frühere Anwesenheit der Chinesen. Sosehr die Regierung der Mongolei sich auch bemüht, die Bevölkerung zum Anbau und Verzehr von Gemüse anzuhalten, es bleibt ein Kampf gegen Windmühlenflügel. Ich fragte mich, ob die über ihre Kohlköpfe gebeugten Gärtner von Hovd nicht chinesisches Blut in den Adern hatten.

Die Ruinen waren ein ruhiger, besinnlicher Ort, und an unverplanten Nachmittagen begab ich mich dorthin. Von den alten Mauern aus schaute ich hinab auf die Geisterstraßen, die nach der Kompassrose ausgerichtet waren. Im Geiste sah ich Glockentürme mit scharlachroten Toren, Tempel mit aufgebogenen Dachtraufen, Häuser mit Hinterhöfen, Gitterfenstern und Steingärten: eine Enklave chinesischer Ordnung, in dieses wilde Land verpflanzt. Ich stellte mir vor, wie die Chinesen hier an vertrauten Ritualen festhielten, wie englische Kolonialherren, die es in der Fremde mit ihren Regeln übertrieben. Ich sah sie bei endlosen Mah-Jongg-Spielen sitzen, über Schalen mit Nudeln und Pak Choy gebeugt, sah sie die leeren Ecken ihrer Gärten mit Azaleen schmücken und gemeinsam mit Räucherstäbchen und Mehlklößchen zum Picknick zu den Ahnengräbern gehen, während außerhalb der Stadt die endlose Leere der Mongolei wartet, unummauert, unbepflanzt, ungehegt und ungeordnet. Vielleicht verdrängten die Chinesen ihre Ängste durch philosophische Meditation, durch die Kontemplation der Gegensätze des Lebens, Yin und Yang, wenn sie über die Mauern spähten und Reiter durch die ungebändigte Landschaft galoppieren sahen.

Vielleicht fand ich die verlassenen Ruinen von Sangiin Herem deshalb so unwiderstehlich, weil ich hier meine eigenen widersprüchlichen Gefühle erkannte. So gern ich meinem unbändigen Verlangen nach Bewegung frönte, so verstand ich doch auch das Verlangen, das diese zerfallenen Mauern auszudrücken schienen, die Sehnsucht nach Dauer in einer wechselvollen Welt. Ich wollte ja auch gern behalten, was ich liebte.

~

Hovd war der Schauplatz vom Anfang und Ende meiner Laufbahn als Zahnarzt. Im Gepäck hatte ich eine zahnärztliche Notausrüstung, und in einer närrischen Anwandlung von Großherzigkeit hatte ich einer Hotelangestellten, die unter Zahnschmerzen litt, angeboten, einen Blick auf ihr Gebiss zu werfen. Frau Tsolom kam zu früh zu ihrem Termin und traf mich in der Unterwäsche an. Mongolen klopfen niemals an. Es gilt als unhöflich, an die Tür eines *ger* zu pochen. Aber ihr Glaube an meine professionellen Fähigkeiten blieb ungebrochen, als sie mich Zigarre rauchend in kurzer Unterhose erblickte.

Ich wies der Patientin einen Stuhl am Fenster an. Bold betätigte sich als Krankenschwester und erhellte mit einer Taschenlampe die dunkle Höhle von Frau Tsoloms Mund. Ich machte mich mit einem Mundspiegel ans Werk und untersuchte die Zähne nacheinander nach Zeichen von Karies. Ich hatte keine Ahnung, wie ich Zahnfäule erkennen konnte oder was ich machen sollte, wenn ich sie erkannte, aber ich versuchte, Vertrauen erweckend und professionell zu erscheinen. Zum Glück war Frau Tsoloms Problem schnell erkannt. Sie hatte eine Füllung verloren.

»Haben Sie schon lange Schmerzen, Frau Tsolom?«, fragte ich mit meiner besten Zahnarztstimme.

Sie sagte: »Bummfghskuuurfgh.«

»Was sagt sie, Bold?«

»Ich weiß nicht«, meinte Bold. »Ich glaube, Sie sollten die Hand aus ihrem Mund nehmen.«

»Ach ja.«

Das Schicksal wollte es, dass eine verlorene Füllung das einzige Problem war, dem meine ärztlichen Fähigkeiten gerecht wurden. Ich breitete das beiliegende Faltblatt auf dem Fenstersims aus, gerade außerhalb des Blickfelds der Patientin. Den Anweisungen folgend, reinigte ich das Loch und spülte es aus. In den armseligen Geschäften von Hovd war Wodka das einzige erhältliche Desinfektionsmittel, aber das schien Frau Tsolom nichts auszumachen.

»Wollen Sie das nicht ausspucken, Frau Tsolom?«, fragte ich.

Sie schaute mich seltsam an und schluckte.

Ich machte mich daran, ihr eine provisorische Füllung einzusetzen, die aus einer geheimnisvollen rosafarbenen Paste bestand, die ich schichtweise mit einem hübschen kleinen Füllbesteck hineinquetschte, das einer Gartenhacke en miniature ähnelte. Als ich damit fertig war, rieb ich das Zahnfleisch ringsum mit Nelkengel ein.

»Bitte spülen Sie jetzt den Mund aus, Frau Tsolom«, bat ich und wandte mich ab, um in der Anweisung nachzusehen. Bold reichte ihr inzwischen die Wodkaflasche.

»Alsdann«, sagte ich mit strenger Arztstimme. »Wir werden vierundzwanzig Stunden lang nichts Festes zu uns nehmen. Essen Sie mindestens fünf Stunden lang gar nichts, und dann nur weiche Sachen auf der anderen Seite. Und denken Sie daran, die Füllung ist nur provisorisch. Sie müssen so bald wie möglich zum Zahnarzt gehen, damit er Ihnen eine richtige Füllung macht. Haben wir uns verstanden?«

Frau Tsolom nahm noch einmal einen kräftigen Schluck und nickte.

»Das ist jetzt sicher genug ausgespült, Frau Tsolom«, sagte ich und entwand die Flasche ihrem eisernen Griff. »Sagen Sie Bescheid, wenn es noch Probleme gibt.«

Als sie gegangen war, erinnerte mich Bold daran, dass es in Hovd keine Zahnärzte gibt. Sie würde sicher keine weitere Behandlung bekommen, wenn sie nicht nach Ulan Bator fuhr. Auf dem Land besteht die zahnärztliche Behandlung in der Regel darin, dass der schmerzende Zahn mit einer Kneifzange entfernt wird. Hier war der Wodka sowohl Desinfektions- als auch einziges Betäubungsmittel.

Als Alternative zu dieser Barbarei war meine Vorgehensweise bald das Gesprächsthema der Stadt, besonders als verlautete, dass die Patienten nicht auf den Wodka zu verzichten brauchten. Als ich am nächsten Morgen hinunterkam, saßen schon fünf Patienten in der Lobby. Dieses Überangebot an Arbeit zwang mich dazu, vorzeitig in Ruhestand zu gehen. Für die Bürger von Hovd war es bestimmt besser, sich die Zähne in einem Frühstadium von Karies selbst zu ziehen, als das Unvermeidliche durch meine provisorischen Füllungen hinauszuschieben. Es war sicher eine gute Idee, den Laden zuzumachen, bevor Frau Tsolom wegen einer Wurzelbehandlung wiederkehrte. Außerdem beunruhigte mich die Wodkarechnung.

~

Die Mongolei ist nur scheinbar ein riesengroßes Land. An manchen Tagen ist es wie eine kleine Landgemeinde – die Einwohner haben, auch über weite Entfernungen hinweg, gemeinsame Klatschgeschichten, gemeinsame Verwandte und gemeinsame Befürchtungen wegen Maul- und Klauenseuche. Die Chance, auch im entlegensten *aimak* einen Bekannten zu treffen, ist sehr groß. In den Straßen von Hovd traf Bold mit Ganbold zusammen. Vor zwanzig Jahren hatten sie zusammen die Pädagogische Hochschule in Ulan Bator besucht.

Ganbold war Geschichtslehrer in der höheren Schule von Hovd, einer Anstalt mit einem Einzugsgebiet von der Größe Schottlands. Er hatte ein flaches Mondgesicht und ein festgefrorenes Grinsen, das von zusammengebissenen Zähnen und hervorquellenden Augen begleitet wurde. Er war gesellig, anpassungsfähig und darauf bedacht, es allen recht zu machen, also bestens geeignet, um über die Wechselfälle der mongolischen Geschichte zu berichten. Da er zwanzig Jahre lang Vierzehnjährigen die ruhmreiche kommunistische Revolution nahe gebracht hatte, bestanden seine Gesprächsbeiträge nur noch aus aufgeplusterten Banalitäten. Ganbold war ein Experte im Offensichtlichen und am glücklichsten dann, wenn er einem etwas erklären konnte, was man schon wusste.

Er war auch begeisterungsfähig und ging, erstaunlich für diese lethargische Stadt, geschwind und eifrig auf den Sinn unserer Reise ein. Es waren Sommerferien, und er war aufs Land gefahren, um seine Mutter zu besuchen. Er könne uns Pferde besorgen, sagte er, und unser Reiseführer nach Südosten durchs Altai-Gebirge sein. Wir breiteten Landkarten auf dem Boden des Hotelzimmers aus und besprachen Routen und Entfernungen. In dieser Gegend kenne er jeden, sagte er, und er werde uns bis zum *ger* eines Schülers begleiten, dessen Familie in der Nähe von Mönch Chairchan lagere. Der Schüler werde uns dann in der nächsten Etappe nach Möst bringen.

Ich konnte es kaum erwarten aufzubrechen. Die Verlockungen von Hovd hatten ihre Wirkung verloren.

»Nach dem Naadam«, verkündete Ganbold. »Nach dem Naadam fängt ein neues Leben an.«

~

Die Ursprünge des jährlichen Naadam-Nationalfests liegen in den *quriltai*, den großen Clantreffen, die im Mittelalter das gesellschaftliche Ereignis bei den Mongolen waren. Zur Zeit von Dschingis Khan kamen die Stammessprecher aus den entlegensten Ecken des Landes zusammen, um über wichtige Fragen zu beraten, über Führer- und Weidenprobleme, über Krieg und Frieden und über den strittigsten Punkt überhaupt: Wer hat die schnellsten Pferde? Als die Mongolen 1242 plötzlich aus den Vororten Wiens verschwanden, war Europa dank des größten *quriltai* der Epoche gerettet. Die Clan-Führer galoppierten zurück durch die Weiten Asiens, darauf bedacht, so schnell wie möglich nach Hause zu kommen, um zu sehen, ob sie in den Rennen auf einen Sieger wetten könnten. Die gewöhnlichen Clan-Mitglieder waren bei der Aussicht auf das Derby genauso aufgeregt. Niemand wollte mit der Zerstörung von Christenstädten Zeit verschwenden, wenn es ein großes Rennen gab.

Heutzutage Zeit ist der Naadam so gut wie frei von Politik, damit sich die Mongolen wichtigeren Dingen, nämlich Sport und Geselligkeit, zuwenden können. Der große Naadam in Ulan Bator ist eine Mischung aus Wimbledon, dem Endspiel der Fußball-Weltmeisterschaft, einem Zigeunerrummel und dem Nachtleben in Newcastle am Samstagabend. Aber überall im Land gibt es außerdem örtliche Naadams in den kleinen Stadien am Rand jeder Provinzhauptstadt. Hier wird die mongolische Kultur gefeiert, die in vier Nationalsportarten zum Ausdruck kommt: Pferderennen, Ringen, Bogenschießen und Trinken. Wenn Mongolen feiern, sagt ein chinesisches Sprichwort, verriegelt der Rest Asiens die Tore.

Im Stadion von Hovd hätte ein Fußballclub der vierten Liga zu Hause sein können, dessen Platzwart schon seit Jahren verstorben war. Zwischen den offenen Tribünen und zwei kleinen Zelten war der Asphalt mit Wildpflanzen überwachsen. In der Mitte, wo früher die rote Fahne flatterte, standen neun Stangen mit Yakschwänzen, der Standarte von Dschingis Khan. Die Schwänze waren weiß, und das war gut so. Schwarz bedeutet nämlich Krieg.

Die Besucher in ihren besten Seiden- und Samt-*dels* schwärmten gut gelaunt durcheinander. Männer und Frauen teilten die Vorliebe für hübsche weiche Filzhüte. Etliche vornehmere Gestalten trugen sogar »Melonen«. Ein Naadam bietet eine gute Gelegenheit, seine Orden vorzuführen. Um die unterdrückten Hirten bei Laune zu halten, hatte das frühere kommunistische Regime Medaillen regnen lassen, was zu einer Auszeichnungsinflation führte. Orden, die einst als große Ehre galten, verloren schnell an Wert, so dass dauernd neue eingeführt werden mussten. Da gab es einen Orden des Roten Banners, den Suchbaator-Orden, der an den Nationalhelden der Mongolischen Revolutionären Partei erinnerte, den Orden des Polarsterns und die Medaillen für den besten Arbeiter im Fünfjahresplan. Männer bekamen Orden für mutige Taten oder für patriotische Hingabe wie die Mitgliedschaft in der Partei oder hohe Viehzuchterträge. Frauen bekamen sie für Geburten. Eine alte Frau zeigte mir stolz ihren »Orden der Glorreichen Mutterschaft, Erster Klasse«. Er hing an ihrem voluminösen Busen und deutete feierlich darauf hin, dass die Ordensträgerin mehr als zehn Kinder zur Welt gebracht hatte.

Aus den Lautsprechern dröhnten die Reden örtlicher Würdenträger. Anscheinend hörte kein Mensch hin, nicht einmal die Kapelle, die mitten in der salbungsvollen Rede des Gouverneurs über Bürgerpflichten eine einschmeichelnde Melodie anstimmte. Als noch eine Sängerin dazukam, um deren Stimme die berühmte Jessie Norman sie beneidet hätte, zog sich der Gouverneur in die Ehrenloge zurück. Mongolische Politiker, meist Ex-Kommunisten, die nun als Demokraten noch etwas unsicher an neuen Karrieren basteln, tun sich schwer mit dem neuen demokratischen Grundprinzip, nämlich dass Bürger das Recht haben, nicht auf Politiker zu hören. Sie saßen mit ihren steifen Hüten finster in einer Reihe und gedachten murmelnd der guten alten Zeit.

Eine Welle des Erschauerns lief durch die Menge, als die Ringer ihrem Rang nach vorgestellt wurden: Falke, Elefant, Löwe und Riese, der Champion des letzten Jahres. Die meisten Teilnehmer gehörten der Sumo-Schule an – mächtige Kolosse, die aussahen, als hätten sie zum Frühstück einen halben Yak verputzt. Zwischen den Riesenbäuchen liefen schlankere Gestalten herum, verständlicherweise etwas nervös. Die Kostüme der Ringer waren wie für eine Tanzgruppe gestaltet: verzierte Stiefel mit aufgebogenen Spitzen, spitze Hüte, eine kurze, hübsch bestickte, weit ausgeschnittene Seidenweste. Nacheinander trotteten die dicken Männer heraus auf die Feldmitte, wo sie den Adlertanz aufführten. Langsam breiteten sie die Arme aus und verbeugten sich vor der Standarte Dschingis Khans. Jeder wurde von einem Sekundanten begleitet, meist einem älteren Burschen, dessen Hauptaufgabe darin bestand, den Hut des Ringers zu halten, wenn die Kämpfe begannen. Ein Hut ist das Symbol der Manneswürde. Solange die Ringer kämpfen, um auf dem Gegner herumzutrampeln, will keiner auf Hüte treten.

Ich fragte einen alten Mann nach dem Grund für dieses kuriose Westenmodell – lange Ärmel, aber ein Ausschnitt, der die Brust frei lässt.

»Hält die Weiber fern«, murmelte er. In der Äußeren Mongolei sind weibliche Ringer gefürchtet. Jeder, der schon einmal mit Stewardessen der Mongol Air zu tun hatte, weiß, warum. Die Annalen des mongolischen Ringkampfs sind voller Geschichten von fahrenden Mannweibern, die verkleidet an Wettkämpfen teilnahmen und sämtliche Schwergewichte fertig machten. Marco Polo berichtete von einer mongolischen Prinzessin, die nur einen Mann heiraten wollte, der sie besiegen konnte. Trotz einer ganzen Reihe muskelbepackter Freier blieb sie eine alte Jungfer. Die freie Brust also ermöglicht es den wachsamen Schiedsrichtern, Teilnehmer sofort als Frauen zu identifizieren und sie aus der Arena zu jagen, bevor sie Schaden anrichten können.

Als die Ringkämpfe begannen, sah man sehr bald, dass die dürren Kümmerlinge nur als Aufwärmmaterial für die Dickbäuchigen gedacht waren. In den ersten Kämpfen ging es hoch her, als die Großen die Kleinen mit einem befriedigenden Krachen auf den Boden schmetterten. Dann wurden die Kleinen allmählich aus dem Schleuderturnier ausgesondert, und die Konkurrenz wurde härter und die Kämpfe schwerfälliger. Ineinander verkrallt wie festgefahrene Bulldozer, standen die dicken Männer zuweilen fünfzehn Runden durch, ohne sich zu bewegen. Dann tat sich nur zwischen den Runden etwas, wenn die Sekundanten die Westen geradezogen und den Ringern einen aufmunternden Klaps aufs Hinterteil gaben. Das Ende kam ganz unspektakulär – ein plötzliches kurzes Gedränge, Gestoße und Geschiebe, und einer von den Dicken lag unverhofft auf dem Boden.

Die Pferderennen gaben mehr her. Am nächsten Morgen brachen wir in einem gemieteten Jeep auf, holperten über die kahle Steppe bis zu einer Ziellinie mitten im Nirgendwo, an der sich eine große Menschenmenge versammelt hatte. Naadam-Rennen verlaufen quer durch die Landschaft über Marathon-Entfernungen, in diesem Fall über zwanzig Meilen. Die Leute schlenderten umher und begrüßten einander mit ausgesuchter Höflichkeit. Viele Männer trugen dieselben weichen Hüte wie gestern, mit der berückenden Aufschrift »Kraft durch Milch« auf dem Hutband.

In der Ferne wirbelte eine Staubwolke hoch und verkündete das Herannahen des Feldes der Dreijährigen. Die Menge drängte zur Ziellinie, wo drei Polizisten, die schon so manchen Schluck getan hatten, sie mit Steinen bewarfen, um sie zurückzuhalten. Ich musste ein paar Steinen ausweichen, um in die Mitte zu gelangen, wo die Ordner, eine vornehme Riege älterer Männer, in einer Reihe hockten und durch Ferngläser schauten. Als die Pferde aus dem Staub auftauchten, rannte der Chefordner vor und winkte mit einer riesigen roten Flagge, um die Reiter zur Ziellinie zu leiten. Laute Freudenschreie und Pfiffe ertönten aus der Menge. Junge Männer brüllten, Frauen kreischten, alte Männer stampften mit den Füßen, und Babys, mit fetten Ärmchen winkend, brachen in Tränen aus.

Die Jockeys waren Kinder, Jungen und Mädchen, die meisten nicht älter als acht; sie ritten ohne Sattel und barfuß. Mit ihren Jockeyhüten aus Papier sahen sie aus, als kämen sie gerade von einer Kindergesellschaft nach Hause, etwas benommen von zu viel Kuchen. Als die Ersten das Ziel erreicht hatten, gab es kein Halten mehr. Die Menge überrannte die betrunkenen Polizisten und umringte die schweißgebadeten Pferde. Väter packten die Halfter, Schwestern wischten mit speziellen Lappen hektisch den Schweiß von den Flanken der Pferde, und Mütter belebten ihre kleinen Jockeys mit Stutenmilch.

Ein Pferd brach kurz vor der Ziellinie zusammen. Sein Jockey, ein etwa siebenjähriges Mädchen, rappelte sich auf und trat das Pferd in die Rippen, anscheinend die mongolische Art der Mund-zu-Mund-Beatmung für Pferde, die die arme Kreatur wieder auf die Beine bringen sollte. Der Besitzer kannte allerdings eine ältere Methode. Er kam aus der Menge gerannt, holte eine Flasche Wodka aus den Falten seines *del* und goss ihren Inhalt dem Pferd ins Maul. Die Wirkung war verblüffend. Das Tier sprang auf die Beine und sauste zurück nach Hovd, ohne Reiter und ohne sich damit aufzuhalten, über die Ziellinie zu galoppieren. Der Ordner hat das Tier vermutlich mit der Begründung »hat sich betrunken entfernt« disqualifiziert.

Am Nachmittag im Stadion schauten wir uns das Finale der Ringkämpfer an, als eine große Reiterschar ankam – die Naadam-Sieger, die

Pferdebesitzer, die Trainer und viele Freunde. Begleitet vom Gebrüll der Menge drehten sie in leichtem Galopp, der die Ringer in Staubwolken hüllte, unter den Tribünen einige Ehrenrunden durch die Arena.

Zur Siegerehrung versammelten sich die Reiter vor dem Pendant der Königsloge, in der die Politiker saßen. Berufsmäßige Lobhudler sangen aufregend nasale Lobesarien auf die Pferde, die Rennen und die Reiter. Der Gouverneur, der froh war, endlich im Mittelpunkt stehen zu dürfen, überreichte die Preise – chinesische Teppiche und zu Ziegeln gepressten Tee –, als hätte er sie von seinem Geld gekauft. Der Erste Preis war ein russisches Motorrad, oder vielmehr ein Gutschein für ein russisches Motorrad. Man habe es zwar schon vor Monaten bestellt, erklärte der Gouverneur, aber die Maschine sei noch nicht geliefert worden. Der Trainer, der gesiegt hatte, betrachtete das Papier mit dem skeptischen Blick eines Mannes, der sich mit Versprechungen von Politikern auskennt.

Unter weiterem Jubelgeschrei galoppierten die Reiter aus dem Stadion, und wir wandten uns wieder den Endkämpfen der Ringer zu. In der Zwischenzeit war nicht viel passiert. Die beiden Kolosse standen noch so wie zuvor, wie Hunde, die sich nach der Paarung nicht mehr voneinander lösen konnten. Sie sahen aus, als stünden sie Modell für eine Skulptur.

Ein spektakulärer Sturm erlöste uns. Donner rollte von den Bergen herab, Blitze zerteilten den schwarzen Himmel, der Regen prasselte auf die Tribünen, und die Menge floh. Binnen Minuten war das Stadion leer gefegt bis auf die zwei Ringer, deren durchnässte Sekundanten stoisch die Hüte hielten, und ein paar Ringrichter, die unter einem durchlässigen Baldachin Zuflucht gefunden hatten.

Gebückt rannten die Mongolen zu ihren Pferden, die in langen Reihen im Pferdepark angepflockt waren. In leichtem Galopp ritten sie, locker in den Steigbügeln stehend, über die nasse Prärie, lachten und riefen sich gegenseitig etwas zu. Als ihre Stimmen und das Geräusch der Hufschläge längst verklungen waren, sahen wir sie immer noch zu fernen *gers* reiten, undeutlich wie Rauch über der glitzernden Steppe.

Die Kultur hatte dem Theater von Hovd nicht endgültig den Rücken gekehrt. Da die staatlichen Gastspielensembles der kommunistischen Ära bankrott waren und keine Gastspiele in den Provinzen mehr geben konnten, kamen kleine private Theatertruppen in Provinzhauptstädte wie Hovd, mieteten die Häuser in der Hoffnung, einen bescheidenen Gewinn mit ihren Darbietungen zu erzielen. Bold und ich trafen eine dieser Wandertruppen, ein bemitleidenswertes Häuflein von Alkoholikern, die ihren Kater im *ger* des Hausmeisters pflegten. Sie hatten das Theater für drei Abende in der Zeit des Naadam gemietet und luden uns zur Premiere an diesem Abend ein.

Einstein hatte den Generator angeworfen, der in einem Schuppen im Hinterhof neben seinem *ger* stand, und als wir hinkamen, wurde der Zuschauerraum spärlich von den Kronleuchtern erhellt, die von den gewölbten Decken hingen. Wir nahmen unsere Plätze in der ersten Reihe ein. Hinter uns waren fünf kleine Jungen damit beschäftigt, Geschosse auf ihre Freunde abzufeuern und Kaugummis auf die leeren Sitze zu kleben.

Nach einer langen Pause ging der Vorhang endlich ruckend auf, und zum Vorschein kamen zwei Musiker, einer mit einer Bassgitarre und der andere mit einem Keyboard; sie sahen aus, als wollten sie sich für eine Persiflage auf die 70er-Jahre bewerben. Sie trugen weiße Rüschenhemden, weiße Jeans, weiße Stiefel, lange Goldlamé-Jacken und einen Haarschnitt à la Rod Stewart.

Sie begleiteten mehrere Sänger. Der Erste war ein kleiner Mann mit einer großen Stimme und einem noch größeren Anzug; tapfer kämpfte er gegen ihn an, stolperte über die Aufschläge und rang mit den Ärmeln, um seine Hände zu befreien, während er mit seiner gewaltigen Stimme die Kronleuchter zum Klirren brachte. Nach ihm kam ein Imitator. Da die meisten Mongolen keinen Fernseher haben, kennen sie auch keine bekannten nationalen Persönlichkeiten, die man imitieren könnte. Also konzentrierte sich der Mann auf Geschöpfe, die allen Mongolen vertraut sind, nämlich Tiere. Er machte einen Yak nach, der seine Herde verloren hatte, eine Kuh, die versehentlich auf dem falschen Ufer gelandet war, vier verschiedene Hundepersönlichkeiten, ein neugeborenes Kind, eine zweijährige Ziege, einen alten Ziegenbock und eine sterbende Ziege. Zum Schluss imitierte er ein Kamel, das keine Lust hatte aufzustehen, und drei Schafe, die versuchten, über einen Fluss zu kommen, ohne sich die Füße nass zu machen. Die Mongolen schütteten sich aus vor Lachen. Als Zugabe imitierte er eine brünstige Stute.

Als Nächster kam ein älterer Balletttänzer mit leichten O-Beinen und hochgegeltem Haar. Er hat in Irkutsk gelernt, flüsterte Bold. Ich betrachtete das als Empfehlung. Er zeigte eine Reihe aufregender Nummern, bei denen sich klassischer Tanz mit traditioneller mongolischer Folklore verband, was eine ziemlich unmögliche Mischung ergab.

Zwei Sängerinnen waren der Höhepunkt des Abends. Die ältere sang mehrere sehr schöne mongolische Volkslieder. Bold übersetzte mir leise einen Teil der Texte. Mongolische Lieder haben nur vier Themen: Landschaft, Pferde, Liebe und die Mutter. Die ältere Sängerin widmete sich der Landschaft und der Mutter, die jüngere, eine scheue Darstellerin mit wunderschöner Stimme und einem bezaubernden Lächeln, nahm sich der Liebe und der Pferde an.

Hinterher ging ich spontan hinter die Bühne und lud sie zum Abendessen ein.

Hovd ist kein idealer Ort, um schick zum Abendessen auszugehen. Das Hotel-Restaurant im Erdgeschoss war angeblich wegen Naadam geschlossen, aber so wie der Speisesaal aussah, wohl eher wegen des Naadam von 1957. Da Frau Tsoloms Füllung noch nicht herausgefallen war, konnte ich sie dazu überreden, uns die Küche aufzumachen, damit wir sie für unsere Abendveranstaltung benutzen konnten. In den Läden fand ich unter dem Chaos von Batterien, Sätteln und Damenunterwäsche schließlich einige exotische Ingredienzien: Kartoffeln, Zwiebeln und lettische Schokoladeriegel. Unsere Gäste kamen um acht. Die junge Sängerin wurde von ihrem Vater, dem Balletttänzer, begleitet. Ganbold brachte einen Freund mit, einen kolossalen Ringkämpfer, der sicher seine drei Zentner wog. Wie viele Mongolen, die in dem trockenen Klima aufgesprungene Lippen bekamen, benutzte auch er einen Lippenstift – im gleichen zauberhaften Rotton wie die Sängerin, die in ihrer ärmellosen Bluse übrigens ganz hinreißend aussah. Ich hatte ein aufwändiges Abendessen zubereitet: Zwiebelsuppe, sautierte Kartoffeln und gegrilltes Hammelfleisch, das mein Freund, der Hausmeister, beigesteuert hatte. Dazu gab es Cocktails, bestehend aus Zitronensaft, Cola mit längst abgelaufenem Verfallsdatum und einem mongolischen Wodka namens Dschingis Khan.

Der Balletttänzer, der Batbold hieß, entpuppte sich als Astrologe. Groß und hager, glich er dem kasachischen Adler mit einer Stirnlocke wie aus den 50er-Jahren. Der strenge Blick seiner stechenden Augen wurde durch ein herzliches Lächeln und ein buntes Hawaiihemd unter dem dreiteiligen

Polyester-Anzug erheblich gemildert. Er hatte einen rätselhaften schwarzen Diplomatenkoffer dabei.

Es stellte sich heraus, dass Batbold als junger Mann in Hovd gelebt hatte. Er und Ganbold waren Mitte der 60er-Jahre Genossen in der hiesigen Ortsgruppe der Liga junger Kommunisten gewesen. Die Liga glich im Großen und Ganzen den Young Conservatives: ein geselliger Club mit extremen politischen Prinzipien und ungeheurer Trinkfreudigkeit. Die jungen Männer nickten rasch die Resolutionen ab, in denen die Festnahme buddhistischer Mönche gefordert wurde, um gleich nach dem Treffen mit den Mädchen zum Tanzen gehen zu können. In den 60er-Jahren war die Mitgliedschaft in der Liga sowie in der Partei unumgänglich, wenn man vorwärtskommen wollte. Bold musste wohl oder übel beitreten, damit er nach der zehnten Klasse weitermachen konnte.

Die drei gedachten der verlorenen Jugend und kritisierten einander wegen ihrer kleinbürgerlichen Einstellung und weil sie für die Regierung Pamphlete gedruckt hatten, in denen das Hirtenvolk zur Steigerung der Erträge ihres Viehbestandes aufgerufen wurde. Keiner von ihnen gab zu, an die Sprüche, die sie einst selbst verbreiteten, geglaubt zu haben. Es war lediglich die herrschende Konvention in jener Zeit, anscheinend nicht ernster zu nehmen als eine vorübergehende Vorliebe für Schlaghosen und Hemden mit großen Kragen. Ich musste daran denken, dass Leute mit weniger zeitgemäßen Ideen, etwa der der Gedankenfreiheit, im Arbeitslager gelandet waren. Zu den Opfern der *political correctness* hatte auch Batbolds Vater gehört, ebenfalls ein Astrologe.

Für die Partei waren Astrologie, Schamanismus und Buddhismus rückständige Ideen, die den Fortschritt der Mongolei behinderten. Dagegen wurden verschiedene Maßnahmen ergriffen. Die Lamas wanderten in Arbeitslager, während die Astrologen in den Untergrund gingen. Aber der Glaube an Sternkarten, an Botschaften aus dem Jenseits und an prophetische Risse in Schulterblättern geschlachteter Schafe war nicht so leicht auszurotten, und unter denen, die bei Schamanen, Astrologen und sogar Lamas während der schlimmsten Jahre der Unterdrückung heimlich Rat suchten, waren viele hochrangige Vertreter von Regierung und Partei. Einer davon war der kommunistische Bürgermeister von Ulan Bator, der Probleme mit seiner Gesundheit und seiner Mätresse hatte; er konsultierte Batbolds Vater regelmäßig, nachdem die Familie in die Hauptstadt gezogen war. Als der Bürgermeister einen anderen Astrologen fand, dessen

Voraussagen ihm genehmer waren, verzichtete er auf die Ratschläge von Batbolds Vater und ließ ihn verhaften. Batbold, der auf Drängen seines Vaters in die Liga eingetreten war, um weiterzukommen, wurde gezwungen, ihn ebenfalls zu denunzieren.

Nun, da in der Mongolei wieder Religionsfreiheit herrschte, holte Batbold die versteckten Karten und Aufzeichnungen seines Vaters hervor und nahm selbst dessen Beruf an. Nach dem Essen öffnete er das schwarze Köfferchen und packte alte, in Tücher eingewickelte tibetische Manuskripte aus, verblichene Tabellen, die wie alte Landkarten eingerollt waren, einen Feng-Shui-Kompass, Holzwürfel mit eingeschnitzten Symbolen des tibetischen Buddhismus und ein Kästchen mit Zubehör, das unter anderem tibetische Münzen und eine kleine silberne Trillerpfeife enthielt. Batbold legte alles sorgfältig und genau auf den Tisch vor sich, als hätte jedes Stück einen bestimmten Platz. Die Sachen faszinierten ihn offensichtlich, und einen Augenblick lang glich er einem jener Besessenen, die mehr Interesse an ihrem Werkzeug haben als an dem, was man damit machen kann.

Mit einem nassen Stäbchen, das er in Asche tauchte, schrieb er mein Geburtsdatum auf ein quadratisches Stück Reispapier und vertiefte sich dann in seine Texte, um mein Schicksal zu enträtseln. Seine Miene verdunkelte sich. Ich hätte eine günstige Konstellation für einen Schriftsteller, meinte er, aber im Verwertergeschäft, etwa als Verleger oder Drucker, wäre ich finanziell besser gestellt. Dafür hätte es keines Mystikers bedurft. Ich würde lange leben und zahlreiche Affären haben. Er sagte mir sechs Ehefrauen voraus. Er stellte fest, dass ich ein Drache sei, und warnte mich vor Frauen, die Hunde seien. Was meine Gesundheit betraf, bekäme ich Probleme mit Herz, Nieren, Magen und Lunge. Nun ja, da blieb nicht mehr viel übrig von den inneren Organen. Abschließend bemerkte er, dass es ein schlechtes Jahr zum Reisen sei.

Beim Dessert – den uralten Schokoriegeln – plauderten Bold und ich mit der Sängerin. Die Atmosphäre beim Abendessen – Kerzenlicht, die väterlichen Erinnerungen an die Vergangenheit, die seltsamen Manuskripte und Karten und vielleicht sogar meine kräftigen Cocktails – hatte ihre aufgestauten Gefühle gelöst. Sie war von tschechowscher Sehnsucht erfüllt. Sie sehnte sich danach, zu Hause in Ulan Bator bei ihrer Mutter und ihren Freundinnen zu sein. Sie sehnte sich danach, Englisch zu lernen. Sie sehnte sich danach, eine große Sängerin zu werden. Sie sehnte sich danach, Gedichte schreiben zu können. Sie sehnte sich danach, ihren Platz zu finden. Bold zögerte beim Übersetzen, so wie sie bei der Formulierung dieses Satzes gezögert hatte. Sie meine damit, ihren Platz in der Welt zu finden, erklärte er, ihren eigenen Standpunkt, und sich selbst besser zu verstehen.

Ihre Beichte brachte uns zum Schweigen. Offenbar glaubte sie wirklich, dass das alles möglich sei.

KAPITEL ACHT

~

DIE REISEN DES SCHAMANEN

Das Zelt des Schamanen stand im Hochaltai, am Rand einer anderen Welt. Den ganzen Morgen ritten wir durch enge Täler, eines höher und trostloser als das andere. Felsblöcke ragten aus dem Gras empor, überzogen mit Flechten von der Farbe getrockneten Blutes. Am Wegrand lag ein toter Yak. Gras wuchs aus seinen Augenhöhlen, und die ausgetrocknete Haut schälte sich von den weißen Knochen wie Pergament. An einer einsamen Wasserscheide, über die der Wind aus fernen Höhen hinwegbrauste, stießen wir im trüben Licht auf ein einzelnes *ger*. Dieser Fleck heiße Balchuun, sagte Ganbold. Raben kreisten lärmend über dem Abgrund hinter dem *ger*. Ich spähte über den Rand. Von Wolken verhüllt fiel das Gelände hier in bodenlose Tiefen ab.

Wir banden die Pferde an und gingen ins *ger*, wo wir die Frau des Schamanen antrafen. Ihr grobes, flaches bernsteingelbes Gesicht wirkte maskulin. Streifen eines Zobelfells und getrocknetes Hammelfett hingen an Dachstangen. Ein mürrischer Junge saß auf einem Feldbett und nähte an einem Sattel. Das Feuer war ausgegangen, und es war kalt im *ger*.

Der Schamane sei nicht da, sagte seine Frau, aber sie erwarte ihn in Kürze. Wir setzten uns auf die Gastplätze, um auf ihn zu warten, und die Frau bemühte sich, ein Feuer zu entfachen. Mühsam versuchten wir, Konversation zu machen, und verfielen dann wieder in gehemmtes Schweigen. Vor dreißig Jahren war Ganbold mit dem Schamanen in Duut zur Schule gegangen. Aber das ärmliche *ger*, die unwirsche Frau, der kalte Wind und die trostlose Einöde hier hatten seine ganze Vorfreude verfliegen lassen.

Die alten Geister sind nicht gewillt, die Macht über die Fantasie der Mongolen abzugeben. Selbst als das Land sich im 16. Jahrhundert weitgehend dem Buddhismus zuwandte, fand das Hirtenvolk weiterhin Trost in den beruhigenden Ritualen der Schamanen. Einige mongolische Gepflogenheiten fanden nach und nach Eingang in die buddhistischen Rituale, während die Rituale der Lamas in den Singsang und die Methoden der übrig gebliebenen Schamanen einflossen. Diese sahen ohnehin nie einen Widerspruch zwischen den buddhistischen Glaubenssätzen und der schamanischen Berufung. Sie haben die religiöse Welt offenbar unter sich aufgeteilt. Schamanen beschäftigen sich mit den augenblicklichen materiellen Bedürfnissen. Der Buddhismus hat die Zukunft und das Leben nach dem Tode im Auge. Als jedoch unter den Kommunisten jegliche Religion verboten wurde, kamen die Schamanen dank dem Schweigen ihrer Nachbarn meist davon, während die Lamas verschwanden; die schamanische Lehre war tiefer verwurzelt.

Ihre Reisen führen die Schamanen zu den dunklen Geheimnissen der Geisterwelt. In der Trance, die der ekstatische Singsang und der Herzschlag der großen Trommel herbeiführen, reist der Schamane durch die Schattenlande eines Paralleluniversums, in dem der große Himmelsgott Tengri und die Erdgöttin Itugen herrschen. Er vertraut auf die Gastfreundschaft der Geister, die ihm gewogen sind, geht den Annäherungen feindseliger Dämonen aus dem Weg und sucht bei den 99 Geistern, deren Wohlwollen er genießt, Heilmittel gegen die Beschwerden der Lebenden. Gekleidet wie ein Vagant der Unterwelt in verwirrende Schichten von Troddeln, Federn und lappenartigen Kopfputz, stöbert er durch Weissagungen und Geisteraustreibungen die dunklen Mächte auf, die seines Bittstellers Seele zu verschlingen drohen. Er versucht, den Lauf des Unheils abzuwenden, die Zukunft vorauszusagen und den Segen auf Herden, Weiden und Kinder zu lenken. Weiße Schamanen suchen die Hilfe guter Geister, während schwarze Schamanen den verderblichen Einfluss böser Geister abwenden. Die rätselhaften Mächte, mit denen sie zu tun haben, und dic dunkle Welt, die sie bewohnen, sind unberechenbar und gefährlich. Die Reisen der Schamanen sind voll bedrohlicher Hindernisse, und nach ihrer Rückkehr in unsere Welt sind sie völlig ausgelaugt und leer.

~

»Da ist mein Boyfriend«, flüsterte Ganbold, ausnahmsweise auf Englisch. Durch die offene Tür des *ger* sahen wir einen Mann zu Fuß über die Hänge kommen. In den Falten seines *del* trug er ein neugeborenes Lämmchen.

Ich hatte einen eindrucksvollen, charismatischen Menschen erwartet, aber der Mann, der jetzt durch die Tür watschelte, war ausgesprochen scheu. Ganbolds Jugendfreund sah erschöpft aus, sein Händedruck war schlaff. Er nahm seinen Platz am Kopfende des *ger* ein, und seine Tochter krabbelte auf seinen Schoß wie ein Kätzchen.

Er beantwortete unsere Fragen über Schamanismus stockend, wie ein Künstler, der sich ungern über sein Werk auslässt, als ob jedes Eingehen auf eine Frage das Geheimnis seiner Tätigkeit in Frage stellen könnte. Seine Frau war zuvorkommender und griff ein, um seine gemurmelten Antworten zu erläutern. Sie hatte offensichtlich die Rolle des Managers übernommen und vermittelte zwischen dem Schamanen und seinen Kunden, so wie er ein Mittler zwischen den physischen und geistigen Welten war.

Der Schamanismus lag in der Familie. Seine Gabe hatte er von der Mutter geerbt. Er vertrat die neunte Generation, die dieses mystische Schicksal auszuleben hatte. Er hatte immer gewusst, dass er Schamane werden würde, aber die Mächte manifestierten sich erst, als er siebenunddreißig Jahre alt geworden war. Vielleicht war es kein Zufall, dass zu jenem Zeitpunkt die amtlichen Vorschriften hinsichtlich der Religionsausübung zum

Sommerweiden am Mönch Chairchan

ersten Mal gelockert wurden. Ein epileptischer Anfall kündigte ihm das Vorhandensein dieser Kräfte an. Es wurde ihm schwindlig, eine Ohnmacht nach der andern befiel ihn. Er litt unter Kurzatmigkeit und Zuckungen, als die Geister flüsternd ihr Ansinnen an ihn richteten. Zwei Wochen lang lag er im Bett, von bizarren Träumen und tobendem Fieber gequält. Als er gesundete, wusste er, dass die Geister von ihm Besitz ergriffen hatten, und das war der Anfang seines Lebens als Schamane. Er empfand es als Bürde, als ein Kreuz, das er tragen musste.

»Es ist ein bitteres Schicksal«, sagte er. Seine wässrigen Augen unter einer dunklen Haarsträhne suchten den Erdboden ab. »Oft habe ich Angst. Der Weg zu den Geistern ist bedeckt mit den Seelen gefallener Schamanen.«

Auf seinen Reisen rief unser Schamane acht oder neun Geister an, die zwischen Erde und Himmel wohnten und Vertraute seiner Mutter gewesen waren. Er sprach über die Schwierigkeit, mit ihnen in Verbindung zu treten. Anscheinend richteten sie sich nach einem strengen Plan günstiger Tage und Stunden und verbaten sich jede Störung außerhalb der Geschäftszeit.

An diesem Punkt griff seine Frau und Managerin ein. Sie betonte, dass man die Geister auch an anderen Tagen anrufen könne, denn verbieten würde der Zeitplan den Kontakt nicht. Offenkundig wollte sie nicht, dass angesichts so vermögend aussehender Klienten unwichtige technische Hindernisse im Weg standen.

Behutsam umkreisten wir die Frage des Zeitplans der Geister und kamen schließlich überein, dass der Schamane einen Lockruf machen solle, also nicht gleich eine schamanische Reise, sondern eher einen Hausbesuch. Solche Rituale erfolgen gewöhnlich nachts, aber das ist von Ort zu Ort unterschiedlich, und unser Schamane ließ sich, unter dem beträchtlichen Druck seiner Frau, darauf ein, vorausgesetzt es geschehe vor Mittag. Wir hatten noch eine Stunde Zeit, während der die Frau die Honorarfrage regelte. Dann bat sie uns hinauszugehen, damit der Schamane sich vorbereiten könne.

Vor dem Zelt standen wir verlegen herum wie Schulschwänzer, die eine peinliche Befragung durch den Schuldirektor erwartete. Ganbold war hingerissen, als er hörte, dass mein Vater Vikar war, und wollte wissen, ob ich seine Kräfte geerbt habe. Ich verneinte.

»Manchmal sind die Kräfte latent«, sagte er aufmunternd. »Sie müssen warten. Sie zeigen sich von selbst.«

Als wir wieder ins *ger* gerufen wurden, stand der Schamane mit dem Rücken zu uns vor einer kleinen Kommode, auf der Ahnenfotos standen. Zwischen den Porträtfotos seiner schamanischen Mutter und Großmutter brannten Räucherstäbchen in kleinen Kupfertöpfchen. Der Schamane trug jetzt einen zerrissenen blauen *del* aus Seide, der mit allerlei Krimskrams behängt war: Bronzespiegeln, Glöckchen, bunten Blechplättchen, Vogelfedern und Vogelknöchelchen. Sein Kopfputz, *umsgol* genannt, war ähnlich abenteuerlich. Bunte Stoffstreifen hingen vor seinem Gesicht wie ein Schleier. Sie dienten dazu, seine Augen vor unseren Blicken zu schützen und es ihm zu ermöglichen, sich ganz auf seinen Einblick in die Geisterwelt zu konzentrieren.

Wir saßen also da und warteten auf den Beginn des Rituals, als sich plötzlich in letzter Minute ein Hindernis ergab: Wir hatten keinen Wodka mitgebracht. Um in Trance zu verfallen, benutzen die Schamanen von jeher verschiedene Hilfsmittel – von halluzinogenen Pflanzen bis hin zu inhaliertem Rauch, Fasten, Schlafentzug und Dauertrommeln. Heutzutage dient den Schamanen Wodka oft als Anstoß – und dieser Beitrag seitens der Kunden gehört zum Honorar. Die Frau des Schamanen, die uns darüber aufklärte, beriet sich flüsternd mit dem Rücken ihres Mannes, und man beschloss, auch ohne Wodka fortzufahren. Zwei große Schalen mit *airag* dienten als Ersatz. Der Schamane stürzte sie hinunter, und eine erwartungsvolle Stille lag über dem *ger*, so wie im Theater, wenn das Licht allmählich ausgeht und der Vorhang sich langsam hebt.

Der Schamane nahm eine Schale mit gegorener Stutenmilch, spritzte ein paar Tropfen in die Luft, dann ein paar zum Herdfeuer; anschließend benetzte er seine Stirn. Seine Frau nahm eine große Trommel und begann sie zu schlagen, und der Schamane schwankte im Takt hin und her. Das ging so eine Weile, bis der Schamane ein neues Instrument einführte, eine kleine Maultrommel mit dem wimmernden Klageton einer Todesfee. Zwischen den Refrains wiegte er sich auf den Füßen hin und her und atmete tief. Hie und da wechselte sich tiefer, kehliger Gesang mit den Tönen der Maultrommel ab: Jetzt rief er die Geister. Wolken zogen über das *ger*, und der Kreis des einfallenden Sonnenlichts auf dem Boden des *ger* verging. Der Schamane psalmodierte und schwankte hin und her; sein Gesang und seine Bewegungen wurden immer schneller, bis er plötzlich erstarrte und rückwärts in die Arme seiner Frau und seines Sohnes fiel. Sie lehnten ihn an die Kommode. Er schüttelte sich, so dass die Glöckchen an seinem *del* klingelten. Ein Geist war unter uns. »Es ist Dajanderch«, flüsterte die Frau, ein Himmelsgeist.

Mit tiefer, erstickter Stimme, wie ein mit halber Geschwindigkeit laufendes Band, übermittelte uns der Schamane die Grüße des Geistes. »Wie geht es euch, meine Kinder?«, fragte der Geist schleppend. Er klang wie Marlon Brando. Unheimlich. Die Frau des Schamanen antwortete für uns, danke schön, es gehe uns gut. Der Schamane summte leise und wiegte sich immer noch. Er zitterte am ganzen Leib und rang nach Luft. Eine weitere Botschaft kam vom Geist.

»Wenn ihr Fragen habt«, ließ der Geist durch den Schamanen verlauten, »dann fragt jetzt.«

Ich hatte keine Ahnung, dass es hier um ein Frage-und-Antwort-Spiel ging, und kam mir etwas dumm vor. Was fragt man einen Himmelsgeist? Hilfe suchend schaute ich Bold an, aber der schien auch keine dringenden Fragen an Dajanderch zu haben. Ich wusste genau, dass ich nach dem Ende unserer Sitzung mit einem Schlag eine ganze Menge interessanter und intelligenter Fragen parat hätte und mich verfluchen würde, diese Gelegenheit nicht genutzt zu haben, um mir ein paar Informationen über globale Erwärmung und über den Sinn des Lebens zu holen. Aber im Zelt des Schamanen, wo der große Geist mitten unter uns weilte und auf meine Frage wartete, herrschte Leere in meinem Kopf. Jahrelang war ich ohne eine einzige Frage an den Himmelsgeist ausgekommen, und jetzt fiel mir beim besten Willen auch keine ein.

Der Schamane begann beunruhigend zu stöhnen. Speichel tröpfelte von seinen Lippen. Er hatte Schaum vor dem Mund, während Dajanderch auf meine Frage wartete.

Ich erkundigte mich nach der Reise. Ob der Geist wohl wüsste, ob ich diese Reise erfolgreich beenden würde?

Die Glieder des Schamanen zuckten, als hätte er einen elektrischen Schlag bekommen. Er warf den Kopf hin und her, und die Stoffstreifen seines Kopfputzes schwankten vor seinem nassen Mund. Vielleicht gefiel Dajanderch die Frage nicht.

»Schwierigkeiten«, äußerte der Himmelsgeist grollend durch den verzerrten Mund des Schamanen. »Es wird Probleme geben.«

Jetzt kam eine Pause. Ich fragte mich, ob der Geist auf unsere Probleme einzeln eingehen würde. Dann ertönte seine Stimme wieder: »Hüte dich vor dem Pferd mit dem Namen eines Mannes.«

Kaum war diese Verkündung ertönt, schrie der Schamane auf. Der Geist fuhr aus ihm heraus, was dem Schamanen Schmerz bereitete, und verabschiedete sich höflich. »Viel Glück wünsche ich all meinen Kindern«, sagte er, und seine Stimme verklang in schrillem Wimmern.

Die Geisterbeschwörung endete, wie sie begonnen hatte: mit Schwanken, Atemnot, Krämpfen und schließlich dem Zusammenbruch in die auffangbereiten Arme von Frau und Sohn, die ihn sanft auf den Boden legten. Der Schamane verharrte dort eine Weile vornübergebeugt auf den Knien und verlangte dann eine Post-Trance-Zigarette von seiner Frau, die eine Marlboro von Bold schnorrte.

Der Schamane schien erstarrt und erschöpft. Er gähnte und dehnte seine Nackenmuskeln, als wäre er aus einer unguten Schlafhaltung erwacht. Als seine Nerven sich wieder einigermaßen beruhigt hatten, fragten wir vorsichtig nach der Trance und den Worten des Geistes. Aber er wusste nichts. Die Geister sprächen durch ihn, erklärte er. Er sei ihr Medium, aber wenn er aus der Trance auftauche, könne er sich nur undeutlich an das, was sie gesagt hatten, erinnern. »Es ist wie ein Traum«, sagte er. Diese Erklärung passt auch zu der seltsamen geistigen Leere seiner Persönlichkeit. Wenn die Geister ihn erwählt hatten, so deshalb, weil er ein leeres Gefäß war, das sie füllen konnten.

Jahrtausende religiöser Philosophie standen zwischen uns. Der Schamane hing noch hartnäckig einem uralten Glauben an, dass nämlich jedes Ding, von den Elementen der Natur bis hin zu den unbelebten Gegenständen, von einem Geist beseelt sei, mit dem man sich unbedingt gut stellen müsse. Die Frage nach dem Wie oder Warum war ohne Belang. Die Geister machen dieses und jenes, sagte der Schamane. Sie bringen den Regen, sie lassen die Weiden verdorren, die Winde blasen und Kühe fehlgebären. Kein Hinterfragen, keine wissenschaftliche Entdeckung durfte diese einfachen, tröstlichen Wahrheiten beeinträchtigen. Wie ich sah, betrachtete Bold das Ganze mit Verachtung. Aber man kann den Wert einer Religion nicht nach ihrem Wahrheitsgehalt beurteilen. Über das Urteil befinden die Götter. Wir können eine Religion nur nach ihren Auswirkungen messen, daran, ob sie die Menschen glücklich oder rechtschaffen macht.

Verglichen mit den mächtigen Geistern des Schamanen war der christliche Gott unserer Zeit eine merkwürdig belanglose Gestalt. Es kostete Mühe, sich daran zu erinnern, dass er einst allmächtig gewesen war. Heutzutage wird er für große praktische Probleme nicht mehr in Anspruch genommen. Gase haben den Planeten erschaffen, die Evolution hat den Menschen erschaffen, und wir haben prosaische Erklärungen für alles, vom Wetter angefangen bis zur Zahl der Arbeitslosen. Unser Gott ist seiner größten Talente beraubt worden, und jetzt bleiben ihm Schwarze Löcher und rätselhafte Quarks, und die großen Geister unserer Zeit erwarten nicht einmal, dass er an denen noch lange festhält. Er ist zu einer onkelhaften Gestalt reduziert worden, bereit sich anzuhören, was wir für Probleme haben, aber unfähig, etwas anderes dagegen zu tun, als unsere Sichtweise zu ändern. Kein Wunder, dass so viele Menschen es aufgegeben haben, mit ihm zu rechnen.

Ganbold hatte mir das bösartigste Pferd der ganzen westlichen Mongolei besorgt. Wir hatten die Pferde beim *ger* seiner Familie in den windgepeitschten Tälern jenseits von Duut bekommen. Aus einer ungehobelten Horde wurde mir ein schwarzer Wallach zugeführt, eine rebellische Kreatur mit wilden Augen und einem ruppigen Winterfell, dickem Bauch und unregelmäßigen weißen, unheilvoll wirkenden Flecken auf dem Kopf. Ein Jahr lang war er nicht geritten worden, und als ich ihm näher kam, jagte er mit angelegten Ohren und bebenden Nüstern davon. Ich beschloss, ihn Iwan den Schrecklichen zu nennen. Wir brauchten vier Mann, um ihn zu satteln.

Die Pferde waren unruhig und wollten weg vom *ger* des Schamanen. Sie flüchteten in immer schnellerem Tempo durch das ganze lange graue Tal. Iwan fiel in einen holprigen leichten Galopp, und seine nervöse Energie steckte die andern an, die in vollem Galopp vorwärtsdrängten. Kalte Regenschauer, von nordwestlichen Winden getragen, fegten über die Landschaft, und dazwischen zeigte sich manchmal kurz die Sonne. Wolken hingen von den Bergeshöhen herab wie zerfetzte dunkle Wimpel.

Der am Talende steil ansteigende Weg zwang die Pferde, ihren Schritt zu verlangsamen. Eine Stunde lang stiegen wir zwischen Felsen und Grasbüscheln empor und kamen endlich auf einen hohen, windigen Kamm. Weit unter uns, am Ende des Passes, lag eine ausgedehnte Schlucht, die zwischen hohen Böschungen aus rot geäderten Steinen südostwärts verlief. Ein paar Meter weiter saß ein Adler auf einem Felsen am Rande der Schlucht. Er betrachtete uns prüfend wie ein verdrossener Grenzwächter, und wandte sich dann verächtlich ab, spannte die riesigen Flügel aus und segelte, von warmen Luftströmungen getragen, majestätisch in die blaue Weite des Himmels.

Auf einem abschüssigen Pfad ritten wir vorsichtig hinab in die Schlucht, die fast eine Meile breit war, und folgten einem Rinnsal nach Osten. Rissige Felswälle türmten sich bis zum Himmel. In dieser stillen Weite kam ich mir klein und unbedeutend vor. Hoch über uns kreiste der Adler auf unsichtbaren Luftströmen. Ich versuchte mir vorzustellen, wie wir aus dieser luftigen Höhe aussahen, vier Pferde, eine winzige Beute, die sich Schritt für Schritt durch die herbstlich gefärbte Unendlichkeit vorarbeitete.

Am Ostende der Schlucht überquerten wir einen anderen Pass, der in verschiedene schmale Täler führte, wo ein Bergbach über abgeschliffene Felsblöcke hinab fiel. Hohe, mit farbigen Streifen durchsetzte Böschungen – malachitfarben, kastanienbraun, kobaltblau, goldgelb, schiefergrau, korallenrot – säumten unseren Weg. Dahinter hockten dicht gedrängt hoch aufstrebende Altai-Gipfel.

Nach mehreren Stunden gelangten wir aus diesen Engstellen auf einen langen, holprigen Passweg, der zwischen zwei kahlen Bergwänden nach oben stieg. Regen aus einem bleiernen Himmel überfiel uns, und in unsere Regenmäntel eingehüllt ritten wir auf dem steinigen Hang, fast über eine halbe Meile auseinander gezogen. In dem steilen Gelände rutschte mein Sattel dauernd, und sooft ich anhielt, um die Gurte festzuziehen, drohte Iwan mit Meuterei. Er war in einer tückischen Verfassung und wartete nur auf eine Chance abzuhauen. Ich ging gleichsam auf Zehenspitzen um ihn herum. Als ich einen Riemen links von ihm fallen ließ – mongolische Pferde hassen es, wenn man sich ihnen von links nähert, von der Seite, von der angeblich die Wölfe angreifen –, hatte er endlich den gewünschten Vorwand. Er bäumte sich auf und warf in einem bockigen Wutanfall Sattel und Taschen zu Boden. Ich hängte mich ans Halfter, als ginge es um mein Leben. Hätte ich losgelassen, wäre er auf halbem Weg nach Hovd gewesen, noch ehe ich mir den Regen aus den Augen gewischt hätte. Mit beruhigenden, einschmeichelnden Worten gelang es mir endlich, ihn in dem abschüssigen Gelände wieder zu satteln, und wir ritten weiter. Regen tropfte von meiner Hutkrempe, und der Wind heulte durch die Felsen. Mir fiel auf, dass wir etwas gemeinsam hatten, Iwan und ich. Wir hassten einander. Es war mir ein Trost, dass die anderen Pferde, eine höchst verständige Gesellschaft, auf meiner Seite waren. Auch sie hassten Iwan und versuchten, ihn zu beißen, wann immer es ging.

In dieser düsteren Stimmung ritten wir durch herabsinkende Wolken bergauf. Die anderen hatte ich schon seit etwa einer Stunde nicht mehr gesehen. Bold war irgendwo weiter unten und Ganbold weiter oben. Auf der Passhöhe kam ich an einem dunklen See vorbei, dann an einem uralten Friedhof mit kleinen Hügeln nasser Steine. Mit einem Mal war ich über den Wolken auf einem langen Kamm unter einem blauen Himmel und einer fahlen Sonne, in einem neuen, unschuldigen Land jenseits von Regen, düsteren Gräbern und beengenden Tälern. Ganbold war schon da und grinste selbstgefällig wie ein Engel im Vorraum zum Himmel. Die kahlen Gipfel um uns herum wirkten im scharfen Licht der Nachmittagssonne unnatürlich wie auf einem vorzeitlichen Bühnenbild. Auf allen Seiten ragten die Spitzen des Passsattels in die Wolken.

»Sehr hoch«, sagte Ganbold. Ein verlässlicher Bursche, man durfte immer darauf vertrauen, dass er feststellte, was offensichtlich war.

Nach etwa einer Viertelstunde tauchte Bold aus dem Nichts auf, eine gespenstische Gestalt, leicht vornübergebeugt im Sattel.

Dann ging es auf der anderen Seite des Passes wieder abwärts, durch Wolken und Regen hinab in ein anderes Tal, wo auf nasser Weide auf einem Hügel aus Schafsdung ein *ger* stand. An einem weißen Felsen neben einem Flussbett legten wir den Pferden Fußfesseln an und stapften über den nassen Dung vorsichtig auf die Tür des *ger* zu.

Drinnen fanden wir Ganbolds Tante und Onkel vor. Die Tante war eine robuste Person mit einem voluminösen Busen. Der Onkel war dünn wie ein Stock, hatte aber große Ohren. Drei Töchter gingen mit Melkeimern ein und aus. Es waren Leute vom Land, scheu, bescheiden und wortkarg, rotbackig, mit starkem Akzent, großen, rissigen Händen und Kuhdung auf den Hosen. Sie machten alles langsam und mit Bedacht, als hätten sie noch nie im Leben etwas von Eile gehört.

Sie seien seit zwanzig Tagen hier, sagten sie, obwohl der große Dunghof rings um das *ger* eher auf zwanzig Jahre schließen ließ. Ich streifte das Thema Dung möglichst beiläufig, denn ich wollte auch nicht andeutungsweise kritisieren, dass ihr Eingang ein Dunghaufen war; dennoch war es sonderbar, dass sie ihr *ger* mitten auf einem Schafklo aufgebaut hatten.

Anscheinend war es wegen der Wölfe. In der Mongolei werden die Herden oft in der Nähe des Lagers gehalten, damit man Angriffe der Wölfe abwehren kann. In diesen Bergen waren die Wölfe so dreist, dass die Familie ihr Vieh rings um das *ger* halten musste. Dabei hätte ich dankbar sein sollen, dass die Schafe nicht drinnen bei uns waren. Denn einmal schlenderte eines aus der Küche in den Hof. Draußen galt es, mit großer Sorgfalt aufzutreten. Die weite, abschüssige Fläche aus nassem Dung, die zu überqueren war, bevor man festen Boden erreichte, war so rutschig wie Glatteis. Bold hatte Pech und kam nach einem kurzen Ausflug zurück, um sich schnell zu säubern; er stank wie eine Sickergrube.

Zum Abendessen gab es Schafsknochen, an denen wir, im Kreis um den Ofen sitzend, zufrieden nagten. Danach gab es Schalen mit einer delikaten Fleischbrühe. Später wurde der Tee in denselben Schalen serviert, damit er sich schön mit den Resten der fettigen Brühe vermischte. Im Kerzenlicht glänzten unsere Lippen vor Hammelfett.

In der Nacht hörte ich die Wölfe im Pass über uns heulen. Die Töchter riefen die umherirrenden Schafe. In dieser Nacht wurde auch ein Lamm geboren, das am Morgen eines der Mädchen hereinbrachte. Auf wackligen Beinen stand es zitternd an der Tür, ein weißes Lockenknäuel, und blökte jämmerlich. Nur seltene oder besondere Tiere bekommen in der Mongolei einen Namen. Da dieses Lämmchen das letzte in der Zeit der Lammgeburten war, galt es als etwas Besonderes. Es wurde Stalin genannt – mir zu Ehren.

~

Unser Weg führte uns über den Sattel des Altai-Gebirges. Obwohl die Bergkämme im Wesentlichen in unserer Reiserichtung verliefen, nach Südosten, hielten wir uns nie lang in den einladenden flachen Talarmen auf, sondern kletterten unverdrossen von einem Schwindel erregenden Pass zum nächsten. Erst später, als ich unsere Route auf der Landkarte einzeichnete, merkte ich, wie gewunden unser Weg durch die Berge gewesen war. Er wurde ausschließlich von den Standorten der *gers* der Verwandten des Reiseführers bestimmt. Kein Pass wurde als zu schwierig betrachtet, sofern nur eine Tante auf der anderen Seite hauste.

Im Tal nach dem Dunghaufenlager machten wir Rast, um im *ger* einer Cousine von Ganbold zu Mittag zu essen. Sie war Mitte dreißig und mit einem impulsiven Burschen verheiratet, dem Schrecken der Familie. Seine letzte Freveltat bestand darin, dass er siebzigtausend Tugrig, etwa fünfundfünfzig englische Pfund, für einen schicken handgemachten Sattel verpulvert hatte; das Prachtstück prangte auffällig vor der Tür wie ein neuer Sportwagen. Seine Kinder schienen seine eigenwillige Zügellosigkeit zu teilen. Die sechsjährige Tochter hatte sich hartnäckig dem Abstillen widersetzt und verbrachte das Mittagessen unter dem Pullover ihrer erschöpften Mutter, wo sie geräuschvoll nuckelte. Die Yaks hatten ein ähnliches Problem. Auf den Weiden weiter oben wurden die Muttertiere von behaarten und gehörnten massigen Rohlingen in die Enge getrieben, die dann mit der gleichen rüpelhaften Begeisterung an ihnen saugten wie Hooligans, die sich literweise Bier in die Kehle schütten.

Ein kolossaler Tafelberg türmte sich vor uns auf. Und unweigerlich lag auf der anderen Seite das *ger* einer von Ganbolds Tanten. Schneestreifen bedeckten die Kuppe, und silbrige Bäche durchzogen die Steilhänge. Wir gelangten in ein überschwemmtes Gelände voll blauer Teiche und seichter Schmelzbäche, die sich über die abfallenden Wiesen ergossen. In Gipfelnähe panzerten Eisschilde die dem Wind abgewandte Felsenseite.

Oben auf der Passhöhe kamen wir zu einem *owoo*, einem hohen Steinhaufen, der in der mongolischen Landschaft einen wichtigen Punkt markiert. *Owoos* gab es schon in uralter Zeit, heilige Stätten, von Reisenden zu Ehren der Geister des Orts errichtet, um eine glückliche Reise zu erflehen. Sie erinnerten mich an Korallenformationen, die über viele Jahre organisch und etwas rätselhaft wachsen. Jeder, der vorbeikommt, legt einen weiteren Stein auf den Haufen; und wer auf besondere Hilfe oder den Schutz von Geistern hofft, opfert zusätzlich noch etwas, etwa ein eigenes Erinnerungsstück. Mit der Zeit werden die *owoos* zu merkwürdigen spirituellen Schrotthaufen, zu aufgetürmten Abfällen aus dem Mongolenleben – bunten Kleiderfetzen, kleinen Banknoten und Münzen, leeren Wodkaflaschen, Patronenhülsen, Tierschädeln, altem Zaumzeug, einem Stiefel, einer Dachstange aus einem *ger*. Alles in allem ein chaotisches Gebilde aus Ängsten und Hoffnungen.

Der *owoo* auf diesem breiten Sattel war fast sieben Meter hoch. Wir saßen ab, führten unsere Pferde dreimal im Uhrzeigersinn darum herum, wie es die Tradition gebot, und legten noch ein paar Steine dazu. Ganbold entzündete ein Klümpchen Räucherwerk auf einem Stein und band eine Strähne der Pferdemähne an einen abgebrochenen Gewehrlauf, den jemand vor Jahren in der Hoffnung auf Jagdglück zurückgelassen hatte.

»Damit wir Glück haben«, rief er und schaute mich an. »Auf unserer Reise.« Aber sein Lächeln war nicht überzeugend. Bei dem scharfen Wind glomm das Räucherwerk noch etwas und ging dann aus. Der kleine graue Aschenkegel wurde über das Gras geblasen. Ich saß auf. Der *owoo* schien sich über die Hoffnungen, die der ganze absurde Schrott erfüllen, und die Ängste, die er vertreiben sollte, lustig zu machen.

Ich selbst hatte alle Befürchtungen und Bedenken, die ich gehegt haben mochte, völlig vergessen. In der Einsamkeit dieser Umgebung und im Angesicht der hohen, kahlen Gipfel fühlte ich mich vollkommen von allem Verlangen befreit. Ich war vollauf zufrieden mit der sinnlichen Empfindung der Gegenwart, der Stimmung auf diesem Pass zwischen zwei Tälern, dem Geruch von Schnee und dem endlos wogenden Gras, dem herrlichen Schwung der Landschaft unter uns und den Pferden, die die Köpfe zurückwarfen und weiter drängten. Diese Gegenwart, so eindringlich fühlbar wie die Winde, die an unseren Kleidern zerrten, war so überwältigend, dass ich an nichts anderes denken konnte.

Bruder Wilhelms Bergführer hatten indes in diesen Bergen nur an Dämonen gedacht. Eine ganze Schar bösartiger Dämonen sollte diese Schwindel erregenden Regionen bewohnen und Reisende auf rätselhafte Weise entführen. Manchmal nahmen sie auch nur das Pferd mit und überließen den Reisenden der Willkür des Wetters. Es kam auch vor, dass sie einem Mann die Eingeweide aus dem Leib zogen und ihn tot auf dem Pferd ließen. Die Führer hielten Wilhelm für einen europäischen Schamanen und baten ihn flehentlich um einen Zauber, um die bösen Geister abzuwehren. Der Mönch, von der Einsamkeit dieser Berge mit ihren »schrecklichen spitzen Felsen« zermürbt, hub an zu psalmodieren: »Credo in unum Deum«. Die Führer, beeindruckt von der Wirksamkeit seines Zaubers, baten ihn um Amulette. Wilhelm schrieb ihnen das Credo und das Vaterunser auf kleine Zettelchen, die sie sich feierlich an die Stirn hefteten.

Es schien zu wirken. Es gelang ihnen, ohne Schaden an ihren Eingeweiden zu nehmen, über den Altai zu kommen. So wie uns. Also war Ganbolds Räucherwerk genauso wirkungsvoll wie das Vaterunser.

Wir ritten den ganzen Nachmittag hindurch und folgten dabei einem milchigen Fluss, der am Ende des Passes zum *ger* einer weiteren Tante Ganbolds hinabfloss. Eine majestätische Frau, die sich kerzengerade hielt, bat uns zu Tee und Gebäck mit Schalen cremiger Butter in ihr Zelt. Die Tante war mit dem Bruder des Gastgebers vom Vortag verheiratet. Allmählich begann ich die verwickelten und eng verflochtenen Verwandtschaftsverhältnisse in diesen Bergtälern zu schätzen. Für mich war das Altai-Gebirge eine unendliche Landschaft, in der der nächste Nachbar einen vierstündigen Ritt entfernt war. Für die Bewohner waren die Berge ein kleines Dorf, in dem hauptsächlich der Klatsch zur Unterhaltung beitrug. Ganbold erzählte vom Schamanen und seiner herrschsüchtigen Frau, von der Familie, die auf dem Dunghaufen wohnt, und den drei unverheirateten Töchtern, von dem Taugenichts von Ehemann, der mit seinem extravaganten Sattel noch nicht zufrieden war und damit geprahlt hatte, dass er sich ein Motorrad kaufen wolle. Unsere Gastgeber nickten wissend und fanden ihre Vorurteile bestätigt.

Im Licht des späten Nachmittags überquerten wir ein weites Sumpfgebiet Richtung Osten. Die Pferde platschten durchs nasse Gras, ihre langen, hochbeinigen Schatten stapften uns voraus. Regenpfeifer riefen über dem Morast. Von einem niedrigen Kamm aus schauten wir hinab auf einen runden See, auf dessen Oberfläche sich ein einzelnes *ger* spiegelte, das malerisch am anderen Ufer stand.

Als wir hinritten, trafen wir zwei junge Mädchen beim Melken einer Herde zottiger rotbrauner Yaks an. Yaks zu melken ist harte Arbeit, bei der man Nerven aus Stahl, eisernes Durchsetzungsvermögen und den Körper eines Gewichthebers braucht. Die Mongolen sind einhellig der Meinung, dass man diese Arbeit den Frauen überlassen sollte. Die Mädchen brachten die großen Tiere mit klatschenden Schlägen aufs Hinterteil zur Räson, während die drei älteren Brüder, schlaksige Kerlchen, schweigend im *ger* hockten, wo die Mama ihnen Schalen mit warmer Yakmilch vorsetzte.

Unser Gastgeber, der jüngere Bruder von Ganbolds Großvater, hatte selbst etwas von einem Yak an sich: ein grauhaariger Riese mit einem länglichen, eigensinnigen Gesicht und melancholischen Augen unter der abgetragenen Wollmütze. Er kam auf einem edlen Schecken angeritten und trieb seine Söhne auseinander, die sofort nach nebenan in Omas *ger* flohen. Wortlos nahm er seinen Platz ein und ließ sich von seiner schweigenden Frau eine Schale Tee geben. Dann entließ er einen donnernden Wind und fragte mich, welche Neuigkeiten ich mitgebracht hätte.

»Neuigkeiten?«, fragte ich. »Keine Neuigkeiten.« Ich empfand Mitgefühl für seine Söhne. Mit gesenktem Kopf beäugte mich der Yak über den Rand der Schale, als sei er noch unschlüssig, ob er auf mich losgehen oder mir nur ans Bein pinkeln sollte.

»KEINE NEUIGKEITEN?«, brüllte Badam. »Du kommst aus Hovd und bringst keine Neuigkeiten mit? Du reitest durch den Altai und bringst keine Neuigkeiten mit?«

Ich erzählte einfach irgendetwas. »Die Weiden zwischen hier und Hovd sind ziemlich kümmerlich«, brummelte ich. »Es war ein trockenes Frühjahr. Aber in Duut hat es gestern den ganzen Tag geregnet. Die Familie deiner Nichte hat ein neues Lamm bekommen, offenbar das letzte dieser Saison. Heißt jetzt Stalin. Ochir hat einen neuen Sattel gekauft, anscheinend sehr teuer. Beim Naadam-Rennen der Dreijährigen in Hovd sind zwei Pferde umgekommen. Die Ringkämpfe waren ziemlich aufregend ...«

Solche langweiligen Neuigkeiten interessierten ihn nicht. Badam wartete die ganze Übersetzung gar nicht ab. Seine Frau stellte ein paar Lammknochen auf den Tisch, und wir nagten eine Weile daran herum. Badam holte aus einer Tasche, die hinter ihm hing, den Milch-Wodka. Mongolische *gers* sind regelrechte Spirituosenläden. Neben dem unvermeidlichen *airag*, der in Ziegenlederflaschen gegorenen Stutenmilch, stellen die meisten Mongolen auch *archi* her, einen aus Milch destillierten klaren Schnaps. *Archi* ist ein unberechenbares Gesöff, eine Art flüssiger Landmine.

Badam schenkte das Zeug aus einem Plastik-Benzinkanister ein und reichte es uns nacheinander in einer kleinen Porzellanschale. Wir vollzogen die nötigen Rituale, spritzten ein paar Tropfen gen Himmel, zum Herd des *ger* und an unsere Stirn, bevor wir tranken. Badam wurde etwas milder, als er sah, dass ich mich an die Regeln hielt. Ich nippte und hielt mich fest, als der *archi* irgendwo hinter meinen Augäpfeln explodierte.

Damit war das Abendessen abgeschlossen. Badam lehnte sich zurück wie ein Maulheld am Tresen im Saloon und erzählte uns eine lange Geschichte über ein Ungeheuer, das im See wohnt: ein riesiger schwarzer Vogel, der nur nachts herauskommt. Er hatte ihn dreimal gesehen. Seine Flügelspanne ist breiter als ein *ger*, sagte er, und er gibt weiche Summlaute von sich. Vermutlich eine Kreuzung aus Adler und Yak. Als ich ihm daraufhin von dem Ungeheuer von Loch Ness erzählte, neben dem sich sein Vogel wie eine Nippesfigur ausmachte, war er beeindruckt. Aber Ganbold untergrub das Ansehen von Schottland, indem er ihn wissen ließ, dass in diesem Land die Männer Röcke tragen.

Als ich später in mein Zelt auf einer Terrasse außerhalb des Blickfelds des *ger* zurückkehrte, stellte ich fest, dass ich Opfer eines Einbruchs geworden war. Meine Kameras und der kostbare Sattel, der Neid der Mongolei, waren unberührt geblieben. Der Einbrecher, der anscheinend ins Zelt geschlichen war, als wir beim Essen saßen, hatte sich wertvollere Dinge ausgesucht: einen kleinen Spiegel, eine Nagelzange, ein Päckchen von Bolds Marlboros und den gesamten Vorrat an verdauungsfördernden Schokoladenkeksen. Von denen war der Dieb derart begeistert, dass er sie sich gleich am Tatort einverleibt und nur die leere Packung und einen Haufen Krümel zurückgelassen hatte.

Am Morgen war das Lager in Aufruhr, da sich die drei Söhne für den Aufbruch zum Naadam am Mönch Chairchan bereitmachten. Der älteste, ein Dandy-Verschnitt, sah noch einmal alle Kisten rings um das Zelt durch und probierte Kleidung in verschiedenen Zusammenstellungen an. Schließlich entschied er sich für eine etwas ausgefallene Reithose und ein weißes Rüschenhemd. Wäre eine seiner Schwestern zur Hand gewesen, hätte sie ihn vielleicht darauf aufmerksam gemacht, dass dieses Hemd in Wirklichkeit eine Mädchenbluse war. »Ich suche eine Frau«, vertraute er uns an, als er mit den seidebezogenen Knöpfen kämpfte. Er sah mich erwartungsvoll an, als könnte ich ihm dafür Ratschläge geben. Ich dachte mir, das Beste wäre wohl, ihm etwas von meiner Lippensalbe für seine aufgesprungenen Lippen zu geben, damit er nicht in Versuchung geriet, den Lippenstift seiner Schwester mitzunehmen.

Nach dem Frühstück erwähnte ich Badam gegenüber den großen Keksräuber. Er war sichtlich aufgebracht, dass Gästen, die unter seinem Schutz standen, eine solche Schmach widerfahren war. Er sagte, er werde Erkundigungen einziehen, ob sich verdächtige Gestalten in der Nähe herumgetrieben hätten. Ich gab ihm eine Beschreibung des Mannes, den ich in Verdacht hatte: schön manikürt, raucht westliche Zigaretten, ist bekannt als Liebhaber von Schokoladeplätzchen. Als wir später auf dem Weg nach Mönch Chairchan waren, hielt ich auf einer Hügelkette an und schaute durchs Fernglas. Da sah ich ihn vor dem *ger* stehen und seinen ältesten Sohn auspeitschen, den Jungen in der Mädchenbluse. Ich nehme an, er hat den Richtigen erwischt.

Der dauernde Wind im Rücken trieb uns den ganzen Tag an. Der schneebedeckte Gipfel des Mönch Chairchan, des zweithöchsten Berges in der Mongolei, ragte vor uns auf und zog lange Wolkenfahnen an. Am Vormittag überquerten wir einen angeschwollenen Fluss. Das Wasser ging den Pferden bis zum Bauch, und sie stolperten Halt suchend über die losen Steine im Flussbett.

Später ritten wir in ein lang gestrecktes steiniges Tal hinab, wo sich ein weißer Fluss in eine Reihe von Seen ergoss. Nach einem einstündigen Ritt talaufwärts kamen wir zum *ger* vom Stiefbruder der Frau eines Vetters von Ganbold. Zum Abendessen gab es die unvermeidliche Schüssel mit Schafskleinzeug. Unser Gastgeber holte die Eierstöcke heraus und reichte sie mir als besondere Delikatesse.

Das Wetter schlug wieder um. Die ganze Nacht hindurch ließ ein heulender Wind das Zelt erzittern.

Den nächsten Tag verbrachten wir beim Naadam von Mönch Chairchan. Ein paar hundert Besucher des Rennens hatten sich auf einer kleinen Ebene zwischen niedrigen Hügeln versammelt, als der Himmel unversehens seine Schleusen öffnete und eine apokalyptische Sintflut über uns hereinbrach. Auf dem offenen Feld zog die ganze Gesellschaft die Schultern ein, stellte sich mit dem Rücken zum prasselnden Regen und beobachtete die nächsten vier Stunden lang, wie das Wasser von den Huträndern tropfte. Es war bitterkalt und einfach unerträglich.

Als sich die Wolken schließlich verzogen, waren alle erpicht darauf, die verlorene Zeit wieder aufzuholen. Wodka- und *archi*-Flaschen wurden aus den *del*-Falten hervorgeholt, Zeltbahnen aufs nasse Gras gebreitet, und eine lärmende Sauferei begann. Binnen Minuten waren die Freudigsten sturzbetrunken.

Ich war leider nicht in Stimmung für ein Saufgelage auf einem windgepeitschten Hang. Der Regen war mir offenbar aufs Gemüt geschlagen. Ich versteckte mich hinten in einem Transporter, um mich auszustrecken und ein Buch zu lesen. Meine Einsamkeit wurde allerdings gestört durch das plötzliche Auftauchen eines älteren Herrn in einem durchnässten scharlachroten *del* und einem ziemlich mitgenommenen Filzhut. Er plumpste so unverhofft über die Seitenwand auf die Ladefläche und in meinen Schoß, als wäre er direkt aus dem jetzt wieder blauen Himmel gefallen.

Er sei gekommen, um mir zu sagen, dass er mich liebe. Er sah mir tief in die Augen, nahm meine Hand und drückte sie an seine Wange. Er war den Tränen nahe. Er atmete schwer, und vom Wodkadunst wurde mir schwindlig. Ein- oder zweimal setzte er zum Sprechen an, aber jedes Mal überwältigten ihn seine Gefühle.

Nach einiger Zeit hatte er seine Fassung wieder gefunden. »Stalin«, sagte er seufzend, »wir werden immer zusammen sein.« Er kämpfte gegen den Kloß im Hals an. »Getrennt können wir nicht überleben. Das weißt du doch, nicht wahr?«

Mein Verehrer war sechzig Jahre alt, hatte gelbe Zähne, einen Schnauzbart und einen Atem, der ihn zu einer Brandgefahr machte. Er hielt meine Hand wie ein Schraubstock, als wollte er sie nie mehr loslassen. Er gab Suckellaute von sich, die nach ersticktem Schluchzen klangen. Siebzig Jahre Propaganda für die mongolisch-russische Freundschaft waren in seinem Rauschzustand zu Sentimentalität geronnen.

»1921 waren wir zusammen«, sagte er. »1945 wieder zusammen gegen die japanischen Kriegstreiber. Wir sind Genossen. Niemand kann uns trennen. Siebzig Jahre lang waren Mongolen und Russen Kameraden.« Er umarmte mich und drückte mich wie ein Bär an seinen *del*, der nach dem Regen aufgeweicht war wie ein Plumpudding. Ich murmelte etwas Tröstreiches in die nasse Wolle. Es wäre sicher flegelhaft gewesen, meinem neuen Kameraden zu eröffnen, dass ich gar kein Russe bin.

Er fragte mich sodann, ob er mich küssen dürfe. Ohne eine Antwort abzuwarten, ergriff er mit seinen Bärenpranken mein Gesicht und drückte mir einen triefenden Kuss auf beide Backen. »Genosse«, rief er, »wir müssen die Hüte tauschen!« Sein Hut harmonierte mit dem Rest der Bekleidung; er sah aus, als hätte sein Pferd darauf geschlafen.

Die Rennen retteten mich. Schrille Jubelschreie von allen Seiten verkündeten die Ankunft der ersten Pferde. Sekundenlang abgelenkt, lockerte der alte Mann seinen Griff, und ich entkam, ohne dass noch mehr Tränen flossen.

Wir kamen in eine Landschaft von elementarer Einfachheit. Die Verschiedenartigkeit der Gebirgszonen, die Abbrüche, die steilen Pässe, die plötzlich auftauchenden Täler glätteten sich zu einer beruhigenden Horizontalen. Kilometerweit erstreckten sich weite, baumlose Grasflächen, eingebettet zwischen sanfte Hügel, weich wie Filz und dicht mit Wildblumen übersät. Die gewölbten *gers* spiegelten die sanften Wellen der Landschaft wider. Über ferne Hänge galoppierten Pferdeherden wie in Zeitlupe.

Am Mönch Chairchan hatte uns Ganbold einem seiner Schüler übergeben, dessen Familie auf einer Hügelkuppe voll wilder Primeln, Anemonen und Moschusblumen ihre Zelte aufgeschlagen hatte. Ajii war ein strammer Neunzehnjähriger mit dem Auftreten eines schüchternen Schulmädchens. Ich war der erste Ausländer, den er zu Gesicht bekam, und am ersten Tag ließ er mich keinen Moment aus den Augen, weil er befürchtete, etwas zu versäumen. Unter den Pferden, die er uns brachte, war ein hübscher gescheckter Wallach, den ich gerne nahm. Er war temperamentvoll und klug, hatte einen hohen, schön gebogenen Nacken und ein schmales Gesicht wie ein mittelalterlicher Heiliger.

Wir ritten durch mehrere Engpässe voll blauem Rittersporn und purpurgefärbten Steinen. Als wir sie hinter uns gelassen hatten, erstreckte sich vor uns eine weite, von Wolkenschatten überzogene urtümliche Grasebene. Wir kamen an *gers* vorbei, die mitten in wogenden Schafherden standen, und an Reitern, die mit ihren bändergeschmückten Naadam-Pferden vom Mönch Chairchan heimkehrten. Es blies ein scharfer Westwind, Feldlerchen kreisten überm Gras.

Vier Tage lang ritten wir durch eine ausgetrocknete und größtenteils unbewohnte Gegend nach Osten. Am ersten Abend erklommen wir einen felsigen Kamm, wo in einem anderen Land und zu einer anderen Zeit ein Feudalherr seine Burg mit Blick über zwei Täler errichtet hätte. Doch stattdessen stand da im Zwielicht nur ein ärmliches *ger*, von einem Dutzend Kamelen bewacht. Innen, im Halbdunkel zweier tropfender Kerzen, lag eine mürrische Männergesellschaft um den Herd herum. Eine fette Frau mit gebrochener Nase bot uns eine dünne Mehlsuppe aus einem Topf auf dem Herd an. Als sie die ihre aufgegessen hatte, schüttete sie den Rest den Hunden vor die Tür, rollte sich in einer Ecke zusammen, rülpste und fing an zu schnarchen. Auf unseren Gruß hin hatten die Männer nur einsilbig gegrunzt. Sie waren alle betrunken. Sie reichten ein Blechgefäß mit *archi* herum, über dessen Rand sie uns und unsere Sachen anstarrten, als warteten sie nur auf einen günstigen Augenblick, um zuzuschlagen. Als sie untereinander Streit anfingen, schlüpften wir hinaus, banden die Pferde los und ritten im Mondlicht zu einem anderen unbewohnten Hügel, auf dem wir unser Zelt aufschlugen.

Am zweiten dieser vier Tage kamen wir in ein lang gezogenes steiniges Tal, in dem Yaks unter dem Kommando eines langhaarigen Bullen herumsprangen. Ein Fluss tauchte auf, der sich zwischen rosigen Felsen hindurch wand. Unten im Tal floss er durch einen schmalen, tiefen Einschnitt, an dessen Ende wir unser Lager aufschlugen, ein schönes Lager inmitten von Gras und Lavendel. Am Abend badeten wir im klaren Wasser tiefer Flussbecken, wuschen unsere Kleider und trockneten sie am Feuer.

Am dritten Tag überquerten wir die Ebene von Möst, wo zwischen den Steinen wilde Kräuter wuchsen. In der unbewegten heißen Luft stiegen die vermischten Düfte von Rosmarin, Lavendel und Schnittlauch unter den Hufen unserer Pferde auf. Wir zelteten in dieser Nacht an einem stillen Flüsschen, das rätselhafterweise irgendwo zwischen Sand- und Kiesbänken versickerte.

Am Morgen wurde ich von einem Fremden geweckt. Er steckte den Kopf in mein Zelt und fragte mich, ob ich seine Kamele gesehen hätte. Als ich Minuten später hinauskam, war der Mann verschwunden, als wäre er im Gefolge seiner Tiere über den Rand der Weltscheibe gefallen. Der Himmel war weit und weiß. Fern im Osten schwamm ein Salzsee in der Luft. Im Norden stieg eine kamelfarbene Bergkette zu schneebedeckten Gipfeln an.

Den ganzen Tag ritten wir über die eintönige Ebene, umgeben von Schnittlauch, Eidechsen und kleinen Fliegen, die die Pferde verrückt machten. In dieser ungeheuren Weite kamen wir so langsam vom Fleck, als würden wir stehen bleiben. Die Ebene lag in flirrendem Licht. Östlich von uns tauchten die verlorenen Kamele auf und wateten durch das Wasser einer Luftspiegelung. Als wir am Fuß der Berge ankamen, grüßte uns ein neuer kühler, frischer Wind, der den Geruch von Steinen heranwehte. Über eine Stunde ging es bergauf; die Pferde stolperten über lose Steine. Von den Felswänden an den Steilabbrüchen spähten Bergziegen auf uns herab.

Auf der anderen Seite der Bergkette schauten wir am Abend auf eine große Ansammlung von *gers* hinunter, die über ein grasiges Tal verstreut waren. Die süßen Klänge nomadischen Alltagslebens drangen zu uns herauf – Kindergeschrei, bellende Hunde, blökende Schafe, Nachbarn, die einander über das goldene Weideland etwas zuriefen.

Tuvud war ein literarisch gebildeter Mann mit einer geblümten Schärpe, einer jungen Frau und einer Vorliebe für Wodka. Sein Gesicht war zerknittert wie ein ungemachtes Bett, er hatte einen grauen Backenbart, kaputte gelbe Zähne und eine breite, von roten Venen durchzogene platte Nase. Er erinnerte mich an einen heruntergekommenen Gentleman Ende des 19. Jahrhunderts, der den Manieren, Gedanken und Accessoires einer vergangenen Zeit verhaftet ist. Letztere schlossen in seinem Fall auch eine geschmückte Peitsche ein, ferner einen steifen Hut, ein Messer in einer fein gearbeiteten Scheide, die hinten in seiner Schärpe steckte, eine traditionelle langstielige Pfeife und einen Tabaksbeutel an einer schweren Silberkette, alles in allem die Gala-Ausrüstung eines mongolischen Dandy um 1910.

In seinem *ger* herrschte ein fabelhaftes Durcheinander. Rot und gold bemalte Truhen mit komplizierten Schlössern waren an den Wänden gestapelt. Ölgemälde von ihm und seiner Frau standen auf einer Kommode unter einer Sammlung von Medaillen, neben einer Uhr in Form des Schiefen Turms von Pisa. Silbernes Zaumzeug hing von den Dachstangen herab, und auf einem niedrigen Tisch stand eine Kollektion von Silberschalen. Tuvud kam aus einer alten, angesehenen Familie. Sein Großonkel war der Partisan Aldanjavin Ajusch, dessen Statue etwas verloren auf dem Hauptplatz von Hovd steht, aber seine Familie, erklärte er feierlich, könne ihre Abstammung auf Dschingis Khan zurückführen. Tuvud war als Teilnehmer einer mongolischen Kulturdelegation in den 60er-Jahren in Europa und Amerika gewesen, wo er Auszüge aus seinen endlosen Versgedichten gelesen hatte.

Er sei, so sagte er, ein Hirte, der geistige Bilder und Geschichte hüte. Seine Bücher waren in Satteltaschen verstaut, in graue, fettige Tücher eingeschlagen und mit Bindfaden verschnürt. Darunter waren Bände mit Gedichten, Biografien, humorvolle Geschichten, ein Essay über legendäre mongolische Helden, ein Buch über Fabeltiere einschließlich des Yeti, der Gerüchten zufolge in den Bergen hauste, die wir am Tag zuvor überquert hatten. Die dünnen broschierten Bücher, deren Bindung sich schon auflöste, waren leicht wie Vögel. Sie drohten in unseren Händen zu zerfallen, als ob Bücher in einer Nomadengesellschaft so anfällig wären wie Holz in einer Welt von Termiten oder Leder in der schwülen Feuchtigkeit von Dschungeln.

Tuvuds Frau servierte uns Tee aus einem altmodischen Kupferkessel, während er ein Lied über ein Pferd sang. Mongolen können Pferde auf so vielerlei Arten beschreiben wie die Inuit den Schnee, und das Lied dauerte lange. Aber Tuvuds wahre Leidenschaft war das Schnitzen. Er zog einen gigantischen Schlüsselbund aus den Tiefen seines *del* und schloss die reich geschmückten Truhen auf. Wahre Schatzkammern waren das. Er holte die in Stoff eingewickelten Schnitzereien einzeln heraus. Miniaturpferde und Steinböcke, Bergziegen und Yaks sammelten sich um seine Füße, gewundene Schlangen, ein Säugling an der Mutterbrust, ein Tsaatan auf einem Rentier, Männer, die mit Wölfen rangen, Männer zu Pferd. Jedes einzelne Stück stellte eine legendäre Gestalt dar. Er klappte die Deckel von immer mehr Truhen auf, dem Museum seines Lebens, und Herden geschnitzter Figuren drängten sich auf dem Boden seines *ger*.

Auf dem Grund einer Truhe entdeckte er ein geschnitztes Selbstbildnis: Tuvud im Kampf mit einem Wolf. Es war eines seiner Lieblingsstücke. Tuvud war vom Schlag eines Hemingway, er spielte sein Leben gegen das seiner Gestalten aus. Einen Wolf zu töten ist ein entscheidender Moment im Leben eines mongolischen Helden, und das Schnitzwerk war eine feierliche Erinnerung daran, dass er deren sechs getötet hatte. »Einer von denen hat mich auch geschnitzt«, sagte er scherzend. Er hielt einen Zeigefinger hoch, dem die Spitze fehlte.

Ich fragte ihn, wie er den Westen empfunden habe, ob der seinen Erwartungen entsprochen habe. Die größte Überraschung, antwortete er, sei die nicht vorhandene Kriminalität gewesen. Aufgrund des wenigen Informationsmaterials, das ihm vor seiner Abreise zur Verfügung stand – vorwiegend Filme –, hatte er mit jeder Menge von Schießereien auf den Straßen gerechnet. In den ersten Tagen hatte der Wolfkämpfer es nicht gewagt, das Hotel zu verlassen, aus Angst, in einen Kugelwechsel zu geraten. Der Nachkomme von Dschingis Khan aus den Steppen Zentralasiens hatte in London, Paris und New York barbarische Gesetzlosigkeit befürchtet. Er hatte natürlich Recht. Verglichen mit den Städten im Westen war die Äußere Mongolei der Inbegriff von Gesetz und Ordnung.

Ein Buch, sagte er, hoffe er noch zu schreiben. Und zwar darüber, wie sich die Menschen nach fast siebzig Jahren Kommunismus die Marktwirtschaft zu Eigen gemacht haben, wie eine Nation über Nacht den Glauben an das Kollektiv über Bord geworfen und gegen einen neuen Glaubenssatz über die Gesetze des Marktes eingetauscht hat.

»Ein Tragödie?«

»Nein, nein«, sagte er, »eine Farce.«

KAPITEL NEUN

~

AM RAND DER WÜSTE GOBI

Auf den Landkarten überdeckten nun die fahlen Schatten der Wüste unsere Reiseroute. Wir kamen aus den Ausläufern des Altai-Gebirges, auf den Karten noch in beruhigend braunen und grünen Schattierungen gezeichnet, jetzt in ein Gelände, das durch fahle Töne gekennzeichnet war. Ein bedrohliches Weiß erstreckte sich ostwärts, streifenweise vom Blau der Salzebenen durchbrochen. Das war die Shargyn Gobi, ein nördlicher Ableger der großen Gobi, die sich im Süden entlang der chinesischen Grenze erstreckt. Die neuen Farben deuteten drohend auf ein sengendes Niemandsland mit toten Flüssen und ansteigenden Temperaturen hin. In der letzten Woche hatten wir bei gekochtem Hammelfleisch in verschiedenen *gers* auf unserem Weg die Strecke besprochen und festgestellt, dass es unmöglich war, diese Wüste zu durchqueren. Niemand wäre bereit, uns auf dieser Etappe zu begleiten, niemand würde uns seine Pferde überlassen, da es in dieser Wüste weder Wasser noch Gras gab.

Es gab natürlich immer noch Kamele, aber denen hatte ich schon vor langer Zeit als Transportvehikel abgeschworen. Nach meiner Erfahrung sind Kamele Biester von üblem Charakter, mit fragwürdigem Verhalten, erschreckenden hygienischen Prinzipien und der ärgerlichen Gewohnheit, einen anzuspucken, wenn sie die Angelegenheit zu schwierig finden. Meine einzige erfreuliche Begegnung mit einem Kamel hatte ich im Sudan, wo ich ein Stück davon aß, und selbst die wurde durch Unmengen Sand getrübt, den es in den Kochtopf geblasen hatte. Abgesehen von Kamelen, gab es nur noch die Möglichkeit, mit einem Jeep ins Zentrum des *aimak* Gobi-Altai zu fahren, hundertfünfzig Meilen quer durch den schlimmsten Teil der Wüste. Von dort konnten wir unsere Reise zu Pferd fortsetzen. Beim Mittagessen in irgendeinem *ger* trafen wir den Direktor einer kleinen Kohlenzeche. Er bot uns an, uns in seinem Jeep in das zwanzig Meilen entfernte Dariv mitzunehmen, wo wir uns nach einem Jeep für den Gobi-Altai umsehen könnten.

Der Direktor hatte einen Spitzbauch und trug ein Sakko, beides selten in der Mongolei. Seine Zeche war von der Schließung bedroht, und ich versuchte, ihn mit Geschichten vom Zusammenbruch der britischen Kohle-Industrie aufzuheitern. Tuvud reiste mit uns. Er hatte ein bürokratisches Problem, offenbar mit dem mongolischen Pendant zur Sozialversicherung, und er wollte diese Sache mit Hilfe des Bürgermeisters von Dariv klären. Er holte seinen steifen Hut und seine langstielige Pfeife, legte seine besten Gentleman-Manieren an den Tag und kletterte in den Jeep. Der Zechendirektor behandelte ihn mit der Achtung, die einem alten Herrn zusteht, hatte aber ein wachsames Auge auf ihn. An solche Künstlertypen war er nicht gewöhnt und glaubte wohl, es sei nur eine Frage der Zeit, bis Tuvud mit seinen Versen anfinge.

Wir fuhren mühevoll über niedrige, völlig kahle Hügel. Auf einem Pass hielten wir an einem *owoo*, um etwas zu trinken. *Owoos* sind nicht nur Stätten spiritueller Besinnung, sondern dienen auf dem Land auch als eine Art Rasthaus. Wenn Reisende hier verweilen, um ihre Reverenz zu erweisen, dann gebietet es eine recht beliebte Tradition, die *owoos* anschließend mit einem kleinen Wodka zu salben. Ist die Flasche erst offen, ist es Sitte, sich mit den Reisegefährten hinzusetzen und sie zu leeren. So verkommen manche Jeepfahrten zu *owoo*-Besäufnissen. Wie wir feststellten, hatten wir kein Glas dabei, aber unser genialer Fahrer schraubte die Haube vom Rücklicht ab, säuberte sie sorgfältig mit Wasser aus seinem Krug und goss Dschingis-Khan-Wodka ein. Wie sein Namensvetter langte er ordentlich zu.

Nach dieser Erfrischung ging es wieder ins Tal, und wir brausten über eine Ebene so groß wie Texas. Wir kamen an die Ausläufer der Wüste. Eine Reihe von Telegrafenmasten verlief an der Grenze zwischen Himmel und einer trostlos flachen Landschaft. Dariv war ein Klecks in weiter Ferne, die einzige Stadt in hundert Meilen Umkreis.

Sie erwies sich als Geisterstadt. Sämtliche Einwohner hatten zusammengepackt und waren zu ihren Sommerweiden in den Bergen gefahren, so dass nur noch der Bürgermeister übrig war. Wie der Kapitän eines sinkenden Schiffs schien er entschlossen, mit der Stadt zusammen unterzugehen. Er saß auf der Türschwelle, eine einsame, windgepeitschte Gestalt, die durch dicke Brillengläser blinzelnd den Jeep wahrnahm, der da plötzlich aus der weißen Wildnis auftauchte.

Sein Haus war wie ein Zelt eingerichtet. Es gab keine Möbel, nur Teppiche. An der Hinterwand standen die gleichen Truhen, die gleichen Stapel von billigen Koffern wie in jedem *ger*. Wir saßen auf dem Boden zu seiner Rechten, während er uns schwarzen russischen Tee aus einer chinesischen Thermoskanne einschenkte. Die Kanne war mit einer Postkarte geschmückt, auf der die Halle des Mandarin Oriental Hotel in Hongkong zu sehen war. Seine Frau sei auch weggefahren, erklärte er, und habe die Kinder für den Sommer zu ihren Eltern in der Nähe von Hovd gebracht.

Der Bürgermeister gehörte zu einer neuen Generation von Politikern in der Mongolei, ohne jede Verbindung zur kommunistischen Partei und zum alten Regime. Wie alle Nomaden sind die Mongolen politisch konservativ. Als sie 1990 zum ersten Mal wählen durften, gaben sie ihre Stimmen prompt wieder der kommunistischen Partei, die seit fast siebzig Jah-

Yak-Melken im Altai-Gebirge

ren am Ruder war, ohne sich um Wahlen zu kümmern. Doch allmählich sickerte von Ulan Bator aus der Gedanke an einen Wechsel auch aufs Land durch, und spätere Wahlen brachten 1996 die Sozialdemokratische Partei an die Macht – hauptsächlich Männer Mitte dreißig, die eine Menge fortschrittlicher Ideen, aber keinerlei Regierungserfahrung hatten. Jüngere Leute waren begeistert von der Vorstellung, jetzt würde ein neuer Wind wehen, die Älteren befürchteten, einen Haufen unwissender Halbwüchsiger gewählt zu haben.

Der Bürgermeister war der SDP-Abgeordnete dieser Gegend. Er wollte mich davon überzeugen, dass er ein überaus moderner Mensch sei. Die meiste Zeit seines Lebens hatte er in Ulan Bator verbracht und dort die Universität besucht. Er trug auch kurze Hosen, in der Mongolei ein untrügliches Zeichen für moderne städtische Bildung. Er bedauerte mich wegen der Unannehmlichkeiten, die ich doch sicherlich mit dem Hirtenvolk auf dem Land gehabt hatte.

»Sie sind sehr unwissend, nicht an Ausländer gewöhnt«, sagte er.

Ich entgegnete, ich hätte sie als sehr gastfreundlich erlebt.

»Sie trinken zu viel«, sagte der Bürgermeister seufzend. »Alkoholismus ist der Ruin dieses Landes.«

»Alle waren außerordentlich freundlich«, versicherte ich ihm.

»Trinken, trinken, trinken!« Er schlug sich auf die nackten Knie. »Wie können wir ein Land modernisieren, wenn die Hälfte aller Männer den ganzen Tag betrunken ist?«

Ich hoffte, dass unser kleines Schlückchen aus der Rücklichthaube nicht ans Licht käme, und wechselte schnell das Thema. Ich erzählte vom nächsten Abschnitt unserer Reise. Der Bürgermeister war darauf versessen, uns zu helfen. Er war überzeugt, uns eine Mitfahrgelegenheit auf einem vorbeikommenden Gefährt verschaffen zu können.

Ich fragte, wie viele Jeeps hier auf dem Weg nach Osten durchkämen.

»Vier oder fünf«, sagte der Bürgermeister.

»Am Tag?«

»Im Monat«, antwortete er. Andere hätte der geringe Verkehr vielleicht entmutigt, nicht aber den Bürgermeister, der in seiner neuen Machtposition durchaus hoffnungsvoll war.

»Ich werde an der Tankstelle Bescheid sagen«, versprach er. »Da müssen alle halten, um zu tanken. Ich werde Anweisung geben, dass kein Fahrzeug betankt wird, bevor der Fahrer nicht mit mir gesprochen hat.«

Ein Traum für Anhalter: Kein Fahrer darf die Stadt verlassen, bevor ihn nicht der Bürgermeister befragt hat. Erfüllt vom Bewusstsein der Macht, die sein Amt ihm gab, lächelte er uns aufmunternd an.

Tuvud betrachtete dies als den richtigen Augenblick, um sein Rentenproblem zur Sprache zu bringen. Um gleich richtig anzufangen, zog er eine Flasche Dschingis Khan aus seinem *del*. Das war zwar etwas kühn angesichts der verdammenden Worte des Bürgermeisters übers Trinken, aber alte Gewohnheiten halten sich zäh. Eine Trinkschale wurde hervorgeholt und herumgereicht. Der Bürgermeister verzog beim Trinken das Gesicht.

Derart gestärkt, mäanderte Tuvud durch die labyrinthische Geschichte seiner Rente. Mit seinem steifen Hut und seiner Pfeife sah ich ihn plötzlich als Vladimir in *Warten auf Godot* vor mir. Traurig und niedergeschlagen, denn für ihn hieß es: Warten auf die Rente. Offenbar wartete er seit Jahren, und dieses Warten war Teil seiner Person geworden. Langsam führte er den Bürgermeister durch das bürokratische Dickicht dessen, was er erlebt hatte. In der Mongolei hing die Rente von der Zahl der Jahre ab, die man in seinem *negdel*, dem Hirten-Kollektiv der kommunistischen Zeit, gearbeitet hatte. Ein Schriftsteller, der Bücher, aber keine Schafe vorzuweisen hat, passte nicht in diesen Raster. Der Bürgermeister hörte geduldig zu und machte sich Notizen. Das Gespräch glich einem Ritual, das kaum die Hoffnung auf ein unmittelbares Ergebnis nährte, sondern eher dazu diente, Tuvuds jahrelangem Warten gerecht zu werden. Der Wodka spielte hier eine sehr nützliche Rolle. Nach einigen Runden Dschingis Khan schien die Frage der Rente nicht mehr so bedeutend, nicht einmal für Tuvud selbst.

Da nun dieses Problem zufrieden stellend besprochen worden war, verkündete der Bürgermeister, er werde das Hotel für uns aufschließen. Er suchte in einer Truhe nach Schlüsseln, und wir marschierten durch die leere Stadt. Die Häuser sahen verlassen und abbruchreif aus. Wir gingen an vernagelten Kiosken und leeren Häusern vorbei, deren Läden im Wind klapperten. Allerlei Müll wirbelte durch die menschenleeren Straßen. Die ganze Gesellschaft nahm an unserem Schicksal teil – der Bürgermeister, der Zechendirektor, Tuvud, der Jeepfahrer. Alle schienen beglückt, dass sie etwas zu tun hatten. Mit dem heißen Wind wehte Langeweile durch die Straßen.

Das Hotel hatte anständige Fenster und Türen und war eines der stattlicheren Gebäude von Dariv. Der Bürgermeister führte uns die Treppe hinauf, und wir trotteten hinterher; unsere Reitstiefel klapperten auf den blanken Dielen. Am Ende eines zugigen Ganges klimperte er mit den Schlüsseln herum und zeigte uns dann das beste Zimmer. Innen sah es aus wie in einem Möbellager. Große, dunkle Kommoden füllten den kleinen Raum aus. Als wir uns alle hineingedrängt hatten, war kaum noch Platz, um sich umzudrehen. Der Jeepfahrer boxte gegen eine der Matratzen, um ihre Elastizität zu prüfen. Tuvud betrachtete die Aussicht und erblickte eine trostlose Ebene voller Dornbüsche. Der Zechendirektor öffnete und schloss mit Kennerblick die Schubläden einer Kommode.

»Rumänien«, sagte der Bürgermeister stolz. Er klopfte laut an einen Schrank, in dem bequem ein paar Pferde Platz gehabt hätten. »Solides Mahagoni. Das ganze Mobiliar wurde vor ein paar Jahren als Teil einer Entwicklungshilfeaktion aus Rumänien geschickt.«

Ich konnte mir gut vorstellen, dass Ceauşescus Empfangsräume für Staatsgäste voll mit solchen Möbeln gewesen waren, schwer, monumental, auf Hochglanz poliert und ziemlich bedrohlich. In den weiten Räumen eines seiner kitschigen Paläste wirkten sie sicher angemessen einschüchternd. Hier in dem vier mal vier Meter großen mongolischen Hotelzimmer verloren sie etwas von ihrer Erhabenheit.

Nachdem Bold und ich mit unseren Sachen in der Rumänischen Suite untergebracht waren, ging die ganze Gesellschaft ins Zimmer nebenan, das von rumänischer Entwicklungshilfe unbeleckt geblieben war und folglich genügend Sitzflächen bot. Jetzt zog der Zechendirektor eine Flasche Dschingis Khan aus seiner Innentasche und reichte sie herum. Allmählich dämmerte mir, dass Mongolen auf einem Tagesausflug einer Reisebar ähneln. Der Fahrer wurde geschickt, statt Rücklichthauben Trinkschalen aus der Hotelküche zu holen.

Immer wenn die Trinkschale wieder bei ihm landete, schnitt der Bürgermeister ausgiebig Grimassen. Wenn er getrunken hatte, schüttelte er sich, als versuchte er, einen klaren Kopf zu behalten.

»Nepotismus«, sagte er plötzlich. »Das ist das Problem der Mongolei. Nepotismus, Korruption, Lethargie und Gier.« Ich musste feststellen, dass er den Wodka aus seiner Liste gestrichen hatte. »Wir sind eine neue Generation«, sagte der Bürgermeister. »Es ist unsere Pflicht, das mongolische Volk von seinen schlechten Gewohnheiten zu befreien.«

Leider waren die anderen Mitglieder unserer Gesellschaft nicht in der Lage, mit dem Tempo des neuen Regimes Schritt zu halten, und hofierten den Bürgermeister, als wäre er ein Stalinist mit einem Alkoholproblem. Als die Flasche des Direktors leer war, warf der Bürgermeister sie aus dem Fenster, und der Fahrer wurde entsandt, eine neue zu holen. Der Bürgermeister war rot angelaufen; er lehnte sich auf einem der Betten zurück und grinste dümmlich.

»Verantwortungslosigkeit«, sagte er sinnend. Offenbar sprach er jetzt mit sich selbst. »Die Hirten denken nur an dieses Jahr, an diese Saison. Sie können nicht für die Zukunft planen.« Er hob die Arme und ließ sie dann hilflos wieder sinken.

Bold und ich sahen unsere Chance, entschuldigten uns und zogen uns zurück in unser Zimmer mit den rumänischen Mammuts. Bold schaute aus dem Fenster auf die menschenleere Stadt. »Vor 1990 wären Menschen da gewesen, selbst im Sommer«, sagte er, »jetzt sind sie alle wieder Hirten geworden.«

Überall in der kommunistischen Welt brachte der Zusammenbruch der alten Regimes unvermeidliche Härten mit sich. In der Mongolei hatte der Wechsel zur Marktwirtschaft noch schlimmere Folgen, weil die russischen Beihilfen gestrichen wurden. Das strategische Interesse der Sowjetunion an der Mongolei hatte zu einem solchen Ausmaß an finanzieller Unterstützung geführt, dass das Land weit über seine Verhältnisse leben konnte. Für eine wenig entwickelte Nomadengesellschaft, die von Subventionen lebte und kaum Reserven in harter Währung besaß, kam die Mongolei in den Genuss beachtlicher Sozialleistungen wie Schulen, medizinische Versorgung und Altersrenten, von denen andere Länder der Dritten Welt nur träumen konnten. Die Finanzspritze der Russen, durch die diese Systeme künstlich am Leben erhalten wurden, betrug achthundert Millionen Dollar im Jahr, etwa vierhundert Dollar für jeden Mongolen, also mehr als das Bruttoinlandsprodukt pro Kopf. Als die Russen 1990 abzogen, beliefen sich die aufgelaufenen Schulden der Mongolei gegenüber Russland angeblich auf sechs Milliarden Dollar.

Wenige Monate nach Einstellung der russischen Subventionen war die Mongolei bankrott. Inflation, Entwertung, Mängel überall und Rationierungen folgten schnell aufeinander. Die meisten staatlichen Industriebetriebe im Umkreis von Ulan Bator wurden stillgelegt, und auf dem Land schloss alles die Pforten, vom Elektrizitätswerk bis zu den Kliniken. Die Angestellten, meist Städter der ersten und zweiten Generation, kehrten zu den Weiden ihrer Familien zurück. So wurde die Mongolei zu einem der wenigen Länder, in denen der für unterentwickelte Länder typische Zuzug in die Städte sich gerade umkehrte. In der Stunde der Not wurden die in Städten lebenden Mongolen durch die wirtschaftliche Unabhängigkeit des Nomadenlebens gerettet, an dem der Rest ihrer Landsleute seit Jahrtausenden unerschütterlich festgehalten hatte.

Über die düsteren Jahre 1991 und 1992 sprach man kaum. Die Mongolen sind ein ungeheuer stolzes Volk, und über den erniedrigenden Abstieg in die Armut wurde mit Ausländern nicht gesprochen. Als ich Bold gegenüber das Thema einmal erwähnt hatte, äußerte er sich nur unbestimmt dazu. Jetzt hatte diese Geisterstadt es wieder aktuell gemacht.

»Es ging uns allen in Ulan Bator sehr schlecht«, sagte Bold seufzend. »Die Lebensmittelläden waren leer. Manche Geschäfte verkauften sogar ihre Regale. Manchmal stand ich stundenlang um Brot an.«

Wir hatten uns auf den zwei rumänischen Betten ausgestreckt und genossen den Augenblick der Ruhe. Dariv war vielleicht eine leere Stadt, aber unsere Wodka trinkenden Genossen und der erregte Bürgermeister ließen sie auf einmal überbevölkert erscheinen.

»Es war zum Verzweifeln«, sagte Bold. »Ich habe Leute gekannt, die dauernd Hunger hatten. Aber wie war das möglich, wo es in der Mongolei doch mehr Schafe gibt als Menschen?«

»Zehnmal so viele«, korrigierte ich ihn.

Er schwieg eine Weile, zog an seiner Zigarette und blies lange blaue Rauchsäulen zur Decke.

»Ich bin kein Marxist«, sagte er. »Die kommunistische Partei habe ich nie unterstützt. Unser KGB hatte sogar eine Akte über mich angelegt. Ich gehörte zur prodemokratischen Bewegung. Aber jetzt bin ich nicht mehr so sicher, was die freie Marktwirtschaft angeht. Vielleicht ist die für ein Land wie die Mongolei nicht geeignet. Wie kann denn ein Hirte, der tausend Meilen vom nächsten Markt entfernt ist, an einer Marktwirtschaft teilnehmen? In einem Land ohne Straßen und ohne Eisenbahn?«

»Manchmal fühle ich mich schuldig«, fuhr er fort. »Als die Kommunisten an der Macht waren, dachten wir nur an die Korruption, die Unterdrückung und den Mangel an Demokratie. Wir wollten den Kapitalismus, weil wir Wahlmöglichkeiten haben wollten. Wir wollten wählen gehen, die Wahrheit in den Zeitungen lesen, ins Ausland reisen und westliche Waren kaufen. Aber das waren nur unsere Sorgen, die Sorgen der Leute, die in Ulan Bator wohnten und Gehälter bezogen. Nur, was kümmerte das die den Hirten auf dem Land?«

Er deutete zum Fenster hin. »Die medizinische Station hier in Dariv ist geschlossen. Aber früher waren hier Ärzte, die hinaus aufs Land zum abgelegensten ger fuhren, wenn sie gebraucht wurden. Vorbei, alles vorbei. Hier gab es mal eine Schule, für jedermann zugänglich. Jetzt müssen die Hirten zahlen, wenn sie ihre Kinder zur Schule schicken, und das können sich viele nicht leisten.« Vor Abscheu verzog er das Gesicht. »Jetzt dürfen sie alle fünf Jahre wählen. Jetzt haben sie einen Bürgermeister ihrer Wahl. Na und? Deshalb kommen die Ärzte noch lange nicht zurück.«

»Der politische Wechsel war unvermeidlich«, meinte ich.

»Natürlich«, sagte er. In Anerkennung der Realität drehte er die Handflächen nach oben. »Man vergisst leicht, wie marode das alte System geworden war. Es war durch und durch kaputt. Niemand hat mehr die Wahrheit gesagt, egal, worum es ging. Wir haben in einer Fantasiewelt voller Lügen gelebt. Aber die Veränderungen ...« Er strich sich mit einer Hand über die Stirn. »Es ist alles zu schnell gegangen. Anscheinend ist alles über Nacht zusammengebrochen, und jetzt müssen wir von vorn anfangen. Alles, was mit ...« – er suchte nach einem Wort – » ... mit Zivilisation zu tun hat – Schulbildung, Gesundheitswesen –, ist verloren gegangen. Die Leute hier sind in eine frühere Zeit zurückgefallen, und jeder schlägt sich allein durch.«

Die dröhnenden Stimmen aus dem Nachbarzimmer bekamen, vom Wodka befeuert, demagogischen Charakter. »In der Schule hat man uns die Geschichte des Marxismus beigebracht«, sagte Bold. Er murmelte jetzt wie im Beichtstuhl. »Es hieß, es sei ein System, das auf wirtschaftlichen Prinzipien beruht. Aber das stimmte nicht. Zumindest nicht hier. Sie haben die Städte gesehen. In jeder steht ein Theater, eine Schule, eine Klinik. Aber das hatte mit Wirtschaftlichkeit nichts zu tun. Das war Idealismus.«

Durchs Fenster drang das Heulen des Windes, der um die Ecken der verlassenen Stadt fegte. »In dieser neuen Welt, in der es nur um Märkte geht, ist ein solcher Idealismus fehl am Platz«, sagte Bold. »Jetzt geht es um wirtschaftliche Prinzipien. Wenn ein Arzt da ist, dann nur, weil wir ihn bezahlen können. Nicht weil er am richtigen Ort ist oder weil er gebraucht wird. Und das zu akzeptieren fällt mir schwer.« Er schaute zu mir hinüber. Sein Gesicht war zu einer sorgenvollen Maske erstarrt. »Das Ende des Idealismus. Kommt einem vor wie eine Art Barbarei.«

In der Nacht wurden wir durch Klopfen geweckt. Es war dunkel, und in dem Durcheinander von Möbeln lief ich schlaftrunken erst einmal gegen zwei Schränke, bevor ich die Tür fand.

Draußen stand der Jeepfahrer mit einer Kerze in der Hand. »*Machine bain*«, flüsterte er. Ein Fahrzeug war gekommen.

Bold und ich folgten ihm durch die leere Stadt. Mit der Nacht hatte sich die Kälte der Wüste hereingeschlichen. Am Gobi-Himmel über uns wimmelte es von Sternbildern. Im schwachen Licht sah ich auf meine Uhr. Es war erst elf.

Hinter einer Häuserecke stießen wir auf einen Sattelschlepper. Ein Raumschiff hätte uns kaum weniger überrascht. Die nächste Asphaltstraße war fünfhundert Meilen entfernt in Russland. Plötzlich stand hier die Sorte von Fahrzeug, die ich so oft über die Highways hatte donnern sehen.

Das Lämpchen über dem Fahrersitz, das einzige Licht in der dunklen Stadt, erleuchtete die Kabine. Eine Reihe fremder Gesichter drückte sich von innen ans Fenster.

Eine der Türen flog auf, und Bold und ich wurden in eine dichtgedrängte Masse Menschen in der Kabine hochgezogen. Drinnen hockten neben- und aufeinander mindestens sechs fremde Männer, die vermutlich mit dem Laster hergekommen waren, und außerdem unsere Freunde vom Nachmittag. Der Zechendirektor wurde gegen die Beifahrertür gepresst, und Tuvud klebte am Armaturenbrett wie eine flach gedrückte Verzierung; den steifen Hut hatte man ihm über die Ohren gedrückt. Alle hatten schwer geladen.

Ich warf einen Blick auf den Bürgermeister, der unter drei Männern auf dem Beifahrersitz lag. Seine Gesicht, das die Farbe von roter Bete hatte, war zu einer schrecklichen grinsenden Grimasse erstarrt, als hätte er in diesem Gewirr von Gliedmaßen gerade festgestellt, dass man ihm ein Bein abgetrennt hatte.

»Ausländer«, kicherte er. Seine Stimme war um mehrere Oktaven gestiegen. »Hier gibt's keine Pferde. Hier gibt's nirgendwo Pferde.« Er kämpfte, um sich von den fremden Leibern zu befreien. »Genosse Ausländer«, stieß er keuchend hervor, »wir haben einen Laster aufgetan.«

Unter dem Druck der Leiber war eine Tür aufgesprungen, und zwei Männer rollten hinaus. Andere hievten sie wieder hinauf wie ertrinkende Matrosen, die in ein gefährlich überladenes Rettungsboot gezogen werden.

Der Laster stand am Rande der Wüste Gobi, in einem Land, durch das man tagelang marschieren konnte, ohne eine Menschenseele zu sehen. Aus irgendeinem verrückten Grund hatten alle Seelen in dieser Stadt beschlossen, sich in diesen engen Raum von der Größe einer Toilette zu quetschen.

Meine Anwesenheit schien sie zur Vernunft zu bringen. Der Versuch, diesen großen, nüchternen Ausländer wie mit einem Schuhlöffel in das Gemenge hineinzuzwängen, machte ihnen plötzlich klar, wie unsinnig das ganze Unternehmen war. Ohne dass darüber geredet wurde, waren sich auf wundersame Weise alle einig, dass es in der Kabine vielleicht eine Spur zu eng sei, und man beschloss, ins Haus des Bürgermeisters umzuziehen. Nacheinander wurden alle herausgezogen. Es gab ein paar Widerspenstige und daher genug Gelegenheit zum Ziehen und Gegenziehen. Es war unheimlich lustig.

Der Bürgermeister hatte keine Beine mehr und fand den Weg in sein Haus, indem er sich einfach an meinen Hals hängte. Irgendwann im Verlauf des abendlichen Abenteuers zerriss sein Hemd, und er schürfte sich die Knie auf. Blut tröpfelte die Schienbeine hinunter. Mit seiner kurzen Hose, den blutigen Knien und der schief sitzenden Brille sah er aus wie der brave Streber, den die bösen Buben von den Hinterbänken vom Pfad der Tugend weggelockt hatten.

Ohne weitere Blessuren brachten wir ihn ins Haus und legten ihn auf den Boden. Das moderne Gesicht der Mongolei war kein ermutigender Anblick, und sein Repräsentant lag wie ein Sack betrunken an der Wand, kaute am Hemdzipfel und faselte vor sich hin.

~

Am Anfang trug die Wüste einen durchsichtigen Schleier aus Gras, durch den man die fleischfarbene Erde sah. In dieser Weite trieben kleine, runde Hügel in der heißen Luft wie Wale durch Trugbilder von silbernem Wasser. Hie und da kamen wir an Kamelherden vorbei, die uns steifbeinig auswichen. Keine Spur von Menschen. Während sich der Morgen dahinschleppte, wurde das Gras immer spärlicher, bis der Boden nur noch aus Erde und Staub bestand, der unter den achtzehn Rädern des großen Lasters davonwehte.

Der Sattelschlepper war aus Russland gekommen. Seine Ladung bestand aus zwei riesigen, zehn Zentimeter dicken und etwa fünf Meter breiten Stahlplatten. Unter diesem unberechenbaren Gewicht quälte sich der Laster durch die Gänge und schaffte es kaum, die mögliche Spitze von fünfzig Stundenkilometern zu erreichen. Die Platten waren für eine Baustelle in Ulan Bator bestimmt. Vermutlich waren sie zu breit für die Güterwaggons der Transsibirischen Eisenbahn, und jemand hatte den mutigen Entschluss gefasst, sie auf die Ladefläche dieses Lastwagens zu hieven und auf abenteuerlichen Wegen quer durch die Mongolei zu transportieren.

Wollte man diese Reise mit einer Schiffsüberfahrt vergleichen, wäre dieser Laster ein Narrenschiff gewesen. Der Kapitän, ein stämmiger, boshafter Mongole mit einer Baseballkappe, war vor fast sechs Wochen auf diesem Ungeheuer in Barnaul in der russischen Provinz Gorno-Altai in See gestochen. An der mongolischen Grenze hatte der Asphalt aufgehört. Von Bajan Ölgij aus war er nach Südosten gefahren, wie wir auch. Zum Glück musste er keine Verwandten von Ganbold besuchen und konnte folglich die etwas gebirgigeren Strecken vermeiden. Auf seinen verschlungenen Wegen hielt er bei entlegenen *gers* an, erschreckte die Pferde und jagte die Schafe auseinander, um nach dem Weg zu fragen. Wenn es keine *gers* gab, navigierte er nach der Sonne und den Sternen.

In den Häfen unterwegs hatte er eine Mannschaft von Mitfahrern aufgelesen, die Platz auf dem Zwischendeck gefunden hatten – der offenen Ladefläche mit den beiden Stahlplatten, auf einen Haufen Säcke gebettet, die der Kapitän als persönliche Fracht an Bord genommen hatte. In Bajan Ölgij waren zwei schweigende Zwillinge dazugekommen, hoch aufgeschossene Männer mit *dels* bis zu den Knöcheln; sie wollten in den *aimak* Dornod im Nordosten des Landes – aus Gründen, die kein Mensch je erfahren würde. Irgendwo im Kasachenland war ein Mann mit seiner kleinen Tochter aus den Hügeln herabgestiegen und hatte das Narrenschiff angehalten. Er war ein ungeschlachter Mensch mit einer Hasenscharte und giebelförmigen Augenbrauen. Er war selbst Fahrer und so in die Rolle des Ersten Maats gerutscht. Gelegentlich übernahm er das Steuer, wenn Erschöpfung oder ein Rausch den Kapitän übermannten. Er hatte ein launisches, cholerisches Wesen, und seine Tochter, eine ernste Siebenjährige, versuchte ihn mit mütterlicher Autorität in Zaum zu halten.

In Hovd war die Freundin des Fahrers mit mehreren Säcken Gemüse zugestiegen, das wahrscheinlich im Staub der alten Chinesenstadt gewachsen war; sie hoffte, es in Ulan Bator verkaufen zu können. Aufmerksam und selbstlos fungierte sie als sein Kindermädchen, war immer an seiner Seite, wischte ihm die Stirn ab, massierte ihm die Nackenmuskeln und goss ihm Wasser aus einem Plastikkrug ein, den sie zwischen ihre Füße gestellt hatte. Ebenfalls in Hovd hatte ein Paar mit kleinem Sohn angeheuert. Sie war eine zänkische Person, der alles missfiel. Sie fuhr in der Kabine mit, trug eine weiße Gesichtsmaske gegen den Staub und wiegte den Jungen auf dem Schoß. Der Ehemann, der zweifellos viel zu ihrer quengeligen Art beigetragen hatte, war eine Schlüsselfigur bei den Trinkeskapaden, die typisch für diese Reise wurden. Er fuhr, in eine Zeltplane eingewickelt, im hinteren Abteil mit, zusammen mit einem Gewichtheber, der in Ulan Bator seine Mutter besuchen wollte, die er nicht mehr gesehen hatte, seit er acht Jahre alt gewesen war. Der Haufen gemeiner Matrosen bestand größtenteils aus jungen Rowdys, einer Piratenmannschaft, die ganz hinten auf der Ladefläche Platz gefunden hatte, wo der Staub und das Holpern am ärgsten waren. Der Geringste von ihnen war der Kabinensteward, ein Dickens'scher Vagabund ohne festen Wohnsitz, der quer durch die ganze Mongolei fuhr, weil er nirgends ein Zuhause hatte. Seine Hose, zerrissen und geflickt, wurde von einer Kordel gehalten. Die Zehen ragten aus den löchrigen Schuhspitzen. Ein dunkler Film von Maschinenöl überzog Gesicht und Hände. Wann immer wir Halt machten, kletterte er vom Laster, reinigte die Windschutzscheibe, prüfte den Ölstand, den Wassertank und den Reifendruck. Er war der einzige verlässliche Mensch an Bord.

Die Fahrt nach Altai, rund zweihundert Kilometer, dauerte achtzehn Stunden. Sie kamen mir vor wie eine Woche. Für mich war es der schlimmste Tag auf der ganzen Reise. Eingesperrt in dem verdammten Laster, dachte ich sehnsüchtig an Kamele. Mit knirschendem Getriebe rumpelten wir durch tiefe Furchen, schwankend wie eine stampfende Galeone auf hoher See. Ich fuhr in der Kabine mit, die die Aufhängung eines Kinderdreirads hatte. Es war laut und eng, aber nicht zu vergleichen mit der offenen Ladefläche, wo erstickende Staubwolken das Elend der anderen zudeckte. Achtzehn Räder bedeuteten, dass wir uns in unserem eigenen Sandsturm vorwärtsbewegten.

Wir hatten nichts zu essen. Offenbar hatte seit 24 Stunden niemand etwas gegessen. Wir hielten nur zum Trinken an. In jedem Winkel dieses Schiffs schienen Dschingis-Khan-Flaschen versteckt zu sein, und Kapitän und Mannschaft mussten ständig nachtanken. Gegen Mittag waren wieder alle betrunken. Am Nachmittag hatten wir eine Reifenpanne, und während unser kleiner Vagabund den Reifen reparierte, vernichteten die älteren Mitglieder der Mannschaft weitere drei Flaschen.

Die Quengelfrau nahm mich beiseite und sagte, ich würde hoffentlich nicht denken, dass alle Mongolen so seien. Ihr Mann stand, eingehüllt in ein Stück Plane und eine Staubwolke, auf der vorderen Stoßstange und röhrte betrunken zur Sonne hinauf. Zwischen einem der Zwillinge und dem Ersten Maat war ein handgreiflicher Streit ausgebrochen, und der Kapitän übergab sich über einem Vorderrad.

»Aber keineswegs«, sagte ich.

Am Ende des Tages setzte ein gelber Sturmwind ein. Ein ganzer Landstrich von Staub erhob sich in die Luft, fegte in alle Richtungen über die Wüste und verdichtete den Sandsturm rings um uns zu übernatürlicher Düsterkeit. Die Mannschaft an Deck hatte die Köpfe mit Tüchern umwickelt wie Beduinen. Durch diesen wirbelnden Malstrom hindurch hätte der grandiose Sonnenuntergang ebenso gut den Weltuntergang ankündigen können.

Um zwei Uhr nachts kamen wir in Altai an. Der Laster setzte uns in der dunklen Straße vor einem dunklen Hotel ab und verschwand gleich wieder in die Nacht. Seine Rücklichter hüpften wie ziehende Sterne in Richtung Ulan Bator. Wir schlugen an die Tür, bis eine verschlafene Frau erschien. Im Kerzenlicht führte sie uns die Treppe hinauf. Auf den nackten Gängen ließen wir die Sandpisten der Gobi hinter uns.

Auch diese Ankunft war nicht gerade eine Gary-Cooper-Nummer.

In Altai lief Bolds Vertrag aus. Er kehrte wieder nach Ulan Bator zurück, und ein neuer Dolmetscher aus der Hauptstadt sollte zu mir stoßen. Bold war ein treuer Freund gewesen, und ich bedauerte, dass ich ihn gehen lassen musste, merkte aber andererseits, dass er eine Pause brauchte. Er war ein verwöhnter Bursche, und die zwei Tage, in denen er sich mit dem tröpfelnden Kaltwasserhahn des Hotels in Altai herumgeschlagen hatte, um den Gobistaub aus jeder Faser seines Körpers und seiner Sachen herauszuwaschen, hatten anscheinend seiner Gutmütigkeit arg zugesetzt. Er machte sich Sorgen, wie ich ohne ihn auskäme. Am Flughafen gab er sich väterlich, mäkelte an meinen Vorkehrungen für den nächsten Reiseabschnitt herum, warnte mich vor den Geldforderungen der Pferdeverleiher und schärfte mir ein, dass ich mir in Altai Brennstoff für den Ofen besorgen solle. Es fehlte nur noch, dass er mich ermahnte, mich hinter den Ohren zu waschen. Wir gaben uns die Hand, und die Gobi-Winde bliesen ihn über die staubige Startbahn zu einer betagten russischen Antonow mit zwei Propellern.

Am nächsten Tag traf Mandah ein. Sie hatte gerade ihr Fremdsprachenstudium an der staatlichen Universität abgeschlossen. Kontaktpersonen in Ulan Bator hatten sie mir vermittelt. Sie war zwar ein Stadtmensch, aber voller Begeisterung für die Reise. Sie hatte ein Mondgesicht und besaß den unkomplizierten Optimismus und den Ehrgeiz der Jugend.

Mit einem Fahrer, den ich im Hotel kennen gelernt hatte, fuhren wir am selben Tag aufs Land. Er hatte einen Schwager in der Nähe von Guulin nordöstlich von Altai, der ihm als Reiseführer für die nächste Etappe gut geeignet erschien. Wir überquerten eine riesige, mit weißem Gras bewachsene Fläche und kamen in ein steiniges Tal, wo im Dämmerlicht vier *gers* standen.

Sambuu, unser künftiger Führer, hatte das Gesicht eines tragischen Clowns mit einer roten Knollennase und einen großen, labbrigen Mund mit hängenden Mundwinkeln. Den spitzen Mongolenhut hatte er auf dem kahlen Schädel zurückgeschoben, so dass seine in ängstliche Dauerfalten gelegte Stirn sichtbar wurde. Er rauchte eine lange, dünnstielige mongolische Pfeife, und man sah ihm an, dass er ein Mensch war, der immer Unheil befürchtete.

Für Sambuu war unsere Ankunft das Schlimmste, was ihm zustoßen konnte. Als wir andeuteten, er könnte uns für vier oder fünf Tage nach Zag begleiten, erstarrte sein Gesicht zu einer Maske theatralischen Entsetzens. Sambuu war ein Gewohnheitsmensch, und er ließ uns wissen, dass er es nicht gewohnt sei, mit unbekannten Ausländern über offene Ebenen zu ziehen. Seine Frau hingegen sah das anders. Sie war eine aktive Person, die den Ritt als hübsches kleines Zubrot betrachtete und ihm so lange zusetzte, bis er nachgab. Er sei allerdings nur einverstanden, wenn er seinen ältesten Sohn als Wächter mitnehmen dürfe.

Umgeben von Kerzenlicht und Pfeifenrauch besprachen wir die Bedingungen. Bisher hatte ich immer versucht, die Sache einfach zu halten und Tagespauschalen für Pferde und Führer zu vereinbaren. Aber die Frau wollte es gern etwas komplizierter. Es sollte Gebühren für unsere Pferde geben, andere für die Pferde der Führer und dann eine Gebühr für die beiden Führer, Sambuu und Sohn. Die Hinreise wurde nach einem Schlüssel berechnet, die Heimkehr nach Guulin nach einem anderen. Jeder Versuch, zu einer Einigung in einem Vertragspunkt zu kommen, führte sofort zu Unstimmigkeiten an anderer Stelle. Vermutlich wäre es leichter gewesen, eine Einigung auf der Basis schwankender Aktienkurse zu erzielen.

Diese langwierigen Verhandlungen wurden noch durch mein häufiges und sehr plötzliches Verschwinden erschwert. Ich litt unter einem schweren Anfall von Ruhr und verlor abends viel Zeit damit, im Mondlicht jedes Mal einen neuen Felsblock zu suchen. Die Frau jedoch sah in meinem Verschwinden unweigerlich einen heimtückischen Verhandlungstrick, und sooft ich ins *ger* zurückkam, hatte sich ihre Position, ganz im Gegensatz zu meinen Gedärmen, verhärtet. Am Ende schusterten wir ein windiges Abkommen zusammen, das niemanden zufrieden stellte. Gleich am nächsten Morgen, noch ehe wir die erste Schale Tee getrunken hatten, wollte sie schon nachbessern.

~

»Als die Demokratie kam«, sagte Sambuu, »war ich nicht dafür bereit. Ich war es nicht gewöhnt, für mich selber zu denken.«

Die Nacht war hereingebrochen, und der Himmel strotzte vor Sternen. Nach dem Ritt des ersten Tages saßen wir in der Mitte einer weiten Ebene, an einen niedrigen Windschutz aus Sätteln und Woilachs gelehnt. Die Unterhaltung hatte sich der Politik zugewandt.

»Es hat eine Weile gedauert, sich auf die neue Lebensform einzustellen«, sagte Sambuu achselzuckend. Sein Clownsgesicht verdüsterte sich. »Ich habe meine Arbeit verloren. Ich habe gezögert, statt zu handeln.«

Sambuu war, wie sein Schwager, in Altai Jeepfahrer gewesen, Mitglied eines Kollektivs, das die Autos besaß und den Fahrern ein Gehalt zahlte. Dieses Kollektiv wurde Anfang der 90er-Jahre auf die übliche chaotische Weise privatisiert – ein großes Durcheinander von Dokumenten für die Arbeitnehmer und Betriebsübernahmen durch Direktoren. Einigen Fahrern wie Sambuus Schwager war es gelungen, ihre Jeeps dem Kollektiv abzukaufen. Sambuu war jedoch nicht gewillt, ein Risiko einzugehen und seine Ersparnisse in eine Zukunft zu investieren, die er nicht überschauen konnte, und so kehrte er zum traditionellen Leben zurück.

»Ich ging wieder aufs Land«, sagte er. »Ich habe nicht gewusst, was aus all den neuen Ideen werden wird. Wir waren es nicht gewohnt, etwas zu riskieren.« Mit dickem Daumen drückte er den Tabak in den kleinen

Pfeifenkopf. »Das war ja was ganz Neues, selber verantwortlich zu sein. Die Regierung hatte uns immer die Richtung vorgegeben. Jetzt waren wir auf uns selbst gestellt. Ich war kein junger Mann mehr. Es ist mir schwer gefallen, mich auf das Neue einzustellen.« Er schüttelte den Kopf. »Ich hätte wie die anderen versuchen sollen, einen Jeep zu kaufen. Denen geht's jetzt ganz gut. Aber ich hatte Angst. Im alten System haben alle zusammengearbeitet. Jetzt heißt es: Jeder muss für sich selber sorgen. Wenn einer scheitert, ist das sein Problem. Das ist für uns eine neue Welt. Da fühle ich mich ganz alt.«

Bold hätte diese Worte zögerlich übersetzt, teils weil er die historische Last selbst schmerzlich spürte und teils wegen seiner Sprachkenntnisse. Mandah übersetzte mitfühlend, aber genau und gut. Mit ihren zwanzig Jahren hatte sie keine Schuldgefühle.

Ich war allerdings nicht frei davon. Ungeachtet meiner eigenen widersprüchlichen Gefühle, die freie Marktwirtschaft betreffend, betrachtete mich Sambuu, wie die meisten Mongolen, als Repräsentanten dieser neuen Wirtschaftsordnung. Wir hatten den kalten Krieg gewonnen, der Kommunismus war zusammengebrochen, und jetzt sollten die Grundsätze des freien Marktes, der die Nationen des Westens so über die Maßen reich gemacht hatte und mir zum Beispiel erlaubte, in fremde Länder zu reisen, in die angeschlagene Mongolei importiert werden. Die Kollektive waren hinweggefegt worden, und selbst die Hirten wurden, genau wie die Jeepfahrer vom Gobi-Altai, dazu aufgerufen, sich selbst als Individuen zu betrachten und nicht als Gruppe.

»Was für Schwierigkeiten hatten Sie in Ihrem Land beim Wechsel zur Demokratie?«, fragte Sambuu und zog an seiner Pfeife.

»Nicht so viele«, sagte ich. »In meinem Land ging das ganz allmählich vor sich.«

»Und wie lange hat das gedauert?«

»Drei oder vier Jahrhunderte.«

»Ihr habt euch Zeit gelassen«, meinte er. »Wir haben das in zwölf Monaten geschafft.«

Aus dem ungeheuren Himmel fiel ein Stern. Bei einem *ger* irgendwo in der Ferne bellte ein Hund. Sambuu beobachtete mich über seinen Pfeifenkopf hinweg. Mit einem Ausländer hatte er noch nie etwas zu tun gehabt. Ihm wurde schon als Kind beigebracht, misstrauisch gegenüber Fremden zu sein, besonders wenn sie aus dem Westen kamen, und jetzt begleitete er selbst so einen Ausländer durch die Steppe – eine verwirrende Angelegenheit.

»Vor sechs Jahren hätte ich Sie bei der Polizei im Gobi-Altai als Spion angezeigt«, sagte er, vorübergehend aufgeheitert durch die Erinnerung an Zeiten, in denen das Leben einfacher war. »Und jetzt unterhalten wir uns über Politik.« Er seufzte. »Es heißt ja, man gewöhnt sich an alles. Aber ich bin zu alt, um mich an diese Veränderungen zu gewöhnen. Das ist nicht die Welt, die ich begreife.« Wehmut überkam ihn, während er an seiner Pfeife sog. »Früher war das Leben einfacher. Ich war Mitglied des Kollektivs, die Regierung hat uns gesagt, was wir tun sollen, und um Wahlen und all diesen Quatsch haben wir uns nicht gekümmert. Und Sie waren ein Feind aus dem Ausland. Das war die gute alte Zeit. Vor unserem Unglück. Vor der Freiheit.«

~

Am Morgen weckte uns das Kreischen der Möwen über einem Salzsee unterhalb unseres Lagers. Seevögel gehören zu den Rätseln der Mongolei. Niemand weiß, warum sie hier sind, so weit vom Meer entfernt. Doch die Möwen, die Tausende von Meilen entlang den verschlungenen Flüssen Asiens zurückgelegt haben, suchen die Seen der Mongolei heim. Ihr Bewegungs- und Wandertrieb hat ihren Orientierungssinn beeinträchtigt. Ein Fehler beim Navigieren auf einer weit entfernten Meerenge hat sie fälschlicherweise ins Land zurückgeführt. Morgens und abends ertönten ihre Klagerufe in dieser landumschlossenen Umgebung an den Ufern kleiner Seen, voller Sehnsucht nach dem Meer und ihrem fernen Ziel.

Wir brachen unsere Zelte ab und ritten nordostwärts über ausgetrocknete Grasteppiche. Es war ein heller Morgen mit einem frischen Wind, der von den Hügeln im Norden kam. Während wir so dahinritten, sang Sambuus Sohn, ein sorgloser junger Kerl mit der Statur eines Ringers und einem engelhaften Gesicht, alte mongolische Lieder, wegen ihrer unzähligen Strophen und der lang gezogenen Töne urtyn-duur genannt, lange Gesänge.

Er sang stundenlang ohne Unterbrechung, und die melancholische Melodie begleitete uns durch die ausgedehnte gelbe Landschaft.

KAPITEL ZEHN

~

DER RITT NACH ZAG

Ich hatte mir unter dem Ritt quer durch die Äußere Mongolei eine recht einsame Angelegenheit vorgestellt. Ich hatte Landschaften vor Augen, die auf anrührende Weise menschenleer waren, mit herrlichen Ausblicken zwar, aber mit wenig menschlichen Begegnungen. Ich fragte mich, wie ich in dieser riesigen leeren Weite je Mongolen treffen sollte.

Aber das hätte mich nicht zu bekümmern brauchen. In der Äußeren Mongolei war mein gesellschaftlicher Terminplan übervoll. Einladungen zum Mittag- und Abendessen und zu geselligem Beisammensein kamen im Überfluss. Es gab Zeiten, in denen mir der Ritt durch die mongolische Steppe wie die Rundreise eines Königs vorkam, seltsamerweise mit mir als Mittelpunkt. Immer gab es Hände zu schütteln, Babys zu streicheln, *gers* zu besuchen, Herden zu besichtigen, Schalen mit *airag* zu kosten, Trinksprüche auszubringen und Fotografen zu dulden. Ich entwickelte ein beachtliches Repertoire an freundlichen Bemerkungen über Weiden, Schafe und den sensationellen Rekord des Ringkämpfers Batardene, der als Erster zehn Jahre hintereinander die Landesmeisterschaft gewonnen hatte.

Aber es gab auch köstliche Einsamkeit – jene vielen Tage, an denen wir keinen Menschen sahen – und eine urtümliche, unberührte Landschaft ohne jede Spur menschlichen Daseins. Doch in der Mongolei tauchen Menschen rätselhafterweise plötzlich aus dem Nichts auf, genau wie Wolken. In der ersten Nacht mit Sambuu saßen wir windgeschützt hinter unseren Sätteln und plauderten. Die einzigen Lebewesen in dieser unendlichen Steppe waren offenbar eine Herde Pferde unter der Führung eines edlen braunen Hengstes, die rastlos von Hügel zu Hügel galoppierte. Und doch bekamen wir in dieser Nacht dreimal Besuch, und jede Gruppe lud uns zum Essen ein, falls wir in die Nähe ihrer *gers* kommen sollten. Die

Ersten waren Reiter, die ihre Kamele suchten. Als Zweites kam eine Familie im Jeep mit Ziel Gobi-Altai, die wissen wollte, wie hoch der Fluss sei, den wir durchquert hatten. Die dritte Gruppe war eine Bande Halbwüchsiger auf jungen Pferden, die genauso temperamentvoll und ausgelassen waren wie ihre Reiter. Sie machten kurz Rast bei uns, hockten sich ins Gras, rauchten Zigaretten und stellten die üblichen Fragen – woher wir kämen, wohin wir wollten und wie die Weidegründe unterwegs aussähen. Nachdem sie wieder aufgesessen waren, verschlang die Nacht sie so schnell und vollständig, als wären sie nur ein Trugbild gewesen.

Am nächsten Tag hielten wir zwanzig Meilen weiter nordostwärts an einem kreidehaltigen Fluss, um in einem *ger* zu Mittag zu essen. Die Gastgeberin war mit Sambuu befreundet, eine gewaltige Person, die *airag* in solchen Mengen austeilte, dass wir den Nachmittag über beschwipst waren. Ihr Mann war mit den Kindern unterwegs und brachte fünfhundert Stück Vieh nach Ulan Bator. Es war ein Ritt von vierzig Tagen, und die meisten Hirten, die an den Tauschhandel gewöhnt waren, hätten so ein kühnes und riskantes Eindringen in den Markt der Hauptstadt, wo mit Bargeld gezahlt wurde, gar nicht in Betracht gezogen. Sambuu schüttelte

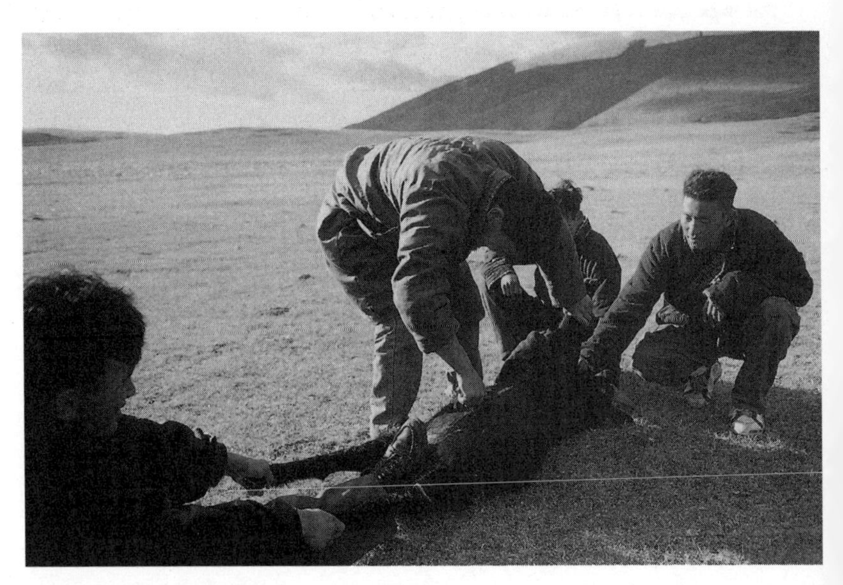

Vorbereitung für den Ziegeneintopf (bei Zag)

nur dauernd den Kopf und wunderte sich, wie weit es mit der Welt gekommen war. Das Essen bestand aus Hammelfleisch und Nudeleintopf.

Vier Stunden später schlugen wir unser Lager auf der Kuppe eines steil ansteigenden Hügels auf, oberhalb eines *gers* das von einem Bataillon zottiger Yaks umringt war. Während wir unsere Zelte aufbauten, stattete uns der Hausherr einen Besuch ab. Er war ein übel beleumundeter Bursche, der als Trunkenbold und Schläger galt und den Spitznamen »Wodkaflasche« trug. Seine Schulter war nach einem Sturz vom Pferd bandagiert und seine Backe geschwollen. Seine Art zu leben schloss ein hohes Verletzungsrisiko ein. Die Einladung zum Abendessen war unvermeidlich – getrocknetes Murmeltierfleisch mit der Konsistenz alter Autoreifen. Der Abend verlief etwas verkrampft, da unser Gastgeber und seine Frau nicht mehr miteinander sprachen und jede Verständigung zwischen ihnen über uns lief.

Am nächsten Tag aßen wir bei den Neuvermählten zu Mittag. Die unbehinderte Sicht in der mongolischen Landschaft und die überall vorhandenen Ferngläser aus Ostdeutschland bedeuteten häufig, dass unsere Gastgeber eher von den bevorstehenden Begegnungen wussten als wir. Ein Neffe war ausgeschickt worden, um uns mit einer Einladung abzufangen, und als wir ankamen, empfing uns das Paar in ihren Hochzeit-*dels*. Die Hochzeit hatte am Tag zuvor stattgefunden.

Alles in ihrem Leben war ganz neu, wie der Brauch es verlangte: das *ger*, die Möbel, Teller und Schalen, der eiserne Herd und die glänzenden Töpfe, die Filzteppiche und natürlich das eheliche Glück. In ihren glanzvollen Hochzeits-*dels* – gold für sie, königsblau für ihn – sahen sie selbst aus wie auf Hochglanz poliert und so unzertrennlich wie ein neues Paar Stiefel.

Umgeben von den Büfettplatten vom gestrigen Empfang – große Teller mit gefährlich aufgetürmten abwechselnden Lagen Käse, Brötchen und Hammelfett – fühlten wir uns wie Gäste, die viel zu spät gekommen waren. Doch die Neuvermählten waren nicht etwa erbost darüber, dass wir an dem Tag erschienen, den sie lieber zum Ausschlafen ihres Katers oder zum Aufräumen genutzt hätten, sondern schienen sogar erleichtert, uns zu sehen. Die Hochzeitsgesellschaft war zwar nach Hause gegangen, aber das Brautpaar, immer noch im Hochgefühl der gestrigen Feststimmung, wollte nur ungern mit dem Feiern aufhören. Der Alltag erwartete sie, und sie fanden, dass es damit keine Eile hätte.

Wir bekamen Käse und Sahne, frisch gebackene Brötchen und auf dem neuen Herd zubereiteten Tee. Die Braut war unter ihrer Hochzeits-

Schminke – viele Schichten von weißem Make-up und scharlachrotem Lippenstift – eine herbe Schönheit. Voller Eifer kümmerte sie sich um uns, darauf bedacht, diese ersten Rituale der Gastfreundschaft im neuen Heim erfolgreich zu gestalten. Sie würde in dieser Ehe unweigerlich die größeren Anpassungsschwierigkeiten haben, denn sie hatte eine ganze Familie geheiratet, nicht nur einen Mann. Das Heim ihrer eigenen Familie, etwa hundert Kilometer von hier entfernt, hatte sie verlassen, um im Lager seiner Eltern, seiner Brüder und ihrer Frauen, ein neues Leben zu beginnen. Ob sie von ihnen angenommen wurde und ob sie sich den festen Regeln dieser neuen Sippe anpassen konnte, würde letztlich über ihr Eheglück entscheiden.

Der Bräutigam, der einen weniger reizvollen Anblick bot, hatte angeblich eine Menge Schafe. Nach einer Weile gesellte sich sein Bruder zu uns, ein kerniger Bursche mit kräftigen Unterarmen, einem eckigen Schädel und Bürstenhaarschnitt. Er hatte gerade seinen Wehrdienst abgeleistet, zu dem alle mongolischen Männer für ein Jahr eingezogen werden. Es sei die reine Hölle gewesen, sagte er fröhlich. Und jetzt fehle sie ihm. Die Disziplin war fürchterlich. Wenn die Offiziere die Rekruten nicht prügelten, prügelten sich die Rekruten gegenseitig. Die Prügel, sagte er, stärkten den Sinn für Kameradschaft.

Abgesehen von den Prügeln war die Armee eine Offenbarung. Er hatte in Ulan Bator Dinge gesehen, über die er vorher nur gelesen hatte – Trambahnen, Busse, Mädchen in kurzen Röcken, ein Kino. Ulan Bator klang in seiner Beschreibung wie Paris oder New York, eine romantische Stadt mit Goldrand, wo das Leben unvorhersehbar und aufregend war. Ich fragte ihn, ob er jetzt gern zu seinem Hirtenleben zurückkehre.

»Aber nein«, sagte er. »Ich habe vor, in einen Tempel einzutreten.« Das asketisch reglementierte Leben, die Idylle männlicher Kameradschaft und der kurze Haarschnitt hatten ihn offenbar zu der Überzeugung gebracht, er müsse Mönch werden. Man konnte sich leicht ausmalen, wie er fröhlich seine Mitrekruten verdrosch, aber sich diesen Mann in safrangelber Robe und Sutren murmelnd vorzustellen fiel schwer. Hoffentlich würde ihn die brüderliche Liebe nicht enttäuschen.

Sechs *gers* waren hier aufgeschlagen, alle von Mitgliedern der großen Familie des Bräutigams. Wir besuchten seine Mutter im nächsten *ger*, eine willensstarke Frau, die uns sofort ein zweites Mittagsmahl mit Hammelfleisch vorsetzte, als könnte uns das, was wir im *ger* ihrer neuen Schwiegertochter genossen hatten, wohl kaum befriedigt haben. Die zwei hässlichen Schwägerinnen des Bräutigams erschienen mit wimmernden Kindern unterm Arm. Es waren große, ungeschlachte Frauen mit Flecken von erbrochener Milch auf ihren Blusen. Sie ließen sich auf dem Bett uns gegenüber nieder, knöpften die spannenden Blusen auf und drückten den Säuglingen ihre enormen, schwarzwarzigen Brüste in den Mund. Die Babys, zwei Jungen, untermauerten den Rang ihrer Mütter und deren gesellschaftliche Anerkennung.

Die Braut, schlank, ätherisch und eingeschüchtert, saß höflich und stumm in der Tür. Niemand sprach mit ihr. Unter diesen groben Leuten schien ihre Schönheit plötzlich ein Zeichen ihrer Verletzlichkeit zu sein. Ihr Hochzeits-*del*, ihr weißes Make-up und der scharlachrote Lippenstift wirkten wie der Putz einer Pantomimin, wie das märchenhafte Gewand eines Menschen, der sich erst noch mit dem wirklichen Leben auseinandersetzen muss.

Später machte ich Hochzeitsfotos. Die Braut diktierte die Posen. Sie arrangierte ein Bild von sich und ihrem Ehemann, mit liebevoll einander zugeneigten Köpfen. Dann wollte sie eines von sich allein. Als ich ihr sagte, sie solle sich mit erhobenem Gesicht in den Lichtstrahl stellen, der aus dem Abzugsloch des *ger* kam, hörten wir, wie die hässlichen Schwägerinnen draußen den Bräutigam wegen seiner neuen Frau grob verspotteten. Sie stand da im Lichtstrahl und hatte die Augen geschlossen, ganz in ihre Träume eingesponnen. Es war ihr sehr ernst mit den Fotos, als spürte sie die Notwendigkeit, die Erinnerung an diese ersten glücklichen Tage festzuhalten, als hätte sie bereits begriffen, dass davon nichts von Dauer war.

Nachher bat sie uns dringend, zum Abendessen zu bleiben und bei ihnen zu übernachten. Sie wollte uns nicht gehen lassen. Wir waren die unerwarteten letzten Gäste bei ihrer Hochzeit, und unser Abschied und das Anbrechen des Abends würde das Ende der Feierlichkeiten endgültig besiegeln. Nach uns kam die Sintflut, die missbilligende Schwiegermutter, die groben Schwägerinnen. Als wir uns verabschiedeten, ließ sie einen Brief in meine Hand gleiten. Er war an ihre Mutter gerichtet, die in Zag lebte, das auf unserem Weg lag. Ich musste ihr versprechen, den Brief abzuliefern.

Wolken wie Galeonen unter vollen Segeln begleiteten uns über die gelbe Steppe. Die sanften Flanken der Hügel drapierten sich um den Horizont. Der Himmel wuchs ins Unermessliche, und die *gers* verschwanden hinter uns am Horizont. Nach einem niedrigen Pass kamen wir in eine leere Weite, in der sich Licht und Wolkenschatten gegenseitig über das gelbbraune Gras jagten.

Wir ritten noch zehn Meilen und lagerten dann am Ende dieses gelben Sees. Hier standen keine *gers*, und ich war froh, endlich einmal von Essenseinladungen verschont zu bleiben. Wir suchten Holz, machten ein Feuer und genossen es, faul dazuliegen, ohne Konversation machen zu müssen. Die Sonne glitt hinter den Horizont, und nur wenig später stieg hinter unserem Rücken ein aufgeblasener Vollmond ins elfenbeinfarbene Zwielicht. Die Nacht brach plötzlich über uns herein. Unsere grasenden Pferde schleppten kalte Mondschatten hinter sich her zu einem niedrigen Hügelkamm. Irgendwo heulte ein Wolf und verstummte wieder. Zwei Wildschwäne zogen über den Himmel. Einen Augenblick lang waren das Prasseln des Feuers und der wispernde Flügelschlag das einzige Geräusch in dieser leeren Welt. Ich legte meinen Schlafsack unter freiem Himmel auf eine Matratze aus Gras, liebkost vom Licht des ziehenden Mondes. Mein Sattel diente mir als Kissen.

~

Die Welt streckte ihre langen, trägen Glieder aus. Am nächsten Tag ritten wir sieben Stunden lang durch mehrere Seitentäler, die ihre sinnlichen Kurven der Weite des Himmels darboten. Jede war ein Spiegelbild der vorhergehenden, weiträumig, baumlos, schlicht, als hätte der Wind sie zu urtümlicher Einfachheit zurechtgeschliffen. Alle Einzelheiten und alles Beiwerk waren weggeblasen worden, und zurück blieb nur das Wesentliche in zwei Farben: dem Gelb des Grases und dem heißen, flirrenden Blau des Himmels.

In dieser gewaltigen Weite waren die Winde die einzigen Auslöser von Veränderungen; sie trugen das Wetter aus wechselnden Richtungen heran. Den ganzen Morgen über bedrohten Regensäulen den Horizont. Am Mittag umtoste uns ein Sturm; der Himmel verdunkelte sich, der Wind wuchs zum Sturm an, und kurz darauf peitschten eisige Graupelschauer über die Hänge. Wir saßen ab und wandten dieser plötzlichen Gewalt den Rücken zu. Die Temperatur stürzte in die Tiefe, und eine halbe Stunde lang war die Welt nur noch eine Falle voll wirbelnder Hagelgeschosse. Es war wie eine biblische Heimsuchung, ein Moment göttlichen Zorns. Und dann verschwand alles so unerklärlich, wie es gekommen war, und hinterließ nur Dunstschlangen, die sich über das dürre Grasland wanden. Die Sonne strahlte über die Talränder, und die Täler lagen wieder da, als ob nichts geschehen wäre. Wir saßen auf und ritten weiter durch den unschuldigen Nachmittag.

~

Mandah war eine Mongolin, wie Bruder Wilhelm sie sich erträumt hätte: eine zum Christentum Bekehrte. Als ein Billy Graham der Steppe hatte Bruder Wilhelm eine miserable Bilanz vorzuweisen. In seinen zwei Jahren in der Mongolei, die nach eigener Aussage rein missionarischen Zwecken dienten, konnte er nur sechs Bekehrungen verzeichnen. Die Bekehrten blieben natürlich nicht alle auf Kurs. Mongolen empfanden die christliche Forderung, anderen Religionen abzuschwören, als ein Hindernis, so dass Rückfälle gang und gäbe waren.

Abgesehen von schlechten Dolmetschern, mit denen Wilhelm das klägliche Ergebnis erklärte, hatte er auch das Problem, dass das christliche Europa, vom Machtzentrum eines neuen Weltreichs aus betrachtet, politisch und militärisch bedeutungslos war. Den pragmatischen Mongolen fiel es schwer, die religiösen Vorstellungen eines Mannes aus einem so fernen und unbedeutenden Land ernst zu nehmen. In unserer Zeit haben es christliche Missionare leichter, denn sie haben im Gegensatz zu Wilhelm den Vorteil, von einer Weltmacht ausgesandt worden zu sein.

In letzter Zeit hat die Religionsfreiheit in der Mongolei dazu geführt, dass eine beträchtliche Anzahl christliche Missionare, fast alle aus Amerika, in Wilhelms Fußstapfen treten. Sie bieten jungen Mongolen nicht nur Gelegenheit, ihr Englisch zu verbessern – die Sprache des Fortschritts –, sondern locken sie zusätzlich mit der Möglichkeit, ein Stipendium für ein so genanntes Biblical College in Amerika zu bekommen. Da als Bonbon eine Reise in die Vereinigten Staaten samt Unterbringung winkt, sind junge Mongolen ganz wild darauf, die Botschaft unseres Herrn Jesu Christi zu hören. Wenn es im 19. Jahrhundert in China viele »Reis-Christen« gab, die sich über das Kilo Reis aus den Händen der Missionare mehr freuten als über das Evangelium, so findet man heute in der Mongolei eine wachsende Zahl von »Green-Card-Christen«.

Mandahs Christentum war da echter. Für sie war die Religion Teil einer allgemeinen Entfremdung von ihrer eigenen Kultur. Sie war eine westlich orientierte junge Mongolin, die mit der Mongolei nichts mehr zu tun haben wollte. Als ich mich mit ihr über die Vorzüge einer traditionsgebundenen Gesellschaft unterhalten wollte, erwiderte sie ungeduldig, sie sehe keinen Grund dafür, Traditionen um ihrer selbst willen zu bewahren; in der Mongolei seien die meisten »Traditionen« nur ein Hindernis auf dem Weg zum Fortschritt. Sie fand die Mongolen und ihre Rückständigkeit zum Verzweifeln. Die besten Leute seien korrupt und die schlechtesten faul, unwissend, ohne Ehrgeiz und unzuverlässig.

Die meisten ihrer Freunde in Ulan Bator waren Leute, die einst ausgewandert und nun zurückgekommen waren. Sie war liebend gern mit ihnen zusammen, denn sie wussten, wie man fröhlich sein konnte, ohne sich wüst zu betrinken, und sie wussten, wie man arbeitet. Sie bewunderte die professionelle Arbeitsweise in ausländischen Firmen. In mongolischen Unternehmen gehe es chaotisch zu, und die Arbeit werde behindert durch kleinliche persönliche Eifersüchteleien, Opportunisten und Verwandte des Besitzers. Auch die Religion hielt den Vergleich nicht aus. Der Buddhismus war für Mandah eine rückständige Religion, voller Aberglaube und Dunkelheit. Die Betonung auf persönlicher Verantwortung und Erlösung im Christentum zeuge von der Aufgeklärtheit und Fortschrittlichkeit dieser Religion. Wilhelm wäre von Mandah begeistert gewesen. Ich fand ihr hartes Urteil über ihr Land bedrückend.

Sambuu und sein Sohn hatten uns bis nach Zag gebracht, und nun traten sie die Heimreise an. Beim Abschied war der alte Mann den Tränen nahe. Sein Clownsgesicht verzog sich zu einer übertrieben kummervollen Miene. Ich müsse wissen, dass sein Urteil über mich in meiner Eigenschaft als ehemals feindlicher Ausländer nicht böse gemeint gewesen sei, sagte er. Ich müsse ihm verzeihen. Er sei ein alter Mann, und voller Wehmut trauere er den schönen Tagen seiner Jugend nach, als das Leben noch einfacher war. Er nahm meine Hand und schüttelte sie heftig. Ich sei ein guter Ausländer, meinte er, und er freue sich, dass wir nun Freunde sein könnten. Das sei eine kleine Entschädigung in einer Welt, die vor die Hunde gehe. Schniefend ritt er fort. Auf dem Hang oberhalb von Zag drehte er sich zum Winken um, und dann verschwanden die beiden in die Landschaft von gestern.

In Zag blieben wir fünf Tage und zelteten inmitten verstreuter *gers* an der Flussböschung. Vorbeikommende Reiter hielten zu einem Schwatz an, und wir bekamen jede Menge Einladungen zum Essen. Bald wurden wir wie Nachbarn angesehen. So lernten wir die reichsten und die ärmsten Leute in dieser Steppe kennen.

Prevdorj kam häufig in die *gers* zu Besuch. Er war der große Mann im Distrikt, dick, mit rotem Gesicht und von der Gicht geplagt. Er ritt über die Steppe wie ein mittelalterlicher Feudalherr, der seine Ländereien inspiziert. Er war als Prahlhans und Menschenschinder berüchtigt. Dem Gerede der Leute zufolge liebte ihn niemand, nicht einmal die eigene Familie, die ihm nur des Erbes wegen um den Bart ging. Die Nachmittage verbrachte er bei Saufgelagen am anderen Ufer und ritt allabendlich unsicher im Sattel schwankend heim. Mit uns sprach er vor unserem Zelt, ohne abzusitzen, und machte großartige Versprechungen, er werde uns Pferde und einen Führer schicken, aber daraus wurde nie etwas. Eines Morgens besuchten wir ihn, solange er noch nüchtern war, um ihn nach den Pferden zu fragen. Wir trafen ihn ohne Hemd an, wie er sich, umgeben und bedient von vier Töchtern, in seinem palastartigen Zelt räkelte wie ein Sultan und sich über den dicken Bauch strich. Er behauptete, er habe nach einem Reiter und Pferden geschickt, die jeden Tag kommen müssten. Aber als wir hinausgingen, legte uns eine seiner leidgeprüften Töchter nahe, uns vielleicht doch lieber weiter umzusehen.

Unsere unmittelbaren Nachbarn waren ein sehr armes Paar mit vier Kindern. Ihre Mittel waren äußerst beschränkt und ihre Gastfreundschaft grenzenlos. Die Frau kam jeden Morgen ans Zelt und brachte eimerweise Yakmilch und Joghurt, schwatzte unaufhörlich aus lauter Freude, endlich neue Gesprächspartner gefunden zu haben. Ihr Mann hatte in einem kleinen Kraftwerk in Zag gearbeitet, das aber, als der Kohlepreis plötzlich stieg, geschlossen werden musste. Es war die einzige Familie, die ich in der Mongolei kennen lernte, die kein Pferd besaß.

»Wir nehmen hier nicht an der Marktwirtschaft teil«, hatte der Mann stolz verkündet, als wir bei Nachbarn zu Besuch waren. Er erzählte uns eine Geschichte, die er gehört hatte: Auf dem Bahnhof von Sain-Schand auf der transsibirischen Strecke hatten Frauen den Fahrgästen im Zug offenbar Tee und *airag* verkauft. Er machte eine Pause, damit wir das Gesagte verdauen konnten, und hob uns flehentlich die Hände entgegen. Tee und *airag* sind das Erste, was dem Besucher in einem mongolischen *ger* angeboten wird. »Das muss man sich vorstellen«, flüsterte er, »die haben Tee und *airag* an die Leute VERKAUFT!« Seine Nachbarn schüttelten ungläubig die Köpfe über solch eine Barbarei. Auch ich gab mir Mühe, angemessen erschüttert auszusehen, hätte aber nie zugegeben, dass der Verkauf von Tee in meinem barbarischen Land durchaus üblich war. Auch Mandah schwieg. In diesem armen *ger* wurden uns die Traditionen auf dem Land mit großer Würde vorgeführt.

Nach einigem Nachfragen erfuhren wir, wo die Mutter der Braut wohnte, und ließen sie benachrichtigen, dass wir einen Brief von ihrer Tochter hätten. Binnen einer Stunde war sie da, auf den ersten Blick zu erkennen an der gleichen schönen Stirn und den mandelförmigen Augen. Als sie hörte, dass wir zu Gast im neuen *ger* gewesen waren, war sie hocherfreut. Offenbar glaubte sie, dass ein ausländischer Gast ein gutes Omen für die Ehe ihrer Tochter sei. Wir versicherten ausdrücklich, wie glücklich sie uns vorgekommen sei und wie gut sie sich eingelebt habe. Die Mutter nahm das dankbar an, ohne es ganz zu glauben. Sie nahm den Brief und steckte ihn in ihr *del*. »Zwanzig Jahre lang waren wir nie getrennt«, vertraute sie Mandah an. »Ich bete für ihr Glück, aber im Grunde kommt mir ihre Ehe eher vor, als wäre sie gestorben. Ich schäme mich wegen meiner Gefühle.«

Zwischen Besuchen bei Nachbarn spielten wir Karten, während wir auf unsere Pferde warteten, spazierten am Ufer entlang und lasen. Ich las Tschechow. Mandahs einziges Buch war die Bibel. Die Missionare hatten ihr eine Ausgabe in modernem amerikanischem Englisch geschenkt, die sie zum Glück verloren hatte. Bei einem Straßenhändler in Ulan Bator hatte sie als Ersatz eine St.-James-Bibel gefunden. Sie mochte die archaische Sprache nicht, aber ich versicherte ihr, dass das die Ausgabe sei, die Gott selber las, worauf sie meinte, Gottes Englisch müsse besser sein als ihres.

An den Abenden las sie mir aus den Psalmen vor. Die Sprache und die Bilder schienen der Landschaft ringsum zu entstammen.

~

Der Reiter, den wir schließlich für die nächste Etappe verpflichteten, war eine Unschuld vom Lande, ein naiver Jüngling mit einem weichen, flachen Hut und einem schiefen Lächeln, bei dem Pferdezähne zum Vorschein kamen. Angesichts seiner angeborenen Anständigkeit schien die restliche Welt fast noch bösartiger, als sie war. Das Land, das wir durchqueren wollten, kannte er nicht, und auf dem fruchtbaren Boden seiner Unkenntnis blühten die Ängste. Seine größte Sorge waren Pferdediebe. Er war überzeugt, dass es in den Tälern von Viehdieben nur so wimmelte. Jeden Abend legte er den Pferden Fußfesseln an und band sie außerdem mit besonderer Sorgfalt an Pfählen fest, bevor er seinen Schlafsack im Freien zwischen ihnen ausbreitete. Er schlief unruhig. Tagsüber döste er manchmal im Sattel ein und schreckte plötzlich auf, als wollte ihm ein heimtückischer Dieb das Pferd unter dem Hintern stehlen.

Sein zehnjähriger Neffe begleitete ihn, ein ernsthafter Junge, der oben auf dem Gepäck saß wie ein kindlicher Kaiser. Am Abend spielten die beiden mit Mandah Karten. Sie brachte ihnen ein amerikanisches Kartenspiel namens »Cheat« bei, das auf raffiniertem Bluffen beruht. Der Zehnjährige war ein pfiffiger Partner mit einem Pokergesicht. Sein Onkel hingegen war zu den nötigen Täuschungsmanövern völlig unfähig.

Am zweiten Tag überquerten wir das Changai-Gebirge und kamen in den *aimak* Archangai. Oben auf dem Pass kreuzten zwei schwarze Hunde unseren Weg wie ein böses Omen und trotteten nach Süden davon. Als wir absaßen, um den *owoo* herumgingen und vor dem Weiterreiten ein paar Steine dazulegten, bemerkte ich, dass sich unter den Votivgaben ein hölzernes Kästchen befand. Es war aufgesprungen, und ich sah, dass es mit kleinen Banknoten voll gestopft war; die waren hier bestimmt so sicher wie in den Schließfächern der mongolischen Staatsbank.

Am Ende des Passes ritten wir hinab zum Chuluut, einem schnellen Fluss, der über kupferfarbene Felsen strömte. Unterhalb einer Felswand, in der Raben wohnten, deren krächzendes Geschrei uns wie ein Steinschlag überfiel, machte er einen Bogen. Am Ende weitete sich das Tal zu Wiesen mit *gers* und Pferden. Auf den Hängen gegenüber standen Lärchenwälder, die ersten richtigen Wälder, die ich in der Mongolei zu Gesicht bekam. Die karge Einfachheit der Grasebene wurde von abwechslungsreicherem Gelände abgelöst. Archangai ist berühmt für seinen Waldreichtum. Wiesen mit breiten Flüssen und Bäumen wechseln sich mit bewaldeten Hängen ab. Nach so vielen freien Flächen wirkten die Wälder vertraut und verlockend.

Berichte über Ritte durch die Mongolei enthalten unweigerlich eine Litanei von Klagen. Die enormen Entfernungen, das ewige Hammelfleisch, der unbequeme Trott der kleinen mongolischen Pferde, die extremen Wetterverhältnisse und die Trostlosigkeit der Landschaften haben Reisenden von Wilhelm bis zum großen Prschewalskij im 19. Jahrhundert zu schaffen gemacht. Zu dieser Litanei von Unbilden kann ich nichts beitragen. In der Mongolei fragte ich mich manchmal, ob es möglich sei, noch glücklicher zu sein. Wenn die Pferde nicht bockten und das Wetter schön war, kam ich mir wie im Paradies vor. Im Unterwegssein auf einer Reise liegt eine wunderbare Ruhe. Vier Monate lang lebte ich sorglos, ohne irgendwo ankommen zu müssen.

Am Morgen des vierten Tages ritten wir, von Regenschauern gejagt, zügig über eine steinige Fläche und erreichten die Stadt Chuluut gerade, als die Wolken sich teilten und die Sonne auf die jämmerlichen Häuser fiel.

Diesmal war es eine Gary-Cooper-Nummer mit einem Unterton von Agatha Christie.

KAPITEL ELF

~

ANGELN MIT DEM BIBLIOTHEKAR

Mit schnaubenden und regennassen Pferden galoppierten wir in die Stadt Chuluut, wo die maßgeblichen Bürger wie die Verdächtigen vor der Lösung des Falles in einem Krimi aufgereiht dasaßen: der Bürgermeister, der Polizeichef, der Gemischtwarenhändler, der Bibliothekar, die Hotelchefin und der Postmeister. Sie saßen auf ramponierten Bänken im Garten vor dem Rathaus, als hätten sie sich zufällig dort getroffen. Aber ihre Ferngläser überführten sie. Sie hatten uns schon kommen sehen, als wir noch kilometerweit entfernt waren, vier Reiter mit einem Packpferd und einem Ausländer – auf die Entfernung verriet mich unweigerlich meine Größe –, und sie waren zum Rathaus gestürzt, um nichts von der aufregenden Ankunft zu versäumen.

Als Empfangskomitee waren sie etwas untauglich, denn meine Ankunft verwirrte sie. Der Bibliothekar übernahm das Reden. Er war ein nervöser junger Mann, den es nach intellektueller Anregung dürstete. Als er hörte, dass ich Schriftsteller bin, wollte er, noch bevor ich aus dem Sattel war, meine Meinung über den Einfluss Shakespeares auf die russische Literatur wissen. Während ich die Pferde anband und unser Gepäck ablud, wich er mir nicht von der Seite und analysierte die Entwicklung der Charaktere in *Die Brüder Karamasow*. Meine Gary-Cooper-Nummer wurde durch Literaturkritik ausgehebelt.

Der Bibliothekar, der Polizeichef und der Bürgermeister schulterten unsere Taschen und Sättel, und wir trotteten alle ins Rathaus, wo zwei Zimmer im Erdgeschoß als »Hotel« für Gäste dienten. Es gab eine kleine Verzögerung, da die Schlüssel zu den Zimmern nicht zu finden waren. Die Hotelchefin, eine prächtige Frau, war zu Ehren der ersten Gäste seit Monaten im goldenen *del* und mit Lippenstift erschienen. Sie erinnerte sich, dem Polizeichef den Schlüssel gegeben zu haben. Der Polizeichef war sicher, dass er ihn an den Bürgermeister weitergegeben hatte, und der glaubte, er habe ihn beim Postdirektor deponiert, der sich wiederum erinnerte, dass er ihn dem Polizeichef gegeben hatte. Die Gehilfin der Hotelchefin, eine stämmige Frau mit dem Gesicht eines Ringkämpfers, holte schließlich eine große Axt. Die Männer traten zurück, und sie hieb mit einem einzigen Schlag das Schloss aus der Tür. Unser vorübergehendes Obdach bestand aus zwei kahlen Zimmern mit eisernen Feldbetten.

Chuluut war ein Paradebeispiel für jene Vernachlässigung, die uns mittlerweile vertraut war. Es bestand aus etwa zwanzig Häusern in ver-

Drei Musketiere (Archangai)

schiedenen Stadien des Verfalls. Je neuer die Häuser waren, umso dramatischer ihre Baufälligkeit. Bei der Schule, die in den 70er-Jahren erbaut worden war, hatte man den Kampf um die Erhaltung der Turnhalle längst aufgegeben, und die Mauersegler flitzten durch die klaffenden Fensterlöcher und nisteten zwischen den Zuschauersitzen und den Basketball-Körben. Das Rathaus, seit fünfzig Jahren vernachlässigt, wie es schien, war erst fünfzehn Jahre alt. Nur eine Hand voll russischer Häuschen, weit älter als die städtischen Gebäude, hatten ihre architektonische Würde gewahrt. Sie sackten anmutig hinter Lattenzäunen durch; der Verfall stand ihnen gut.

Die Baufälligkeit des Rathauses hatte einen recht üblen Grund. Es wurde durch einen mutierten Pilz zerstört, der sich durch die Holzböden fraß. Trockenfäule von aberwitzigem Ausmaß breitete sich langsam im ganzen Gebäude aus. Wenn ihr ein Zimmer zum Opfer gefallen war, wurde es einfach aufgegeben und zugenagelt. Ein paar Monate später wand sich dann ein ominöser Strang an der Fußleiste empor ins nächste Zimmer. Darauf folgte alsbald die bekannte dreizackige Wucherung, die sich rasch ausbreitete, und der Hausschwamm forderte ein neues Opfer. Der Gestank durchdrang das ganze Haus, säuerlich und ekelhaft wie alter Kohl. Für die vorbeikommenden Hirten, die in der Stadt Post holten oder ein Kilo Zucker kauften, war es der Gestank sesshafter Lebensweise.

Niemand sprach über den Schwamm in Chuluut, der hinter vernagelten Türen weggeschlossen war. Als ich allein im Haus war, spähte ich durch Ritzen in die verlassenen Zimmer. In dem durch Fensterläden gedämpften Licht sah ich die grauenhaft schwarze Schicht, die auf dem Fußboden spross und die Wände hinaufkletterte. Die Gerüchte über die geschlossenen Räume mit ihrem unheilvollen Pflanzenbewuchs verbreiteten sich fast so schnell wie der Schimmelpilz selbst. Je weiter man sich von Chuluut entfernte, umso grotesker wurde der Befall geschildert. Auf meiner nächsten Etappe traf ich an den Grenzen dieses Distrikts Hirten, die glaubten, dass der Moder sogar die Besucher des Rathauses befiel und sich als schwarzer Pesthauch auf ihren Gesichtern festsetzte. Allgemein herrschte die Ansicht, dass dieser Schwamm der beste Beweis für den krank machenden Einfluss von Häusern und die Überlegenheit der Zelte war. Das kommt davon, hörte ich die alten Männer sagen, wenn man sich dem Krankheitskeim der Städte aussetzt.

»Es geht hier um persönliche Eifersüchteleien«, flüsterte der Bibliothekar. »Immer, wenn ich meine Gedichte veröffentlichen will, wird das sofort von jemandem boykottiert.«

Was als Erstes an ihm auffiel, waren seine Hände. Sie fuchtelten nervös herum, und die langen Finger zuckten wie Insektenfühler hin und her. Seine Augen waren dunkel und durchdringend, sein Blick jedoch ausweichend. Wenn er zuhörte, sah er sein Gegenüber nur flüchtig an. Wenn er sprach, blickte er schnell in eine andere Richtung, so dass nur über die Hand, die er ängstlich und flehentlich ausstreckte, ein persönlicher Kontakt herzustellen war. Er war ein frustrierter Dichter. Dunkle Mächte verhinderten seine Anerkennung. Ganz Chuluut hatte sich gegen ihn verschworen.

»Ich weiß nicht, warum sie mich hassen«, sagte er und verklammerte seine Finger ineinander.

Er war auch eine Tschechow-Figur – der intellektuelle, aufstrebende Dichter, hoffnungslos romantisch, in einer ländlichen Umgebung gefangen, in der ihn niemand verstand. Unser Besuch war für ihn ein Wunder. In seiner Welt geschah nichts zufällig. Während unseres Aufenthalts in Chuluut glaubte der Bibliothekar offenbar die ganze Zeit, wir wären in der Lage, ihn zu erretten. Ich wüsste doch bestimmt, wie man die Veröffentlichung seines Werks, das so grausam übersehen wurde, in die Wege leiten könne. Ich könnte seine Talente sicher würdigen, und dank meiner lobenden Anerkennung würden seine Nachbarn ihn in einem neuen Licht sehen. Und Mandah könnte zum Gegenstand seiner unerwiderten Liebe aufsteigen, die für das romantische Leiden eines Dichters unerlässlich war.

Wie die meisten Stadtbewohner machte sich Mandah hinter seinem Rücken auf freundliche Art über ihn lustig. Sein Gesicht war von einer gewissen dunklen Schönheit, aber seinem Körper mangelte es an Anmut. »Sehen Sie sich nur diese Beine an!«, rief sie, als er draußen vorbeiging, und kämpfte gegen einen Lachanfall. »Sehen Sie, sehen Sie doch nur!« Ich konnte nichts Ungewöhnliches an seinen Beinen finden, aber sie reizten Mandah offenbar zu haltlosem Gelächter.

Der Bibliothekar lebte mit Frau und unzähligen Kindern in unsäglicher Armut in einem der alten russischen Häuschen neben dem Rathaus. Die Hotelchefin und ihre Gehilfin, die in der kleinen Küche neben unserem Zimmer Tee und Mahlzeiten für uns zubereiteten, beteiligten sich am Klatsch über ihn. Seine Mutter war eine stadtbekannte Frau mit einer stürmischen sinnesfreudigen Vergangenheit gewesen. Als junge Frau hatte sie sich unsterblich in einen unpassenden Mann verliebt, der angeblich eine Frau in Ulan Bator hatte, bis ihre Familie ein Machtwort gesprochen hatte. Daraufhin heiratete sie einen vernünftigen Mann, einen Lehrer aus Chuluut. Sie bekam zwei Kinder, den Bibliothekar und seine Zwillingsschwester, die im ersten Lebensjahr starb. Der Kummer hatte die Mutter geistig zerrüttet, so dass die Großmutter den Jungen aufzog.

Der Bibliothekar setzte die Familientradition fort, indem er der Klatschmühle weiter Stoff lieferte. Die Leute erzählten sich Geschichten über ihn.

»Er vergisst seine Kinder«, sagte die stämmige Frau, die das Schloss aufgebrochen hatte.

Sie meinte wohl, dass er sie vernachlässigte.

»Nein, nein, er verliert sie tatsächlich. Einmal in Ulan Bator hat er seinen Sohn in einem Restaurant gelassen, und als er zurückkam, um ihn zu holen, hatte die Polizei sich schon um ihn gekümmert. Er hatte die größte Mühe, die Polizisten davon zu überzeugen, dass es sein Kind war. Sie konnten einfach nicht glauben, dass er es vergessen hatte.«

Der Klatsch war nicht bösartig. Die Leute betrachteten die Probleme des Bibliothekars voller Mitgefühl. Er war sehr arm, besaß keine Tiere, und das dürftige Gehalt von der Regierung, das selten ausbezahlt wurde, bereitete auch allen anderen Sorge. Die Familie überlebte nur dank kleiner stillschweigender Zuwendungen.

Aber aus der Sicht des Bibliothekars war diese Großherzigkeit auch nur eine Art von Verschwörung. Sein Leben lang wurde sein gedeihliches Fortkommen verhindert durch Absagen, Ablehnungen und Behinderungen aller Art. Dass er keinen Verleger finden konnte, war nur das letzte Glied in einer langen Reihe fehlgeschlagener Bemühungen.

Die Bibliothek, in einem einzigen Zimmer eines niedrigen Hauses gegenüber dem Rathaus untergebracht, war recht bescheiden. Es roch nach Kiefernholz und alten Büchern. Der Bibliothekar las am Fenster Dostojewski und drei Monate alte Zeitungen. Als wir vorbeikamen, schaute er auf, und sein schmales, angstvolles Gesicht schwebte dunkel hinter einer dicken Glasscheibe wie ein Ausstellungsstück: Mensch, in die Enge getrieben.

»Seine Frau war früher eine Schönheit«, sagte die Hotelchefin und seufzte. »Aber sie haben beide ein schweres Leben gehabt.«

Mandah wollte in Ulan Bator anrufen, um ihren Eltern zu sagen, dass sie noch am Leben sei. Das Fernsprechamt in Chuluut war ein kleiner Schuppen mit einer großen modernen Satellitenschüssel. Leider wurde die Schüssel nie angeschlossen. Angeblich hatte sie zu einem Hilfspaket gehört, aber da die Betriebsanleitung französisch war, wusste niemand, wie das Ding funktionierte. Die Gespräche wurden nach wie vor auf traditionelle Weise vermittelt. Hinter einer hohen Theke kurbelte der Telefonist an einem Apparat und brüllte in eine antiquierte Sprechmuschel. Es gab beträchtliche Verzögerungen, bis eine Verbindung hergestellt war. Andererseits wurde nur selten telefoniert.

Auf einer Bank im Wartezimmer saß Rudi, ein junger deutscher Rucksacktourist. Obwohl er seinen Rucksack nicht dabei hatte, war er anhand seiner Kleidung leicht einzuordnen. Er trug eine dieser gebatikten Schlabberhosen, die bei den Reispflanzern am oberen Mekong modern und für junge Rucksackreisende in Asien obligatorisch sind. Eine Jacke der US-Army, einst der Stolz der Vietkong, war sein Zugeständnis an das mongolische Klima. Die Ausstattung wurde durch eine Batiktasche und einen bestickten runden flachen Hut ohne Krempe vervollständigt – sicher eine prächtige Kopfbedeckung für Himalaya-Bewohner im oberen Hunza-Tal, für die solche Hüte gedacht waren, aber auf Rudis Kopf wirkte er ziemlich lächerlich. Rudi hatte ein langes Kartoffelgesicht, dünnes orangerotes Haar und eine dieser großen europäischen Nasen, die mongolische Kinder zu Tode erschrecken.

Zu den Vorzügen der Mongolei gehört, dass sie von den ausgetretenen Pfaden der Rucksacktouristen weit entfernt ist. In schwierigen Situationen konnte ich mich immer aufmuntern, indem ich mir in Erinnerung rief, dass ich mehrere tausend Meilen weit weg war von Cafés mit Bananenpfannkuchen, zerfledderten Reiseführern und Anschlagtafeln voller Notizen, auf denen Leute nach anderen Leuten Ausschau hielten, die sie vor zwei Monaten in Indien getroffen hatten. Meine gute Laune verließ mich, als ich Rudi sah. Sein Gesicht hellte sich auf, als er mich sah, und ich schämte mich wegen meiner mangelnden Nächstenliebe.

»Wollen Sie nach Ulan Bator?«, fragte er eifrig.

Ich bejahte.

»Haben Sie noch Platz in Ihrem Jeep?«

Ich erklärte ihm, dass wir zu Pferd unterwegs und frühestens in einem Monat in Ulan Bator seien. Rudi war wie vom Donner gerührt.

»Zu Pferd!«, murmelte er, und aus seinem Mund klang es, als hätte ich ihn beleidigt.

Hinter dem Schalter brüllte der Telefonist in die Sprechmuschel: »*Bano, bano, banoooo!*« *Bano* ist keine Grußformel, sondern heißt: »Ist da jemand?« Dass man diese Frage stellt, wenn man auf einen Anruf antwortet, sagt viel über die Verlässlichkeit des mongolischen Telefonnetzes aus. Bei dem Versuch, in diesem abgelegenen Flecken eine Verbindung zur Außenwelt herzustellen, nahm diese Frage eine gewisse Schärfe an.

»*BANooo, BANoooo, BANOOOOOooooo*«, wiederholte der Telefonist unermüdlich und wippte dabei auf seinem Stuhl. Es klang fast wie ein Refrain.

Ich fragte Rudi, wie lange er schon auf seine Verbindung warte.

»Zwei Tage«, erwiderte er.

»Und wie sind Sie hergekommen?«

»Ich war mit der Transsibirischen auf dem Weg nach China«, erklärte er, »und habe in Ulan Bator ein paar Tage Station gemacht. Ich wollte mal mit richtigen Nomaden in Berührung kommen. Da war ein Mann auf dem Bahnhof, der sagte, er könnte ein paar Tage auf dem Land für mich organisieren.«

Rudi hatte dem Mann anscheinend dreihundert Dollar – das sind für den Durchschnittsbewohner von Ulan Bator drei Monatsgehälter – dafür gegeben, dass er ihn nach Chuluut fuhr und dort bei Verwandten absetzte. Rudi war seit einer Woche in Chuluut und tatsächlich mit richtigen Nomaden in Berührung gekommen. Jetzt versuchte er verzweifelt, wieder nach Ulan Bator zu gelangen. Leider gab es in Chuluut keine Mietwagen, und so hoffte er, dass ihm ein Bekannter aus der Hauptstadt einen Rettungsjeep schicken würde.

Für die Leute in Chuluut war Rudi ein Rätsel. Er sprach kein Mongolisch, und niemand wusste genau, woher er eigentlich gekommen war und was er hier wollte. Er wohnte in einem *ger* am Stadtrand und zahlte der Familie fünfundzwanzig Dollar pro Tag für drei Mahlzeiten, eine Matte auf dem Boden und das Privileg, ihre Schafe beobachten zu dürfen. Die Familie musste sich dauernd kneifen, um sich zu überzeugen, dass ihr dieses unerhörte Glück tatsächlich zugefallen war. Die Männer investierten Rudis Geld in Dschingis Khan und verbrachten die Woche in einem Rauschzustand, während Rudi auf einer Hügelkuppe saß und Schafe zählte. Die restlichen Bewohner von Chuluut schüttelten die Köpfe über das rätselhafte Wesen der Ausländer. Ein oder zwei ältere Leute meinten, er sei womöglich ein Spion, aber die meisten hielten ihn einfach nur für einen Spinner. Seine Kleidung und seine Haare schienen ihre Theorie zu untermauern.

Rudi glaubte, das Viehzüchterdasein sei die natürliche Bestimmung des Menschen. Seiner Ansicht nach spiegelten die Wanderungen der Nomaden unsere angeborene Rastlosigkeit wider.

»Wir müssen umherziehen«, sagte er im monotonen Tonfall der Teutonen. »Der Menschen ist von Natur aus rastlos. Unser Leid kommt vom Stehenbleiben.«

In seiner exzentrischen Aufmachung wirkte er wie ein deplazierter Flüchtling. Zu Hause floh er die Vorstädte von Hamburg, ein verständlicher Drang.

»Straßen sind das reine Gefängnis, Mann«, sagte er. »In der Stadt komme ich mir vor wie in der Falle. Ich brauche Platz, um frei zu sein.«

»Ist jemand daaaa?«, sang der Telefonist. »Ist jemand daaaa?«

Für Rudi wurde die Idylle der Mongolei nur durch die Anwesenheit von Mongolen gestört. Er hatte mehr von einem Volk erwartet, das von Bürojobs und Hypotheken unbelastet war. In Chuluut fühlte er sich auf einmal bedrängt. Alle schienen erpicht auf Geld und insbesondere auf sein Geld.

»Diese Leute sind korrumpiert worden«, erklärte er. »Die Nomaden sind nicht mehr frei. Die wollen Sachen aus dem Westen.«

Ich beklagte diesen Ausbruch von Konsumgier mit ihm.

»Und das Essen.« Er verzog das Gesicht. »Die essen kein Gemüse. Dabei könnten die hier alles Mögliche anpflanzen.«

»Ziemlich schwierig, Gemüse zu pflanzen und gleichzeitig herumzuwandern«, gab ich zu bedenken.

»BanOOO!« Auf einmal war ein neuer Ton im Singsang des Telefonisten. Er hatte jemanden in der Leitung. »Ulan Bator, Ulan Bator!«, rief er. »Hier spricht Chuluut, Chuluut. Kommen Sie, Ulan Bator.«

Er hielt den Hörer hoch für Rudi, der zum Schalter stürzte; dabei stülpte sich seine kleine Tasche um, so dass sich ihr Inhalt über den Boden verstreute.

»Jack?«, flüsterte Rudi, als ob er versuchte, in einem dunklen Haus jemanden zu wecken, ohne die andern Bewohner zu stören.

»Jack? Bist du's?«

Er lauschte einen Augenblick. »Jack, kannst du mich hören?« Seine Stimme wurde lauter. »Jack, du musst mir helfen!« Rudi hielt das Telefon fest wie eine Rettungsleine. »Jaaack, Jaaack«, schrie er, »ich brauche einen Jeep. Jaaack, kannst du mich hören? Einen Jeep! Schick mir einen Jeep!«

Aber die Leitung war tot. Rudi ließ den Kopf auf den Tisch fallen, und der Telefonist entwand seiner Hand, deren Knöchel weiß hervortraten, den Hörer.

Chuluut bot mir eine gute Gelegenheit, meine Angelkünste zu verbessern. Die Mongolen haben einige ausgezeichnete Angelgewässer, aber Fisch zu essen ist für die Hirten eine abschreckende Vorstellung. Das überlassen sie lieber geistig gestörten Ausländern wie mir.

Eines Nachmittags ging ich zum Fluss, um mein Glück zu versuchen. Der Bibliothekar ging als Führer mit. Für ihn und seine Familie ist das Angeln eine Notwendigkeit, da er keine Tiere und nur sehr wenig Geld hatte. Manchmal halfen ihnen Nachbarn mit einem Schaf aus, das sie entbehren konnten, aber meist musste der Bibliothekar fürs Abendessen angeln gehen.

Am Fluss war er ein anderer Mensch, gelassen, ruhig und besonnen. Wir sprachen über die Landschaft. Er war ein großer Naturkundler mit fundierten Kenntnissen über die Vögel und Pflanzen am Ufer. Er wies mich auf verschiedene Felsformationen hin, die der Fluss freigelegt hatte, Dolomitgestein, Kalkstein und feinerdiges Trümmergestein. Für ihn war die Eiszeit jüngste Geschichte, die fast noch zu den Tagesereignissen gehörte. Aber die meiste Zeit sprachen wir nicht. Der schweigende Bibliothekar war ein vortrefflicher Gefährte.

Wie mit dem Reiten hatte ich mich auch mit dem Fliegenfischen erst im letzten Jahr befasst, als ich in Idaho an Henry's Fork war, einem der großen fischreichen Flüsse im Westen der USA. Dabei hatte ich Norman Macleans großartiges Buch *In der Mitte entspringt ein Fluss* gelesen, das mit dem wunderbaren Satz beginnt: »In unserer Familie gab es keine klare Trennung zwischen Religion und der Fliegenfischerei.« Ich war hingerissen von dem Gedanken, dass Angeln ein Sport für Philosophen war, und die Sache war mir richtig zu Kopf gestiegen. Mit der Leidenschaft und Unschuld eines blutigen Anfängers schwatzte ich gern in peinlicher Weise über die Kunst des Werfens, die Geheimnisse eines Flusses und den Sinn des Lebens.

In London hatte ich einen Anglerladen an der Pall Mall aufgesucht. Der hilfreiche Verkäufer, begeistert von meinem Vorhaben, in die Mongolei zu reisen, die anscheinend ein Paradies für Angler war, hatte mir eine Menge erstaunlich teures Angelgerät verkauft. Bisher hatte mir die Reise kaum Flüsse zum Angeln beschert, aber jetzt war ich in dem üppigen, wasserreichen Gebiet von Archangai und freute mich über die Abwechslung im eintönigen mongolischen Nahrungsangebot.

Der Chuluut ist breit und seicht und fließt in einem Bett von hellgrauen Steinen. Unter den gedankenverlorenen Blicken des Bibliothekars setzte ich meine Angelrute zusammen, brachte die Rolle an und wählte eine der mysteriösen Fliegen aus meiner Schachtel. Ich nahm die größte, ein schwarzes pelziges Ding, bei dem den recht gewalttätigen mongolischen Fischen bestimmt das Wasser im Maul zusammenlaufen würde. Außer den Namen wusste ich nicht sehr viel über meine potentielle Beute. Der Lenok und der Taimen sind in mongolischen Flüssen zu Hause. Auf einem Foto in dem Laden in London war ein Angler zu sehen, der mit einem mongolischen Taimen von der Größe eines kleinen Alligators kämpfte.

Die Ausrüstung des Bibliothekars war etwas bescheidener. Er angelte mit einem Bindfaden, der an einem Stock befestigt war. Sein Köder war ein Stück getrocknetes Hammelfleisch. Er tat mir Leid, und gerade wollte ich ihm etwas von meinem Zubehör leihen, als er einen großen Lenok aus dem Wasser zog. Ich warf etwas weiter stromaufwärts aus und wartete etwa eine Stunde, ohne irgendetwas zu fangen. Der Bibliothekar hatte inzwischen zwei weitere Lenoks gefangen und bot mir nun ein Stück Hammelfleisch an. Mir wurde klar, dass er die Fliegenfischerei gar nicht richtig verstanden hatte. Ich versuchte, ihm etwas zu erklären – über die Kunst des Werfens, die Mysterien der Flüsse und den Sinn des Lebens –, aber er war abgelenkt, denn abermals zog etwas an seiner Schnur. Den Hunger mongolischer Fische auf Hammelfleisch muss man gesehen haben!

Ich hatte mehr Glück, als der Bibliothekar mit seinem Hammel nach Hause ging. Bis zum frühen Abend blieb ich am Fluss und fing tatsächlich vier kleine Forellen. Das war natürlich überhaupt kein Vergleich mit den Fischen des Bibliothekars, reichte aber immerhin für ein anständiges Abendessen. Auf Yakkarren, die Fässer mit Wasser aus dem Fluss geladen hatten, fuhr ich, glücklich über meinen Fang, über die Weiden nach Hause.

Ich wollte die Damen vom Hotel nicht mit vier toten Fischen erschrecken und gab ihnen den Abend frei. Der Bürgermeister kam zum Essen. Bei einem kurzen Aufenthalt in Irkutsk hatte er Fischgerichte kennen gelernt und war fast so freudig erregt über die Hammelpause wie ich. Er kam mit in die Küche, in der ich Risotto mit Fisch zubereitete. Seine Begeisterung bekam allerdings einen Dämpfer, als ich mit Pfeffer und Knoblauch würzte, beides vom Markt in Altai. Die mongolische Küche ist eine fade Angelegenheit; verglichen damit erscheint sogar die englische Küche exotisch und fein gewürzt.

Der Fisch war fast fertig, als es klopfte. Draußen standen vier Männer, die in einem Jeep mit eingeschaltetem Blaulicht gekommen waren. Der Bürgermeister stellte sie als Spione vor, meinte damit aber zweifellos Sicherheitskräfte, eine Vorhut, die überprüfen sollte, welche Maßnahmen für das hiesige Parlamentsmitglied getroffen worden waren, das in der nächsten Woche das ganze Gebiet abfahren wollte. Der Anführer war ein ehemaliger mongolischer KGB-Agent, ein kantiger Bursche mit einem Kugelkopf.

Der Bürgermeister und ich spielten Gastgeber und führten sie in mein Zimmer, wo sie im Kerzenlicht auf den Feldbetten Platz nahmen. Ich war so oft Gast in *gers* gewesen, dass ich die Regeln der mongolischen Gastfreundschaft kannte. Mit der Ausrede, wir hätten schon gegessen, reichten wir unseren Gästen Schalen mit Risotto und entschuldigten uns für den Fisch. Die drei Helfer stocherten höflich und zaghaft in ihrer Mahlzeit herum. Der KGB-Mann hingegen war ganz aus dem Häuschen.

»Köstlich«, grunzte er zwischen zwei dicken Happen. »Frischer Fisch. Und viel Knoblauch.« Er schaufelte den Risotto in sich hinein, als hätte er seit Tagen nichts gegessen.

In einem Land der Fischverächter hatte ich offenbar das Pech, an den einzigen Menschen geraten zu sein, der Forellen mochte. Der KGB-Mann war während der kommunistischen Zeit in Ostdeutschland geschult worden. Und da hatte er nicht nur an den Foltermethoden der Stasi, sondern auch am europäischen Essen Geschmack gefunden. Er schaute begierig von seiner leeren Schale hoch, und in der plötzlichen Stille hörte ich mich fragen, ob er noch einen Nachschlag wolle.

Er verputzte vier volle Schalen, unser ganzes Abendessen. Zurückgelehnt auf meinem Bett und gelassen rülpsend, wollte er meinen Pass sehen. Dann stellte er ein paar Routinefragen, um festzustellen, ob ich ein ausländischer Attentäter sei, und danach verschwanden alle vier ohne weiteres Zeremoniell in die Nacht. Als sie gegangen waren, trösteten wir uns mit Brot und einer Flasche bulgarischem Wein, die ich unter meinem Kissen versteckt gehalten hatte.

Gestärkt durch mein Fischgericht war der KGB-Agent stracks zur Überprüfung von Rudi geschritten, der, wie er entdecken musste, seinen Pass in Ulan Bator gelassen hatte. Anfangs sah es aus wie ein Glücksfall für beide. Der KGB-Agent erlegte ihm eine Geldbuße auf und steckte das Geld ein, während Rudi sich freute, aus Chuluut wegzukommen. Als er erfuhr, er sei nicht verhaftet und werde nicht als illegal eingereister Ausländer in die Hauptstadt transportiert, brach er schluchzend zusammen. Wie sich herausstellte, war den mongolischen Steppen nicht so leicht zu entkommen wie den Hamburger Vororten.

~

Eines Tages lud uns der Bibliothekar zum Nachmittagstee zu sich nach Hause ein. Es gebe viel zu besprechen, meinte er viel sagend. Er wollte unbedingt meine »Autobiografie« erkunden. Es hörte sich düster an.

In einem früheren Leben war das Zimmer, das der Bibliothekar mit seiner Familie bewohnte, eine Tischlerwerkstatt gewesen, Teil eines eingegangenen Kollektivs, und der Haushalt war so etwas wie der Kampf gegen die Atmosphäre der Werkbank. Es war ein spartanischer Raum mit einem eisernen Herd in einer Ecke und einem großen Holzstapel in einer anderen. Die einzige Möblierung bestand aus einem Tisch am Fenster und je einem Bett an den vier Wänden. Mehrere kleine Kinder hingen an den Beinen der Bettgestelle, vor Schreck erstarrt beim bedrohlichen Auftauchen dieses riesigen Fremden. Die Frau des Bibliothekars, eine zermürbt aussehende Person mit runden Schultern, begrüßte uns mit einem stummen, undeutbaren Nicken. Das Zimmer stank nach Fisch und verkohltem Holz.

Wir setzten uns an den Tisch. Fliegen brummten gegen das Fenster. Der Bibliothekar war aufgeregt, seine Finger verschränkten sich auf dem Tisch zu einem festen Knoten. Bevor wir mit meiner Lebensgeschichte anfingen, wolle er mir erst einmal seine eigene erzählen, sagte er. Er hatte sein ganzes angsterfülltes Leben in Verse gefasst und rezitierte nun eine Art monotones Klagelied, unterbrach sich oft mit Anmerkungen und Erklärungen, die Mandah peinlich genau übersetzte. Ein Kinderbuch, eine Märchensammlung, lag, von Fischgräten umgeben, aufgeschlagen auf dem Tisch. Seine Finger hatten nach einem Federhalter gegriffen, und während er sprach, kritzelte er auf das Vorsatzblatt und rankte verzerrte Muster um eine blasse Strichzeichnung, die aussah wie eine russische Version von Rotkäppchen.

Neben der Lebensgeschichte des Bibliothekars hätte *Das verlorene Paradies* kurz, präzise und optimistisch gewirkt. Es war eine Alltagsgeschichte voller Tragödien, Schicksalsschläge und Verrat. Er hatte zu jung geheiratet, und die damit übernommene Verantwortung hatte ihn daran gehindert, seine frühen Chancen zu nutzen. Seine stumme Frau, die mit grimmigem Gesicht Holz spaltete, sah so müde aus, als hätte sie diese Verse schon allzu oft gehört. Er hatte Geologie studiert und sich um eine Stelle in Tsetserleg, der Hauptstadt des *aimak*, beworben, die jedoch einem Verwandten eines örtlichen Politikers zugeschustert worden war – ein eklatanter Fall von Vetternwirtschaft. Als er sich endlich ein Pöstchen als Geologe in Dornod gesichert hatte, wurde es ihm wieder entzogen, als ihm das Haar auszufallen begann und seine Zähne schlecht wurden. Mit einer weniger blumigen Fantasie hätte der Bibliothekar das vielleicht als normalen Alterungsprozess abgetan, so aber sah er es als gesundheitliche Krise ersten Ranges an. Von Haarausfall und Zahnschmerzen gepeinigt, floh er nach Chuluut, seiner Heimatstadt, und hier kam er vom Regen in die Traufe. Er war einer der Gründer der Sozialdemokratischen Partei in Chuluut, aber als die Kandidaten gewählt wurden, war sein Name infolge eines politischen Komplotts von der Liste verschwunden. Die Zeitung, die er gegründet hatte, machte wegen persönlicher Eifersüchteleien Bankrott. Er hatte seine regierungsamtliche Stelle als örtlicher Umweltinspektor verloren, als der frühere Bürgermeister gegen ihn intrigierte, und dafür die Stelle als Bibliothekar bekommen, damit er Ruhe gab. Der Gemischtwarenhändler gab ihm keinen Kredit mehr, sein Onkel hinterließ alle seine Schafe einem Vetter zweiten Grades, und für die Werkstatt hatte er nur einen kurzfristigen Vertrag bekommen.

An dieser Stelle verzettelte sich seine Lebensgeschichte in trivialem Kleinkram: einem lecken Dach und Kindern, die Holz von seinem Stapel klauten. Das war das Problem mit dem Leben – ihm fehlte die künstlerische Gestaltung. Vielleicht wäre es besser gewesen, die politischen Schikanen hintanzustellen und sich erst einmal mit dem lecken Dach und dem Haarausfall zu beschäftigen, aber das Leben steigert sich gern im unpassendsten Moment zu Katastrophen. Vom Pech erschöpft, hatte er plötzlich keinen Antrieb mehr, und seine Ballade versandete in unvollendeten Strophen und Erklärungen.

Tiefschwarze Furchen hatten sich rings um die Knöchel von Rotkäppchen eingegraben. Die kleinen Augen des Bibliothekars schossen in alle Richtungen Blicke über den Tisch, als ob er unter den Fliegen, den Fischgräten und den getrockneten Käsekrümeln etwas suchte – vielleicht Hoffnung? Ein übler Geruch ging von ihm aus: Er roch aus dem Mund und nach saurer Milch.

Nach seiner eigenen Lebensgeschichte ging er zu meiner über. Ich kam mir sehr prosaisch vor, weil ich nichts in Verse gefasst hatte. Aber es stellte sich heraus, dass der Bibliothekar von meinem Leben gar nichts hören wollte. Er zog es vor, selbst darüber zu berichten; er konnte nämlich aus der Hand lesen. Befreit von der Last, meine Geschichte erzählen zu müssen, streckte ich ihm meine Hand hin. Ich hoffte, mein vergleichsweise langweiliges Leben würde die Atmosphäre etwas auflockern. Das war ein Irrtum.

Die kalligrafischen Linien auf meiner Handfläche schienen ihn zu verwirren, als hätte er so eine Anordnung noch nie gesehen. Er fuhr mit dem Zeigefinger die Linien bis zum Handgelenk nach und dann wieder zurück zu den Fingern, wie jemand, der auf einer Landkarte einen Ortsnamen sucht. Schließlich sprach er.

»Sie waren als Kind sehr kränklich«, sagte er. Er drehte meine Handfläche ins Licht, das durch das Fenster kam.

»Sie werden immer wieder schwere gesundheitliche Probleme haben«, sagte er. »Kein langes Leben, aber vielleicht schaffen Sie es, fünfzig zu werden.«

Frühere Deutungen meiner Handlinien hatten mir bessere Aussichten verheißen: ein langes Leben, kaum finanzielle Schwierigkeiten, glückliche Liebesabenteuer. Aber mit seinem Finger, der zögernd auf die nachgiebigen Linien drückte, entdeckte der Bibliothekar eine bisher unbekannte geheime Botschaft.

»Sie werden heiraten«, sagte er. Einen Augenblick lang hoffte ich, dass sich das Geschick wenden möge. Häusliches Glück schien zu winken.

»Aber Ihre Frau wird Ihre Liebe nicht erwidern und Ihnen untreu sein«, fuhr er fort.

Unwillkürlich wollte ich meine Hand wegziehen. Aber der Bibliothekar hielt sie eisern fest.

»Es wird finanzielle Schwierigkeiten geben. Sie werden Bankrott gehen. Sie werden gezwungen sein, Ihr Haus zu verkaufen.« Er hielt den Kopf schief und schürzte die Lippen. »Irgendwann in den nächsten fünf Jahren, vielleicht schon früher, wird jemand sterben, der Ihnen nahe steht.«

Seine Frau machte eine scharfe Bemerkung vom anderen Ende des Raumes.

»Ihr Tod kann drei Ursachen haben«, sprach er weiter. »Herzschlag, Unfall oder Mord.«

Diesem schauerlichen Moment meines Ablebens machte die Frau ein Ende, indem sie uns Schalen mit Tee brachte. Sie warf ihrem Mann einen finsteren Blick zu. Er ließ meine Hand los. Mein Leben war ruiniert. Schweigend tranken wir unseren Tee.

Später erzählte Mandah, dass seine Frau ihn wegen seiner Voraussagen heftig getadelt hatte. Anscheinend hatte er vor einigen Jahren jemandem aus der Hand gelesen – eine ähnlich unheilvolle Prophezeiung, nur war alles eingetroffen, einschließlich dem vorzeitigen Tod. Die Angehörigen hatten ihm die Schuld gegeben und unterstellt, dass seine Weissagung ein Fluch gewesen sei. Niemand in Chuluut wagte es mehr, sich vom Bibliothekar aus der Hand lesen zu lassen. Seine eigenen Tragödien betrachtete man als Virus, der andere anstecken könnte.

~

An unserem letzten Abend in Chuluut dröhnten abgehackte Schläge gegen unsere Tür, zweimal lang, zweimal kurz, wie bei einem Geheimcode. Draußen im dunklen Flur stand der Bibliothekar. Es war schon nach Mitternacht. Nach seinen düsteren Voraussagen war ich ihm etwas aus dem Weg gegangen. Nun erschien er an meiner Tür wie ein finsterer Unheilsgott.

»Das Museum«, flüsterte er.

Immer wieder hatten wir ihm versprochen, das kleine, mit der Bibliothek verbundene Museum zu besuchen, und immer wieder hatten wir uns davor gedrückt. Nun war er am letzten Abend gekommen, um uns zu holen. Angesichts seines Verfolgungswahns war jedes Ablehnen unmöglich.

Der große Bogen der Milchstraße überspannte die schlafende Stadt. Ein Yak trabte ziellos in Richtung Fernmeldeamt; vor der Bibliothek blieb er stehen und glotzte uns blöde an. Der Bibliothekar machte sich an einem

Bund altmodischer Schlüssel zu schaffen und führte uns dann an dunklen Bücherreihen vorbei ins Innere. Er riß ein Streichholz an und zündete damit einen Kerzenstummel an. Wir drängten weiter in die muffigen Räume. Bei den zuckenden Schatten, dem Geruch nach Staub und den mit Spinnweben überzogenen Regalen fühlte ich mich wie der Archäologe Howard Carter in der Grabkammer von Tutenchamun.

Eine Sammlung ausgestopfter Tiere, darunter ein Wolf mit mottenzerfressenen Ohren, lauerte in den Schatten bei der Tür. Über uns hing ein riesiger räuberischer Geier mit ausgebreiteten Schwingen; infolge der schlampigen Aufsicht des Kustos war ihm ein Auge und ein Teil des linken Beins abhanden gekommen.

»Früher haben sie die Leichen gefressen«, sagte der Bibliothekar. »In alten Zeiten haben wir unsere Toten unter freiem Himmel liegen lassen, wie die Tibeter. Diese Vögel haben sie vertilgt.« Der Bibliothekar blickte ehrfürchtig zu dem verschmutzten Tier auf, als könnte es noch etwas vom Wesen seiner Ahnen in sich bergen.

Mit der hoch erhobenen Kerze drängten wir vorwärts wie drei Entdecker. Ich merkte, dass ich auf Zehenspitzen ging. Durch unsere eigenen geisterhaften Spiegelbilder hindurch spähten wir in Glasvitrinen. Die meisten der uralten Gebrauchsgegenstände – Sättel, Herde, Halfter, *dels* – unterschieden sich bis auf die Staubschichten, die auf ihnen lagen, in nichts von den Sachen, die man heute in einem *ger* vorfand. Sie erinnerten mich daran, wie unbeweglich das Leben der Nomaden sein konnte und dass jede Neuerung erst einmal misstrauisch beäugt wurde.

Die einzige historische Entwicklung, die im Museum dokumentiert war, betraf das Einzige im ganzen Distrikt, was nicht nomadischen Ursprungs war, nämlich die Stadt Chuluut. Auf einer Reihe schwarzweißer Fotos waren die Schule, das Krankenhaus und der Kindergarten zu sehen, alles wie neu und gut in Schuss. Darunter war ein Bild von der Eröffnung des kleinen Kraftwerks, das der Stadt Strom zu liefern versprach. Ferner gab es Fotos von der Ernte, vom Heumachen, von den Mähdreschern auf den Weizenfeldern eines Kollektivbetriebs am Rande der Stadt und von Schweinen und Hühnern, die man eingeführt hatte, um den Speiseplan etwas abwechslungsreicher zu machen. Es hätten Bilder von einer glücklichen Zukunft sein können. Aber sie zeigten Chuluut in den 60er-Jahren. Seither sind alle diese schönen Ideen von Landwirtschaft, Stromversorgung und Schulbildung gescheitert.

Der Bibliothekar hob die Kerze an eine Wand mit Landkarten von der Umgebung, Tabellen und Pflanzenzeichnungen, und zu Vitrinen, die alte tibetische Sutren aus einem längst verschwundenen Kloster enthielten. Jetzt sprudelte ein Strom geografischer und historischer Informationen über die Region aus ihm heraus. Sein Wissen war enzyklopädisch. Er ließ sich über Flüsse und Berge der Umgebung aus, über stehende Steine und tektonische Platten, über die Heilkräfte von Pflanzen und die Zugrichtung der Jungfernkraniche. Im flackernden Licht der Kerze wirkte er wie ein Bittsteller, der uns seine Bildung und seine endlos gemurmelten Mantras an Wissen wie eine Bittschrift entgegenhielt, als könnte sie ihn vor der zynischen Welt und aus der hoffnungslosen Lage, in der er sich befand, retten. Je länger er sprach, umso erregter wurde er, da ihm immer bewusster wurde, dass wir mit all diesen Informationen nichts anfangen konnten und dass ihm eine gute Gelegenheit entglitt.

Wir hörten ihm geduldig zu und warteten auf unsere Chance zu fliehen. Irgendwann während einer Belehrung über den Oberlauf des Chuluut gelang es mir, den Unterricht zu beenden. Es sei spät, sagte ich, und wir hätten morgen einen langen Tag vor uns. Durch diese Unterbrechung momentan aus der Fassung gebracht, drehte der Bibliothekar den Kopf zur Kerze hin. Sein Blick streifte mein Gesicht, und er zuckte etwas zusammen, als ihm undeutlich klar wurde, dass er keinen Wohltäter vor sich hatte, sondern einen Fremden, einen Ausländer, der bald wieder abreiste.

»Tim, tim«, murmelte er zustimmend. Seine langen Finger krampften sich um die Schlüssel. Die Unsinnigkeit seiner Hoffnungen verdüsterte seinen Blick. Er wischte sich mit der Hand übers Gesicht und wandte sich zur Tür.

Am Morgen versammelte sich dasselbe Grüppchen maßgeblicher Bürger abermals, um uns zu verabschieden und uns die Hände zu schütteln. Der Bürgermeister, der Polizeichef, die beiden Damen vom Hotel und der Postmeister standen zwischen den toten Schößlingen vor dem Rathaus beisammen und winkten, als wir über die Steppe davonritten.

Der Bibliothekar war nicht dabei.

KAPITEL ZWÖLF

~

EINE GESELLSCHAFT ALTER MÄNNER

Das Wetter schlug um. Als wir den Chuluut überquerten, die Pferde mit hoch angezogenen Beinen im seichten Wasser, blies ein neuer Wind aus Osten gegen die Strömung die Wasseroberfläche weiß. Der Morgen war kalt, der Himmel steingrau, und die Leute sprachen von Schnee. Es waren die letzten Augusttage, und der Sommer ging bereits zu Ende.

Nach den fünf Tagen in Chuluut war ich froh, wieder im Sattel zu sitzen. Nach jeder Etappe kam mir der Aufenthalt in den verkommenen Städten als Zeitverschwendung vor. Ich wurde unruhig und gereizt. Ich schleppte den Sattel in billige Hotels und wieder aufs Pferd wie ein arbeitsloser Cowboy und kam mir dabei ziemlich dämlich vor. Wenn frische Pferde eintrafen, die ungeduldig auf den Boden stampften, war das immer wie eine Befreiung.

In Chuluut Pferde und einen Reiseführer zu finden war nicht einfach gewesen. Um diese Jahreszeit machten sich die Familien auf zu ihren Herbstweiden. Ein kriminell aussehender Typ hatte sich im Rathaus als mein zukünftiger Führer vorgestellt, aber ich hatte mich aufgrund seiner ungeheuren Breitärschigkeit gegen ihn entschieden. Wir hatten einen Anschlag an die Tür des Fernmeldeamts geheftet, das hiesige Gegenstück zu einer Kleinanzeige, aber ich wusste schon, dass der beste Weg, einen großen Kreis anzusprechen, die Vermittlung durch die Hotelchefin war. Man musste es ihr gegenüber beiläufig erwähnen. Der ganze Distrikt war bereits ausgiebig über meine Rasiergewohnheiten, meine Vorliebe für Nachmittagsschläfchen und meine bunten Boxershorts informiert.

Die Hotelchefin warb schließlich einen ihrer Onkel an. Er war ein vornehmer Herr über siebzig, auf dessen Viehherden der ganze Distrikt neidisch war. Mit seinem rotbackigen Gesicht und den O-Beinen, dem breiten ländlichen Akzent und einem Hut, der in ein anderes Zeitalter gehörte, erinnerte er mich an einen irischen Onkel. Es war ein weicher Filzhut mit hoch geschlagener Krempe, als wollte er damit den Regen auffangen. Er hatte teefarbene Augen, farblose Haarbüschelchen auf den Wangenknochen, vier Zähne, traditionelle Mongolenstiefel mit aufgebogenen Spitzen und einen tibetischen Namen: Balginnyam.

Jenseits des Flusses ritten wir durch Kiefernwälder ein Tal entlang und dann über Weidegründe mit gelbbraunem Gras nordostwärts. Auf den kahlen Hügeln begegneten wir einer Familie, die nach Norden zu ihren Herbstweiden bei Öndör Ulan zog. Von den Großeltern bis zu den kleinen Kindern saßen alle auf einem frischen Pferd. Ihre Schafe wogten wie eine breite Welle über die Grashänge weiter oben, geführt von zwei halbwüchsigen Mädchen mit Kopftüchern und in roten *dels*. Die ältliche Großmutter auf einer lebhaften gescheckten Stute zog eine kleine Karawane von drei Kamelen hinter sich her, die mit dem *ger* der Familie und allem Drum und Dran beladen waren. Ihr Sohn ritt wachsam neben der Karawane her und hoffte, mit seinem altmodischen russischen Gewehr ein Murmeltier fürs Abendessen zu erlegen. Zwei Jungen, acht und zehn Jahre alt, hielten an, um mit uns zu plaudern. Die Wanderung hatte sie in gute Laune versetzt, und sie waren enttäuscht, dass wir in der entgegengesetzten Richtung weiterritten.

Wir winkten ihnen nach, bis sie hinter einem langen Kamm von windgepeitschten Gräsern verschwanden, und tranken dann Tee bei guten Freunden des alten Mannes. Es war ein sehr schönes *ger*, in dem es frisch gebackene Brötchen und drei reizende Töchter gab. Gestärkt drängten wir unter den sinkenden Wolken weiter. Die Pferde waren gut. Ich hatte einen vortrefflichen kräftigen Rotfuchs mit langen Kaninchenohren. Der alte Mann ritt einen alten Schimmel mit einem derartigen Schmerbauch, dass ihm die Beine abstanden.

Unterwegs erzählte mir Balginnyam von seinem Enkel. Der Junge war vor drei Jahren als kränklicher und ziemlich schwieriger Sechzehnjähriger aus Ulan Bator nach Chuluut gekommen. Seine Eltern dachten, das Leben auf dem Land würde ihm gut tun. Balginnyam hatte ihm zahlreiche althergebrachte Heilmittel gegeben, unter anderem auch menschlichen Urin, ein kraftvolles Stärkungsmittel. Als der Junge wieder gesund war, hatte er sein Leben auf dem Land mit Begeisterung genossen. Er lernte, Yaks zu melken, die Trinkmenge der Kälber zu rationieren und

Schafe zu scheren. Er lernte, wie man aus Kuhhaut Leder macht und aus Stutenmilch *archi* destilliert. Er konnte gut reiten und achtete darauf, sein Pferd nicht zu überfordern. Binnen sechs Monaten war der Junge wie ausgewechselt, berichtete der alte Mann. Er arbeitete schwer und war diszipliniert.

Der Junge war zum Mittelpunkt der Welt des alten Mannes geworden. Er liebe ihn, sagte er unumwunden. Er liebte den Ernst, mit dem er an alles heranging, er liebte seine Begeisterung und seine Energie. Er liebte es, seine eigene Welt durch die Augen des Jungen neu zu entdecken. Diese

Der alte Lama,
Ich Tamir (Tsetserleg)

Liebe war spät in sein Leben gekommen, und das schien ihn zu überraschen. Er strahlte die heitere Gelassenheit eines Menschen aus, der einen Sinn in seinem Leben gefunden hatte.

Er fragte mich nach meiner Familie aus und war erschüttert, als er hörte, dass ich keine Kinder hatte. In der Annahme, dass nur ein großes Unglück dies habe verhindern können, zögerte er, weiter zu fragen. Aber schließlich übermannte ihn die Neugier. Als ich murmelnd erwähnte, dass ich noch keine Frau getroffen hätte, von der ich mir Kinder gewünscht hätte, fand er das so dürftig, dass er das Thema fallen ließ, um uns weitere Verlegenheit zu ersparen.

Am späten Nachmittag erreichten wir ein herbstliches Tal, in dem ein paar *gers* im Abstand von jeweils etwa einer halben Meile dünne Rauchwölkchen in den aschgrauen Himmel entsandten. Wir kampierten an einem schmalen Fluss unterhalb eines mit Kiefern bestandenen Hanges, machten ein Feuer und brieten uns das Hammelfleisch, das wir aus Chuluut mitgebracht hatten. Ein lohfarbener Sonnenuntergang färbte die Hügel, über die wir gerade gekommen waren. Hohl klingende Kuckucksrufe tönten aus den dunkelnden Wäldern zu uns herunter.

Beim Essen erzählte uns Balginnyam beiläufig von seinen Altersbeschwerden, der nachlassenden Sehkraft, den steifen Knien, den kalten Füßen in der Nacht. Er gab sogar zu, dass er beim Reiten ängstlich geworden sei und Angst habe, abgeworfen zu werden – ein ungewöhnliches Eingeständnis für einen Mongolen. Aber er beklagte sich nicht, er berichtete nur. »Ich verliere etwas den Halt«, sagte er leicht lächelnd und öffnete die Hände, wie um etwas loszulassen. »Ich hinterlasse alles dem Jungen. Ich habe keine Angst vor dem Sterben.« Da er nun einen Sinn im Leben gefunden hatte, war er bereit, es aufzugeben.

Die Nacht brach an, und die Gesichtszüge des alten Mannes verschwammen im Schein des Feuers. Als es dunkler wurde, sah er unwirklich, fast geisterhaft aus. Hin und wieder heulte ein Wolf am anderen Ende des Tals, die Kuckucke waren verstummt, und nun ließen sich die Eulen aus den Wäldern hören, die wie Wächter den Lauf der Nacht anzeigten.

»Das Alter ist auch eine Befreiung«, sagte er. »Ich sehe auf die Welt, als gehörte ich nicht mehr dazu. Ich bin zum Beobachter geworden.« Er sah mich über das Feuer hinweg an. Seine Augen waren tiefe Schatten. »Wie Sie«, sagte er.

»Wie ich?«

Mongolen sind viel zu höflich, um über Sinn und Zweck meiner Reisen eine Meinung zu äußern. Die meisten würden meine Reise ohnehin als unerklärlich abtun, etwa wie den Wetterwechsel oder das Auf und Ab der marktbestimmenden Kräfte. Ich war ein Reisender. Ich war aus London gekommen. Ich ritt von Bajan Ölgij aus quer durch die Mongolei. Die Mongolen waren beeindruckt von dieser Leistung, von meiner Fähigkeit, mich mongolischen Sitten anzupassen und die Härten der beschwerlichen Reise durch diese unwirtlichen Landstriche zu überstehen. Aber abgesehen davon war ich den Leuten ein Rätsel. Niemand verstand, warum ich den Wunsch gehabt hatte, hierher zu kommen, und welchen Zweck diese Expedition hatte. Sobald sie die Möglichkeit, ich könnte ein Spion sein, ausgeschlossen hatten, erkundigten sie sich nicht weiter; meine Motive waren zu undurchsichtig, zu geheimnisvoll.

Aber der alte Mann hatte über mich nachgedacht. »Sie sind ein *badachir*«, meinte er, ein Wort verwendend, das den einsamen Fahrenden bezeichnet. »Sie haben kein Zuhause, keine Familie, keine Bindungen. Sie sind ein Außenseiter. Deswegen sind Sie in die Mongolei gekommen. Außenseiter in Ihrem Land zu sein ist viel schwieriger.«

Die Anziehungskraft der Mongolei beruhte auf meiner Faszination für das Nomadenleben, für die Rastlosigkeit der Nomaden und Mobilität und die Tatsache, dass die Mongolen die geografische Abwechslung dem immer gleichen langweiligen Alltagstrott vorziehen. Aber die Realität hatte sich als viel komplizierter erwiesen. Die Mobilität in dieser Welt beschränkte sich auf die Gegebenheiten der Landschaft und die Suche nach Weideland. Darüber hinaus war das Leben der Nomaden an Konventionen gebunden, die genauso streng waren wie in jeder Stadt. In diesem Hochtal voller Zelte und Pferde erkannte der alte Mann, dass ich der einzige wurzellose Mensch weit und breit war.

~

Als wir erwachten, war es bitterkalt, und das Eis, das erste in diesem Herbst, knisterte in den Falten der Zelte. In einem benachbarten *ger* aßen wir zum Frühstück *tsamba*, eine mehlige, dem Porridge ähnliche Paste, die hauptsächlich im Winter gegessen wird. Man spült sie mit einer Schale Milchwodka hinunter, »um unsere Herzen zu wärmen«, wie Balginnyam sagte. Der Gastgeber, ein alter Freund von ihm, konsultierte einen astrologischen Almanach und erklärte, der gestrige Tag, der Anfang dieses Reiseabschnitts, sei der Tag des Drachen gewesen, ein sehr günstiges Datum.

Am gewundenen Lauf des Flüsschens entlang ritten wir nach Nordosten. Verstreute Herden umkreisten langsam die *gers*. Wolkenschatten eilten uns voraus, tauchten in die Umrisse des vor uns liegenden Tals ein und stiegen wieder auf. Der Wind trug uns durch die klare Luft Geräuschfetzen zu – fröhliche Kinderstimmen, den Basschor brummender Yaks, den Rhythmus galoppierender Hufe, lang gezogene Rufe von Nachbar zu Nachbar. Die Pferde hatten sich von der Morgenstimmung anstecken lassen und drängelten aneinander vorbei, als wir unter einem klaren blauen Himmel über einen niedrigen Sattel in eine Wildnis leerer Täler voll herbstlicher Gräser trabten.

Am frühen Nachmittag sahen wir einen Unfall. Ein Yakkarren hatte ein Rad verloren. Die Fahrgäste waren drei Damen in Not – eine alte Frau mit Stock und ihre zwei Töchter in Begleitung einer Horde Kinder. Sie starrten leicht erschüttert auf den verunglückten Karren, während sich der Yak, von den Zugriemen befreit und von der Katastrophe unangefochten, im langen Gras neben dem Pfad einen kleinen Imbiss gönnte. Alle drei lieferten dramatische und widersprüchliche Schilderungen des Unfalls. In einer ziemlich übertriebenen Version hieß es, der jüngste Knabe sei unter den Karren gefallen und das heile Rad sei ihm über die Brust gefahren. Aber davon hatte er sich offenbar überraschend schnell erholt. Als wir ankamen, jagte er gerade seine Schwester über eine Wiese neben dem Weg.

Bruder Wilhelm war am Anfang seiner Reise auch mit einem Karren gefahren, da seine Betreuer meinten, er sei zu dick für ihre Pferde. Dschingis Khans riesige Herrscherjurte wurde gleichfalls auf einem Karren transportiert, den ein Ochsengespann zog. Aber das hier war der erste Karren, den ich in der Mongolei sah, und er kam mir wie eine neumodische Erfindung vor, die, wie vorauszusehen, ein Desaster auslöste.

Die Kavalierspflicht rief, und wir verbrachten eine Stunde mit der Reparatur. Mit einem langen Messer, das Balginnyam aus seinem Stiefel gezogen hatte, schnitzten wir einen neuen Radzapfen. Während wir arbeiteten, holten die Frauen Milchdosen aus den mittelalterlichen Säcken in den Tiefen des Karrens und hielten uns mit *airag* bei Laune. Als das Rad wieder auf der Achse und der neue Zapfen eingeschlagen war, setzten wir die Großmutter wieder auf die Säcke, der irritierte Yak wurde eingespannt, und das schwerfällige Ungetüm setzte sich ruckend in Bewegung. Das Holzrad drehte sich um die Achse und gab dabei ein jämmerliches Quietschen von sich. Wir zogen den Hut und ritten weiter durch das Tal.

Die Pause hatte die Pferde unruhig gemacht. Sie warfen die Köpfe zurück und fielen in einen sprunghaften Galopp, als ob sie unbedingt beweisen wollten, dass sie diesem uralten Rivalen, dem Rad, überlegen waren. Am ansteigenden Südende des Tals spornten wir sie an, und sie tänzelten ohne einen Fehltritt sicher zwischen Felsbrocken hindurch über den holprigen Boden. Auf der Passhöhe, wo die blauen Tücher eines *owoos* am Himmel flatterten, schaute ich zurück. Es dauerte eine Weile, bis ich den Karren ausfindig gemacht hatte, der unendlich langsam über die Talsohle kroch. Er war bereits eine Meile hinter uns. Ich bedauerte die Frauen, die nur mühsam vorwärtskamen. In diesem Augenblick lebte ich in einer weit zurückliegenden Welt, in der man noch von der Überlegenheit des Sattels überzeugt war und das Rad für eine unsinnige Erfindung hielt, die sich auf die Dauer kaum bewähren würde. Ich wendete und galoppierte den andern nach, einen langen Abhang zwischen Kiefern hinunter in ein enges Tal, wo ein Yak knietief in Brackwasser stand und traurig auf sein Spiegelbild starrte, als könnte er es nicht fassen, dass Gott ihm so ein Gesicht gegeben hatte. Das brackige Wasser war eine Enttäuschung, denn wir hatten gehofft, hier unsere Feldflaschen auffüllen zu können. Als dieses Tal in ein breiteres mündete, wo zwei *gers* am Ufer eines Flüsschens standen, schlug Balginnyam vor, hier unser Lager aufzuschlagen; womöglich war hier das einzige gute Wasser weit und breit zu finden. Aber es war noch früh am Tag, und dieser trostlose Platz gefiel mir nicht. Ich sehnte mich nach Bäumen und weichem Gras. Wir waren in dem schönen wald- und wiesenreichen *aimak* Archangai, und ich wollte dessen Vorzüge genießen. Durch das Fernglas sah ich im Osten eine Hügelkette und beschloss, den weiteren Ritt zu riskieren. Ich war überzeugt, dass wir am Fuß der Hügel Wasser finden würden. Balginnyam war skeptisch, beschloss aber, meinem Urteil zu vertrauen. Ein größeres Kompliment hätte er mir nicht machen können.

Wir brauchten drei Stunden, um die kahle Ebene zu durchqueren. Die Geister der *gers*, die hier während des Sommers standen, spukten über das Gras – bleiche kreisrunde Schatten zwischen verstreut herumliegenden Tierknochen. Elstern hüpften auf der Suche nach Speiseresten herum. Ich erblickte einen Fuchs, der sich hinter einen Hügel zurückzog. Durch die ermüdenden Stunden des Spätnachmittags in dieser endlosen Steppe waren wir ganz erschlafft. Jeder kleine Anstieg bescherte uns neue unerwartete Weiten von verdorrtem Gras. Die verheißungsvollen Hügel schienen nicht etwa näher zu kommen, sondern vor uns zurückzuweichen, als wären sie nur eine Lichtspiegelung. Meine beiden Begleiter waren davon überzeugt, dass es ein Fehler war, weiterzureiten. Müde und schlecht gelaunt hüllten sie sich in Schweigen. Selbst die Pferde waren entkräftet.

Doch in der letzten lieblichen Stunde des Tageslichts kam endlich eine Baumgruppe am Fuß der Hügel in Sicht. Als die Pferde Wasser und frisches Gras schnupperten, hoben sie die Köpfe. Zwanzig Minuten später planschten wir durch einen herrlichen breiten Fluss in eine Parklandschaft mit breitblättrigen Pappeln. Nach den dürftigen Lärchen des Vortages sahen die Pappeln elegant und stattlich aus. Sie hatten sich schon in die ersten herbstlichen Farben gekleidet, und ein Schleier gelber Blätter bedeckte das Gras zwischen den dicken Stämmen. Ein Paradies voller Bäume.

Nach dem Abendessen saß ich an einen rauen Stamm gelehnt und sah das Licht über der Steppe, durch die wir gekommen waren, langsam schwinden, während sich unsere Pferde selig an dem saftigen Gras gütlich taten. In der kahlen mongolischen Steppe hatte ich mich richtig nach Bäumen gesehnt. In ihrem duftenden Schatten überkamen mich wehmütige Erinnerungen. Das gesprenkelte wechselnde Licht war mir innig vertraut. Ich dachte an Ausflüge in die Wälder der Kindheit, an den herben Geruch des Laubs, das im Frühherbst auf dem Schulweg unter unseren Füßen zerbröselte, an die stürmischen Winterabende, wenn die Bäume um das Haus schwankten und schlingerten wie Schiffe und die winkenden Finger der längsten Zweige an die Fensterscheiben klopften. Ich genoss die Gesellschaft der Bäume, bis es dunkel wurde und zwischen den Ästen Sternenhaufen funkelten.

Am Morgen angelte ich vergeblich im Fluss. Dann ritten wir den ganzen Tag zügig durch Täler voller Herden und *gers*. Am späten Nachmittag kamen wir in Tsetserleg an, der Hauptstadt des *aimak*.

Balginnyam hatte keine Lust, sich in der Stadt aufzuhalten, die er mit Widerwillen betrachtete. Er hatte beschlossen, bei Freunden auf der anderen Seite des Passes zu übernachten, bevor er wieder nach Chuluut heimritt. Er war ein bemerkenswerter Gefährte gewesen, würdevoll, klug und unterhaltsam. Mandah hatte ihn verehrt und respektiert, und ich stellte fest, dass er ihr zynisches Urteil über ihre Landsleute etwas gemildert hatte. Wir begleiteten ihn bis an den Rand der Stadt, wo er abstieg, um sich zu verabschieden. Zum Abschied zog er mein Gesicht mit beiden Händen an sich, und während er mich ganz zart auf die Wange küsste, atmete er tief ein – eine typisch mongolische Geste: Man atmet den Geruch eines Menschen ein, während man mit den Lippen seine Wange berührt.

»Wenn Sie wiederkommen«, sagte er, »bekommen Sie einen Kuss auf die andere Wange.«

Es war ein schöner Gedanke, aber wir wussten beide, wir würden uns nie wieder sehen.

Tsetserleg glich mehr einer richtigen Stadt als jede andere, die ich seit Kasachstan vor fast drei Monaten gesehen hatte. Die Häuser reihten sich ordentlich an richtigen Straßen aneinander, die meisten hatten Fenster, und viele hatten Türen. Die Hauptstraße war gepflastert und von Bäumen gesäumt. Zum ersten Mal spürte ich in der Mongolei so etwas wie städtischen Charakter. Chuluut, Dariv, Hovd und Ölgij waren einfach Treffpunkte für Nomaden, Verwaltungszentren mit einer zufälligen Ansammlung heruntergekommener Behörden. Sollten diese Städte über Nacht verschwinden – und viele schienen kurz davor –, dann würden die Bewohner einfach auf ihre Pferde steigen und zu ihrem Familien-*ger* und ihren Schafherden zurückreiten und das weise Wanderleben der Nomaden wieder aufnehmen. In Tsetserleg gab es zwar auch die üblichen Jurten-Vororte, und den meisten Verkehr bestritten die reitenden Hirten vom Land. Aber es gab eben auch anders geartete Leute, ständige Einwohner mit einer Bindung an sesshaftes Leben.

Ich bezog ein Hotel an der Hauptstraße, in dessen kargem, düsterem Inneren die Temperatur rätselhafterweise absackte. Wir entdeckten die schwer erreichbare Dame vom Empfang schließlich in einem Friseursalon. Sie hatte zwei Zimmertypen anzubieten: das Standard-Zimmer zu umgerechnet 1,20 englische Pfund die Nacht und das De-Luxe-Zimmer zu 1,80 Pfund. Ich beschloss, diesmal aus dem Vollen zu schöpfen, und opferte die sechzig Pence. »De Luxe« war eine Suite, bestehend aus Schlafzimmer, Wohnzimmer, einer Sammlung wackeliger Möbel, einem uralten russischen Fernseher und einem Paar Plastikpantoffeln. Die Strom-

und Wasserversorgung war etwas unregelmäßig. Strom gab es abends vier Stunden lang, Wasser hingegen nur einmal in der Woche, am Sonntag; dann ging der Hotelier durch die Zimmer und füllte die Badewannen, damit wir für die übrigen sechs Tage einen Wasservorrat hatten.

Dem Hotel gegenüber befand sich das Rathaus, durch dessen offene Fenster das Geklapper von Schreibmaschinen tönte. Dieser Eindruck von bürokratischer Emsigkeit wurde jedoch etwas gedämpft durch die Massen beschriebener Formulare, die durch die Fenster flatterten und über den kleinen Platz vor dem Haus segelten. Auf dem Markt gab es eine aufregende Auswahl an Wurzelgemüsen und ein paar seltene Karotten. An der Rückwand der Metzgerläden hingen Schafs- und Kuhköpfe, völlig unversehrt, nur dass sie nicht mehr mit dem Nacken verbunden waren. Wie Trophäen schauten sie auf die Bratenstücke und Koteletts ihrer eigenen zerhackten Leiber herab. Vermutlich wollten die mongolischen Käufer, die ja mit allen Einzelheiten ihrer Mahlzeiten sehr genau vertraut waren, erst einmal den Kopf sehen, bevor sie ein Stück Fleisch erstanden. Aber auch die Köpfe waren sehr begehrt. Besonders nach Kuhköpfen bestand große Nachfrage, da Kuhkopfeintopf eine beliebte Mahlzeit war. Draußen unter dem vielfältigen Warenangebot der Textilabteilung gab es ein großes Doppelbett, das hier so exotisch wirkte wie ein Dromedar in Covent Garden. Nackte Models auf der Matratze hätten kaum eine größere Menschenmenge anlocken können.

Jede Nacht hallte die Stadt von den entnervend lauten Äußerungen hündischer Sinneslust und Gewalt wider. In der Liebe und im Krieg ist das Gewinsel der Besiegten nicht vom Geheul der Sieger zu unterscheiden. Das Hauptquartier einer verfeindeten Meute befand sich im Hinterhof des Hotels, wo ein Bataillon mischrassiger Kläffer zwischen brutalen Kopulationen seine militärischen Strategien plante. Im Morgendämmer schwiegen die erschöpften Köter endlich, und ich lag im Bett und lauschte dem Klippklapp der Pferdehufe, das von der Hauptstraße heraufschallte.

Alle Städte in der Mongolei sind das Vermächtnis großer Klöster, die das Leben der Menschen bestimmten, bis in den 20er-Jahren der Kommunismus kam. Jahrhundertelang waren Klöster die einzigen Gebäude und festen Ansiedlungen im Land. Urga, der alte Name für Ulan Bator, bedeutet schlicht »Tempel«. Selbst kleinste Städte wie die jetzt ganz verlassene

Geisterstadt Dariv waren ursprünglich Standorte von Tempelklöstern, ansehnlichen Einrichtungen, die zum Teil wohlhabender und einflussreicher waren als mittelalterliche Klöster in Europa. Jedes herrschte über einen kirchlichen Besitz von Weideland und Herden ringsum, jedes war der einzige Anbieter von Leistungen, die einer Hirten- und Viehzüchtergesellschaft üblicherweise nicht zur Verfügung stehen: Schulausbildung, Handel und handwerkliche Fertigkeiten.

Der Buddhismus war in der Mongolei zwar schon vor Dschingis Khan vertreten, aber in den ersten Jahrhunderten war er eine Religion für die Elite. Die Chinesen sollen im 16. angefangen haben, den tibetischen Buddhismus flächendeckend einzuführen, weil sie hofften, damit ihre Nachbarn im Norden friedlicher zu stimmen. Denn nach zweitausend Jahren mussten sich die Chinesen endgültig damit abfinden, dass die Große Mauer ihren Zweck verfehlt hatte. Die Subventionen für die Steinmetze wurden an die Lamas umgeleitet, die nun im Norden bei den mongolischen Horden endlich das erreichen sollten, was Festungen und Wachtürme nicht vermocht hatten – nämlich sie im Zaum zu halten.

Wie Tibet unter dem Dalai Lama war die Mongolei vor den Kommunisten ein Kirchenstaat, gegründet vom ersten Lebenden Buddha, dem Jebtsundamba Khutuktu, der 1650 nach »seiner Entdeckung« behauptete, von Dschingis Khan abzustammen. In dieser merkwürdig monokulturellen Gesellschaft war eine geistliche Karriere für ehrgeizige Männer der einzige Weg zur Macht; die Lamaklöster wurden in solchem Ausmaß zu Zentren von Intrigen und Korruption, dass sie mit asiatischen Gerichtshöfen wetteifern konnten. Der Priesterstand erlebte eine Blüte, als es für jede mongolische Familie selbstverständlich wurde, mindestens einen Sohn in eine Lamaserie zu schicken, denn dadurch gewann die Familie an Ansehen und Einfluss. Anfang des 20. Jahrhunderts gab es in der Mongolei weit über hunderttausend Lamas, ein Drittel der männlichen Bevölkerung, die siebenhundert große Klöster bewohnten und mehr als tausend kleinere. Ihr Gebieter war Bogd Khan, ein Gottkönig und die siebte Reinkarnation von Jebtsundamba Khutuktu. Bogd Khan lebte herrlich und in Freuden in einem Palast in Urga und genoss ein Leben orgiastischer Ausschweifungen, neben dem der Borgia-Papst geradezu der Inbegriff moralischer Tugendhaftigkeit war.

Bei den wenigen ausländischen Besuchern allerdings, die das Land Ende des 19. und Anfang des 20. Jahrhunderts aufsuchten, standen mongolische Lamaserien in einem ziemlich schlechten Ruf. Sie prangerten sie wiederholt als feudale, parasitäre Einrichtungen an, die ganz wesentlich für die Rückständigkeit des Landes verantwortlich seien. Die strenge Erhebung »des Zehnten« an Steuern und den Verlust menschlicher Arbeitskraft betrachteten sie angesichts der ohnehin spärlichen Ressourcen des Landes als schwere Belastung. Ein Geldverleih mit Zinsen bis zu zweihundert Prozent versprach den Mönchen eine hübsche Einkommensverbesserung. Banden fahrender Mönche zogen über Land, verkauften Ablässe, weissagten die Zukunft und beuteten die gläubigen Hirten nach Kräften aus. Syphilis-Epidemien, die Anfang des 20. Jahrhunderts die meisten Mongolen heimsuchten, wurden der Promiskuität der Lamas angelastet, die sich Harems mit Lustknaben und Konkubinen hielten. Charles Bawden, der bekannte Historiker der Mongolei, nannte die Klöster den »Fluch der Mongolei«. Als die Kommunisten an die Macht kamen, waren sie entschlossen, das Land von ihnen zu befreien. Die feudalen Exzesse störten sie weniger, aber die Priester waren die einzigen ernst zu nehmenden Gegenspieler der Partei, denn sie hatten die Macht und wollten sie behalten.

In den letzten siebzig Jahren haben mongolische Historiker versucht, die kommunistische Machtübernahme als Resultat einer Revolte darzustellen: Das unterdrückte Hirtenvolk habe sich gegen die Feudalherren und die mit ihnen verbündete dekadente Kirche erhoben. Aber 1911, als die Chinesen nach dem Fall der Qing-Dynastie abziehen mussten, hatte kaum ein anderes Volk weniger Lust auf eine Revolution als die Mongolen. Hätte man die Mongolen sich selbst überlassen, hätten sie in ihrem mittelalterlichen Dämmerzustand weitergeschlummert. Dass ihr Land tatsächlich zum zweiten kommunistischen Staat weltweit wurde, war nur dem ungeheuren Aufruhr zuzuschreiben, der die beiden benachbarten Riesen, Russland und China, in ihren Grundfesten erschütterte.

Als die Chinesen abzogen, erklärte die mongolische Aristokratie das Land unter der theokratischen Herrschaft von Bogd Khan für unabhängig. Die Chinesen sahen ihren Abzug nur als vorübergehende Unterbrechung an und erkannten die Unabhängigkeit der Mongolei nie völlig an. 1919 liebäugelte ein chinesischer Kriegsherr, General Hsu Schu-Tseng, mit all den nachträglich eintreibbaren Steuern und stellte kurzfristig die chinesische Herrschaft wieder her. Anfangs 1921 wurde er von einem »weißen« Abenteurer vertrieben, dem verrückten Baron von Ungern-Sternberg, der vor dem Bürgerkrieg im eigenen Lande geflohen war.

Dieser bemerkenswerte gestörte Mensch war der Kopf einer zusammengewürfelten Armee von zaristischen Offizieren, Kosaken, polnischen Überläufern und Banditen aller Art. Dass er die Herrschaft an sich reißen konnte, zeigt nur, wie fragil die souveräne mongolische Nation zu Beginn des 20. Jahrhunderts war. Als er Urga eingenommen hatte, errichtete der verrückte Baron eine Schreckensherrschaft von psychopathischen Ausmaßen. Er rief sich selbst zum Khan der Mongolei und zum Gott des Krieges aus, setzte Bogd Khan wieder als nominelles Staatoberhaupt auf den Thron und stürzte sich in eine kurze, aber sehr aktive Amtszeit, die von Barbarei und bürgerlichen Annehmlichkeiten begleitet war. Er führte eine Omnibuslinie ein, organisierte die Stromversorgung, ordnete die erste Straßenreinigung in Urga an, baute mehrere Brücken, gab eine Zeitung heraus und gründete ein Veterinärlabor. In seiner Freizeit peitschte er Legionen von Gefangenen zu Tode und verfütterte sie an sein privates Wolfrudel. Mittlerweile plante er, mit den anderen zaristischen Generälen in Russland einzudringen und den Großherzog Michail wieder auf den Thron der Romanows zu setzen. Der Baron lieferte der Roten Armee das Alibi für den Einmarsch in die Mongolei. Bis Mitte Juli 1921 rückten zehntausend bolschewistische Soldaten an, angeblich auf Einladung der Mongolischen Revolutionären Partei, einer winzigen Organisation, die kaum ein Jahr alt war. Den ganzen Sommer über lieferten sich weißrussische und kommunistische Streitkräfte, beide von mongolischen Freiwilligen unterstützt, eine Reihe von Schlachten, bis die Bolschewiken allmählich die Oberhand gewannen. Am Ende wurde der Baron, von seinen eigenen Männern im Stich gelassen, von einer Patrouille der Roten Armee gefangen genommen und nach Nowosibirsk gebracht, wo er Mitte September von einem Erschießungskommando hingerichtet wurde.

Die Mongolei musste als Erstes von vielen Ländern erleben, wie schwer es war, die Rote Armee wieder loszuwerden. Der Kommunismus wurde von der ersten Welle missionarischer Überschwänglichkeit getragen, und die jungen politischen Kader, die der Roten Armee zugeteilt waren, gingen daran, die Mongolische Revolutionäre Partei nach eigenem Vorbild umzuformen. Binnen eines Jahres wurden fünfzehn der führenden Mitglieder erschossen. Binnen zwei Jahren hatten sie Suchbaatar, den charismatischen Führer der Mongolen, ausgeschaltet; viele glauben, dass er von russischen Agenten vergiftet wurde. Wäre er am Leben geblieben, hätte sich die Mongolei vielleicht ihre Unabhängigkeit bewahren können.

Die Volksrepublik Mongolei, der erste und unterwürfigste Satellit der Sowjetunion, wurde zum Modell für die Unterwerfungsmethoden, die der Kreml schließlich auf der ganzen Welt praktizierte. Russische Berater und Techniker überfluteten das Land, um die Aufsicht über sämtliche modernen Einrichtungen zu übernehmen, von der Eisenbahn bis zum Sicherheitsdienst, den das NKWD (Volkskommissariat für Inneres), der Vorläufer des KGB, eingerichtet hatte. Sowohl Partei wie Regierung wurden von russischen Agenten beaufsichtigt, und jedes Anzeichen für Ketzerei wurde sofort durch gezielte Morde ausgemerzt. Von den ersten leninistischen Jahren an bis zu den Reformen von Gorbatschow spiegelte die mongolische Politik ganz präzise die ideologischen Sprünge des Politbüros. Unter diesen Umständen ist es überraschend, dass die Mongolei es fertig gebracht hat, ihre Unabhängigkeit, wenn auch nur auf dem Papier, zurückzuerhalten. Besonders Stalin war sehr darauf bedacht, das Land in die Sowjetunion einzugliedern, doch dieses ehrgeizige Vorhaben scheiterte an der realistischen Einsicht des Kreml und dem latenten Nationalismus der Mongolen.

In den finsteren Jahren seiner »Säuberungen« hatte Stalin die mongolischen Führer unausgesetzt gedrängt, das Land endlich von den Lamaserien zu befreien, die in seinen Augen das größte Hindernis für die Durchsetzung eines totalen Kommunismus waren. Nacheinander wurden mehrere Führer, die sich diesem Angriff auf das kulturelle und religiöse Erbe der Nation widersetzten, abgelöst und ermordet, bis Stalin endlich seinen Mann, Choilbasan, auf den Posten des Generalsekretärs der Partei gehoben hatte. Choilbasan, ein kaum des Schreibens kundiger Alkoholiker, wusste genau: Er hatte nur eine Chance zu überleben, wenn er bedingungslos kooperierte. Ein schlechtes Vorzeichen war, dass er seine unglückliche Kindheit teilweise in einem Kloster verbracht hatte, wo seine mittellose Mutter ihn ausgesetzt hatte. Von den Lamas misshandelt, war er weggelaufen und wurde zum streunenden Straßenbengel in Urga.

In den ersten Jahren der Revolution hatte die Regierung den Klöstern Land und Privilegien genommen. Sie erlegte ihnen drastische Steuern auf und siedelte einige von ihnen gewaltsam in sonst gemiedene Gegenden um. Um 1932 wurden im Gefolge der Aufstände gegen die Beschlagnahme privaten Eigentums siebenhundert Mönche eingesperrt oder umgebracht.

In Moskau forderte Stalin ein noch härteres Durchgreifen gegen die Lamaserien. Im Herbst 1937, als die Partei von den letzten aufsässigen Elementen gesäubert wurde, leitete man die Endlösung ein. In einem der dunkelsten Momente in der mongolischen Geschichte schickte Choilbasan Todesschwadronen durch das Land, die hauptsächlich aus Russen der Geheimpolizei bestanden. Innerhalb weniger Monate waren alle Klöster zerstört – weit über fünfzehnhundert, viele davon mehrere hundert Jahre alt. Ihre Bewohner wurden »entsorgt«. Rund zwanzigtausend Lamas wurden gleich an Ort und Stelle hingerichtet, zumeist erschossen im Dunkel der Nacht vor den brennenden Ruinen ihrer Tempel; die Leichen warf man in Gruben. Die restlichen etwa achtzigtausend Mann schickte man in Gefangenenlager, und viele kamen nach Sibirien. Nur wenige kehrten zurück. Fast über Nacht verschwand ein Viertel der männlichen Bevölkerung, und mit ihm verschwand der Buddhismus in der Mongolei, der nun offiziell als verbrecherisch galt.

Bujandelgeruulech Chiid in Tsetserleg war eines der ganz wenigen Tempelklöster im Land, das als Museum weiterbestehen durfte. In einer früheren Inkarnation hätte die Museumswärterin gut eine Lamaserie-Taverne betreiben können. Sie war eine durch und durch wunderbare Gastwirtin, eine überreife, offenherzige Frau, die ein Alter erreicht hatte, in dem Garderobe und Hüften nicht mehr in der Größe harmonierten. Sie trug eine tief ausgeschnittene Bluse, eine Kette aus falschen Perlen, die verführerisch über die weichen Anhöhen unter der Bluse glitt. Außerdem hatte sie extravagante Ohrringe, angemalte Augenbrauen und Lippenstift auf den Zähnen. Ich fand sie in einem kleinen Büro in aufgeknöpftem Zustand, die Füße auf dem Tisch und die Strümpfe bis zu den Knien heruntergerollt.

Ziel und Zweck des Museums bestand darin, künftigen Generationen, die in dem vernunftbetonten, sonnenhellen Hochland der kommunistischen Gesellschaft lebte, Gelegenheit zu geben, die primitiven Glaubensgegenstände ihrer abergläubischen Vorfahren zu beglotzen. Das ehemalige Kloster lag an einem Hang mit Blick über die ganze Stadt und war umgeben von den Ruinen eines viel größeren Tempelkomplexes, der ein noch grausameres Schicksal erlitten hatte. Die meisten mongolischen Tempel waren architektonisch von Tibet oder China beeinflusst. Bujandelgeruulech Chiid war vom chinesischen Stil geprägt – einstöckige Gebäude mit emporgewölbten Dachtraufen, jeweils nur einen Raum tief, die sich mit lackierten und gemusterten Zwischenwänden um einen Innenhof gruppierten.

Njamas gewaltiger Busen schob mich über die steinernen Wege zwischen den Gebäuden. Sie selbst hatte keinerlei Interesse an den Tempeln in ihrer Obhut, lehnte am Türpfosten und feilte ihre eindrucksvollen Fingernägel, während ich mich im kühlen Inneren umsah. Sie mochte die Russen – grotesk für eine Hüterin dieser Opfer des russischen Fanatismus.

Sie fragte mich, wie ich in die Mongolei gekommen sei. Als ich Kasachstan erwähnte, runzelte sie die Stirn, war jedoch hoch erfreut zu hören, dass ich in Wolgograd und eine Zeit lang am Schwarzen Meer gewesen sei. Sie habe sechs Jahre lang in St. Petersburg gelebt, erklärte sie stolz, »als ich jung und schön war«. Sie bewunderte die russische *kultura*. »Die Oper, das Ballett, die Literatur«, sagte sie seufzend und rettete die Perlen aus den Tiefen ihres Ausschnitts, indem sie sich die Kette um die Finger wickelte. »Mütterchen Russland. Das ist Zivilisation, nicht wahr?«

Damit war ich leicht zu ködern. Ich war selbst ein bisschen ausgehungert, was *kultura* betraf. Hätte ich einen Wunsch frei gehabt, hätte ich mir einen fliegenden Teppich gewünscht, der mich einen Tag lang aus der Steppe holt, und St. Petersburg hätte ganz oben auf meiner Liste gestanden: ein Nachmittag in der Eremitage, Tee auf dem Newskij Prospekt, ein Abend im Kirow-Theater und hinterher ein Essen im Hotel Astoria.

Ich fragte Njama, ob sie im Kirow-Theater gewesen sei.

»Tschaikowsky«, murmelte sie. Sie ließ den Namen wollüstig fallen, einen unanständigen Zischlaut. Sie wiegte sich leicht, als ob ihr Melodien in den Sinn kämen. »Ich habe *Schwanensee* gesehen.« Sie fuhr mit der Hand durch die Luft. »Was für Prinzen«, sagte sie und seufzte, »was für Schwäne!«

St. Petersburg hatte sie geprägt. Mit ihren sinnlichen schweren Lidern und ihrem überwältigenden Puderduft war sie eine Figur, die in Puschkins Onegin gepasst hätte. Ich stellte sie mir in einem Boudoir vor, auf einer Chaiselongue, umringt von einem Kreis junger Verehrer.

Njama war für Tsetserleg nicht die erste Verbindung nach St. Petersburg. Das war die Ermordung des Ersten Sekretärs der Leningrader Partei, des Genossen Kirow, nach dem das Theater in Tsetserleg benannt worden war; dieser Anschlag hatte in den 30er-Jahren die stalinistischen Säuberungen ausgelöst. Der Mord war wie ein Stein, der die Oberfläche sowjetischen Lebens durchbrach, und danach brandete eine lebensbedrohliche

Flut über ganz Asien, die alle Klöster und alle Lamas in der Mongolei verschlang.

Als die Religionsfreiheit in der Mongolei wieder eingeführt wurde, kehrte auch der Buddhismus zurück, der allerdings an Bedeutung eingebüßt hatte und darum kämpfen musste, in der säkularisierten Gesellschaft wieder an Boden zu gewinnen. Die Mongolen erkennen zwar die Religion durchaus als Teil ihrer Kultur an, aber sie hat heute nicht mehr dieselbe Bedeutung wie früher.

Eines der erhalten gebliebenen Gebäude in Tsetserleg dient mittlerweile wieder als Tempel. Ein Schild am Eingang weist auf den Neuanfang hin: 3. April 1990. Die Balken über einer Vorhalle mit lackierten Säulen sind mit schauerlichen Totenschädeln behängt, um böse Geister abzuschrecken. Innen, hinter den hohen Tempeltoren mit Löwenkopf-Klopfern, flüstern die Mönche tibetische Sutren in den mit Räucherwerk durchzogenen Raum. Sie sehen genauso aus, wie Bruder Wilhelm sie vor über siebenhundert Jahren beschrieben hat: »All ihre Priester rasieren sich den Kopf ganz kahl, und kleiden sich in safrangelbe Gewänder ... An den Tagen, an denen sie in den Tempel gehen, stellen sie zwei Sitzbänke auf und setzen sich mit ihren Büchern in der Hand in zwei Reihen einander gegenüber wie Chorsänger.«

Buddhistische Rituale ziehen sich meist etwas in die Länge, weshalb die Mönche gern kleine Imbisse oder Mahlzeiten in die Gottesdienste einbauen. Vor ihnen auf den niedrigen Tischen liegen zwischen den Resten vom Frühstück – Schalen mit Tee und Teller mit steinhartem Käse – tibetische Schriften ausgebreitet. Ohne den Singsang zu unterbrechen ging ein Novize durch die Reihe und füllte die Schalen aus einem großen Kupferkessel wieder auf wie ein aufmerksamer Kellner. Ein Tablett mit Fladen wurde gebracht, gestiftet von einem der Bittsteller, die ehrfürchtig auf einer Bank an der Rückwand saßen.

Die Mönche, ein kleines Grüppchen, waren entweder sehr alt oder sehr jung – Überlebende der Säuberungen oder Novizen, die ihr Gelübde erst nach 1990 abgelegt hatten. Einer davon war ein dicklicher Bursche mit einer Wollkappe, der den Sprechgesang an den Höhepunkten mit einem so lauten Stoß aus seiner langen Trompete unterbrach, als wollte er das Ende der Welt verkünden. Die alte Garde war durch zwei betagte Lamas am Ende der Reihe vertreten. Einer begleitete den Singsang auf einer mit Fell bespannten Trommel; sein Gefühl für Rhythmus dürfte vor sechzig Jahren etwas besser gewesen sein. Der andere, ein zahnloser Greis, schien Schwierigkeiten mit dem harten Käse zu haben. Der Gesang der beiden war zwar etwas eingerostet, aber immer noch faszinierend.

Buddhistische Mönche sind Bewahrer; sie werfen offenbar nie etwas weg. Ganze Regimenter von zerfetzten Gebetsbannern hingen von der Decke, mottenzerfressene Tücher waren um die Säulen geknotet, alte, in staubige Tücher gewickelte Manuskripte, auf die seit dem Tod von Dschingis Khan sicher kein Mensch mehr einen Blick geworfen hatte, lagen in voll gestopften Glasvitrinen, schmückendes Beiwerk stand wahllos durcheinander auf jeder nur möglichen Stellfläche: Buddhas in allen Größen und Haltungen, gerahmte Fotos vom Dalai Lama, unendlich viele kleine Gemälde von Furcht erregenden Wächtern, knarrende Gebetsräder, Butterlampen, Unmengen von Miniatur-Stupas, die an billige Urlaubssouvenirs erinnerten. Das Durcheinander in den Seitengängen war so verwirrend, dass ich eine Weile brauchte, bis ich einen uralten Mönch bemerkte, der wie ein verstaubter und vergessener Gegenstand in einer Ecke saß und eingenickt war, die bestrumpften Füße auf dem Ofenschirm eines großen russischen Ofens.

Überraschend war, dass so viel überlebt hatte. Zur Zeit der Säuberungen nahm die Partei gleichzeitig eine Art Hausputz vor. Alte Manuskripte wurden verbrannt, Gebetsräder zerschlagen, Gold- und Silberschmuck wurde eingeschmolzen nach Russland transportiert. Die Sachen, die sich in den wieder belebten Tempeln häufen, waren alle von Gläubigen sichergestellt und über die langen Jahrzehnte kommunistischer Unterdrückung versteckt gehalten worden.

In einem kleinen Büro nahmen zwei Frauen die Gebetsaufträge entgegen. Hierher kamen Bittsteller und bestellten Gebete, Sutren oder Segenswünsche für bestimmte Gelegenheiten wie Geburten, Hochzeiten, Todesfälle, Reisen, Krankheit, bessere Weiden oder guten Regen. An der Rückwand hing eine Liste mit den verschiedenen Angeboten und den jeweiligen Preisen. Das Ganze wirkte auf komische Weise bürokratisch, wahrscheinlich ein Relikt des kommunistischen Systems. Da gab es einen hohen Schalter mit unzähligen Formularen, die in dreifacher Ausfertigung auszufüllen waren, ein dickes Hauptbuch, in dem die Bestellungen genau vermerkt wurden, und Empfangsbestätigungen mit amtlichem Tempelstempel. Die Frauen gaben sich redlich Mühe, möglichst langsam und grob zu sein. Aber die Leute standen Schlange.

Ich fragte eine der Frauen, ob es möglich sei, einen der alten Mönche zu sprechen, die vor den Säuberungen hier Dienst getan hatten. Sie nannte mir die drei älteren Mönche, die ich im Tempel gesehen hatte, riet mir aber, lieber den ältesten Mönch im Distrikt aufzusuchen, der nicht weit weg wohne, in Ich Tamir. In den 30er-Jahren hatte er dem Tempel von Tsetserleg angehört. Er sei siebenundneunzig, sagte sie, aber noch ganz klar im Kopf.

Sofort machte ich mich auf die Suche nach einem Jeep. Bei einem Siebenundneunzigjährigen war nicht mal der kleinste Aufschub erlaubt.

Der alte Lama lebte mit seiner Nichte zusammen. Sie hockte vor dem *ger* und rauchte in Zeitungspapier gerollten Tabak. Sie war eine alte Frau mit wässrigen Augen und arthritisch steifen, geschwollenen Händen. Mit knackenden Knochen stand sie auf und führte uns hinein.

Zunächst schien das *ger* leer zu sein. Ich hatte das Gefühl, ein Gespenst zu besuchen, den Geist des Lamas, vielleicht hervorgerufen durch den kleinen Buddha in einem Glaskästchen auf der Kommode. Ein gelbliches Licht sickerte durch die Zeltwände. Eine Uhr tickte in der Stille.

»*Achaa*«, krächzte die achtzigjährige Nichte. »Wach auf! Ein Ausländer will dich besuchen.« Sie ging zu einem der Feldbetten an der Wand und klopfte auf die Decke. Ein winziger Kopf rührte sich auf dem Kissen. Der Körper wirkte unter der Decke kaum substanzieller als ein zerknittertes Laken.

Ich half ihr, den alten Mönch aufzurichten. Er wog so viel wie eine Motte. Seine Füße, die in Pantoffeln steckten, schwangen in Zeitlupe vom Bett herunter und landeten so leicht auf dem Boden, als schwebte er über der Bettkante. Seine Verbindung zur physischen Welt schien sehr lose und ohne Bedeutung. Seine Hände flatterten auf der Suche nach seinen bernsteinfarbenen Gebetsperlen und dem Fläschchen mit Schnupftabak über die Decke. Ich saß auf einem Schemel vor ihm. Er war so groß wie ein Kind.

Das Jahrhundert hatte ihn auf seinen Wesenskern reduziert – eine winzige Gestalt, sparsam in der Bewegung, hauchzart in der Berührung. Er trug eine rote Satinrobe. Ähnlich wie die Decke schienen auch ihre Falten fast nichts zu beherbergen. Die Hände, die aus zerfransten Manschetten ragten, lagen im Schoß, eine Sammlung ordentlich gefalteter Knochen, umkleidet von durchsichtiger Haut und mit blauen Venen verziert. Als er sich mir zuwandte, sah ich, dass seine alten Augen, so hell geworden, dass sie blau schienen, fast blind waren. Die schmalen Schultern, die kleinen geschürzten Lippen und die dünne, mit Altersflecken übersäte eingefallene Haut waren geschlechtslos. Unter einer hauchdünnen Schicht von Stoppeln sah man den Schädel, so bleich und fein wie Porzellan.

»Ich habe geträumt«, sagte er. Auf der Schwelle des Schlafs war seine Stimme nur ein Flüstern

Seine Nichte brachte Schalen mit Tee, und ich fragte ihn nach seinem Leben.

»Ich ging mit acht Jahren ins Kloster«, sagte er. Die Wörter fielen langsam wie welke Blätter. »Ich lebte im Kloster von Tsetserleg. Das war eine gute Zeit. Wir haben den ganzen Tag gesungen. Neunundzwanzig Jahre lang war ich Mönch.«

Er wusste nicht mehr, wie viele Lamas es damals im Kloster gegeben hatte. Vielleicht tausend, meinte er. Es war eins der größten Klöster in der Mongolei, mit vielen bedeutenden Lamas. Als er siebenunddreißig war, kamen die Männer aus Ulan Bator und bereiteten dem Leben im Kloster ein Ende.

Noch sechzig Jahre später war ihm jene Nacht als eine Folge konfuser Bilder in Erinnerung. Die Männer kamen auf Lastwagen, die Scheinwerfer erhellten die Höfe. Er erinnerte sich an ihre Schatten, die auf das Pflaster fielen und über die Tempelmauern zuckten. Sie hatten Feuerwaffen dabei. Einer der Männer las eine offizielle Erklärung vor, die besagte, es gebe keinen Gott und keine Religion.

»Es ging alles sehr schnell«, erzählte der alte Mann. »Am Nachmittag waren wir noch Mönche in den Tempeln. Am Ende der Nacht waren wir Gefangene.«

Als Erste nahmen sie die älteren und bedeutenderen Lamas mit, Männer, die man ihn gelehrt hatte zu verehren.

»Wie Vieh hat man sie draußen vor dem Tor im Licht der Scheinwerfer zusammengetrieben«, berichtete der alte Mann. »Wenn ich jetzt an diese Lamas denke, habe ich nur noch ihre Gesichter in jener Nacht vor Augen. Ihre Augen waren weiß, und einige schrien. Die Männer stießen sie mit ihren Gewehren vorwärts, luden sie auf die Lastwagen und transportierten sie ab. Angeblich wurden sie erschossen. Ich weiß nicht, was mit ihnen geschehen ist. Aber wir haben die alten Lamas nie mehr gesehen.«

Er sprach sehr langsam, aber die Wörter schienen seinem Mund zu entgleiten, bevor sie noch ganz ausformuliert waren. Sie fielen aus dem zahnlosen Mund, und dabei stolperten die gehäuften Konsonanten übereinander. Mandah übersetzte meine Fragen sorgsam, aber er war sich über ihre Funktion genau im Klaren. Mit seinen Antworten wandte er sich an mich, die blicklosen Augen auf mich gerichtet. Von Zeit zu Zeit legte er seine Hand auf meinen Arm, um Körperkontakt herzustellen. Seine Berührung war so leicht, als wären seine Knochen hohl.

»Wir mussten die Tempel selbst in Brand setzen. Zuerst holten sie alle Skulpturen und alle wertvollen Sachen heraus. Dann zwangen sie uns, Feuer zu legen. Aber es war doch möglich, ein paar Dinge zu retten. Hinter den Tempeln standen nämlich Leute, am Hang dahinter, verstehen Sie, Einheimische und Hirten. Im Dunkeln brachten wir Sachen hinaus, während die Männer unten beschäftigt waren – Texte und Gebetsbanner und Buddhas –, und die Leute nahmen sie an sich und versteckten sie.«

Mit den meisten einfachen Mönchen wurde er im Gefangenenlager außerhalb Tsetserlegs interniert. Dort verbrachte er zwölf Jahre, arbeitete als Kameltreiber und musste Holz für die Leute in der Stadt herbeischaffen. Es war ein hartes Leben. Sie bekamen kaum genug zu essen, um am Leben zu bleiben, meist nur trockenen Reis. Einige Lamas starben im Lager. Als er schließlich entlassen wurde, schickte man ihn in ein Hirtenkollektiv in einem weit entfernten Distrikt. Dort lebte er als einfacher Hirte, bis 1990 der Umschwung kam.

Ich fragte ihn, ob er nicht insgeheim buddhistische Rituale praktiziert habe, wie einige frühere Mönche.

»Nein«, antwortete er, »das war in jener Zeit nicht möglich. Die Parteimitglieder im Distrikt warnten mich immer wieder davor, ein Gebet zu sprechen oder jemanden zu segnen. Nicht einmal für einen eigenen Angehörigen durfte ich das.«

»Hast du nicht doch gesungen, Onkel?«, fragte seine Nichte. »Heimlich.«

Er wandte sich ihrer Stimme zu, und ein schalkhafter Ausdruck überflog sein Gesicht. Mit Daumen und Zeigefinger hob er eine Prise Schnupftabak an seine Nase.

»Vielleicht.« Der Hauch eines Lächelns war zu sehen. »Ein bisschen. Ganz heimlich.«

Er drehte sich wieder zu mir. »Von meinem Tempel waren nur Trümmer übrig geblieben. Es gelang meiner Schwester, einige wertvolle Dinge aus meinem *ger* zu verstecken, Manuskripte und einen Buddha. Sie holte sie, nachdem ich festgenommen worden war, wickelte sie zusammen mit Kuhdung in Tücher und vergrub sie am Fluss in Tsetserleg. Als die Reformen kamen und die Tempel ihre Pforten wieder öffneten, schickte ich einen meiner Neffen, um die Sachen zu holen. Nach fünfzig Jahren waren sie immer noch heil. Ich schenkte sie dem neuen Tempel in Tsetserleg. Viele Leute haben auf diese Weise Sachen versteckt. Wissen Sie, wir haben *Buddagiin Shashin* – den Glauben an Buddha – nie verloren. Fünfzig Jahre haben wir gelitten, aber jetzt bin ich glücklich, noch zu erleben, dass wir wieder singen dürfen.«

Vor einigen Jahren hatte die Regierung versucht, das den Mönchen angetane Unrecht wieder gutzumachen. Funktionäre aus Ulan Bator hatten ihn aufgesucht und gebeten, auf einem Formular aufzulisten, was man ihm alles weggenommen hatte.

»Sie fragten mich nach meiner Herde. Nach dem *ger* meiner Familie. Für all das sollte ich einen Preis festsetzen. Um eine Entschädigung zu bekommen.« Er lächelte mich an. »Was hätte ich denn schon aufschreiben können?«, fragte er. »Hätte ich nach fünfzig Jahren versuchen sollen, meine Schafe zu zählen? Wie sollte ich eine Liste der verlorenen Sachen aufstellen?«

Er schien erleichtert, dass daraus nie etwas wurde. »Die Männer, die da kamen, waren wie die Männer, die die Tempel niedergebrannt hatten. Ganz genauso. Sie stellten eine Menge unanständiger Fragen. Fragten mich nach den Namen der Männer, die mich festgenommen hatten. Die die Tempel angezündet hatten. Die uns im Lager bewacht hatten. Angeblich wollten sie Akten anlegen. Aber ich habe ihnen nichts gesagt. Das alles ist ja schon so lange her. Was geschehen ist, kann niemand mehr ändern. Die Namen zu nennen hätte die alten Tempel nicht zurückgebracht.«

Mongolische Klöster haben vielleicht keinen besonders guten Ruf, aber die Güte dieses einfachen alten Mönchs war bewegend. Er war ohne jede Bitterkeit.

»Die Vergangenheit kann man nicht mehr zurückholen«, sagte er. »In der Vergangenheit kann man nicht leben.«

Er wollte hinausgehen. Ein junger Mann erschien, und zusammen geleiteten wir den alten Mann zur Tür des *ger*. Sein scharfer Ellbogen unter meiner Hand schien das einzig Stoffliche an ihm zu sein. Draußen schien die Spätnachmittagssonne, und wir setzten ihn behutsam auf einen Stuhl. Er entschuldigte sich wegen seiner Gebrechlichkeit.

»Wenn ich sehen will, sind keine Augen da. Wenn ich essen will, sind keine Zähne da. Wenn ich gehen will, sind keine Beine da«, sagte er. Auf Mongolisch klang das sehr poetisch.

Kieferndüfte und der Buttergeruch der *gers* durchzogen die Abendluft. Die Weideflächen am anderen Flussufer glänzten im goldenen Licht. Heimkehrende Herden warfen lange Schatten.

Der alte Mann hielt den Kopf leicht schräg, wie ein Vogel, und horchte in den Abend hinein. Er lauschte dem Getrappel der Schafe und den Stimmen in der Ferne. Wie federleicht thront er da über der Welt, dachte ich.

»Ich warte darauf, dass ich abberufen werde«, sagte er. Er hob sein Gesicht in das sinkende Licht. »Ich bin wohl der Einzige, der noch übrig ist.«

An der Tür des *ger* erwachte ein Säugling und wimmerte. Es war der Ururururgroßneffe des alten Mannes. Er drehte den Kopf zu dem Geräusch. »Er ist wie ich. Nicht im Gleichklang mit der Welt. Er schläft am Tag und nachts ist er wach. Wir leisten einander Gesellschaft, wenn die andern schlafen.«

Wir verabschiedeten uns.

»Gibt man Ihnen denn gute Pferde?«, fragte er plötzlich.

»Nur wenn man mir traut«, erwiderte ich.

»Sie müssen darauf bestehen. Sagen Sie den Leuten, dass sie den Segen eines Lamas haben. Es gibt nichts Besseres als ein gutes Pferd. Das macht alles wett.«

»*Sain javaarai*«, sagte er singend, »gute Reise!« Er winkte kurz mit beiden Händen, die wie winzige Vögel um sein Gesicht flatterten. Erschöpft von der Bewegung flatterten sie in seinen Schoß und blieben still dort liegen.

KAPITEL DREIZEHN

~

DIE HOCHZEITSSCHLÄGEREI

Den ganzen Abend kamen Leute, um mich vor sich selbst zu warnen. Sie saßen im Gras vor meinem Zelt und erleichterten sich durch präventive Beichten. Der nächste Tag würde schwierig werden, meinten sie, auf Hochzeiten gehe es stürmisch zu. Da seien die Leute unberechenbar. Sie warnten mich vor bestimmten Individuen, räumten aber ein, auch sie selbst könnten außer Rand und Band geraten. Ich wäre gut beraten, mich früh davonzumachen, bevor alles drunter und drüber gehe.

Wir hatten Tsetserleg in gelber Weltuntergangsstimmung verlassen, in einem stürmischen Wirbel von Staubwolken und heißen Winden. In der schwefelgelben Düsternis war ein Führer mit vier nervösen Pferden zum Hotel gekommen. Wir hüllten unsere Köpfe in Tücher und ritten durch die aufgewühlte Stadt davon. Im Lauf des Vormittags ließ der Sturm nach. Wir überquerten winddurchfegte Steppen unter barocken Wolken. Der Himmel war frisch gewaschen. Im Norden tauchten Schafherden aus den Falten der rundlichen Hügel auf. Eine Gruppe schöner Bäume, die uns mit Schauern gelber Blätter bedachten, kündete einen Fluss zu unserer Rechten an. Wir ritten den Fluss entlang und überquerten ihn an einer Furt, wo uns das Wasser bis zu den Steigbügeln reichte. Ich legte meine Beine über den Sattelknopf, und mein Pferd reckte in dem holzkohleschwarzen Wasser den Hals weit nach vorn. Es war ein dunkler Wallach mit flaumigen, weichen Ohren, einem intelligenten Gesicht und einem leichten Gang. Ich redete beruhigend auf ihn ein, als er unter den losen Steinen auf dem Grund Halt suchte, aber er zeigte Gelassenheit und Selbstvertrauen und sprang ohne Schwierigkeit die Böschung hinauf.

Hier war das Ufer mit weit auseinander stehenden Pappeln bewachsen, und wir ritten durch das Netzwerk ihrer Schatten, wo die Winde das

Laub in kreisförmige Wirbel geblasen hatten. Mit ihren kuppelartigen Kronen wirkten die Bäume wie Gedenkstätten. In dieser Region waren sie die einzigen Gebilde, an denen sich der Verlauf der Zeit ablesen ließ. Ihre Ringe legten Zeugnis von Jahrzehnten ab. Vielleicht freute ich mich deshalb immer so, sie zu sehen. In den gleichgültigen Weiten der Mongolei, unter dem Gras und den zahllosen Wildblumen, die einen Sommer, aber auch eine Ewigkeit lang lebten, besaßen sie allein ein Leben wie ich.

Nach einer kleinen Anhöhe kamen wir auf weite offene Flächen hinab, wieder ohne Bäume, wo sich zwei stille Teiche in der Grasfläche gebildet hatten. Wiedehopfe tauchen am Rand der Teiche auf und tänzelten über die Pfade, die durch das Gras liefen. Federwolken zogen sich wie Streifen über den Himmel im Osten.

Unser neuer Führer war der jüngere Bruder des Taxifahrers, der uns zum alten Lama nach Ich Tamir gebracht hatte. Der Temperamentsunterschied zwischen dem sesshaften Städter und dem Nomaden vom Land zog sich wie ein Schnitt durch ihre Familie. Der Taxifahrer war ein wackerer Bursche mit einem Haus, einem Jeep, Levis-Jeans und einem Riecher für mögliche Geschäfte. Der Reiter war ein Nomade mit lebhaften Pferden, einem abgetragenen *del*, einem mangelhaften Sinn für Pünktlichkeit und einer Leidenschaft für die Murmeltierjagd. Er war eine freundliche, sentimentale Seele von Mensch, der uns nicht als Kunden, sondern als Gäste betrachtete. Er war auf unsere Bequemlichkeit und Sicherheit bedacht und wollte, dass wir uns in seiner Heimat wohl fühlten, in der Umarmung dieser Landschaft.

Den ganzen langen Nachmittag ritten wir durch gelbe Weite in eine blaue Ferne, wo wir schließlich mitten zwischen Schafherden und Wolkenschatten von der Größe eines Landkreises auf ein Lager aus vier *gers* stießen. Es war das Herbstlager der Schwiegerfamilie unseres Führers.

Auf seinen Rat hin stellten wir unser Zelt abseits der *gers* auf. Auch er machte sich wegen der üblen Auswirkungen nach der großen Hochzeit am nächsten Tag Sorgen. Zwei Frauen kamen mit einem Eimer *airag* zu uns herüber, und bald folgte ihnen ein Strom von Besuchern, die uns beim Trinken helfen wollten. Sie hockten sich vor unserem Zelt auf die Hacken, und ihre Pferde beschnupperten sie von hinten. Mit entschuldigenden Worten warnten sie uns vor den kommenden Festivitäten. Es werde getrunken, meinten sie. Die Festlichkeiten könnten die falschen Leute anlocken. Es könnte ruppig zugehen.

Es klang unwiderstehlich.

Am Morgen machten sich der Bräutigam und seine Helfer auf, etwa sieben oder acht Mann aus seiner Sippe, um die Braut aus ihrem etwa fünfzehn Meilen entfernten *ger* zu holen. Für diese besondere Gelegenheit hatte man einen alten russischen Lastwagen gemietet, das Pendant zum sonst üblichen Rolls-Royce. Dort angekommen, würde der Bräutigam die Braut erst suchen müssen, die sich traditionsgemäß vor ihm zu verstecken hat. Das würde nicht allzu schwierig sein, denn der Brauch will es, dass sie sich unter einem Bett in einem benachbarten *ger* verbirgt.

Während wir auf ihre Rückkehr warteten, servierte man uns im *ger* der Neuvermählten ein Frühstück, das Verwandte schon seit Wochen liebevoll vorbereitet hatten. Es war wie bei einer Ausstellung zum Thema »Das ideale *ger*«. Zur Dekoration gehörte ein Poster mit der aufmunternden Gestalt von Batardene, dem nationalen Ringer-Champion, das an prominenter Stelle über dem Ehebett hing. Brötchen, Scheiben weißen Käses und Zuckerzeug waren in verwirrenden Lagen auf jeder Fläche angeordnet wie Hochzeitskuchen. Auf einem niedrigen Schemel stand ein Teller mit

Die Frischvermählten – vor der Schlacht (Provinz Archangai)

aufgetürmten Leckerbissen vom Schaf, dekorativ arrangiert mit der beliebten Delikatesse, dem großen, fetten Schwanz, auf dem Gipfel dieses riesigen grauen Gletschers. Jüngere Schwestern huschten ein und aus, um letzte Vorbereitungen zu treffen, bevor Bräutigam, Braut und Gäste eintrafen. Während wir frühstückten, bezogen die ersten Aufpasser Posten, um nach dem Lastwagen mit der Hochzeitsgesellschaft aus dem Lager der Braut Ausschau zu halten.

Am Nachmittag warteten wir immer noch. Anscheinend hatte man dem Bräutigam und seinen Begleitern im *ger* der Braut noch ein Hochzeitsfrühstück angeboten. Nun stellte man komplizierte Berechnungen an – Anzahl der Meilen zum *ger* der Braut, dividiert durch die Geschwindigkeit des Lastwagens, kombiniert mit der wahrscheinlichen Dauer des Frühstücks und schließlich multipliziert mit dem geschätzten *archi*-Konsum. Die unbekannte Variable dabei war der Zustand des Lastwagens, einem uralten Bastard, bei dem ein Kameltreiber aus Uliastai ein russisches Chassis durch einen chinesischen Motor zu veredeln versucht hatte.

Gegen vier Uhr erschien endlich eine Staubspirale hinter einem fernen Hügelkamm. Als der Lastwagen am Hochzeitszelt vorfuhr, zeigte sich, dass die verschwenderische Gastfreundschaft im *ger* der Braut die Verzögerung verursacht hatte. Der hintere Teil des Lastwagens war gerammelt voll mit Hochzeitsgästen in einem derart wirren Zustand fröhlicher Ausgelassenheit, dass wir Mühe hatten, sie zum Absteigen zu bewegen. Um die Brautmutter, die anscheinend davon überzeugt war, dass man vor dem falschen *ger* stand, auf festen Boden zu befördern, waren vier Männer nötig. Die ältere Schwester der Braut, die sich gegen jede Hilfe wehrte, fiel kopfüber von der Ladeklappe, schlug zweimal auf den Boden auf, bumste an einen Türpfosten und blieb lächelnd liegen.

Als endlich alle abgestiegen waren, traten Braut und Bräutigam respektvoll beiseite, während die Hochzeitsgesellschaft in das neue *ger* drängelte wie Fußballfans bei einem Heimspiel. Der Bräutigam war sehr groß und hager und hatte ein längliches, eckiges Gesicht. Die Braut, so rundlich wie er strichförmig, reichte ihm bis zur Taille. Den ganzen glücklichen Tag lang benahmen sie sich wie Enttäuschte bei einem *blind date*, behielten bedrückte Mienen bei und sahen sich nie in die Augen. Für die Braut gehörte das zur mongolischen Tradition. Ihre Rolle war es, sich geziert und prüde zu geben und damit schickliche weibliche Bescheidenheit auszudrücken. Der frisch vermählte Mann entsprach eher einem allgemeinen Bild: Er war der vor den Kopf geschlagene, nervöse Bräutigam, den es in jeder Kultur gibt. Der merkwürdige Kontrast zum allgemeinen Frohsinn wurde noch dadurch verstärkt, dass die beiden als Einzige von der ganzen Hochzeitsgesellschaft nüchtern blieben.

Die Religion wurde von dem Typ Mönch vertreten, vor dem die Kommunisten in den 30er-Jahren immer gewarnt hatten. Der verpflichtete Lama war eine theatralische Figur, der wie ein lüsternes Mastschwein aussah. Verglichen mit ihm war Falstaff ein enthaltsamer, magerer Kümmerling. Er trug einen verdreckten *del*, ein Piratenstirnband und einen Mandschu-Schnurrbart. Er legte seine fette Hand auf meinen Scheitel, murmelte als Segensspruch ein paar Wörter in falschem Tibetisch und bot mir dann eine Schale mit *airag* an. Ich mochte ihn. Er war fröhlich, lüstern und stockbesoffen.

Im *ger* der Neuvermählten bezogen die beiden Familien auf beiden Seiten des Zelts Stellung wie einander gegenüberstehende Armeen. Etwa fünfzig bis sechzig Menschen drängten sich da zusammen – ein so enger Körperkontakt, wie er normalerweise den Fahrgästen der Tokioter U-Bahn im morgendlichen Stoßverkehr vorbehalten ist. Die unerwartete Anwesenheit eines Ausländers wurde als gutes Omen für den Erfolg der Verbindung angesehen, und ich wurde auf den Schoß eines Bruders des Bräutigams gedrückt. Im Rücken hatte ich die spitzen Knie einer langen Reihe missbilligender Großmütter und ältlicher Tanten, die auf den Feldbetten saßen.

Mongolische Hochzeiten leiden unter einem Übermaß an Gastfreundschaft. Nach dem morgendlichen Schlemmerfrühstück im *ger* der Braut war es nun an der Familie des Bräutigams, sich von der großzügigsten Seite zu zeigen, und da wollte man nicht kleinlich erscheinen. Traditionsgemäß musste jeder Gast drei Schalen mit *airag* und drei mit *archi* konsumieren. Die jüngeren Schwestern waren als Serviererinnen eingesetzt und bahnten sich stolpernd ihren Weg durch das Gewirr von Armen und Beinen, wenn sie mit vollen oder leeren Schalen hin und her eilten.

Kam die dritte Schale *airag*, musste jeder Gast ein Lied singen. Selbst für einen sehr schüchternen Mongolen lief das ziemlich schmerzlos ab, da die ganze Versammlung alle Lieder auswendig kannte und noch vor dem Ende der ersten Zeile mit einstimmte. Leider war das Publikum nicht sehr vertraut mit der schönen irischen Weise *She Moves Through the Fair*, und so musste ich ohne Begleitung vor einer schweigenden, nachdenklichen Hörerschaft alle vier Strophen singen. Erst am Ende der ersten Strophe fiel mir ein, dass es ein Lied über eine unglückliche Hochzeit war. Mongolen sind sehr empfindlich, wenn man das Schicksal beschwört, und als sie nach einer Übersetzung verlangten, bat ich Mandah zu lügen. Sie machte ihre Sache bewundernswert und erfand eine Geschichte von einem Jungen, der sein Lieblingspferd sucht. Der Lama, ein Mann, dem Doppelzüngigkeit geläufig war, warf uns einen seltsamen Blick zu. Diese neuartige westliche Musik schrie nach einer Zugabe, und ich verfiel auf *The Skye Boat Song*, weil diese Geschichte über Krieg, besiegte Häuptlinge und Haustiere für ein Zelt voller Mongolen nachvollziehbar und relativ harmlos war.

Kaum waren die dritte Schale *airag* geleert und die Lieder verklungen, als die Brüder der Braut frischen Getränkenachschub aus dem Lastwagen heranschafften und die Schalenträgerinnen abermals ihre Runde machten. Jetzt entstand eine gewisse Rivalität zwischen den Familien, die sich gegenseitig als großzügige Lieferanten überbieten wollten. Bei dem Bemühen, die andere Seite zum Trinken zu nötigen, gab es kein Pardon. Geschwind wurden ein paar Jugendlichen aus der Familie des Bräutigams Anweisungen zugeflüstert, worauf diese hinaus eilten, sich auf ihre Pferde schwangen und losritten, um weit entfernten Nachbarn noch mehr Trinkvorräte abzupressen.

Unter dem Einfluss des Alkohols zeigten die Hochzeitsgäste in beiden Lagern gewisse Anzeichen leichter Verstörtheit. Hüte saßen schief, Gesichter färbten sich grün, und albernes Geschwätz wurde einem als weise Erkenntnis zugemurmelt. Selbst die Tanten mit den spitzen Knien begannen zu sabbern. Mittlerweile kamen immer mehr Gäste, und das Gewühl glich zunehmend einer Versammlung von Schlangenmenschen. Menschen wurden um mich herum gestapelt wie ineinander geschachtelte Kisten.

Der Bruder des Bräutigams versuchte in seiner Rolle als »Brautführer« Ordnung in das Getümmel zu bringen. Er stellte Angehörige der Bräutigamsfamilie vor, begrüßte die Familie der Braut und lenkte den Strom von *airag* in die richtigen Bahnen. Er trug eine lederne Schirmmütze, wie Lenin damals, als es eine Revolution anzuführen galt. Unterstrichen wurde die Ähnlichkeit noch durch ein Ziegenbärtchen und die Angewohnheit, im Stehen die Arme zu schwenken wie ein Volksredner. Er brachte verschiedene Trinksprüche aus. »Wir wollen trinken! Wir wollen feiern! Wir wollen singen!« Bei ihm klang es wie eine Direktive der Partei.

Ein Bruder des Bräutigams interessierte sich in besitzergreifender Weise für mich. Er trug einen Filzhut und einen roten *del* und hatte das

Gesicht und das Lächeln eines freundlichen Kleinstadtbankiers. Er wohnte in der Nähe in einem Eisenbahnwaggon. Das Großartige daran sind die Fenster, sagte er. Nach einem langen Leben in *gers* liebte er diese Neuheit, dank deren er hinausschauen konnte. Auch fand er die Einrichtung sehr nützlich. Das Seil der Notbremse war ideal zum Trocknen von Schafshäuten. Das Toilettenabteil war ein trauliches Ställchen für neugeborene Lämmchen, solange die Nächte eisig waren. Aber in dem Tumult war es mir nicht möglich, das eigentliche Mysterium dieser Waggonwohnung zu ergründen, nämlich wie es überhaupt dorthin gekommen war. Die nächste Eisenbahn verkehrte über dreihundert Kilometer von hier entfernt.

Der Mann im Filzhut ließ verlauten, dass er sich an den Hochzeitskosten beteiligt hatte. Er war ein wohlhabender Gesell mit großen Schafherden. Der *airag* hatte seine großzügige Ader geweckt. Ich solle ihn wissen lassen, wenn ich etwas benötige. Als sich herausstellte, dass ich zu Pferd reiste, bot er mir sein eigenes Pferd an, einen Naadam-Sieger, nach seiner eigenen Einschätzung ein unvergleichlich wertvolles Tier. Ich zierte mich, aber er beharrte darauf. »Morgen schlachte ich ein Schaf, das können Sie mitnehmen«, sagte er. »Sie sind unser Gast. Was immer Sie brauchen, Lebensmittel, Pferde, Glück – sagen Sie einfach Bescheid!« Er hob launig einen Finger. »Haben Sie eine Frau?«, fragte er. »Keine Sorge. Wir finden morgen schon etwas.«

Auf der anderen Seite des *ger*, im Lager der Brautfamilie, stachen besonders die beiden Brüder der Braut hervor. Der eine war ein großartiger Sänger, der im Lauf des Nachmittags öfter um ein Lied gebeten wurde. Der andere Bruder hätte Wyatt Earp in einer Neuverfilmung von *Zwei rechnen ab* spielen können. Er hatte einen breitrandigen Hut, einen Bleistiftschnurrbart und ein scharf geschnittenes, ansprechendes Gesicht. Er beherrschte sogar den alten Cowboy-Trick, intelligent und zugleich würdevoll zu erscheinen, indem er nie den Mund aufmachte. Wenn man ihn zu einer Antwort drängte, bekam man unweigerlich das mongolische Äquivalent zum amerikanischen »*Yup*« der Cowboys zu hören.

Durch das Trinken und das hautnahe Gedränge entstand eine fantastische Kameradschaftlichkeit. Im Schoß von anderen liegend, wurden wir alle zu Busenfreunden. Selbst der dominante Lenin verwandelte sich in einen Kumpel. Schalen mit *airag* kamen und gingen, und die Gesellschaft wurde rührselig und weinerlich. Lenin durchlitt eine Identitätskrise. »Ich habe versucht, mein Bestes zu tun, Stalin«, appellierte er an mich mit ausgestreckten Händen, die Augen voller Tränen. »Ich habe wirklich mein Bestes gegeben. Ich habe versucht, einen anständigen Sohn großzuziehen. Ich habe versucht, ein guter Ehemann zu sein. Ich habe versucht, ein guter Bruder zu sein.«

Ein neuer Bursche hatte sich zwischen uns gequetscht, ein Onkel des Bräutigams, mit dunklem, backenbärtigem Gesicht und einem Hygieneproblem. Er stank wie ein Kamel. Die Tränen Lenins hatten ihn an seinen eigenen Schmerz erinnert, und er schluchzte an Mandahs Schulter. Er hatte eine Tochter in ihrem Alter, die er als Baby adoptiert hatte. Seine Schultern zuckten, und große Tränen rollten ihm über die Backen; als sie sein Kinn erreichten, waren sie schwarz. Nur der Mann, der im Waggon wohnte, behielt sein Lächeln bei. »Reisen Sie auch auf Kamelen?«, fragte er. »Ich kann Ihnen gute Kamele besorgen.«

Nun traf frischer *airag*-Nachschub ein. Eine ältere Schwester der Braut erhob sich mit einer ziemlich sarkastischen Dankesadresse, der sie auch gleich hinzufügte, dass die Familie sich hiermit verabschiede. Anscheinend hatte sie den Eindruck, die Familie des Bräutigams sei eine Spur zu großzügig mit dem Ausschenken und wolle damit die Gastfreundschaft der Brautfamilie an diesem Morgen abwerten. Wie auf ein Stichwort standen Wyatt Earp und der Sänger auf, um zu gehen, und die formierten Massen der Brautfamilie schlossen sich ihnen an. Aufgeschreckt durch diesen plötzlichen Aufbruch, sprangen die Angehörigen des Bräutigams auf und schrien: »Ihr müsst bleiben! Jetzt gibt's was zu essen. Neuer *airag* ist gekommen, ihr müsst euch amüsieren.« Die Proteste waren untermauert von dem Verdacht, die Familie der Braut wolle sie beleidigen und die Gastfreundschaft der Familie des Bräutigams nicht mit Anstand annehmen.

Nun folgte ein großes Gezerre. Die Familie des Bräutigams zog an den Angehörigen der Brautfamilie, um sie am Aufbruch zu hindern, und die Brautfamilie ihrerseits schob sich mühevoll zur Tür. Binnen Minuten artete das Gezerre, das auch bei den friedlichsten Trinkgelagen der Mongolen gang und gäbe ist, in eine Rauferei aus. Jemand hatte zu heftig gezerrt und war nach vorn gekippt, wobei er eine alte Frau zu Boden riss. Jemand hatte versehentlich eine Schale mit *airag* umgestoßen.

Mit einem Schlag herrschte Aufruhr im *ger*, und die Leute begannen sich zu prügeln. Wyatt Earp fiel über ein paar junge Männer her und schickte drei davon mit einem Rundumschlag seiner Rechten zu Boden. Der Mann, der im Waggon lebte, legte den Sänger flach und katapultierte den Herd und eine ältere Tante in die Luft. Lenin wollte die Situation mit Trinksprüchen retten. »Wir wollen trinken! Wir wollen feiern! Wir wollen singen!« brüllte er über das Getöse hinweg, aber niemand hörte hin. Er nietete zwei Schwestern der Braut um und versuchte, sich einen Weg zur Tür zu bahnen, um den Fluchtweg zu sperren. Eine der Tanten mit den scharfen Knien hatte sich eine Pferdepeitsche geschnappt und peitschte fröhlich auf ihre neuen Anverwandten ein. Acht Schalen *airag* hatten jedoch ihre Zielgenauigkeit sehr vermindert, und nun prasselten ihre Schläge auf meine Schultern. Das Brautpaar, das sich klugerweise nicht an dem Handgemenge beteiligte, saß mit höflich niedergeschlagenen Augen nebeneinander, als ob die Schlacht um sie herum nichts weiter wäre als eine weitere peinliche Rede. Der einzige andere Unbeteiligte war der Lama, der mit glänzenden Augen das Getümmel beobachtete und die allgemeine Ablenkung nutzte, um sich zu einer neuen Schale *archi* zu verhelfen.

Die Schlägerei endete abrupt und erstaunlich manierlich – trotz zwei oder drei blutigen Nasen. Aber hinterher, als der Sieg an die Familie des Bräutigams ging, die den vorzeitigen Aufbruch hatte verhindern wollen, setzten sich alle wieder hin, und das Trinken und Singen ging weiter. Niemand schien eine Rauferei bei einer Hochzeit besonders eigenartig zu finden. In meiner *airag*-bedingten Benommenheit überließ ich mich glücklich der allgemeinen Harmonie und stellte fest, dass diese Mischung aus Kameradschaftlichkeit und Gewalttätigkeit mit ein paar eingestreuten Liedern eine recht gesunde Angelegenheit war. Die Luft war wieder rein. Ein Hochzeitsempfang, auf dem man seinen neuen Anverwandten ein paar schöne Nasenstüber verpassen konnte, ist wahrhaftig etwas, wovon die Leute im Westen nur träumen können.

Die Familie der Braut hatte allerdings recht daran getan, frühzeitig zu versuchen, sich nach draußen zu kämpfen. Ein paar Stunden später luden wir sie auf den Lastwagen wie Kartoffelsäcke. Die Braut trat auf der Schwelle zu ihrem neuen Leben beiseite und beobachtete die Abreise ihrer nahezu bewusstlosen Verwandtschaft. Das Letzte, was sie von ihr sah, war der Lastwagen, der in der Ferne über einen Hügelkamm fuhr. Vor dem Himmel zeichnete sich eine einzelne Gestalt ab: der dicke Lama, der mit hochgestrecktem Arm dastand. Seine Robe flatterte im Wind – der verrückte Kapitän eines zerstörten Schiffes.

Danach begann die letzte Etappe, der Weg nach Karakorum. Die alte Hauptstadt lag im Südosten, noch vier Tagesritte entfernt.

Der nahende Winter hatte sich kurzfristig zurückgezogen, und die Tage badeten in der warmen Sonne eines kurzen Altweibersommers. Wir überquerten ein trockenes Gelände, wo der Wind die von den Pferdehufen aufgewirbelte sandige Erde durch die dünnen Grasbüschel blies. Am Ufer eines verlandenden Sees standen vier Kühe knöcheltief im rissigen Schlamm. Abends sammelten sich Schafherden an den Brunnen, wo die Hirten graues Wasser in Tröge füllten. An einer öden Stelle zwischen zwei Hügeln kamen wir an einem ärmlich aussehenden *ger* vorbei, wo uns zwei nackte Kinder vor der Tür mit dumpfem Blick beobachteten; beide umklammerten einen Talisman, das Mädchen eine Stoffpuppe, der kleine Junge seinen Penis.

Am Morgen des zweiten Tages kamen wir ins Orchontal. Fern im Osten durch blaue Hügel begrenzt, schien es uns so groß wie ein ganzes Land. Wir ritten flussabwärts nach Süden über graue, rissige Erde. In den heißen Mittagstunden schwebten Trugbilder über die weite Ebene; Phantombäume erschienen und verschwanden an den Uferhängen zu unserer Linken, und weit voraus sprangen Pferdeherden durch silberne Seen.

Weiter südlich wurde die Landschaft lieblicher, und Männer türmten Heu auf Ochsenkarren. Der Geruch des gemähten Grases in der klaren Luft war der Geruch eines anderen Landes. Zwischen den *gers* tauchten jetzt primitive Gebäude auf, ähnlich den Hütten in den Appalachen, mit leeren Türen und Fenstern aus Papier – vorübergehende Behausungen von Leuten, die mit dem Gedanken an vier Wände lediglich spielten. Abends setzten die überwältigenden Sonnenuntergänge den Himmel in Brand. Wir planschten durch die Flussarme und zelteten auf Inseln, auf Teppichen von duftendem Gras, umgeben von Weidengestrüpp und Wasser. Der alte Mond versank hinter einem Gitter aus Zweigen, und wir machten ein riesiges Feuer mit dürrem Weidenholz, das knisterte und Funken in die Nachtluft versprühte. Aus fernen *gers* heulten Hunde, und der Himmel trug extravagante, aus Sternen gewobene Tücher. Morgens wurden wir durch Scharen von Raben, die in den Bäumen am Fluss nisteten, aus dem Schlaf gerissen, und die Reste unseres Feuers waren zu kalten Aschemonden geschrumpft.

Wenn dieses formlose Land ein Herz hat, dann ist es vielleicht hier, im Tal des Orchon. Diese Region ist seit dem Altertum eine Drehscheibe für die Mongolei. Ögädäi, Gujuk und Möngke, die drei Nachfolger von Dschingis Khan, verbrachten jedes Jahr einige Monate in diesem Tal und hielten hier ihre *quriltais*, ihre Stammesversammlungen, ab. Als die Mongolen auf die geplante Zerstörung von Wien verzichteten und nach Hause ritten, kamen sie hierher. Nomaden, die hier begraben sind, spuken in diesem Tal, und es gibt Reste von vormongolischen Ansiedlungen. Die Uiguren, ein Turkvolk, das jetzt in Xinjiang im Nordwesten Chinas siedelt, bauten hier im 8. Jahrhundert eine Stadt mit Namen Chan Balgasin Tuur. Wir ritten triumphierend durch ihre leere Hülse.

Am Spätnachmittag erreichten wir Karakorum. Fast fünftausend Meilen quer durch den größten Teil des alten Reichs war ich Bruder Wilhelms Spuren bis an diesen entlegenen Ort gefolgt. Zu seiner Zeit war das hier für kurze Zeit und völlig unerwartet der Mittelpunkt der Welt, auf den sich die Blicke der Nationen von den Südprovinzen Chinas bis zum ungarischen Grenzland richteten. Die Zeit hat die Stadt wieder in ihren ursprünglichen Zustand versetzt, eine Kuriosität in entlegenem Grasland. Die lange Linie ihrer weiß getünchten Mauern erhob sich aus der Steppe wie ein weiteres Trugbild. Ich spornte mein Pferd an, um in die alte Stadt hinaufzureiten und meine Hand auf den warmen Stein zu legen.

Aber das Pferd scheute bei dem ungewohnten Anblick von Mauern und Krähen, die plötzlich durch ein Tor flogen. Für seine verwirrten Augen schienen die Vögel, die aus der umschlossenen Stadt herausflogen, aus dem Nichts zu kommen.

Im Gegensatz zu seinem Bruder Kublai Khan, der später Beijing erbaute, war Möngke Khan noch zu sehr in der mongolischen Tradition verhaftet, um sich in eine Stadt einzusperren. Als Wilhelm Ende Dezember 1253 hier ankam, befand sich das Lager des Großkhans in einigem Abstand von der Stadt, da dieser sein *ger* dem Luxusleben in der Hauptstadt vorzog. Möngkhe mochte zwar der Herrscher der Welt sein, aber seine Hauptsorge galt immer noch gutem Weideland für seine Schafe.

Am 4. Januar 1254 wurde Wilhelm zu einer Audienz gerufen. Man durchsuchte ihn und sein Gefolge nach Waffen, denn eine mögliche Bedrohung durch die Assassinen hatten zu strengen Sicherheitsmaßnahmen im Umfeld des Khans geführt. Danach wurden sie in die Galajurte geleitet, wo Möngkhe, in Pelze gekleidet und mit dem Prüfen von Falken beschäftigt, auf einem niedrigen Diwan saß. »Er hat eine Stupsnase«, schrieb Wilhelm, »ist von mittlerer Statur und etwa fünfundvierzig Jahre alt.« Neben ihm saßen eine junge Frau und seine erwachsene Tochter Cirina – laut Wilhelm »sehr hässlich«. Möngke fragte die Mönche, was sie gern trinken möchten, und sie baten um etwas Reiswein. Ihr Dolmetscher, der neben dem Ausschank saß, goss sich mehrmals nach und war im Nu betrunken. Wilhelm vermutete, dass Möngke auch schon etwas beschwipst war.

Wilhelm schlug in seiner Ansprache einen versöhnlichen Ton an und sagte, er bete für den Khan, »dem Gott ein großes Herrschaftsgebiet auf Erden verliehen hat«, auf dass er gut und lange leben möge. Sodann schilderte er die Reise durch Asien, von Sartak Khan zum Batu Khan und von dort weiter zum Hof des Großkhans. Zum Schluss bat er um die Erlaubnis, mit seinen Brüdern wenigstens zwei Monate am Hofe bleiben zu dürfen, um sich von den Strapazen zu erholen und wärmeres Wetter abzuwarten. Sein Mitbruder Bartolomäus sei so schwach, erklärte Wilhelm, dass er nicht weiterreiten könne, ohne sein Leben aufs Spiel zu setzen.

Möngke antwortete, dass der Mönch durchaus Recht habe, was seine ungeheure Macht betraf. »So wie die Sonne ihre Strahlen in alle Richtungen aussendet«, sagte liebenswürdig, »so erstreckt sich meine Herrschaftsgewalt in alle Himmelsrichtungen.« An dieser Stelle verlor der besoffene Dolmetscher den Faden und übertrug den Rest der königlichen Ansprache nur noch in unzusammenhängenden Sätzen. Doch ungeachtet der mangelhaften Übersetzung verlief die Audienz sehr angenehm, und die Mönche bekamen die Erlaubnis, im Lager zu bleiben.

Sofern die Mongolen gehofft hatten, das Gespräch würde etwas Licht auf die entscheidende Frage werfen, warum Wilhelm überhaupt hergekommen sei, so wurden sie enttäuscht. Möngke begnügte sich mit diplomatischen Plattitüden, und mehrere höfische Würdenträger befragten Wilhelm ausführlich nach seinen Absichten und nach dem Brief des französischen Königs Ludwig IX., den er bei sich hatte. Sie wollten wissen, ob die Franzosen Frieden mit ihnen schließen wollten. Wilhelm erwiderte, dass bei zwei Völkern, die nicht miteinander Krieg führen, eine Friedensmission überflüssig sei. Das ergab keinen Sinn für die Mongolen. Ihrer großspurigen Ansicht nach gehörten alle Völker dem mongolischen Reich an. Für sie war Frankreich entweder unterwürfig und erkannte die Oberhoheit des Mongolenkhans an oder es befand sich im Zustand der Rebellion.

Die verständliche Verwirrung, die Wilhelms Mission zum Scheitern brachte, war zum Teil auf den königlichen Brief zurückzuführen. König Ludwig war beim Schreiben irrtümlich davon ausgegangen, dass der mongolische Fürst Sartak, zu dem Wilhelm ursprünglich geschickt worden war, Christ sei. Wilhelm kannte zwar den Inhalt des versiegelten Briefes nicht, hatte jedoch mitbekommen, dass er einen Appell an die Mongolen enthielt, sich in Freundschaft mit den anderen Christen zu vereinen und die Feinde Christi zu bekämpfen. Unglücklicherweise hatten Armenier den Brief übersetzt, die offenbar das französische Ersuchen noch weiter ausbauten und die Mongolen dringend aufforderten, doch Truppen zu schicken, um Krieg gegen die Muslime zu führen. Vor dem Hintergrund dieses Briefs muss Wilhelms Beharren auf dem inoffiziellen und rein religiösen Charakter seiner Reise etwas komisch geklungen haben.

Bei all dieser Verwirrung kann man sich kaum dem Eindruck entziehen, dass Wilhelm der unwissende Bauer in einem viel größeren Spiel war. Um mit den Mongolen in Kontakt zu kommen, hatte König Ludwig bereits zuvor den Mönch André de Longjumeau ausdrücklich damit betraut, bei den Mongolen militärische Verbündete gegen die Muslime im Heiligen Land zu suchen. Der Mönch kam nur bis zum Lager von Gujuks Witwe in Zentralasien, wo ihm ein frostiger Empfang zuteil wurde. Die Mongolen legten seine Anwesenheit als Ergebenheitsadresse aus und schickten ihn mit Tributforderungen wieder nach Hause.

Ludwig hatte keine Lust, sich noch eine Abfuhr zu holen, und unterstützte Wilhelms Mission, weil dieser als Missionar und nicht als Botschafter reiste. Der König hatte sicher gehofft, Wilhelm würde den Mongolen Gelegenheit verschaffen, sich Europa anzunähern, so sie dazu geneigt waren, ohne seiner eigenen Würde zu schaden. Er hatte wohl auch erwartet, dass ihm der schriftliche Bericht, zu dem er Wilhelm animierte, nützliche Informationen liefern würde: über Größe und Beschaffenheit des Mongolenreichs, den Charakter der wichtigen Fürsten, die Lebensweise der mongolischen Gesellschaft, denn von all dem hatte man in Europa keine Ahnung. Vielleicht hatte Wilhelm sich selbst als einfachen Missionar gesehen, aber sein Schirmherr betrachtete ihn, genau wie die Mongolen, zweifellos als unwissenden Abgesandten, der sich nicht einmal über seine Rolle im Klaren war, und als potentiellen Spion.

Die Mongolen hatten freilich ihre eigenen Vorstellungen. Für sie war Frankreich einfach ein Teil ihres weltumspannenden Imperiums, den sie aus Zeitmangel noch nicht aufsuchen konnten. Sie nervten Wilhelm mit Fragen über das Land, besonders über die wichtigsten Dinge, nämlich wie viele Schafe, Kühe und Pferde es da gibt, »als ob sie drauf und dran wären, dort einzudringen und sofort alles zu übernehmen«. Wilhelm fand ihre Überheblichkeit ungeheuer aufreizend. »Ich würde den Krieg gegen sie predigen«, wütet er in einem seiner seltenen Ausbrüche, »mit all meinen Kräften, in der ganzen Welt.« Momentan schien er vergessen zu haben, dass er gekommen war, um mongolische Seelen zu retten.

Wilhelm war nicht der einzige Ausländer am mongolischen Hof. Das Lager von Möngke, tatsächlich die Hauptstadt des Riesenreichs, wurde zum diplomatischen Mittelpunkt der Welt. Botschafter kamen und gingen wie Lieferanten. Zu Wilhelms Zeit empfing Möngke Gesandte vom Kaiser von Griechenland, dem Kalifen, dem König von Delhi, dem Seldschuken-Sultan, dem Emir von Jezireh und Kurdistan und von verschiedenen russischen Fürsten. Der König von Armenien wurde täglich erwartet.

Es gab auch zahlreiche Gefangene, die die Mongolen in Schlachten in Europa gemacht hatten – Ungarn, Alanen, Ruthenen, Georgier, Armenier, Deutsche, Franzosen und sogar einen geheimnisvollen Engländer namens Basil. Die meisten wurden wegen ihrer besonderen Fertigkeiten dabehalten. Sie wurden relativ gut behandelt und lebten wie andere Bewohner der Stadt. In Karakorum freundete sich Wilhelm eng mit dem französischen Silberschmied Guillaume Buchier an, dessen Bruder einen Laden auf dem Grand Pont in Paris besaß. In Möngkes Lager trafen sie auch eine Frau aus Metz in Lothringen an, eine Händlerin, die das Pech gehabt hatte, ausgerechnet zur Zeit der mongolischen Invasion in Ungarn zu sein. Als Teil der Beute wurde sie durch ganz Asien geschleppt, und seither war ihr Leben ein einziger Albtraum gewesen, bis sie hier einem russischen Bauhandwerker begegnete und ihn heiratete; sein Können sicherte dem Paar das Wohlwollen und den Schutz des Hofs. Wilhelm war begeistert von dem wunderbaren Mahl, das sie für die zwei Mönche zubereitet hatte, das erste europäische Essen seit Monaten.

Wenn Wilhelm erwartet hatte, der einzige Prediger an Möngkes Hof zu sein, so sah er sich schmerzlich getäuscht. Die traditionelle Toleranz der Mongolen gegenüber anderen Religionen bedeutete, dass es im Lager von religiösen Eiferern jeglicher Couleur nur so wimmelte, und sie folgten, wie Wilhelm es ausdrückte, dem Hof »wie Fliegen dem Honig«. Da waren buddhistische Mönche, moslemische Geistliche, christliche Priester und einheimische Schamanen, und alle suchten sie die Ohren und die Seelen der Drahtzieher zu gewinnen. Jeder glaubte, den Khan schon für sich und seine Religion eingenommen zu haben, und erwartete täglich eine Bekehrung, durch die er Einfluss gewinnen würde. Der Khan seinerseits sah keinerlei Anlass, sich zwischen ihnen zu entscheiden. »An den Tagen, für die seine Wahrsager Feierlichkeiten verordnen ... kommen als Erste die christlichen Geistlichen, die für ihn beten und seinen Trinkpokal segnen. Wenn sie gehen, erscheinen die sarazenischen Priester und machen das Gleiche; und nach ihnen kommen die Priester der Götzenanbeter, die es ihnen gleichtun ... Er macht ihnen allen Geschenke, und alle ... sagen ihm eine glückliche Zukunft voraus.«

Ein besonders berüchtigter Geistlicher war ein armenischer Mönch mit Namen Sergius, ein »hagerer, dunkelhäutiger Geselle«. Er hatte Mongolisch gelernt und offenbar einen Rasputin-ähnlichen Einfluss am Hof gewonnen, besonders auf die Frauen des Khans. Er war ein unverschämter Scharlatan. Später erfuhr Wilhelm, dass er nie Gelübde abgelegt hatte und in Wahrheit ein Tuchweber und ein Analphabet war. Als den beiden französischen Mönchen Unterkünfte zugewiesen wurden, stellte sich heraus, dass sie ein *ger* mit Sergius teilten.

Der Armenier erwies sich als ein Zeltgenosse aus der Hölle. Das fing schon bei den Fingernägeln an; ungeschnitten und mit Henna gefärbt, ließen sie Wilhelm schaudern. Aber das war nur eine Bagatelle. Alles an Sergius irritierte Wilhelm. Er war eitel, dünkelhaft, hinterlistig und egozentrisch. Er trug eine Kappe mit Pfauenfedern und einen eisernen Gurt und machte für sich einen Stuhl, »wie Bischöfe ihn gewohnt sind«. Wie die Nestorianer, eine östliche Ketzersekte, die der missionarische Eifer durch ganz Asien trieb, beschäftigte er sich in dilettantischer Weise mit schamanischen Praktiken. Er behauptete, in der Fastenzeit zu fasten, berichtete Wilhelm, aber in Wahrheit schlemmte er und aß Mandeln, Trauben, Dörrpflaumen und andere Früchte, die er in einem Kasten unter seinem Altar versteckt hielt. Er prahlte damit, dass Möngke sich einverstanden erklärt habe, sich von ihm taufen zu lassen, doch wie vorauszusehen, wurde nie etwas daraus. Er war so aggressiv gegenüber den Muslimen, dass die Mongolen sein Zelt weiter entfernt aufstellen mussten, um offene Feindseligkeiten zu verhindern. Mit den Nestorianern lebte er in Dauerkonflikt, und schließlich vergiftete er ihren Archidiakon. Sergius war ein Medizinmann von übelstem Ruf, und fast hätte er den Silberschmied Buchier mit seinem Patent-Laxativ umgebracht, einer Mixtur aus fein geschnitzeltem Rhabarber und Weihwasser. Die größte Unverschämtheit aber war, dass er sich für seine Gäste dauernd Wilhelms Wein auslieh, ohne je daran zu denken, ihm die Flaschen zu ersetzen. »Welch ein Martyrium«, lamentierte der Mönch.

Eines Tages im Februar willigten Wilhelm und Bartholomäus ein, sich Sergius und einigen anderen Priestern auf einer Runde durchs Lager anzuschließen und bei verschiedenen Mitgliedern der Khan-Familie hereinzuschauen, da Sergius zu ihnen problemlos Zutritt hatte. Unter Sergius' Führung entwickelte sich die Tour zu einem klerikalen Kneipenbummel.

Sie fing schon gleich schlecht an. Bartholomäus wurde in Möngkes *ger* festgenommen, weil er auf die Türschwelle getreten war – nach mongolischem Recht ein Kapitalverbrechen. Nach der Durchquerung Asiens war der gute alte Bartholomäus noch etwas unsicher auf den Beinen; es fiel ihm schwer, sich rückwärts gehend vom Khan zu entfernen, und so war er über die Schwelle gestolpert. Er bat um Nachsicht, da er mit den mongolischen Sitten nicht vertraut sei, und kam tatsächlich ungeschoren davon, wenn auch mit einer Verwarnung und der Auflage, nie wieder ein Zelt des Khans zu betreten. Er war knapp davongekommen und wäre um ein Haar vor einem Kommando mongolischer Bogenschützen gelandet.

Im *ger* von Möngkes ältestem Sohn wurde den Geistlichen ein begeisterter Empfang zuteil. Der junge Mann sprang von seinem Diwan auf, legte sich flach auf den Boden und schlug in Verehrung des Kreuzes mit der Stirn auf den Boden. Dann setzte man sich zu ein paar Runden *airak*, beaufsichtigt vom Hauslehrer des Jungen, einem Nestorianerpriester namens David, der Wilhelm zufolge »ein großer Trunkenbold« war. Danach ging es weiter zum *ger* von Kota, Möngkhes zweiter Frau, »die dem Götzendienst anhing«. Sie lag krank im Bett, »so schwach, dass sie kaum auf den Beinen stehen konnte«, aber der herrische Sergius zwang sie, aufzustehen und sich ein paar Mal vor dem Kreuz auf den Boden zu werfen.

Zu Mittag aßen die geistlichen Herren im *ger* einer anderen jungen Frau – Hammelfleisch »mit einer Menge zu trinken« – , bevor es weiterging zum *ger* von Cirina, der hässlichen Tochter. Nach einigem Sich-Niederwerfen und Stirnanschlagen vor dem Kreuz schenkte sie ihnen ein, und die Priester kippten noch etliche Schalen. Am Ende gelangten sie zum ger einer älteren, vernachlässigten Frau von Möngke. Auch sie war eine Götzendienerin, betete aber bereitwillig das Kreuz an, ehe sie die kleine Getränketruhe öffnete. Alles in allem war es fröhlicher Tag. Als die Priester sich schließlich auf dem Heimweg machten, geschah das, wie Wilhelm berichtete, »mit großem Geheul, denn sie sangen in ihrer Trunkenheit«, und dieser Zustand wurde weder bei Mann noch Frau missbilligt.

Die verschiedenen Nationalitäten gaben Wilhelm Gelegenheit, ethnographische Forschungen anzustellen. Ein tibetischer Mönch erzählte ihm von China, das in südöstlicher Richtung zwanzig Tagereisen entfernt hinter der Gobi lag. Er berichtete, dass die Menschen dort Papiergeld benutzten und mit einem Pinsel schrieben und »mehrere Buchstaben in einem einzigen Schriftzeichen unterbrachten«. Das war der erste Hinweis auf die chinesische Schrift in der Literatur des Westens.

Aber Wilhelm war durchaus ein Mann des Mittelalters und begierig, mehr über »die Ungeheuer und menschlichen Monstrositäten« zu erfahren, die auf den Landkarten seiner Zeit abgebildet und von klassischen Autoren wie Isidor Mercator und Solinus beschrieben worden waren. Wo waren die hundeköpfigen Menschen und die Monopoden, die nur ein Bein hatten? Die Mongolen meinten bedauernd, sie hätten nie solche Menschen gesehen. Der Tibeter hingegen wusste interessante Geschichten zu erzählen. Er berichtete Wilhelm von einer in den Bergen lebenden Rasse, den so genannten Chinchin, die nur etwa einen halben Meter groß und über und über mit Haaren bedeckt waren. Sie konnten die Knie nicht abknicken und bewegten sich springend vorwärts. Man jagte sie, indem man berauschende Weine in Felsenspalten legte. Wenn die kleinen Leute aus ihren Höhlen kamen, tranken sie die Flaschen leer und riefen fröhlich: »Chinchin!« Wenn der Wein Wirkung zeigte und sie in tiefen Schlaf gefallen waren, schlichen sich die Jäger an, öffneten eine Vene am Hals, um einige Tropfen Blut zu gewinnen, das die Grundlage für die purpurrötliche Farbe war, mit der man Mönchsgewänder färbte.

Am mongolischen Hof kursierten viele solcher tollen Geschichten. Hinter China, so erzählte man sich, gab es ein Land, in dem die Menschen niemals alterten. Dem König von Armenien wurde von einem anderen Land jenseits von China berichtet, in dem Frauen ihren Verstand ebenso gebrauchen konnten wie Männer. Natürlich weigerte er sich, das zu glauben.

Wilhelm verbrachte drei Monate in Möngkes Lager, bevor der Hof wegen der Frühlingsfeiern nach Karakorum umzog. Dort traf man am Palmsonntag des Jahres 1254 ein. Das war aufs Jahr genau der Tag, an dem Wilhelm in der Hagia Sophia gepredigt hatte. Am Ufer des Orchon, wo wir unser Lager gehabt hatten, sammelte er Weidenzweige, die er anstelle von Palmblättern in die Stadt brachte.

Die mongolische Hauptstadt machte auf Wilhelm keinen Eindruck. Sie sei kleiner, so sein Kommentar, als das Dorf St. Denis vor den Toren von Paris. Außer zahlreichen Palästen für hochrangige Höflinge gab es in der Stadt im wesentlichen zwei Viertel, eines für moslemische Kaufleute und das andere für chinesische Handwerker. Die Religion repräsentierten zwölf Götzentempel verschiedener Glaubensrichtungen, zwei Moscheen und eine Nestorianerkirche. Die Stadt war von einer Mauer umgeben, und an den Stadttoren gab es Märkte. Am Osttor bot man Hirse und Mais an, am Westtor Schafe und Ziegen, am Südtor Ochsen und Karren und am Nordtor Pferde. Der Palast des Khans stand außerhalb der Mauern auf einem Hügel.

Die Stadt Karakorum hielt sich nur wenige Jahrzehnte lang. Bis 1260 waren neue Winter- und Sommerpaläste in Beijing und in Shang-tou, Coleridges visionärem Xanadu, entstanden, und Karakorum verfiel. Im 16. Jahrhundert wurde aus den Trümmern eine der ersten buddhistischen Lamaserien in der Mongolei gebaut, Erdene Zuu, umgeben von langen weißen Mauern mit pagodenartigen Türmchen, die bis heute erhalten sind.

Aus der Entfernung sahen die Mauern viel versprechend aus. Aber als ich durch das Südtor ritt, fand ich nur ein paar zusammengedrängte Tempel in einer Ecke vor. Die restliche Stadt war von Gras überwuchert. Hinter den überwachsenen Fundamenten gab es nichts mehr außer Vögeln und Wind. Die einstige Metropole des Nomadenreichs war wieder zu Weideland geworden.

Vor den Säuberungen der 30er-Jahre war Erdene Zuu die Heimat von Tausenden von Mönchen gewesen und umfasste an die hundert Tempel. Nur drei davon sind noch übrig, dicht an der Westmauer. Die ältesten Räume waren so verwittert wie Viehställe. Dünnes Unkraut spross zwischen den Dachziegeln, das Holz war rissig, und die Farben der einst üppig bemalten Balken waren zu einem stumpfen Sepia abgedunkelt. Fast dreißig Jahre lang waren diese Tempel für die Gläubigen unzugänglich, bis sie 1965 als Museum wieder geöffnet wurden.

Das Innere war mit buddhistischem Krimskrams überladen – Thankas, Bannern, Trommeln, Zimbeln, Gongs, Hörnern, Glaskästchen mit Miniaturpagoden, Mandalabahnen, mit Schädeln dekorierten Tsam-Masken. Es schien so viele Götter wie wertlose Schmuckstücke zu geben. Der Buddhismus in der Mongolei kennt eine verwirrende Zahl niederer Gottheiten, eine Fülle von Bodhisattvas, Schutzdämonen, Hexen und Lokalgöttern, viele davon aus dem Hinduismus übernommen. Andere stammten aus dem mongolischen Schamanismus. Als die Mongolen den Buddhismus annahmen, verkündeten die Lamas praktischerweise gleichzeitig die Umwandlung der meisten alten Geister, denen in einem der größten Pantheons der Welt eine neue Funktion zugewiesen wurde.

Die Herren über diesen ganzen Haufen sind die Buddhas, pedantische, spröde und ziemlich entrückte Figuren mit blauem Haar und rotem Lippenstift, geschmückt mit Bernstein- und Korallenkugeln, seidenen Halstüchern und kunstvoll gearbeiteten Kronen. Ihre überhebliche Art ärgerte mich, und ich fühlte mich eher zu den grimmigen Schutzgöttern hingezogen, die neben den Türen Wache standen. In ihren Adern floss Blut. Sie ritten auf Pferden und quälten ihre Feinde. Einer hockte auf einem nackten Übeltäter. Ein anderer mit vier Armen fletschte die Zähne, sein Hut war mit Fasanenfedern und Schädeln geschmückt, und er trank aus einem menschlichen Schädel. Da wusste man doch, dass diese Kerle richtig tickten.

Die Seitengänge, einst zum Meditieren reserviert, waren voller tantrischer Symbole. Der Kalachakra-Buddhismus fördert das Ausleben der »niederen« Instinkte wie Fleischeslust und Wut, um zu spiritueller Erleuchtung zu gelangen. Das ist die Rechtfertigung für die Schrecken erregenden Wächter wie auch für die immer wiederkehrenden Darstellungen von Göttern, die in akrobatischen Stellungen kopulieren. Unter den Paradiesdarstellungen auf den Wänden, auf denen sich jede Menge Schafherden, schöne, eindrucksvolle *gers* und herrliche Pferde tummelten, waren auch religiös empfundene erotische Szenen. Eine junge Frau mit nicht mehr am Leib als einer Perlenkette hockte auf einer Kalachakra-Gottheit und ritt auf dem göttlichen Glied. In einem so hinreißenden Augenblick beneidete man ihn um seine unzähligen Arme. Kein Wunder, dass man den von solch fleischlichen Visionen umringten mongolischen Mönchen Zügellosigkeit nachsagte.

Die einzigen sichtbaren Überbleibsel der alten Hauptstadt Karakorum waren zwei Marksteine, zwei von vieren, die einst die Grenzen der Stadt festlegten. Für Reiter aus der Steppe haben sie eine ungewöhnliche Gestalt: Schildkröten.

Wie die Stadt wurden auch die Schildkröten von außerhalb übernommen. Schildkröten sind das chinesische Symbol für Langlebigkeit, und zweifellos hat einer der vielen in Karakorum tätigen chinesischen Architekten sie mitgebracht. Jetzt stehen die Schildkröten in der offenen Steppe jenseits der Mauern aus dem 16. Jahrhundert; sie stellen die einzig greifbare Verbindung zum großen Mongolenreich dar, das die Welt im 13. Jahrhundert so radikal verändert hat. Vielleicht sollte es so sein. Aus einem Abstand von siebenhundert Jahren mutet dieses Reich geradezu unwirklich an. Die Mongolen hatten einen fantastischen Auftritt auf der Weltbühne, traten ohne Vorwarnung in einer einzigen Saison aus dem Dunkel des weit entfernten Asien ins Rampenlicht der Geschichte. Ihr Abgang war genau so rätselhaft. Zwei Jahrhunderte lang hatten sie eine Schlüsselposition in der Weltpolitik inne, doch als sie abtraten, hörte man nie wieder etwas von ihnen. Sie ritten nach Hause und lebten dort genauso weiter wie früher, als sie die Welt noch nicht beherrscht hatten. Sie ließen nichts von sich zurück. Man kann von Westen nach Osten durch ganz Asien reisen, ohne ein einziges handfestes Zeugnis vom einstigen mongolischen Reich zu finden. Da ist nichts, was sich vergleichen ließe mit Tamerlans prachtvollem Samarkand, mit den indischen Monumenten aus der britischen Kolonialzeit oder den in ganz Europa und Nordafrika verstreuten steinernen Überresten des Römischen Reichs. Von den Mongolen haben wir nur zwei Schildkröten, die verloren im hohen Gras hinter den Mauern von Karakorum stehen. Nichts anderes zeigt uns so beredt den surrealen Charakter des ganzen Unternehmens.

~

Während Wilhelms Aufenthalt in Karakorum ordnete Möngke einen großen theologischen Disput an. »Hier seid ihr alle versammelt«, erklärte der Khan, »Christen, Sarazenen [Muslime]und *tuins* [Buddhisten] und jeder von euch behauptet, seine Religion sei den anderen überlegen ...« Ein Streitgespräch wurde anberaumt, in dem jeder seine Sache darlegen konnte. Drei Sekretäre Möngkes sollten als Schiedsrichter fungieren. Das Datum wurde auf den Vorabend von Pfingsten festgesetzt. Möngke legte die Grundregeln fest: »Es sei keiner so keck, herausfordernde oder beleidigende Bemerkungen über seinen Gegner zu machen, und keiner errege die andern so, dass der Ablauf gestört werde. Wer dagegenhandelt, wird mit dem Tod bestraft.« Wilhelm schaffte es, vor den Nestorianern sprechen zu dürfen, denn er fürchtete, deren ketzerische Ansichten könnten die Position der Christen schwächen.

Am festgesetzten Tag kam eine gewaltige Menge zusammen. Vertreter der verschiedenen Religionen waren in Menge herbeigeströmt, in der Mehrheit allerdings Buddhisten. Einer von ihnen, ein Mönch aus China, hatte als Erster das Wort. Er fragte, über welches Thema Wilhelm zuerst debattieren wolle: wie die Welt gemacht worden sei oder was mit den Seelen nach dem Tod geschehe? Wilhelm erklärte, dass alle Dinge mit Gott beginnen, und deshalb solle man zuerst über die Frage des Göttlichen debattieren. Denn Gott, das hatte Wilhelm erkannt, war der Schwachpunkt in der Beweisführung der Buddhisten.

Die Buddhisten hatten es unklugerweise Wilhelm überlassen, die Tagesordnung festzulegen, und erklärten jetzt, nur ein Narr könne behaupten, es gebe nur einen Gott. Sie versuchten, eine Analogie anzuführen, die Möngke ihrer Meinung nach gefallen würde. »Gibt es keine großen Herrscher in deinem Land? Ist Möngke nicht der Herr über alle andern hier? Und so ist es auch mit den Göttern, insofern als es verschiedene Götter in verschiedenen Regionen gibt.«

Als Wilhelm den Begriff eines einzigen allmächtigen Gottes verteidigte, zielten die Buddhisten rasch auf den heikelsten Punkt in seinem Glauben ab. »Wenn dein Gott so ist wie du sagst, warum hat er dann die Hälfte aller Dinge böse gemacht?«

»Nicht Gott hat das Böse geschaffen. Alles, was existiert, ist gut!«

Für die Buddhisten war das wie ein Eigentor.

»Woher kommt dann das Übel?«, fragten sie und spürten, dass sie den Mönch jetzt am Haken hatten.

Wilhelm wurde bewusst, dass er sich auf sehr dünnem Eis bewegte, und er versuchte, das Gespräch wieder auf seine ursprüngliche Frage zu lenken. »Gehen wir zurück zur ersten Frage«, beharrte er, »ob ihr glaubt, dass irgendein Gott allmächtig ist.«

Als die Buddhisten erwiderten, dass kein Gott allmächtig sei, brachen die Muslime in Gelächter aus. Wilhelm hatte jetzt die Buddhisten dort, wo er sie haben wollte, und nutzte seinen Vorteil. »Also dann ist keiner eurer Götter in der Lage, euch aus einer Gefahr zu retten ... er hat gar nicht die Macht dazu. Außerdem«, fuhr er fort mit einem Argument, das Möngke vermutlich einleuchten würde, »kann kein Mensch zwei Herren dienen, also wie könnt ihr dann so vielen Göttern dienen?«

Wilhelm zufolge machte diese Frage die Buddhisten sprachlos, und die Debatte ging weiter. Als die Nestorianer an die Reihe kamen, erklärten sie die Dreieinigkeit – immer ein schwieriges Thema und zudem eines, bei dem sie bekannterweise selbst unsicher waren. Nun verzettelte sich der Disput in theologischen Feinheiten, und Wilhelm nahm kaum noch daran teil.

Am Ende glaubten sowohl die Nestorianer wie die Muslime, sie seien Sieger geblieben, und sangen »mit lauter Stimme, während die *tuins* schwiegen«. Wilhelm war nicht so frohgemut. Die Debatte hatte ihn nur wieder daran erinnert, wie erfolglos seine Mission bei den Mongolen geblieben war. »Niemand hat gesagt: ›Ich glaube‹«, schrieb er traurig, »niemand hat gesagt: ›Ich will Christ werden.‹«

Anschließend wandten sich die versammelten Geistlichen mit Eifer dem *airag* zu, und im Handumdrehen waren alle sternhagelvoll.

Auf den längst verfallenen Mauern der großen Hauptstadt der Mongolen steht heute das Dorf Charchorin, eine Ansammlung alter russischer Häuser unter gelbblättrigen Birken rings um den so genannten Stadtplatz. Unser Hotel hatte einen verblichenen roten Stern auf der Stirn wie eine Tätowierung, die nicht abgehen wollte. Welkes Laub segelte durch die offenen Türen in die Halle, von der eine breite Treppe zu den Zimmern im ersten Stock führte. Die Jungen aus der Stadt schlichen nach der Schule in die Halle, um das Treppengeländer herunterzurutschen, bis die Hotelchefin, eine gewaltige Frau mit langem, dunklem Gesicht, sie verjagte. Ein Hausmeister schleppte zweimal am Tag Flusswasser in Eimern herbei, die er in dem großen, gefliesten Badezimmer abstellte. Ich überredete die Chefin, mir Wasser heiß machen zu lassen, damit ich mich in der Zinnwanne waschen konnte. Die Badezimmertür hatte kein Schloss, und ein Strom neugieriger Passanten kam herbei, um einen Blick auf den mit Seifenschaum bedeckten nackten Ausländer zu erhaschen, der Wasser aus Krügen über sich goss. Die Hotelchefin war so verwirrt von dem, was sie sah, dass sie ihren Freund aus dem Laden nebenan holte, damit auch er in den Genuss dieses Anblicks kam.

Unser Führer wollte nicht länger bleiben. Die Stadt machte ihn nervös. Seine Unruhe war wesentlich durch eine Getreidemühle in der Stadt bedingt. Die Leute darin waren nämlich keine Hirten, sondern Arbeiter, die entlohnt wurden und in Häusern wohnten, aus seiner Sicht also die gefährlichsten und liederlichsten Leute, die man sich vorstellen konnte. Es war die uralte Abneigung, das Misstrauen der Nomaden gegenüber den Städten mit ihren engen Straßen, beengenden Mauern und berechnenden Bewohnern.

Ich hatte mich entschlossen, mit dem Jeep nach Ulan Bator zu fahren. Denn nun wurde die Zeit knapp. Es war schon fast Mitte September, und der mongolische Winter stand vor der Tür. Ich wollte noch in die Chentij-Berge im Nordwesten reiten, zum heiligen Berg Burchan Chaldun, wo sich Gerüchten zufolge das Grab von Dschingis Khan befand.

KAPITEL VIERZEHN

~

IN EINEM ANDEREN LAND

Nach fünfzehnhundert Kilometern mit nichts als Schafen und Weideland kann einem sogar die Trostlosigkeit von Ulan Bator exotisch erscheinen. Aus dem Fenster meines Hotelzimmers – das mich übrigens an eine Sozialwohnung im Süden Londons erinnerte – starrte ich auf die normalen Geschehnisse städtischen Lebens wie auf ein Wunder. Unten wartete ein Mann mit einer Aktentasche auf dem Weg zur Arbeit darauf, dass die Ampel umschaltete. Eine Frau blieb an einem Kiosk stehen, um sich die Morgenzeitung zu kaufen. Auf der anderen Straßenseite spuckte ein Omnibus seine Fahrgäste aus und ratterte dann weiter eine Straße hinunter, die so breit und öde war wie ein Exerzierplatz. Regimenter von Hochhäusern verdeckten den Horizont, und in der Ferne stießen Schornsteine braune Wolken aus. Dunkle Limousinen glitten mit verhängten Fenstern zwischen den Regierungsgebäuden hindurch. Den Reiter, der, an geparkten Autos vorbei, um die Ecke eines Wohnhauses trabte, könnte der Wind aus einem anderen Zeitalter hergeblasen haben. Ulan Bator, ein aus Grasland hervorgezaubertes großstädtisches Wunder, war derart anders als alles sonst in der Mongolei, dass es einem nicht wie eine Hauptstadt vorkam, sondern wie ein anderes Land. Einzig und allein der Makel – die Vororte, in denen eine Viertelmillion Menschen weit jenseits gepflasterter Straßen und städtischer Einrichtungen noch in *gers* lebten – stellte ein Verbindungsglied zu der Mongolei her, die ich kannte.

Jugendlichkeit ist Teil dessen, was diese Stadt so fremdartig erscheinen lässt. Verglichen mit Ulan Bator sieht Kansas uralt aus; mein Vater war älter als die meisten Gebäude hier. Sie wurden in den 30er- und 40er-Jahren unter russischer Aufsicht gebaut, ein Paradebeispiel für die sterile Herrlichkeit sowjetischer Architektur. Sie sind geprägt von der bedrückenden

Anonymität der Provinzstädte von Polen bis Sibirien, wo man keine Initiative der Leute vor Ort gelten ließ, sondern nur die Direktiven der Regierung. Ulan Bator ist eine von Bürokraten erbaute Stadt mit willkürlich angelegten breiten Straßen und riesigen, klotzigen öffentlichen Gebäuden. Ohne den mäßigenden Einfluss einer älteren und anmutigeren Epoche ist das Ergebnis immer brutal.

Bei dem gesichtslosen Charakter der modernen Stadt möchte man gern wissen, wie die ursprüngliche mongolische Siedlung, ausgesehen hat, bevor die russischen Bautrupps anrückten. Auf alten Karten ist sie unter dem Namen Urga neben der Karawanenstraße vom Baikalsee nach China verzeichnet. Zu Beginn des 17. Jahrhunderts, war Urga ein bewegliches Zeltlager, das je nach Jahreszeit und Beschaffenheit der Weidegründe weiterzog. Ende des 18. Jahrhunderts, als es dank der zahlreichen Tempel, darunter dem großen Gandan-Kloster, eine Vorrangstellung unter den mongolischen Siedlungen gewann, wurde daraus eine feste Ansiedlung am Ufer des Tuul. In jener Zeit gab es für die Mongolen nur einen Grund, einen Bau mit vier Mauern zu errichten: Religiosität. Außer den Klöstern besaß Urga kein einziges Gebäude, ehe die Russen im späten 19. Jahrhundert ein Konsulat bauten. Die weltliche Bevölkerung belief sich auf sechstausend Leute, die Lamas zählten vielleicht sechzigtausend.

Im 19. Jahrhundert ähnelte Urga der merkwürdigen Klosterstadt Lhasa, bevor die Chinesen sie kolonisierten: ein schmutziger Ort, der aussah wie ein Schlachtfeld, auf dem sich aus einem chaotischen Durcheinander von Zelten und ärmlichen eingezäunten Gehegen vergoldete Tempel heraushoben. Prozessionen von Lamas in burgunderroten Gewändern sah man Seite an Seite mit wild blickenden Reitern, mongolischen Prinzen, russischen Verbannten und chinesischen Kaufleuten. Horden abgerissener Verbrecher und Bedürftiger sammelten sich hier, weil sich vor Tempeln und in Menschenmassen womöglich allerlei Gelegenheiten ergaben. Kamelkarawanen, mit dem Staub der Gobi bedeckt, drängten sich durch die Menge, an mongolischen Karren und angebundenen Schafen vorbei zu den Basaren, wo sich Händler, Metzger, Wahrsager und Bettler unter den Sonnensegeln eingefunden hatten. Den berühmten russischen Forscher Prschewalskij warf der Gestank fast um.

> Der ganze Abfall wird einfach auf die Straße geworfen, und die Menschen haben widerwärtige Gewohnheiten ... Scharen verhungernder

Bettler versammeln sich auf dem Markt; einige davon, meist alte Frauen, machen ihn zu ihrer letzten Ruhestätte ... Kaum wird eine frische Leiche auf die Straße geworfen, stürzen sich schon Rudel von Wildhunden darauf, um sie zu zerreißen.

Aljoschin, ein Russe im Gefolge des verrückten Barons, berichtete, dass die Hunde ihre Aufmerksamkeiten auch eifrig den Lebenden zuwandten. Niemand wagte sich ohne einen dicken Knüppel auf die Straße.

Der Herrscher über diesen infernalischen Ort, der sich nur selten aus seinem Palast herauswagte, war der Lebende Buddha, ein syphilitischer Gottkönig, Großmeister des Göttlichen und Förderer der Zivilisation. In der tibetisch-buddhistischen Hierarchie kam der Bogd Khan an dritter Stelle nach dem Dalai Lama und dem Pantschen Lama. In der Mongolei war er der geistige Herrscher, der die Zügel der Macht zeitweilig in seine schwachen Hände nahm, als die Chinesen abzogen. Als Mönch hätte er keusch leben müssen, als Herrscher brachte er es fertig, sich eine Gemah-

Unsere Führerin Oyunna und ihre Tochter (Dadal)

lin zuzulegen, einen Erben und einen Ärgernis erregenden Harem pubertierender Mädchen.

Umgeben war Seine Heiligkeit von einer Prätorianergarde von fünftausend Lamas – von einfachen Dienern bis zu Wahrsagern, von Ärzten bis zu religiösen Beratern –, die die Regierung bildeten. Es war eine undurchsichtige Klasse von Lamas, die abseits von den anderen in eigenen *gers* lebte. Allen hatte man die Stimmbänder durchschnitten, so dass sie stumm waren. Sie waren die Geheimwaffe des Lebenden Buddhas, Giftmischer, die unterschiedslos ungehorsame Äbte, chinesische Spione, Geheimagenten und gewöhnliche Kriminelle beseitigten.

Seine Anhänger sahen den Bogd Khan selten. Selbst die aufregenden mongolischen Ringkämpfe konnten ihn nicht aus seinem Palast locken. Als die unerschrockene Mrs. Bulstrode 1913 die Mongolei bereiste und das Naadam-Fest besuchte, blieb der Thron während der Feierlichkeiten verwaist. Der Khan zeigte sich nur flüchtig, wenn es an der Zeit war, die Steuern und die »Geschenke«, die man von seinen Untertanen eingesammelt hatte, in Empfang zu nehmen. Mrs. Bulstrode beschrieb ihn als »klapprig, aufgedunsen, ausschweifend und langweilig«. Dr. Ferdynand Ossendowski, ein polnischer Geologe auf der Flucht vor den Bolschewiken, kam auf dem Weg nach China in Urga vorbei und verbrachte einige Nachmittage mit dem großen Khan. Er beschrieb ihn als »untersetzten alten Mann mit einem massigen, glattrasierten Gesicht, ähnlich dem römischer Kardinäle«. Alkohol und Geschlechtskrankheiten hatten ihm sein Augenlicht geraubt. »Der-nichts-Falsches-tun-kann« war für gewöhnlich am Nachmittag blau. Seine Kabinettssitzungen uferten unweigerlich in Zechgelage aus.

Seine Untertanen hielten ihn für den reichsten und mächtigsten Monarchen der Welt, und an der Höhe der Religionssteuern gemessen war das gar keine so unrechte Vermutung. Wie alle Mönche war er ein Hamsterer. Gerüchten zufolge besaß er tausend weiße Kamele und tausend weiße Pferde. Ossendowski durfte eine Führung durch die Schatzkammern mitmachen. Dort sah er Geschenke von Herrschern und Lamas aus allen Winkeln der buddhistischen Welt – Goldnuggets vom Bei Kem, Kästchen mit Moschus und Ginseng-Wurzeln von den Orotschonen, einen zehn Pfund schweren Bernsteinbrocken von der Küste des »Gefrorenen Meeres«, Edelsteine und Säcke voller Perlen von indischen Radschas, Walross-Hauer, Schildpatt-Döschen und Elfenbeinschnitzereien aus China.

Und in Kisten befand sich der Albtraum eines jeden Konservators: alle Arten seltener Pelze, von weißem Biber über blauen Zobel bis hin zu schwarzem Panther. Die Bibliothek war voller tibetischer, indischer und chinesischer Manuskripte und enthielt auch eine Sammlung von Keilschrifttafeln aus Babylon, die gut aus der Kriegsbeute hätte stammen können, die die Mongolen nach der Eroberung Mesopotamiens im 13. Jahrhundert mitgeschleppt hatten. Sein Zoo war berühmt. Darin gab es Giraffen, Elefanten, ein Faultier, eine Boa constrictor und einige Robben, die, so weit vom Meer entfernt, vermutlich etwas verdrießlich geworden waren. Er besaß das erste Grammophon und das erste Automobil des Landes; beides hatte er bei einem Einkaufsbummel in Schanghai erstanden.

Die Autobatterie verhalf dem Bogd Khan zu vergnüglicher Unterhaltung. Er ließ Drähte an den Polen befestigen, die über die Palastmauern gehängt wurden. Wenn die Gläubigen niederknieten, um die Drähte zu küssen, hielten sie den elektrischen Schlag für einen göttlichen Segen. Der Lebende Gott stand oben am Fenster, um ihrem Kreischen zu lauschen, und schüttete sich aus vor Lachen.

Als er 1924 vorzeitig starb, sorgten sowjetische Agenten dafür, dass keine Reinkarnation erkannt wurde und das alte Urga mit ihm unterging. Bei der Revolution wurde die Stadt in Ulan Bator umbenannt, »Roter Held«. Die Klöster wurden zerstört und breite öffentliche Straßen in das Labyrinth der Gassen gehauen. Der alte Tempelplatz im Herzen der Stadt wurde zum Suchbaatar-Platz umgebaut, benannt nach dem Revolutionshelden, der die Russen »eingeladen« hatte. Wo einst Mönche in spektakulären Masken die religiösen Tsam-Tänze vorgeführt hatten, posierten nun schüchterne Hirten vom Land für Fotos in einer leeren Steppe voller Pflastersteine vor dem bekannten Hintergrund des Reiterdenkmals von Suchbaatar und seinem dem Lenin-Mausoleum nachempfundenen Grabmal. Solche Erinnerungsfotos hängen in vielen *gers* in der Mongolei wie ein Talisman – der Beweis, dass auch die Mongolen mit einer Stadt, die sie ihr Eigen nennen, Teil der Familie moderner Nationen sind.

~

Auch wenn Ulan Bator die Stadt ist, die die Mongolei in der modernen Welt verankert, so sind die meisten ihrer Bewohner noch dem Land und den nomadischen Idealen verhaftet. Mehr als eine halbe Million Mongolen leben jetzt in Ulan Bator, ein Viertel der Gesamtbevölkerung. Aber der Zug zur Hauptstadt hat nicht, wie sonst häufig, zur Folge, dass die Menschen das anspruchslose und weniger komplizierte Leben, das sie hinter sich gelassen haben, verachten. Alle Mongolen haben Sehnsucht nach der Steppe. Die Landschaft, die Pferde, das Vieh und der runde Mutterschoß des *ger* sind Bestandteil ihrer Identität, auch wenn sie in der Hauptstadt noch so sehr davon abgeschnitten sind. Allen ist klar, dass Ulan Bator nicht die Mongolei ist und dass sie dort nicht wirklich echte Mongolen sein können.

Wenn Verwandte vom Land mit geschlachteten Schafen, Krügen mit *airag* und Neuigkeiten von den Weiden zu Besuch kommen, ist das für die Städter in ihren engen Wohnungen immer eine großartige Abwechslung. In den Sommermonaten schicken Eltern ihre Kinder meist zu den Großeltern aufs Land, wo sie wie Schafe gemästet werden. Sie haben den Eindruck, dass die Städte die Kinder schwach und anfällig für Krankheiten machen und ihr Selbstvertrauen und ihre Persönlichkeit schwächen. Nur die Verbindung zum Land kann sie gesund erhalten.

Eines Tages aß ich mit einer Bekannten und ihrer sechsjährigen Tochter in einem modernen Restaurant zu Mittag. Die Tochter war gerade von einem vierwöchigen Aufenthalt bei der Großmutter in Archangai zurückgekehrt. Wie die Mutter versicherte, hatte das Land dem Kind unendlich gut getan. Sie war mit roten Wangen, voller Energie und wachen Augen heimgekommen.

»Genau wie eine echte Mongolin«, sagte sie.

Energisch und wach waren ganz sicher nicht die Eigenschaften der Stadt während der sieben Jahrzehnte der kommunistischen Herrschaft. In Ulan Bator hörte man Geschichten aus den alten Tagen der Planwirtschaft, und die Leute, die sie erzählten, wunderten sich, dass sie diese Zeit selbst miterlebt hatten. In Büros und Werkstätten waren die Genossen dazu angehalten worden, regelmäßig aufzuschreiben, was sie jedes Jahr zustande bringen wollten. Aufseher prüften die Listen peinlich genau nach, um sicher zu stellen, dass sie mit den Fünfjahresplänen der Partei in Einklang waren. Nach einiger Zeit mussten die Listen vierteljährlich abgegeben werden. Die Verantwortlichen mochten sie gern, weil sie etwas Greifbares waren und man dazu nicht vom Schreibtisch aufzustehen brauchte. Die Arbeiter liebten sie auch, denn man konnte voneinander abschreiben, und sie nahmen viel Arbeitszeit in Anspruch. Die Pläne wurden allmählich zur Sucht. Bald mussten sie jeden Monat eingereicht werden. Danach wurde die wöchentliche Abgabe obligatorisch, und als schließlich jeder Arbeitsplatz von der planwirtschaftlichen Manie erfasst worden war, wurden die Pläne Teil des Alltags der Werktätigen. Vom Pförtner bis zum Aufseher verbrachte jeder täglich ein paar Stunden mit der Liste; man musste nur darauf achten, dass man den richtigen aufmunternden Jubelton traf und dass die eigenen Absichten mit den Resolutionen des letzten Parteikongresses übereinstimmten. Neben den Arbeitsplänen gab es auch Pläne, welche Bücher die Arbeiter studieren und welche Parteiberichte sie lesen sollten, ferner allgemeine Pläne wie die Neujahrsresolutionen, in denen die Genossen versprachen, schwerer zu arbeiten und mehr zu leisten.

Das Leben bestand aus Plänen. Sie fluteten wie die Gezeiten auf Stapeln von Papier hin und her. Eine ganze Führungsriege war damit beschäftigt, die Pläne zu lesen und zu überprüfen, Zusätze zu empfehlen und künftige Ziele vorzuschlagen. Es war eine Orwell'sche Welt, in der die Produktion von Plänen die Hauptindustrie des Landes darstellte. Die Durchführung allerdings galt als schwer zu bewerkstelligen und hoch gefährlich, denn da drohten Versagen und Schuldzuweisung; außerdem ging dadurch Zeit für die Planung verloren. Jedermann innerhalb des Systems, vom jüngeren Abteilungsleiter bis zum Staatssekretär, erkannte, dass er ein ureigenes Interesse an den Plänen hatte, die ein bösartiger Eiferer, der in Aktion treten wollte, leicht hätte kaputtmachen können. Solch vorwitzige Leute wurden schnellstens beseitigt.

Nichts verdeutlichte die Schwächung des Landes so gut wie dieses wahnwitzige Planen. In dem Bestreben, die Methoden einer modernen bürokratischen Gesellschaft zu übernehmen, hatten die Mongolen aus der Planung einen Fetisch gemacht. Diese abgehärteten Nomaden, ein Volk von Draufgängern, das über das Antlitz Eurasiens gefegt war und dabei alle großen Zivilisationen seiner Zeit besiegt hatte, hatte sich selbst zu scheuen Funktionären herabgestuft, und ihre jetzige Hauptstadt wurde von zwanghaften Bürohengsten bevölkert.

Mittlerweile gibt es keine Pläne mehr, aber die welke Hand von siebzig Jahren Kommunismus ist noch zu spüren. Der Mangel an Initiative, die Trägheit, die Scheu, etwas anzupacken, wie harmlos es auch sei, aus Angst, sich vielleicht der Kritik auszusetzen, wird die Mentalität der mongolischen Stadtbevölkerung auf Jahre hinaus prägen.

Vielleicht ist es zu einfach, dem Kommunismus dafür die Schuld zu geben. Ein mongolischer Freund machte halb im Scherz das Imperium des Dschingis Khan für die Lethargie des Landes verantwortlich. Als dieser sich aufmachte, um die Welt zu erobern, erklärte er, seien ihm die besten Mongolen gefolgt und nach China, nach Persien und zur Wolga geritten, um die neuen Provinzen des Reichs zu übernehmen. Die Mongolei sei den Dumpfbacken überlassen worden, denen, die lieber zu Hause blieben und sich um ihre Schafe kümmerten.

Die Beseitigung der besten und klügsten Köpfe hingegen erfolgte sehr viel später, lange nach dem 13. Jahrhundert. Erst vor sechzig Jahren hat das kleine Volk der Mongolen seine brillantesten Bürger verloren. Um 1928 entledigten sich die Russen der unabhängigen Führer der gerade ins Leben gerufenen Mongolischen Volkspartei und brachten ihre eigene Marionette an die Macht, den Stalinisten Choilbasan. Unter Aufsicht der Russen begannen die Säuberungen. Widersacher und nicht ganz lupenreine Genossen wurden mit gleicher Begeisterung eliminiert.

In Ulan Bator gibt es ein neues Museum für Politische Unterdrückung, in dem dieser Albtraum dokumentiert ist. Untergebracht ist es in einem der wenigen alten Häuser, einem russischen Gebäude auf der Südseite des Platzes. Das Erdgeschoss ist den Namen der Opfer vorbehalten, wie ein Kriegerdenkmal, das an ein ungeheures Blutvergießen erinnert. Hunderttausend Menschen sollen bei den Säuberungen der 30er-Jahre umgebracht worden sein. Ihre Namen in kleiner, schmaler Schrift füllen die vier Wände.

Im Obergeschoss werden die Namen in Gestalt alter Fotos, Briefe und persönlicher Habe lebendig. Da sieht man die Brille eines Schriftstellers, ein uraltes Grammophon, eine Pfeife, ein Schnupftabakfläschchen, persönliche Gebrauchsgegenstände von Genossen, die den Vertretern Moskaus zu unabhängig oder zu mongolisch waren. Hier wird die nationale Schande dokumentiert, die noch bis vor kurzem geheim gehalten wurde. Die Museumsführerin, eine grauhaarige, zermürbte Frau, wies uns auf ihren eigenen Vater hin. Das unscharfe Schwarzweißbild trug das Datum 1924. Der junge Mann auf dem Bild posierte in einem Fotoatelier in der Uniform der mongolischen Roten Armee, voller Begeisterung darüber, dass er an den aufregenden Geschehnissen der Zeit teilnehmen durfte, und ohne in seiner Unschuld zu ahnen, dass das Klicken des Verschlusses ein Bild festhält, das später zum Dokument seiner Verfolgung werden wird. Sechs Jahre später wurde er zu acht Jahren Gefängnis in Irkutsk verurteilt. Man legte ihm zur Last, ein Rechtsabweichler zu sein oder auch ein Linksabweichler, ein Revisionist oder ein Trotzkist, genau wusste sie es nicht mehr. Es spielte auch keine Rolle, denn er kam nie mehr nach Hause. Er wird wohl dort gestorben sein, sagte sie, die Verhältnisse waren sehr primitiv. Vielleicht wurde er auch hingerichtet. Niemand wusste Genaues. Sie war noch ein Baby, als er verschwand. Sie habe keine Erinnerung an ihn, sagte sie, und hob hilflos die leeren Hände.

In diesen Räumen war es so still wie in einer Leichenhalle. Familien, die ihrer verschollenen Angehörigen gedachten, schritten flüsternd und ganz leise auftretend hindurch. Durch die Fenster schien sogar die Welt draußen fast stumm – nur leises Verkehrsgemurmel und Vogelgezwitscher. Das Licht der Herbstsonne sickerte durch dekorative Spitzenvorhänge und warf Blumenmuster auf eine Vitrine, die einen Liebesbrief in senkrecht verlaufender mongolischer Schrift enthielt, ferner eine Kette mit Gebetsperlen, das Foto einer Frau und das dünne Hemd eines Gefangenen.

Sie alle waren hier beisammen, eine verlorene Generation, eine Versammlung von Geistern, als wären sie einst eine zusammengehörige Gesellschaft gewesen, die uns einen bestimmten Sinn vermitteln sollte, Geister, die auf uns herabschauten und stumm darum baten, dass man sie im Gedächtnis behalten möge: mongolische Fürsten, chinesische Ladenbesitzer, Intellektuelle, Künstler, Lamas, Parteimitglieder, die bei der Diskussion dabei ertappt worden waren, auf der falschen Seite zu stehen. Auch die Henker waren hier – Onkel Stalin, der ungelenke Choilbasan und eine lange Schurkengalerie von Ermittlern mit glanzlosen, gnadenlosen Augen. Der Gegensatz zu den Opfern war erschreckend. Auf den Fotos der Verschwundenen waren intelligente, offene Gesichter zusehen, die zu einem der seltenen Schätze dieses Landes gehörten, nämlich zur winzigen Schicht der mongolischen Intelligenzija. Auf Geheiß einer importierten Ideologie verloren fast alle Gebildeten in der Mongolei, gleich ob Männer oder Frauen, ihr Leben. Als Tsendbal 1940 Choilbasans Nachfolge als Generalsekretär der Partei antrat, gab es im ganzen Land nur fünf Menschen, die nach der Volksschule eine weiterführende Schule besucht hatten.

Bruder Wilhelms Bemühungen, die Mongolen aus den Fängen der schrecklichen Buddhisten zu locken, wurden in den letzten Jahren ganz unerwartet wiederbelebt. Seit der Einführung der Demokratie 1990 strömen Scharen von Nachfolgern in die Mongolei – amerikanische Erweckungsprediger. Wilhelm fände sie in theologischer Hinsicht vielleicht so windig wie die Nestorianer, aber ihren kernigen Fundamentalismus würde er mit seiner sturen mittelalterlichen Logik wohl bewundern.

An einem Sonntagmorgen ging ich mit Mandah in »ihre Kirche«, einen kleinen Gemeindesaal, in dem etwa dreißig Personen, angestachelt durch einen theatralischen Menschen, der auf einer elektrischen Orgel spielte, mit der Hymne *O God Our Help in Ages Past* kämpften. Ich setzte mich in die hinterste Reihe und kam mir vor wie ein Spion im Hause des Herrn.

Als die Gemeinde ihre Plätze eingenommen hatte, ging eine junge Frau nach vorn und las auf Mongolisch aus dem Johannes-Evangelium. Amerikanische Missionare hatten die Übersetzung, Veröffentlichung und Verteilung in der ganzen Mongolei finanziert. Angesichts der Tatsache, dass die geheimnisvollen tibetischen Sutren des Buddhismus nur von Mönchen vorgelesen werden dürfen, gefällt den Leuten die Vorstellung, dass sie hier gratis ein Buch voll spannender Geschichten und klarer Anweisungen in ihrer eigenen Sprache bekommen.

Der Prediger in dieser Woche war ein älterer weißhaariger Amerikaner, der sich als Reverend Steve vorstellte – oder vielmehr als »Shrevershand shtivsh«. Er hatte sein Gebiss verloren – dazu gab er eine unverständliche Erklärung über Prothesenhaftpulver und ein Zimmermädchen ab – und bat die Gemeinde um Nachsicht. Zum Glück war ein Dolmetscher anwesend, der seine Worte ins Mongolische übertrug, aber falls jemand gekommen war, um sein Englisch aufzubessern, hätte er es schwer gehabt. Ohne Gebiss klang Reverend Steves Englisch wie das Lallen eines betrunkenen Finnen.

Zunächst gab er seiner Freude Ausdruck, dass unser Herr Jesus hier in der Mongolei schon am Werk sei. Als biblischen Aufhänger für seine Predigt wählte er die Geschichte von Kain und Abel und verbreitete sich über den Gedanken, dass jeder von uns durchaus der Hüter seines Bruders ist. Es war eine recht angestrengte Ansprache, aber gerechterweise muss man sagen, dass die schwerfällige Übersetzung und die losen Konsonanten, die durch die Zahnlücken pfiffen, von vornherein alle Schnörkel und jede rednerische Glanzleistung ausschlossen.

Danach bat er die Gemeindemitglieder aufzustehen und andere zu fragen, ob sie nicht gern in der nächsten Woche in ihre Gebete eingeschlossen werden wollten. Nacheinander standen sie auf, zögernd am Anfang, dann aber vertrauensvoll dem Beispiel der anderen folgend. Die Gemeinde bestand hauptsächlich aus jungen Frauen und vielen halbwüchsigen Mädchen. Sodann wurden wir aufgefordert, für kranke Verwandte zu beten, ferner um einen Studienplatz für eine junge Frau mit langem Pferdeschwanz, um eine gute Schule für einen Sohn, um einen Job, eine glückliche Heirat, die ersehnte Wohnung und die heile Rückkehr einer Schwester, die eine lange Reise gemacht hatte.

In diesem Augenblick war der Saal vom Zelt eines Schamanen nicht zu unterscheiden. Sofern das Christentum dem Schamanismus als ethische Kraft überlegen war, gab es dafür bei diesen Bitten um Wunscherfüllung kaum Beweise. Jeder Bittsteller bat um göttliches Eingreifen, um eine günstige Wendung seines Geschicks. Zwar war das jetzt ein anderer Gott, aber die Leute, die hier knieten, kamen mit den gleichen Wünschen. Sie wollten ihre Chancen verbessern, ihr Leben von verderblichen Einflüssen und schlechtem Karma befreien. Sie erflehten die Hilfe geistiger Mächte in einer schwierigen und unberechenbaren materiellen Welt. Offensichtlich gab es keinen besonderen Grund, ausgerechnet zum christlichen Gott zu kommen statt zu Dajanderch, es sei denn, man glaubte, dass die Magie des Christengottes die stärkere sei. Dass sie es tatsächlich war, erkannte ohne Zweifel jeder, der einen Fernseher besaß, denn dort beherrschte Amerika die Welt als das neue Land, in dem Milch und Honig fließen. Dajanderch kann sich nicht mit Reverend Steves Gott messen, der den Amerikanern, seinem auserwählten Volk, so üppige Erfolge beschert. In den Vorstellungen dieser Bittsteller waren, verstärkt durch die erweckerische Inbrunst der neuen Missionare, die Botschaft Christi, der Gedanke der Erlösung und der amerikanische Traum unauflösbar miteinander verquickt.

~

Eines Nachmittags besuchte ich Choijampts, den Abt des Gandan-Klosters, das für die Mongolei dieselbe Bedeutung hat wie Westminster Abbey für England. Es war eines der wenigen Klöster, das den Säuberungen entgangen war und dank einer Sondergenehmigung als lebendiges Museum des buddhistischen Glaubens weiterexistieren konnte Der gespenstische Klüngel praktizierender Mönche stand freilich unter strengster Aufsicht der Regierung. In den schlimmsten Jahren diente das Kloster perverserweise gegenüber leichtgläubigen Besuchern als Beweis für die Toleranz der Partei. Natürlich musste es auch Verluste hinnehmen. Abgesehen davon, dass die meisten Mönche verschwanden, büßte es auch die monumentale Statue von Magjid Janraisig ein, die Bogd Khan in der Hoffnung, sein schwindendes Augenlicht zurückzugewinnen, 1911 hatte aufstellen lassen. Im Zuge der Säuberungen wurde die Statue nach Leningrad gebracht und eingeschmolzen, um Munition daraus zu fertigen.

Seit der neuen Religionsfreiheit ist das Kloster wieder in Betrieb. Heute leben dort dreihundertfünfzig Lamas. Eine der ersten Maßnahmen des Klosters bestand darin, mit dem Geld aus öffentlichen Sammelaktionen und Spenden aus der ganzen Welt die Statue von Magjid Janraisig neu erstehen zu lassen. Die neue kupferne Statue des Avalokiteshvara wurde 1997 enthüllt. Sie ist sechsundzwanzig Meter hoch, rund zwanzig Tonnen schwer und mit Gold und Edelsteinen reich verziert. Als Symbol der Wiedergeburt des Buddhismus in der Mongolei und der Unabhängigkeit des Landes von den russischen Oberherren ist Magjid Janraisig einzigartig.

Dank eines Missverständnisses überwand ich schnell die Hierarchie geistlicher Herren, die die erhabene Person von Choijampts schützend umgaben. Offenbar hielten sie mich für jemand anders. Die Geschwindigkeit, mit der ich die Kommandokette durchlief, ließ mich vermuten, dass sie mich mit einem Gesandten des Dalai Lama verwechselten. Der Pförtner reichte mich weiter an den Haushüter, der mich zum Terminverwalter schickte, der mich durch eine lange Reihe leerer Zimmer ins Büro von Choijampts' Sekretär geleitete, welcher mich nach kurzer Rücksprache über ein Bakelit-Telefon ins Büro des persönlichen Assistenten begleitete. Einen Augenblick später stand ich im Allerheiligsten des großen Mannes.

Choijampts erhob sich von seinem Schreibtisch, um mir die Hand zu schütteln. Er war ein rundlicher Buddha in langem Gewand, mit schmalen Schlitzaugen und großen Ohren mit auffallend langen Läppchen. Sein Büro war ein hübsches Arbeitszimmer mit neuestem technischem Gerät – Fernseher, Video-Recorder, Fax, Handy – an prominenter Stelle zwischen den Bücherregalen und dem buddhistischen Schrein in der gegenüberliegenden Ecke. Auf dem langen Couchtisch vor meinem Stuhl standen Teller mit aufgehäuftem Mürbteiggebäck. Der Raum roch nach Heiligkeit und Freude, nach Kerzenwachs und Frischgebackenem.

Falls er jemand anders erwartet hatte, war er viel zu höflich, um es sich anmerken zu lassen, und begrüßte mich mit überschwänglicher Herzlichkeit. Er sprach gebrochen Englisch. Er schnupfte ununterbrochen und bediente sich dabei aus einem alten Filmdöschen auf dem Tisch. Es war kurz vor eins, und während der ganzen Unterhaltung rumpelte der Magen des großen Mannes wie ein Zug.

Innerhalb der geistlichen Hierarchie scheint der tibetische Buddhismus Frohsinn zu fördern. Wie der Dalai Lama war Choijampts zu Scherzen aufgelegt und genoss seine Kicheranfälle. In dieser Stimmung war es schwer, das Gespräch in ernstere Bahnen zu lenken, denn immer wieder brach sein Gelächter durch.

Ich überbrachte ihm Grüße von Smith & Sons, den Tabakhändlern in der Charing Cross Road. Vor meiner Abreise aus London hatte ich ein paar Schnupftabakdöschen als Gastgeschenke gekauft. Der Verkäufer hatte erwähnt, dass Choijampts, den er als Obermönch in der Äußeren Mongolei bezeichnete, ein guter Kunde sei; immer wenn er in London sei, komme er vorbei, um seinen Vorrat aufzufüllen. Erstaunlicherweise war er gerade eine Woche zuvor in London gewesen und hatte kräftig eingekauft.

»Charing Cross Road.« Choijampts warf die Hände in die Luft und lachte dröhnend. »Smith's Schnupftabak. Sehr gut.« Er wühlte in einer Schublade herum und holte eine kleine Dose mit dem Aufdruck des Geschäfts heraus: *Snuff Blenders and Cigar Importers Since 1869*. »Das ist George-IV.-Mischung. Bitte versuchen Sie!« Dann fragte er: »Sagen Sie ... der Mausfänger. Fängt er noch das Publikum?«

»Die Mausefalle! Aber sicher. Läuft immer noch.«

Seine Schultern hüpften vor Heiterkeit.

Da ich jetzt unbedingt die Unterhaltung von dem Anachronismus im Londoner Westend fortlenken wollte, erkundigte ich mich nach den christlichen Missionaren, den Rivalen der mongolischen Lamas, die Mühe hatten, den Buddhismus wieder in ihrem Land einzuführen.

»Viele davon sind keine traditionellen Christen«, sagte er plötzlich ernst. Er betrachtete mich aufmerksam, da er nichts Falsches sagen wollte. »Amerikaner«, erklärte er achselzuckend. »Nicht gerade die Leute des Erzbischofs von Canterbury.« Ein mutwilliges Lächeln spielte um seine Mundwinkel. »Aber sehr gute Basketballspieler.« Er schüttete sich aus vor Lachen. »Ja. Ja, sehr gut. Werfen den Ball rein, jedes Mal.«

Viele der amerikanischen Missionen waren dazu übergegangen, groß gewachsene athletische Burschen als Prediger herzuschicken. Sie organisieren Basketballspiele – eine große Attraktion für die jungen Männer in den Städten, die schon von amerikanischer Kultur vereinnahmt sind – und sprechen in der Halbzeit über Jesus, den göttlichen Trainer.

»Wir sind arme Buddhisten«, sagte er kichernd. »Zu klein.«

Ich fragte nach den charakteristischen Merkmalen des mongolischen Buddhismus.

»Ooooh« – er kicherte wieder –, »wir sind anders. Wir sind Mongolen.« Er beugte sich über seinen Schreibtisch zu mir und wackelte mit dem Kopf. »Ich habe sechs Kinder. Großer Unterschied.« Er zeigte auf seinen Schoß und – vermutlich – auf seinen Penis. »Alles Teil von Gottes Plan. Für den Mann.« Wieder tosendes Gelächter. »Wir zeigen unseren Hintern dem Mond«, dröhnte er und verdeutlichte diesen Euphemismus für körperliche Liebe durch eine ausführliche Pantomime. Er ließ die Hose fallen, klopfte sich auf den Hintern und deutete zum Mond empor. Dann schlug er auf den Schreibtisch, warf den Kopf in den Nacken und wiederholte die Pantomime mehrmals unter schallendem Gelächter. »Oooh, wir lieben das«, rief er keuchend und rang zwischen seinen Lachanfällen nach Luft, »unseren Hintern dem Mond zu zeigen.«

Das Gelächter endete so abrupt, als hätte man auf einen Schalterknopf gedrückt. Plötzlich sagte er ganz ernst: »Das ist einer der Unterschiede.«

Sein Assistent rief ihn zum Mittagessen, und damit endete unser Gespräch.

»Wir müssen uns in London wieder sehen«, sagte er kichernd und brachte mich zur Tür. »Wir werden zum Mausfänger gehen. Sehr gut. Die Engländer lieben Detektivgeschichten. Viel zu viel. Mord und Totschlag.« An der Tür hielt er inne. »Da ist noch ein Stück. Sehr gut, sagen meine Freunde. Aber was?« Nachdenklich runzelte er die Stirn. »Ach ja!« Sein Gesicht hellte sich auf. »*No Sex Please, We are English.*« Und erneutes Gelächter erschütterte den Raum.

KAPITEL FÜNFZEHN

AUF DER SUCHE NACH DSCHINGIS KHAN

Im Chentij-Gebirge brauste der Herbstwind durch die Wälder. Unter den Wirbeln gelb flammenden Laubs schienen die Hänge zu brennen, und einzelne Streifen Sonnenlicht harkten durch das gelbe Gras. Die Weiden entlang der Wege schimmerten purpurrot und blau. Der Winter war nun so nahe, dass er sich nachts kurz anschlich wie ein Jäger im Schutz der Dunkelheit. Morgens war die Milch in den Konservendosen gefroren, und ich musste dünnes Eis auf dem Fluss aufbrechen, um mich zu waschen. Einmal erwachte ich mitten in der Nacht und kroch nach draußen. Im kalten Mondlicht waren alle Farben zerronnen und hatten eine gespenstisch einfarbige Welt zurückgelassen. Auf dem frostüberkrusteten Grasland standen die Pferde da wie Statuen, und aus ihren Nüstern kringelte sich der Atem wie Rauchfahnen empor. Wir ritten durch unbewohntes Land. Sechs Tage lang sahen wir keinen Menschen. Hirsche röhrten in der Nacht, Rehe huschten wie Gespenster zwischen den Bäumen davon, und jeden Morgen fanden wir frische Spuren von Wölfen, wo Sandboden die Grasfläche zerteilte. Am zweiten Tag erreichten wir einen niedrigen Pass, wo ein wackliger *owoo* stand, mit blauen Halstüchern und einem Elchgeweih geschmückt. Von hier aus sahen wir erstmals den großartigen Burchan Chaldun, dessen Gipfel einen Turban aus Schnee trug.

Wir saßen ab und umkreisten den *owoo*. Mit dem Rücken zum Wind blickten wir dann über die karminroten Wälder auf den Berg.

»O mein hoher Berg, Burchan Chaldun«, rezitierte unser Führer Zevgee. »Ehren werde ich dich täglich mit Opfergaben. Jeden Tag will ich dich anbeten, und meine Kindeskinder sollen sich immer daran erinnern.« Das waren Worte von Dschingis Khan, die uns durch *Die Geheime Geschichte der Mongolen* überliefert sind.

Burchan Chaldun, die Heimstatt mächtiger Schamanengeister, ist der mongolische Garten Eden, eine Landschaft voller Unschuld. *Die Geheime Geschichte der Mongolen* berichtet von einem blauen Wolf und einer Damhirschkuh, die über das Meer in diese Gegend gekommen waren. Ihr Sprössling, geboren an der Quelle des Onon, war ein Menschenkind namens Batakazitschan, der erste Mongole.

Wir saßen wieder auf und ritten vom Pass hinab in ein langes, herbstlich gefärbtes Tal, wo die Lärchen glühten wie flammende Zungen. Der Berg beherrschte das ganze Land ringsum, sein weißer Gipfel, von Sonnensäulen umrahmt, ragte in einen Himmel voller Wolken.

Mongolischer Bogenschütze

Die Entdeckung der *Geheimen Geschichte der Mongolen* im Jahr 1886 durch einen russischen Gelehrten, der in den Archiven von Beijing arbeitete, erschütterte die akademische Welt, die bis dahin dem Vorurteil anhing, Nomaden verabscheuten Literatur ebenso wie frisches Gemüse. Das Buch wurde im Jahr der Ratte geschrieben, 1228 oder 1240, und berichtet über den Aufstieg des mongolischen Volks, den Stammbaum der Familie von Dschingis Khan, die schwierigen Anfänge seiner Laufbahn und schließlich seinen Triumph als Führer des Reichs. Das »Geheimnis«, auf das im Titel angespielt wird, hat vermutlich damit zu tun, dass nur Mitglieder der Herrscherfamilie dieses Buch lesen durften. Die ersten Absätze sind zweifellos erdichtet, und welchen Wert die folgenden Teile als historische Quellen haben, ist eine Ermessensfrage. Der englische Übersetzer Arthur Waley spricht von einem »pseudohistorischen Roman«. Die meisten Gelehrten halten das nackte Gerüst seiner Dschingis-Khan-Biografie für einigermaßen korrekt, während sie die heldischen Ausschmückungen als Legenden abtun.

Dafür, dass Dschingis Khan einst den Großteil der bekannten Welt unter seiner Herrschaft hatte, weiß man erstaunlich wenig über ihn. Es gibt keine einzige Darstellung von ihm aus jener Zeit, nur ein Porträt, das ein chinesischer Hofmaler eine Generation nach seinem Tod angefertigt hat; es zeigt das Oberhaupt der Mongolen als idealisierten chinesischen Kaiser mit seidenen Gewändern und schütterem Bart. Jahrhundertelang hing dieses Bild in der Verbotenen Stadt in Beijing, bis Tschiang Kai-schek und seine Nationalisten es bei ihrem Rückzug nach Taiwan mitnahmen. Ein persischer Historiker aus dem 13. Jahrhundert beschreibt Dschingis Khan als groß, energisch und kraftstrotzend, mit Katzenaugen und einem weißen Bart. »Einige der Teufel waren seine Freunde«, fügt er hinzu, was die Glaubwürdigkeit seiner Beschreibung allerdings etwas mindert.

In der *Geheimen Geschichte der Mongolen* steht, Dschingis Khan sei in der Nähe von Dadal am Zusammenfluss von Onon und Baldj geboren, und zwar in den 50er- oder 60er-Jahren des 12. Jahrhunderts. Er hieß Temudschin – Dschingis Khan war später der Titel für den Herrn des Universums. Sein Vater, Oberhaupt eines Clans, wurde vergiftet, als Temudschin neun Jahre alt war. Vom Rest des Clans ausgestoßen und von Feinden gehetzt, lebte die Familie als Flüchtlinge in der Umgebung des Burchan Chaldun. Mit der Zeit gewann der junge verbannte Häuptling mythisches Charisma. Seine Anhängerschaft wuchs, als er hintereinander mehrere gewagte Überfälle auf verfeindete Clans verübte und diese besiegte. Nun folgte ein Jahrzehnt mörderischer Stammeskämpfe, mit dem Ergebnis, dass Temudschin die zersplitterten mongolischen Clans unter seinem Banner vereinigte. Zum ersten Mal seit Generationen waren die Mongolen unter einem einzelnen starken Anführer vereint, der nun, im Alter von neununddreißig Jahren, zum Dschingis Khan ernannt wurde. Für die Verfasser der *Geheimen Geschichte* war das seine großartigste Leistung. Angesichts der Eroberung der Mongolei verblasste die Eroberung der Welt zur Bedeutungslosigkeit.

Außerhalb der Mongolei wird er ganz anders beurteilt. Seine Verteufelung in der Geschichtsschreibung des Westens war nicht zu überbieten, bis uns das 20. Jahrhundert Hitler bescherte. Als Bram Stoker nach einem passenden Ahnen für Dracula suchte, war Dschingis Khan der richtige Mann. Aber für die Mongolen ist er nicht nur ein Objekt der Verehrung, sondern der Anbetung. Für einen kurzen, glanzvollen Augenblick in der Geschichte hatten die Mongolen unter seiner Führung die Herrschaft über die Welt errungen. Für ein machtloses Volk, das oft vom Wohlwollen von Außenseitern abhing, lieferte Dschingis Khan die eine große historische Rechtfertigung für das Selbstbewusstsein und den Nationalstolz der Mongolen.

Wie die Lamas und die Intellektuellen passte Dschingis Khan nicht ins strenge Konzept des Marxismus. Stalin ließ eine vernichtende Biografie des großen Mongolenführers schreiben, und die Partei erklärte ihn offiziell zu einem feudalistischen Reaktionär. In den siebzig Jahren kommunistischer Herrschaft in der Mongolei war der große Nationalheld eine Unperson.

1962 gab es in einem unerwarteten Anfall von Nationalismus einen kurzlebigen Versuch, Dschingis Khan zu rehabilitieren; Anlass war der achthundertste Jahrestag seiner Geburt. Gedenkmarken sollten ausgegeben werden, und an seinem Geburtsort Dadal wurde ein steinernes Denkmal errichtet. Bei der Enthüllung war Tomor-ochir anwesend, ein führendes Mitglied des Politbüros und Präsident der Gesellschaft für Sowjetisch-Mongolische Freundschaft. Leider hatten die Mongolen die liberalen Strömungen im Kreml falsch gedeutet. Chruschtschow hatte den Ungarnaufstand noch frisch im Gedächtnis und beschloss, diesem Revisionismus ein Ende zu machen, bevor er zu weit ging. Die Briefmarken wurden hastig zurückgezogen. Tomor-ochir wurde in der *Prawda* attackiert, aus dem Politbüro entlassen und aus der Partei ausgeschlossen; kleinere Funktionäre, die mit den Feiern zum Gedenktag befasst waren, wurden verhaftet. Der Versuch, den Kult um Dschingis Khan neu zu beleben, war gescheitert.

Erst nach dem Zusammenbruch des alten Systems kam Dschingis Khan endlich wieder ans Licht. Heute ist er in der Mongolei allgegenwärtig, eine Kreuzung aus königlicher Hoheit und dem neuesten Popstar. Er ist eine Kultfigur, und sein Bildnis – oder jedenfalls die chinesische Version – ist überall zu sehen: auf Banknoten, Briefmarken, T-Shirts und dem Etikett der beliebtesten Wodkamarke. Irgendwie passt es, dass eine mittelalterliche Gestalt die nationale Ikone dieser Gesellschaft ist, die wie keine andere im Mittelalter verhaftet ist.

Nach 1990 wurde in Ulan Bator eine Dschingis-Khan-Gesellschaft ins Leben gerufen, mit dem Zweck, Monumente, Paläste und Museen zu Ehren von Dschingis Khan zu bauen und Expeditionen zur Entdeckung seiner Grabstätte am Burchan Chaldun finanziell zu unterstützen. Man erwartete Spenden aus dem Ausland. Die Mongolen sind naiv genug, um zu glauben, dass die ganze übrige Welt ihre hohe Wertschätzung für Dschingis Khan teilt. Bettelbriefe wurden an alle Staatschefs geschickt, auch an die Königin von England. Ein größerer Beitrag würde dem Spender einen mit goldenen Lettern beschrifteten Sitz im Großen Rat der Gesellschaft sichern. Bedauerlicherweise gingen keine Geldbeträge ein. Und so muss die Welt darauf verzichten, Elizabeth II. als Ehrenmitglied des Großen Rats von Dschingis Khan zu erleben.

Für Dschingis Khan war der Burchan Chaldun eine heilige Stätte, im Tod wie auch im Leben. 1227 wurde er zu seiner permanenten Behausung, als sein Leichnam ins Chentij-Gebirge gebracht und dort irgendwo in der Nähe des großen Berges begraben wurde. Aus den wenigen Quellen, die Aufschluss über seine Bestattung geben, geht hervor, dass sie begleitet von verwickelten Ritualen und in aller Heimlichkeit vor sich gegangen ist. Vierzig juwelengeschmückte Jungfrauen und eine Kompanie edler Pferde wurden ihm ins Grab mitgegeben, um ihn in die nächste Welt zu begleiten. Doch bis heute haben die – meist japanischen – Expeditionen, die zur Suche seines Grabes aufgebrochen sind, noch keine Hinweise gefunden. Sein Bestattungsort ist nach wie vor eines der großen archäologischen Geheimnisse.

Wir kampierten am Fuß des Berges in einem Hain gelber Bäume. Ich hoffte, mit meinen Fliegen von der Pall Mall dem Fluss unterhalb des Lagers ein paar Lenoks zu entlocken, als Zevgee, unser Führer, verkündete, wir müssten sofort zum Gipfel aufbrechen. Es war mitten am Nachmittag. Ich hatte angenommen, wir würden bis zum Morgen warten, um für den Berg einen ganzen Tag zur Verfügung zu haben. Aber Zevgee versicherte mir, dass wir genügend Zeit für den Aufstieg hätten. Wir überließen es Mandah, das Lager zu bewachen, und saßen auf.

Beim Aufstieg rückten die Kiefern auf den Hängen immer dichter zusammen, bis die bemoosten Stämme alle Sonnenstrahlen abfingen. Im Halbdunkel kamen wir zu einem sehenswerten *owoo*, einer hohen Pyramide, die nicht aus Steinen, sondern aus ineinander verflochtenen Zweigen bestand. Zerschlissene Tücher hingen über den Ästen. Angesichts der kleinen Abstände zwischen den Bäumen wirkte der *owoo* unverhältnismäßig groß, als hätte der Glaube zu so einem verrückten, unbändigen Wachstum in diesem wilden Gehölz geführt. Auf einem Felsaltar lagen die üblichen Opfergaben: allerlei Krimskrams wie Patronen, Münzen, Pferdeknochen. Etwas abseits stand ein Kessel mit trockenen Pferdeäpfeln.

Zevgee und ich zupften Haare aus den Schwänzen unserer Pferde, banden sie an den *owoo* und saßen wieder auf. Auf dem steilen Grund taumelten die Pferde und tasteten nach festem Halt. Lose Steine polterten hinter uns durch die Bäume hinab wie Kiesel, die in einen tiefen Brunnen fallen. Wir folgten einem schwer erkennbaren Pfad, der zwischen dunklen Stämmen, gefallenen Bäumen und dichtem Gestrüpp auf und ab führte wie eine Achterbahn. Immer wieder hielten wir an, um den Pferden eine Verschnaufpause zu gönnen. Speichelschaum tropfte von ihren Mäulern, und ihre Beinmuskeln zitterten. Ich wäre schon längst gern zu Fuß weitergegangen, aber wie allen Mongolen widerstrebte es Zevgee abzusteigen. Mongolische Pferde sind an schwieriges Terrain gewöhnt. Verglichen mit ihnen sind Bergziegen in puncto Trittsicherheit lahme Enten.

Aber schließlich stieg der Weg doch zu steil an. Wir saßen ab und kletterten weiter, manchmal auf Händen und Knien, stemmten uns zwischen den Bäumen hindurch nach oben, während sich die Pferde hinter uns durch scharfe Zweige hinaufarbeiteten. Ich rief zu Zevgee hinauf, um ihm vorzuschlagen, die Pferde anzubinden und ohne sie weiterzugehen, aber er winkte ab, kletterte weiter und zog sein Pferd hinter sich her durch immer engere Schneisen im Dickicht.

Schließlich tauchten wir oberhalb der Baumgrenze wieder auf, wo Schnee in tiefe Mulden geweht worden war. Eine halbe Stunde lang stapften wir durch die Verwehungen und kamen auf einen Kamm, wo der Wind den Felsen blank gefegt hatte. Ich spähte in den Abgrund. Viele hundert Meter unter mir schimmerte ein Bergsee, in dem sich gelbe Bäume spiegelten. Über mir, als schwarze Silhouette am Himmel, führte Zevgee wie eine Gestalt aus dem Mittelalter sein Pferd am Zügel und kletterte mit einem Stock in der Hand, den er sich im Wald abgeschnitten hatte, weiter aufwärts.

Oben angelangt, empfing uns ein neuer Wind. Im Norden strahlte ein perlblauer Himmel über einer Bergkette. Hinter uns fiel die Sonne in eine Gruppe kleinerer Berge. Auf dem Gipfel, einer Fläche kaum größer als ein Dorfplatz, standen Dutzende von kleinen Stein-*owoos* unordentlich auf dem nackten Fels. Im vergehenden Licht sahen sie mit ihren verlängerten Schatten wie Grabsteine aus.

Ganz hinten am Rand stand ein *owoo*, der erheblich größer war als die anderen: eine über drei Meter hohe Pyramide aus rohem Stein, auch Sitz des Dschingis Khan genannt. Der Legende zufolge war er als junger Mann hierher gekommen, um den großen Berg zu ehren und auf sein Land zu schauen. Jetzt wurde mir klar, warum wir die Pferde nicht zurückgelassen hatten. Ohne Pferd an einer so heiligen Stätte zu erscheinen wie ein Landstreicher wäre eines Mongolen unwürdig gewesen. Mit den Pferden umkreisten wir das Heiligtum feierlich dreimal. Unter den Opfergaben – ein Paket gepresster chinesischer Tee, Blattfedern aus einem Jeep, ein Stiefel, ein Steigbügel – waren lange, hohläugige Pferdeschädel, die wie Geistermasken auf den aufgestapelten Steinen lagen.

Nachdem wir unsere Runden pflichtgemäß absolviert hatten, setzten wir uns in den Windschatten des *owoo*, um die obligatorische Flasche Wodka zu leeren. Zevgee rieb sich frohgemut die Hände, erfreut über meine respektvolle Beachtung mongolischer Traditionen, wenn auch eine Spur enttäuscht, dass ich eine so kleine Flasche ausgewählt hatte. Ich goss eine Trinkschale voll und reichte sie ihm. Er spritzte ein paar Tropfen zum Himmel, ein paar auf den *owoo* und kippte den Rest hinunter. Dann gab er mir die Schale zurück, damit ich seinem Beispiel folgte.

»Es ist spät«, sagte ich. Zevgee sah mich aus wässrigen Augen an. Er war unter all meinen Führern eine Ausnahme. Ich mochte ihn nicht. Er hatte ein platt gedrücktes Gesicht wie eine Fledermaus, deren Radar ausgefallen ist. Er wich einem aus, war doppelzüngig und verfügte über ein großes Repertoire an bühnenreifen Ausflüchten.

»Es ist spät«, wiederholte ich in meinem Anfänger-Mongolisch. »Der Weg ist lang. Die Sonne geht unter. Es ist dunkel, wenn wir runtergehen.«

Aber Zevgee starrte mich nur ausdruckslos an und genehmigte sich eine weitere Schale Dschingis Khan.

Der Mann war ein Idiot. Ich verfluchte mich, dass ich so ein Narr gewesen war, ihm noch so spät am Tag auf den Berg zu folgen. Ich spielte kurz mit dem Gedanken, ihn einfach über den Rand in die Tiefe zu stoßen. Aber dann dachte ich, dass ein solches Verbrechen an diesem heiligen Ort doch recht unziemlich wäre. Stattdessen trank ich noch einen Schluck Dschingis Khan.

Wir saßen mit dem Rücken zum *owoo* auf dem flachen Felsen. Die Mongolei lag zu unseren Füßen. Berge ragten zwischen den Horizonten auf, ihre Ambossköpfe von rostbraun überschatteten Schluchten gespalten. Jenseits der Berge lag Sibirien. In den grenzenlosen Weiten dieser Landschaften durchbrachen keine Lichter die sinkende Dämmerung. Der einzige Laut war das Wehklagen des Windes, der sanft über die um uns versammelten winzigen Steinhaufen auf dem Gipfel strich. Das waren lauter persönliche *owoos*, an dieser entlegenen Stelle von Pilgern errichtet, die hier ihre Herzenswünsche kundtun wollten, um deren Erfüllung sie baten. Die Steinmale standen, in elfenhaftes graurosa Licht getaucht, unschicklich chaotisch zusammengedrängt – ein verlorener Clan von Gedenksteinen an den Gräbern vergangener Hoffnungen.

Wir leerten den Dschingis Khan und standen auf. Ich ging an den westlichen Rand der Gipfelplatte und errichtete im Angesicht der untergehenden Sonne mein eigenes kleines Steinhäufchen. Dann machten wir uns an den Abstieg.

Im Zwielicht ertasteten wir unseren Weg über steile Schneefelder hinunter. Als wir wieder zu den Bäumen kamen, war es dunkel, und der Wodka narrte unsere Sinne. Die folgenden drei Stunden waren ein Albtraum. Im Dunkeln war der Wald so übersichtlich wie Labyrinth. Wir stießen gegen Bäume und liefen in unpassierbares Dickicht. Wir starrten in die Finsternis und stellten fest, dass der Boden unter unseren Füßen plötzlich abfiel, mussten schnell zurückweichen und einen anderen Pfad suchen. An manchen Stellen war das Unterholz zu dicht, um die Pferde zu wenden, und wir mussten sie überreden, durch hinderliche Zweige hindurch rückwärts zu gehen. Immer wieder stolperten wir über unsichtbare Hindernisse und rutschten über Geröll und Gestrüpp abwärts, und die Pferde donnerten krachend hinterher, bis uns ein anderes unsichtbares Hindernis davor bewahrte, weiter abzurutschen. Längst hatten wir die Orientierung verloren und wussten nur, dass es abwärts gehen musste, nicht aber, ob wir auf unser Lager zuhielten oder über die Bergflanke in eine anderes Tal taumelten.

In dieser Finsternis voll unsichtbarer Gefahren wären die meisten Pferde in Panik geraten. Aber unsere Pferde blieben während des ganzen chaotischen Abstiegs ruhig und gelassen. Nie habe ich mongolische Pferde mehr bewundert. Nichts schien sie einzuschüchtern.

Von Zevgee konnte man das leider nicht sagen. Der dunkle Wald hatte ihn gegenüber seiner Verzweiflung wehrlos gemacht. Er ächzte und winselte, er setzte sich zwischen Felsbrocken hin und wehklagte. Irgendwann entdeckte er in den Tiefen seines *del* eine Schachtel Streichhölzer und begann, hin und her zu laufen und den Weg zwischen den Bäumen zu beleuchten, als suchte er den Sessellift. Da es sich aber um chinesische Hölzer handelte, die nur kurz brennen, waren wir alsbald wieder mit der Dunkelheit allein.

Am Ende erspähte ich weit rechts und tief unter uns ein Lagerfeuer zwischen den Bäumen. Unversehens verschwand es aus dem Blickfeld, als wir in einen Graben fielen, aber ich orientierte mich an den Sternen. Eine Stunde später torkelten wir zerschnitten, aufgeschürft und erschöpft aus den Bäumen hervor auf die Lichtung, wo Mandah über dem Feuer Tee machte.

»Warum habt ihr so lange gebraucht?«, fragte sie.

Die nächsten drei Tage ritten wir lustlos durch düstere Wälder. Die herrlichen Winde, die uns ins Chentij-Gebirge geweht hatten, waren eingeschlafen, und in den endlosen sumpfigen Tälern schien es, als kämen wir nicht mehr vom Fleck. Die Tage schleppten sich dahin. Die Wälder waren unbarmherzig. Die Pferde, vom weichen Boden ermüdet, stapften mühsam durch die Täler. Unter dem bleiernen Himmel waren die tiefroten Blätter rostig geworden, und unsere Lager waren feucht und ohne Sonne. Im einengenden Griff dieser Wildnis unter den nicht endenden Baumreihen sehnte ich mich nach der Klarheit der offenen Steppe.

Am dritten Tag gelangten wir endlich in geräumigeres Gelände. Die Täler weiteten sich, und die steilen, bewaldeten Abhänge endeten, als wir zu einem Zufluss des Onon kamen. Die düsteren Kiefern machten lichten Birkenhainen Platz, deren weiße Stämme große Rindenstücke abstießen; die Blätter schimmerten in der wieder aufgetauchten Sonne. Wiesen und vom Wind sauber gefegte Himmelsweiten taten sich vor uns zwischen den Bäumen auf. Auch die Pferde spürten die veränderte Atmosphäre der Landschaft und beschleunigten den Schritt.

Am Morgen des vierten Tages erblickten wir in einem Tal mit kastanienbraunen Gräsern eine Pferdeherde und eine Stunde später ein *ger* zwischen frei umherstreifenden Schafherden – die erste Behausung seit einer Woche. Wir spornten unsere Pferde zum Galopp an. Sonnenflecken eilten uns voraus. Der Wind pfiff in hohen Tönen über die Wiesen, und die Bäume am Ufer schüttelten gelbe Laubwolken zu Boden. Wir überquerten eine breite Sattelkette, an deren Ende wir brüllend wie eine Räuberbande hinuntergaloppierten in eine weite Ebene voller Gras, Wildblumen und Wind. Die Welt war wieder so jung wie an jenem ersten Morgen in Namarjin vor drei Monaten.

In dieser Stimmung galoppierten wir in die Stadt Batschiriit. Es war eine Gary-Cooper-Nummer, wenn auch etwas getrübt durch die Haltung des Sheriffs. Binnen einer halben Stunde war ich verhaftet.

Vielleicht musste man in einer Stadt, die eine solch sibirische Atmosphäre ausstrahlt, mit so etwas rechnen. Hier, aber vor allem jenseits der russischen Grenze, lebten burjätische Mongolen. Die Frauen trugen Kopftücher und die Männer Schmerbäuche und Lederjacken. Dank des russischen Einflusses und der vielen Bäume hatten sich die Bewohner mit dem Gedanken an Häuser angefreundet. Die Stadt bestand aus lauter Ein-Zimmer-Blockhütten ähnlich denen, die in den amerikanischen Prärien um 1905 aus der Mode gekommen waren. Batschiriit hätte ebenso gut Caspar in Wyoming nach dem Eintreffen der ersten Welle von Planwagen-Trecks sein können, eine Stadt aus Kieferbrettern, Pferdepfosten und mit dicken Männern, die den Schnupftabak lieben. Durch ihre Baufälligkeit bekamen die Holzhäuser einen gewissen Charme, und die wunderbaren Bäume verliehen ihnen Bilderbuchcharakter. Das Hotel war ein niedriges Haus mit geschnitzten Fenstern, hängenden Türen und dickbäuchigen Öfen. Ich hackte gerade Anmachholz für den Ofen, als es an die Tür klopfte.

Der Polizist war ein Mann mit kummervollem Blick in einer unmöglichen Verkleidung: Er trug einen Hirten-*del* und einen schlappigen Golfhut. Mit verschwörerischem Flüstern forderte er mich auf, den Gouverneur im Rathaus nebenan aufzusuchen. In Unkenntnis seiner amtlichen Mission antwortete ich, vielleicht etwas kurz angebunden, dass ich kommen würde, wenn ich mit dem Ofen fertig sei, den Führer bezahlt und mich gewaschen und Tee getrunken hätte.

Der geheimnisvolle Polizist stand verlegen in der Tür und kaute auf seiner Lippe.

»Verstehen Sie denn nicht?«, flüsterte er. »Sie stehen unter Arrest.«

Es war nicht das erste Mal, dass ich Gelegenheit hatte, die im Laufe von Jahrhunderten erfolgte großartige Verfeinerung der mongolischen Sitten zu loben. Vor siebenhundertfünfzig Jahren plünderten, raubten und schändeten die Mongolen in einer Art und Weise, die man nur als ungehobelt bezeichnen kann. Heutzutage hingegen wird einem selbst eine Verhaftung höflich und schüchtern kundgetan.

Zevgee, der die Szene beobachtete, sah aus wie jemand, der gerade erfahren hat, dass sein Gehaltsscheck geplatzt ist. Der Polizist war gnädig mit mir und fuchtelte nicht lange mit Handschellen oder einer Decke über meinen Kopf herum, sondern führte mich stracks ins Rathaus nebenan, um bei den Ermittlungen zu helfen. Im Obergeschoss mussten wir im Büro des Gouverneurs vor einem mürrischen Gericht Platz nehmen. Batschiriit erfreute sich vergleichsweise geringer Kriminalität, und da keine überfälligen Untersuchungsgefangenen vor uns an der Reihe waren, sah es aus, als ob wir von der Verhaftung gleich zum Prozess übergingen.

Bester asiatischer Gerichtstradition folgend waren die Ämter von Richter und Staatsanwalt in einem Burschen vereint. Das war hier der Gouverneur, ein strenger junger Mann mit berechnendem Gesichtsausdruck, eindeutig ein hundertfünfzigprozentiger SDP-Mensch. Ein Richter bei den Nürnberger Prozessen hätte sicher weniger bedrohlich ausgesehen. Flankiert wurde der Richter von meinem Polizisten, der mich mit verdrießlicher Miene verhaftet hatte, und von einem dritten Mann, der ganz deutlich ein sanfter Polizist war. Er sagte wenig, vergaß sich aber manchmal so weit, dass er lächelte.

Das Tribunal wollte sich nicht den Spaß verderben, indem es vorzeitig die Art meines Verbrechens preisgab. Stattdessen nahm mich der Gouverneur ins Kreuzverhör bezüglich unserer Reise – wie viele Tage wir unterwegs gewesen seien, welche Strecke wir gewählt hätten, durch welche Distrikte wir gekommen seien. Ich wusste, worauf die Befragung abzielte. Burchan Chaldun war Sperrgebiet, und man brauchte eine Genehmigung, um dorthin zu reisen. Tatsächlich kümmerte sich kaum jemand um diese Genehmigungen, denn einen Antrag zu stellen war kompliziert und zeitraubend. Die meisten Leute ignorierten die Vorschriften, wohl wissend, dass sie in einer unbewohnten Wildnis von viertausend Quadratkilometern wohl kaum eine Amtsperson antreffen würden, und wenn doch, würde sich diese die Freude über so eine willkommene Begegnung bestimmt nicht mit Fragen nach Genehmigungen verderben. Aber bei mir war es anders. Ich war nach Batschiriit hineingeritten, und ich war ein Ausländer, der es sich leisten konnte, ein saftiges Bußgeld zu berappen, das umgehend auf dem Sparkonto des Gouverneurs landen würde.

Ich beschloss, ihm zuvorzukommen, bevor meine verbrecherischen Unternehmungen zur Sprache kämen. Ich umging die Fragen nach der Strecke und lobte begeistert die Wunder der Natur dieser Gegend. Ich sei Schriftsteller, erklärte ich. Ich würde nach London zurückkehren und ein Buch über die Mongolei schreiben, in dem Batschiriit eine ganz besondere Rolle spielen sollte. Wenn Europäer das Buch lesen, dann dürfe man sicher sein, dass Batschiriit einen bevorzugten Platz bei der nächsten Ferienplanung einnehmen werde.

Der vorgesehene Verlauf der Ermittlungen kam ins Stocken und versandete schließlich. Der Gouverneur kritzelte ein paar Notizen auf das Blatt Papier vor ihm und sprach dann leise mit dem geheimnisvollen Polizisten. Schließlich räusperte er sich.

Er sei hoch erfreut, sagte er, dass ich mir ausgerechnet Batschiriit ausgesucht hätte. Und er habe mich heute hergebeten, verkündete er, um mich offiziell willkommen zu heißen. Er hoffe, dass ich meinen Aufenthalt hier genießen könne. Morgen werde er mir ein totes Schaf mit seinen Grüßen und besten Wünschen ins Hotel schicken. Ich müsse ihm Bescheid sagen, wenn er mir irgendwie behilflich sein könne. Die Verheißung herbeiströmender Touristen, alle ohne die vorgeschriebene Genehmigung, hatte ihn völlig berauscht.

Im Handumdrehen war ganz Batschiriit im Banne kommender Touristenströme. Das winzige Museum, das seit Jahren zugenagelt war, wurde geöffnet und für meinen Kontrollgang gesäubert und aufgeräumt. Der Gouverneur leitete die Führung höchstpersönlich. Wir prüften die Porträtfotos des ersten Arztes, des ersten Lehrers, der ersten Postmeisterin. Wir betrachteten die ausgestopften Tiere und begutachteten eine Tabelle, in der die steigende Zahl der Viehbestände während der kommunistischen Ära verzeichnet war. Sie endete etwas abrupt im Jahr 1990. Der Gouverneur erklärte eifrig, die Zahl habe sich in den Jahren der SDP-Verwaltung natürlich weiter erhöht. Aber es sei einfach zu schwierig, die Filzschreiber zur Fortführung der Tabelle aufzutreiben.

Die Hotelchefin war ganz aufgelöst wegen der Touristenhorden, fürchtete jedoch, Batschiriits Zukunft als Ferienziel könnte durch den Zustand der Hoteltoiletten stark beeinträchtigt werden. Diese bestanden nämlich aus zwei wackeligen Latrinenhäuschen, deren Holzbalken altersschwach und durch die korrodierende Wirkung des Urins geschädigt waren. Für die Mongolen würden sie es wohl noch ein paar Jahre tun. Aber Touristen waren ja große Menschen. Sie hatte einmal eine Gruppe von Touristen in Ulan Bator gesehen, als sie ihre Schwester besuchte, und das Auffallendste an ihnen war ihre Größe. Manche von ihnen, meinte sie, wogen sicher so viel wie zwei Mongolen. Sie hatte Angst, einer dieser Riesenmenschen könnte samt Latrinenhäuschen in den fäkalischen Abgrund plumpsen. Es hatte mir Spaß gemacht, den Gouverneur an der Nase herumzuführen, aber die Hotelchefin war eine liebe Frau, und angesichts ihrer Aufgeregtheit und ihrer Ängste kam ich mir vor wie ein Schuft. Ich riet ihr insgeheim, kein Geld in irgendwelche Baumaßnahmen zu stecken, bevor sich nicht die erste Touristengruppe angemeldet hätte.

Ich rettete mich in die Bibliothek, einen kahlen, mit alten Büchern bestückten Raum aus Kiefernbrettern mit einem eisernen Ofen und einem hohen Stehpult für die Lektüre von drei Monate alten Zeitungen. In den hinteren Regalen standen Bände von Turgenjew, Tolstoi und Tschechow. Mandah entdeckte ein Exemplar von *Eugen Onegin* und war drei Tage lang für die Welt verloren. Die englische Literatur war nicht ganz so gut vertreten. Der Bibliothekar holte ein einziges Buch vom obersten Regalbrett und fragte mich, ob das Touristen wohl interessieren könnte. Ich erwiderte, sie wären vermutlich zu sehr damit beschäftigt, die Umgebung zu erkunden, als dass sie Zeit hätten für dieses Buch: *Mögliche Überbeanspruchungen bei armierten Betonkonstruktionen*.

Der Bibliothekar verbrachte seine Nachmittage draußen auf einer Bank im schwachen Sonnenschein und las Turgenjew, während sich welkes Laub um seine Füße sammelte. Er war ein gertenschlanker junger Mann mit sanfter Stimme und taktvollem Benehmen und absolut ungeeignet für das Leben in der Steppe. Man konnte sich unmöglich vorstellen, dass er in einem *ger* über einem Schafsknochen hockt oder auf einem Pferd sitzt. Er hatte an der Universität von Ulan Bator studiert und dort ein recht passables, wenn auch etwas literarisches Englisch gelernt. Gesundheitliche Beschwerden hatten ihn gezwungen, das Studium aufzugeben und nach Batschiriit zurückzukehren, wo ihm die Anstellung als Bibliothekar einen gewissen Schutzraum bot. Zwischen den Birken wirkte er ausgesprochen ätherisch. Wenn er von seinem Buch hochschaute, war es, als müsste er sich mühsam wieder in die Welt hineinfinden.

Meine Reise war ihm ein Rätsel. Er verstand nicht, warum ich den Wunsch gehabt haben sollte, die Mongolei zu besuchen. Was es da außer der Landschaft zu sehen gebe, wollte er wissen.

»Landschaften sind etwas Wunderbares«, antwortete ich, »besonders in der Mongolei.«

»Man braucht nicht tausend Meilen weit zu reisen, um zu wissen, dass der Himmel überall blau ist.« Er zitierte Goethe. Mir kam in den Sinn, dass ich bestimmt noch einmal tausend Meilen weit reisen müsste, um noch jemandem zu begegnen, der von Goethe gehört hatte.

»Ich wollte sehen, wie Nomaden leben«, sagte ich schlicht.

»Was ist an Nomaden denn interessant?« Er fragte höflich, aber gezielt.

»Ihre Welt ist so ganz anders als die meine. Nomaden haben kein Bedürfnis, sich irgendwo niederzulassen und Wurzeln zu schlagen«, sagte ich. »Sie ziehen es vor, beweglich zu sein. Die Sicherheit, die die Sesshaften im Bebauen finden, in einer Mauer, einem Acker, einer Lagerscheune, die finden die Nomaden in der Bewegung, im Fortziehen, in dauernder Veränderung.«

»Aber ihre Bewegung ist rein physisch«, entgegnete der Bibliothekar. Er hatte sein Buch in den Schoß gelegt, die langen Finger zwischen den Seiten, um sich die Stelle zu merken. Er blickte zum Fluss hinüber, wo die Bäume ihre Blätter dem sanften Wind überließen, der sie aufs graue Wasser wehte. »Hier verändert sich nichts.«

Er hatte natürlich Recht. Das ist die Ironie, dass die Welt der Nomaden, die ihr Leben der Bewegung verschrieben haben, so statisch ist. Es ist eine Gesellschaft ohne Abwechslungen und ohne innere Unruhe, als hätte das Wanderleben das Kontingent ihrer Rastlosigkeit erschöpft. Nomaden halten an einer Lebensweise fest, die der größte Teil der Welt schon vor Jahrtausenden aufgegeben hat. Selbst ihre *gers* werden immer noch so gebaut und eingerichtet, wie Bruder Wilhelm es vor über siebenhundert Jahren beschrieben hat. Wenn es um eine ihrer gewohnten Tätigkeiten ging, sei es das Pferdesatteln oder Schafeschlachten, habe ich Leute immer wieder sagen hören: »Ja, so machen's die Mongolen.« Diese Feststellung wurde als Argument gegen jede Form von Neuerung ins Feld geführt. Der Ablauf der Zeit ist für sie nicht durch Veränderungen gekennzeichnet. Für einen vom Himmel herabsteigenden Außerirdischen wäre es unmöglich festzustellen, ob das Leben der Hirten in dieser Landschaft etwas Uraltes oder ganz Neues ist, ob es seit Ewigkeiten so besteht oder an diesem Nachmittag erfunden wurde.

Vielleicht ist das eine Art von Freiheit – oder bemerkenswerte Zuversicht. Man kommt kaum umhin, die unbekümmerte Gleichgültigkeit dieses Volks zu bewundern, das kein Bedürfnis hat, seinen Platz in der Welt oder seine Wanderungen irgendwo festzumachen. Aber das Resultat ist Sterilität. Die ständig neuen Impulse, die für die kreativen Energien der Städte so wesentlich sind, fehlen hier völlig. Die Steppen erschaffen nichts. Die strahlende Romantik eines beweglichen Arkadiens in den Seelen der umherziehenden Hirten, die Verlockungen eines ungebundenen Lebens, das weder durch Mauern noch durch die Forderungen eines unergiebigen Bodens eingeschränkt ist, – das alles hat so viel Substanz wie der Wind.

Der Gouverneur hatte für uns eine Fahrt mit dem Metzger organisiert, denn dieser besaß einen Jeep. Er nahm uns mit nach Binder, eine kurze Strecke nach Osten. Der Metzger war ein Berg von Mann, ohne Hals und mit einem Keuchen, das ich zuerst der Heizung des Wagens zuschrieb. Die Fahrt war ein Gequetsche ersten Ranges. Der Metzger selbst nahm die Hälfte des Fahrzeugs in Anspruch. Die andere Hälfte teilte ich mir mit zwei entleibten Kühen, fünf Schafleibern ohne Beine, weiteren sechs Fahrgästen und einem rätselhaften Sack, aus dem Blut auf meine Stiefel tropfte.

Zum Glück dauerte die Fahrt nicht lang. Oberhalb des Onon kamen wir zu zwei Blockhütten, an die mehrere Koppeln angrenzten, aus denen ein paar Jungen gerade einzelne Pferde in einem wilden Wirbel von Staub und Hufgeklapper herausholten. Hier, wo Blockhütten ein so gewohnter Anblick wie *gers* waren, wurde ich wieder an den amerikanischen Westen um 1900 erinnert – die weite Landschaft ohne Zäune, die hölzernen Koppeln, die gleichen leichten vierrädrigen Wagen, die angebundenen Pferde, die an die rauen Holzwände gelehnten Holzräder und die abseits im hohen Gras stehenden Regenfässer. Zwei halbwüchsige Jungen fuhren auf einem Fahrrad aus der Jahrhundertwende abwechselnd ein paar Runden über die Weide, als probierten sie ein neumodisches Ding aus, das irgendwo aus dem tiefen Osten stammte.

Der Metzger stellte uns Oyunna vor, eine robuste Frau in mittleren Jahren, die mit ihrer wimmelnden Nachkommenschaft eine der Blockhütten bewohnte. Auf meine Frage hin erklärte sie, das Holzhaus sei nur eine vorübergehende Bleibe. Bald würden sie zu den Winterweiden aufbrechen. Sie würden die Tür vernageln und zwei Täler weiter in die Nähe von Öndörchaan reiten, um dort den Winter in ihrem *ger* zu verbringen, das für die mongolische Kälte viel besser geeignet war als ein zugiges Holzhaus. Beim Abendessen – gekochtes Murmeltier – erklärte sie sich bereit, uns nach Dadal zu führen, meinem letzten Ziel. Ihre Mutter lebe dort, und das sei eine Gelegenheit, sie zu besuchen.

Am Morgen suchten wir die Pferde aus. Der größte Teil der Herde war aus den Hügeln zurückgekommen, so dass wir jede Menge Auswahl hatten. Beraten von Oyunnas halbwüchsigen Söhnen, suchte ich mir einen gescheckten Wallach mit gewaltiger Mähne aus. Während die anderen Pferde ziellos in der Koppel herumsprangen, stand er in einer Ecke und beobachtete sie souverän mit Gönnermiene.

»Ein gutes Pferd«, versicherte mir der Junge. »Sehr schnell.« Das erwies sich als typisch mongolische Untertreibung.

Als wir ihn aus der Koppel herausführten, hatte er den irritierten Blick eines Direktors, der vom Pförtner mit dummen Fragen belästigt wird. Er war ein stämmiges Pferd mit muskulösen Schultern und breitem Rücken, eines der wenigen mongolischen Pferde, die nicht unter meinem westlichen Sattel zu schrumpfen schienen. Die ungebändigte Mähne war so dicht, dass sich die Zügel darin verloren. Über der Stirn wuchs sich die Mähne zu einer Tolle aus, die der Schwerkraft trotzte. Da mich sein wilder Haarwuchs und dieser Blick intelligenter Verachtung an einen leichtlebigen Freund erinnerten, nannte ich ihn Fred. Zu spät fiel mir ein, dass mich der Schamane gewarnt hatte: »Hüte dich vor dem Pferd mit dem Namen eines Mannes.«

Wir brachen in großer Gesellschaft auf, hauptsächlich junge Männer mit abgetragenen Hüten, die nach einer Versammlung am anderen Ende des Tales nun auf dem Heimweg waren. Fred übernahm sofort die Führung. Er drückte sich an den anderen Pferden vorbei, um an die Spitze zu kommen. Als Führer des ganzen Rudels war er eine prachtvolle Erscheinung, willensstark, wachsam und charismatisch. Ich versuchte, ihn zurückzuhalten, um mit den anderen auf gleicher Höhe reiten zu können, aber Fred lehnte das ab; es war ihm zuwider, im Rhythmus der anderen zu gehen. Später erzählte mir Oyunna, dass er an den Naadam-Rennen teilgenommen hatte, als er jünger war, eine Ehre, die nur den besten Pferden zuteil wurde. Er war nur Dritter geworden, was ihn tief getroffen hatte – wie ein begabtes Kind, das einmal wider Erwarten nicht seine Eins plus bekommen hat. Und nun hatte Fred einen massiven Komplex. Es war sein Lebensziel zu beweisen, dass er ein Kämpfer war. In jeder Gruppe von Pferden bestand er darauf, an der Spitze zu sein. Mit der Zeit lernte ich, ihn zu zügeln, aber erst nachdem ich infolge der dauernden Versuche Krämpfe in der Hand bekommen hatte. Wenn ich ihn laufen ließ, brauste er davon wie der Wind. Er war unermüdlich und erstaunlich schnell. Er war das beste Pferd, das ich in der Mongolei gehabt hatte, und ich liebte ihn.

Fred führte die Reiter einen gelbbraunen Hang hinauf zu einem windgepeitschten Hügelkamm, der mit Gras und Lärchen bewachsen war. Auf der anderen Seite ging es zwischen den Bäumen hindurch wieder abwärts, und die jungen Männer hielten an, um füreinander wilde Pelargonien zu pflücken, die sie an ihre Sättel steckten. Als wir aus dem Wald auftauchten, fanden wir uns am Ufer des Onon, wo ein zerlumpter Fährmann ein Bretterfloß an einem Drahtseil über den Fluss zog. Die Pferde gingen ohne Schwierigkeit an Bord. Der Fluss war schwarz und angeschwollen. Zwei Singschwäne stiegen in einer kleinen Ausbuchtung auf, als wir in der Strommitte waren, und mit Flügelschlägen im Zeitlupentempo verschwanden sie über den Kiefernkronen.

Am anderen Ufer ritten wir durch kahle Täler nordostwärts. Nacheinander lösten sich die jungen Männer von der Gruppe und ritten zu fernen *gers*, bis wir am Ende mit unserer Führerin allein waren. Oyunna wurde von ihrer sechsjährigen Tochter begleitet, die ganz aufgeregt war, weil sie ihre Großmutter besuchen würde. Das kleine Mädchen ritt auf einem hübschen schwarzen Fohlen, dem Sprössling von Oyunnas Stute, ohne jemals weit von der Seite der Mutter zu weichen.

Wir ritten durch eine windgezauste Landschaft. Helle Gräser wiegten sich in den Tälern, die Kronen der Birken stemmten sich gegen den Wind, und wirbelndes Laub tanzte über das kalte Wasser. Böengepeitschte Wolken trieben über den weiten Himmel nach Osten, und Lerchen taumelten über die Wiesen wie Papier. Der Wind schob uns von hinten an, hob die flatternden Mäntel hoch und riss uns die Worte von den Lippen. Die schwungvollen und wie Dünen sich verändernden Hügel ringsum waren wohl von den vorherrschenden Westwinden geformt worden. Wenn ich Fred die Zügel ließ, flog er über die Steppe, als wäre auch der Wind ein Pferd, das er besiegen müsste.

Zu dieser Jahreszeit war die ganze Mongolei unterwegs. Überall waren *gers* abgebaut und zusammengepackt worden, und die Familien zogen zu ihren Winterweiden. Beladene Kamelkarawanen kamen über niedrige Pässe, von berittenen Hirten geführt, die sich gegen den Wind stemmten. Schafherden wurden über die Hänge geweht, und auseinander gezogene Yak-Kolonnen hoben sich gegen den Himmel ab; ihr Zottelfell flatterte wie lauter Wimpel. Eine Herde Pferde, etwa dreißig an der Zahl, stürmte donnernd durch ein enges Tal und verhielt plötzlich beim Anblick unserer kleinen Gruppe. Als die Windstöße unsere Witterung hinübertrugen, warfen sie die Köpfe zurück und bogen mit wehenden Schweifen nach Süden ab. Selbst die Vögel zogen fort. Auf den feuchten Wiesen hatten sich Scharen heiserer Reiher versammelt. In streitbaren Grüppchen hüpften sie herum, lüfteten die Flügel wie Segel und warteten auf das Signal zum Aufbruch. Nichts mehr schien Bestand zu haben.

In diesem unruhigen Landstrich trieb mich der Wind vorwärts, dem einen Ziel zu, nach dem ich mich nicht sehnte: dem Ende meiner Reise.

~

Dadal, wo Onon und Baldj zusammenfließen, ist der Geburtsort von Dschingis Khan. In der Gegend stehen zwei Gedenksteine, die an den großen Mann erinnern. Der eine, erst 1990 errichtet, ist ein kolossaler weißer Felsblock mit einem riesigen eingemeißelten Bild von Dschingis Khan. Die gewaltigen Ausmaße hätten Stalin beeindruckt.

Etwa eine Meile davon entfernt liegt Deluun Boldog, wo ein weiterer Gedenkstein angebracht ist, über den sich Chruschtschow 1962 so aufgeregt hat – eine einfache, harmlose Steinplatte mit dem Geburtsdatum in alter mongolischer Schrift. Auf dem Hügel steht ein *owoo* aus Steinen, geschmückt mit blauen Halstüchern, dem mongolischen Symbol für Ehrerbietung. Der Platz strahlt eine ruhige Würde aus. Vom Hügel aus schauten wir hinunter auf eine Biegung des Baldj. Auf den Wiesen dahinter weideten Kühe, und die hohen Birken eines kleinen Hains warfen lange Schatten auf die Böschungen.

Es schien mir ein idyllischer Ort für eine Kindheit. Dschingis Khans Verbannung in die Wälder von Burchan Chaldun muss ihn erbittert haben – die Art von Trauma, die Männer zu großen Taten treibt. Die *Geheime Geschichte* stellt eine Verbindung zwischen dem Verlassen dieses bewaldeten Orts und seinem Leben als Eroberer her.

Es hat den Anschein, als wäre vom Reich des Dschingis Khan kein Vermächtnis geblieben. Die Mongolen gründeten keine großen Städte, bauten keine Straßen, brachten den eroberten Ländern keine Kultur. Abgesehen von den dramatischen Umwälzungen zu Lebzeiten Dschingis Khans könnte man sagen, dass der Mann aus Dadal nichts Bleibendes hinterlassen hat.

Und doch hinterlässt das mongolische Reich ein bemerkenswertes Erbe. Dem anfänglichen Sturm der Eroberungen folgte eine lange Periode des Friedens, in der die mittelalterlichen Barrieren für das Reisen und Handeltreiben in einem großen Teil der Welt beseitigt wurden. Die Pax Mongolica währte über hundert Jahre, in denen weit voneinander entfernte Nationen, viele zum ersten Mal, plötzlich miteinander in Kontakt kamen. Die bahnbrechenden Reisen von Giovanni de Piano Carpini und Wilhelm von Rubruk zogen zahlreiche andere nach sich; die bedeutendste davon war sicher die von Marco Polo. Die europäischen Entdecker fanden den Osten zugänglich. Im 14. Jahrhundert schrieb Pegolotti ein Handbuch für europäische Kaufleute, die Asien bereisen wollten, und er durfte behaupten: »Die Straße, auf der ihr von Tana (an der Mündung des Don) nach Cathay reist, ist absolut sicher.«

Viele und vielfältige Voraussetzungen und Impulse – unter anderem wirtschaftliches Wachstum, technischer Fortschritt und politische Entwicklungen – ermöglichten das europäische Zeitalter der Entdeckungen. Aber einer der wesentlichen Auslöser für diesen Drang über die Weltmeere in andere Kontinente, für diese Expeditionen, die unsere Weltsicht endgültig veränderten, hat seinen Ursprung im mongolischen Reich. Als später im 14. Jahrhundert der Islam die asiatischen Handelswege sperrte und China sich hinter seine Mauer zurückzog, vergaß Europa nicht, was es während der mongolischen Ära gesehen hatte. Der Osten war kein Mythos mehr – er war jetzt eine Erinnerung. Marco Polos weit verbreiteter Bericht über seine Jahre in China wurde zur Anregung für europäische Entdecker, von Christoph Kolumbus angefangen, die alle nach Seewegen zu den Reichtümern Cathays suchten, die alle den wunderbaren Handel, von dem sie kurzzeitig unter der mongolischen Herrschaft profitiert hatten, wieder einzuführen trachteten.

Das war das Vermächtnis der Mongolen und des Jungen, der hier auf den Weiden von Dadal aufgewachsen war. Indem sie über ihre unbestimmten Grenzen hinaus vorstießen, setzten sie die ganze Welt in Bewegung. Das war ihre historische Rolle: Veränderungen bei den sesshaften, erstarrten Völkern herbeizuführen, deren Gesellschaften daraufhin zerbrachen. Als die Mongolen schließlich heimkehrten, nahmen sie ihr altes Leben wieder auf, als wäre nichts geschehen. Aber für den Rest der Welt sollte es nie wieder sein, wie es einmal war.

~

Fred und ich kamen in Dadal an wie ein losbrechender Sturm. Vor vielen Tälern hatten wir die andern zurückgelassen. Wir waren über die Herbststeppen gebraust, als wären wir auf der Flucht, vom Wind durch eine Landschaft von erhebender Einfachheit gejagt. Fred zerrte an den Zügeln, er wollte immer noch schneller sein, als gäbe es für ihn keine Grenzen. Von Zeit zu Zeit zwang ich ihn, auf einer Hügelkette anzuhalten, wo ich absaß und wir unter den Bäumen dahingingen wie flüchtige Ausreißer. Dann schwang ich mich wieder in den Sattel und spornte ihn mit klopfendem Herzen an, über die Hänge hinab in weites Wiesengelände. Er war wild darauf zu rennen, und ich konnte ihm nicht widerstehen. Wir waren beide berauscht von diesem Teufelsritt.

Auf dem letzten Pass, wo der Wind in den Bäumen sang, hielt ich Fred lange genug an, um auf die Stadt unten zu schauen. Wie Batschiriit war Dadal ein Blockhüttendorf. Die Luft duftete nach Kiefern und Hobelspänen. Schornsteinrauch kräuselte sich im Wind. Ein einzelner Reiter mühte sich zwischen zwei Blockhütten. Wir flogen die lange Böschung hinunter in die Stadt und fegten hindurch, bevor die Einwohner Zeit hatten, den Atem anzuhalten. Am Stadtrand erklommen wir in leichtem Galopp einen langen Hügelhang zum Gurwan Nuur, einem alten Ferienlager etwa eineinhalb Kilometer hinter der Stadt, wo wir zu bleiben gedachten.

Wir nahmen den niedrigen Lattenzaun mit einem einzigen Sprung, donnerten an einem Tanzsaal mit offener Front und einer von Spatzen vereinnahmten Turnhalle vorbei, und brausten in vollem Galopp zwischen den ordentlichen Häuschen und den Graswegen hindurch zum Seeufer, wo wir endlich hielten, Fred schnaubend und schaumgebadet. Es war die definitive, verrückte Gary-Cooper-Nummer. Aber typisch – natürlich war wieder niemand da, der zugeguckt hätte. Der Gurwan Nuur war wie ausgestorben.

In der plötzlichen Stille schwang ich mich aus dem Sattel. Die Reise hatte ein abruptes Ende gefunden, in einem abgewirtschafteten Ferienlager außerhalb der Saison. Fred und ich spazierten darum herum, um wieder zu Atem zu kommen. Noch aufgewühlt von dem stürmischen Ritt, stellte ich fest, dass ich keine Ziele mehr hatte. Ich stieg wieder auf, und wir ritten in leichtem Galopp um das ganze Lager herum, an den Hütten vorbei, durch den Wald und wieder zurück zum See, als ob ich etwas suchte. Aber es hatte keinen Zweck. Es gab kein weiteres Ziel. Ich war gegen die Steinmauer des erreichten Endziels geprallt.

Wolken senkten sich herab, ein feiner Nieselregen setzte ein und vertiefte die Stille noch. Nach einiger Zeit sah ich die anderen aus der Stadt kommen und den Hang hinunter durch den Regen reiten. Ich saß wieder ab und legte Fred die Fußfesseln an. Dann band ich die Satteltaschen los, löste die Gurte und hob zum letzten Mal meinen Sattel herunter. Das Pferd mit dem Namen eines Mannes hatte mich zu diesem unwillkommenen Ende getragen.

~

In früherer Zeit war Gurwan Nuur ein Erholungsort für hohe Funktionäre und mit Prämien bedachte Hirten gewesen. Die Idee dazu hatte die russische Partei geliefert: Kader und verdiente Genossen müssten für die mühevolle Arbeit beim Aufbau einer leuchtenden Zukunft belohnt werden – mit einer Woche auf dem Land, in der Filmabende und gemeinsame Mahlzeiten und Latrinen die Prinzipien der Partei und den Gemeinschaftsgeist im Kollektiv stärken sollten. Als diese Idee in der mongolischen Wildnis verwirklicht wurde, ging der rustikale Charakter der Erholungsstätte verloren. Oyunna, unsere Führerin, hatte vor zwanzig Jahren zwei Wochen in Gurwan Nuur verbracht, als Belohnung für ihre hohen Milcherträge. Für sie war das Lager ein Symbol der Modernität gewesen.

Die Glasfenster in den Häuschen, die gefederten Betten, die russischen Öfen und das Freilichtkino mit den in Minsk gedrehten sozialistischen Liebesfilmen hatten sie sehr beeindruckt.

Nun wiederholte sich hier die alte Geschichte. Alles war verfallen, und übrig blieben gespensterhafte Reste einer vergangenen Zeit. Überall traf man auf schrottreifes Gerät und unbrauchbar gewordene Sportplätze – eine mit Unkraut bewachsene Sandgrube zum Hufewerfen, eine Rennbahn unter einer Grasdecke, Barren mit nicht mehr parallelen Stangen. Das Erholungsheim, in dem es einst heiße Bäder und Saunas gegeben haben soll, war mit Brettern vernagelt. Am verschilften Seeufer war ein Ruderboot im seichten Wasser versunken. Die Geister der Lagerführer schienen zwischen den Häuschen hin und her zu flitzen, begleitet von Visionen von Naturlehrpfaden, botanischen Ratespielen und Liederabenden. Immer noch schwebte eine Pfadfinder-Atmosphäre über allem, ein Geist gesunder Natürlichkeit, der in dieser Abgeschiedenheit seltsam vorstädtisch wirkte. Alles in allem ein absurder Endpunkt für meine Reise.

Der Duft der Kiefernnadeln und die Reihen identischer Häuschen am Gurwan Nuur riefen ungute Erinnerungen an ein Sommerlager in mir wach, das ich als Kind besucht hatte. Zwei Wochen lang – eine Ewigkeit, wenn man zehn Jahre alt ist – hatte ich Qualen gelitten. Das Lager wurde mit einer reglementierten Präzision geleitet, die dem englischen General Baden-Powell, dem Begründer der *boy-scout*-Bewegung, sehr gefallen hätte. Nichts durfte aus eigenem Antrieb geschehen. Die Tage waren in genau festgelegte Abschnitte eingeteilt, jeweils von Glocken eingeläutet, und ausschließlich den laut Plan vorgesehenen Tätigkeiten gewidmet. Ob Kanufahren, Wandern oder Bergsteigen – jede freudige Erregung wurde einem durch einen pedantischen Gruppenleiter und die Gemeinschaft der anderen Jungen ausgetrieben. An diesem Ort wurden Abenteuer für den Hausgebrauch zurechtgestutzt.

Das Lager war eine unwillkommene Unterbrechung der Sommermonate, die ich so liebte. Der Sommer hatte mir eine ganze Welt voller Abenteuer beschert, in der die gefürchtete Rückkehr in die Schule weit jenseits des fernen Horizonts lag. Die Hintergärten in der Nachbarschaft bargen ein hoch interessantes und unübersehbar weites Land voll dunkler Geheimnisse, gefährlicher Reviere und herrlicher Verstecke, in dem es weder Grenzen der Zeit noch der eigenen Möglichkeiten gab. Es war ein Land der Fantasie. Zwischen den Dahlien und Rosenbeeten wurden Piraten erschlagen, Dschungel erforscht und Königreiche gestürzt. Einmal hatte ich ein Zelt aufgeschlagen und die Nacht allein unter dem großen Ahorn verbracht. Ich kam mir so entrückt und so glorreich vor wie auf einer Expedition in die Äußere Mongolei, ein wunderbares Gefühl, das auch durch meine Mutter, die mir zwischendurch heiße Schokolade und Brötchen brachte, nicht im Geringsten gemindert wurde.

Das Sommerlager war leider ganz anders. Wenn wir durch die Wälder marschierten, dann waren das keine Entdeckungsreisen im Amazonas-Dschungel, sondern Ausflüge in die Natur, um Bäume zu bestimmen. Wenn wir mit Kanus über Seen fuhren, dann waren das keine aufgewühlten Meere, sondern simple Seen. Die Erinnerungen an diesen Ort sind immer noch irgendwie mit dem Begriff Exil verbunden. Es war eine Art Sich-Niederlassen, die Beschränkung auf eine sesshafte Welt. Auch dieses Lager kennzeichnete das Ende eines Lebensabschnitts.

~

Oyunna und ihre Tochter verließen mich am nächsten Morgen. Ihr Ausflug war umsonst gewesen, da die Großmutter einen Tag zuvor nach Ulan Bator aufgebrochen war, um dort Verwandte zu besuchen. Ich hielt Oyunnas Stute, während sie die anderen Pferde mit den Führungsseilen hintereinander band. Fred war verärgert; er fand es seiner unwürdig, eingebunden zu werden wie ein Packpony. Ich tätschelte seine Flanken. Seine Muskeln zuckten unter meiner Hand. Er warf mir kurz einen vorwurfsvollen Blick zu, schüttelte die Mähne und schaute beiseite.

Vom Kamm oberhalb des Lagers sah ich sie hinunter- und durch Dadal reiten, zwischen den Holzhäuschen dem Blick entzogen, und jenseits der Stadt wieder auftauchen. Sie bogen vom Fluss ab und ritten über die Steppe nach Westen, zwei Reiter und drei reiterlose Pferde. Ein feiner trüber Regen füllte die wachsende Entfernung zwischen uns aus. Das war der Augenblick, den ich gefürchtet hatte – das endgültige Wegreiten der Pferde. Ich sah zu, wie sie auf dem fernen Hang zum kiefernbewachsenen Kamm hin immer kleiner wurden. Einen Augenblick lang stachen sie zwischen den Bäumen schwarz gegen den Himmel ab. Dann verschwanden sie aus dem Blickfeld, tauchten ab in die weite Landschaft, durch die wir gekommen waren.

Auf der Wanderung durchs Altai-Gebirge

DANK

Reiseschriftsteller haben eine ganz besondere Dankesschuld abzutragen. Denn ohne die unzähligen kleinen Hilfen von Fremden unterwegs wäre diese ganze Reise gar nicht möglich gewesen. Denn in der Mongolei wurde die Nomadentradition einer unglaublich großzügigen Gastfreundschaft so streng beachtet wie eh und je; von einem Ende des Landes zum andern hieß man mich willkommen, ich konnte mich überall wärmen, wurde überall bewirtet und unterstützt von Menschen, denen diese Gastfreundschaft ganz selbstverständlich war. Ich muss ihnen wohl wie ein kurioser, wenn nicht sogar etwas irrer Typ vorgekommen sein. Ich erinnere mich an sie alle, und ich möchte ihnen an dieser Stelle danken.

Hier in Großbritannien waren mir Julian Matthews von Discovery Initiatives, Nick Laing von Steppes East und Stephen Penney von Intourist eine große Hilfe; Sue Byrne von Buddhism in Mongolia und Jambaldorj von der mongolischen Botschaft geizten nicht mit ihrem Wissen und mit gutem Rat. Patsy Ishiyama half mir in Sachen Pferde, und Lyn Waters aus Istanbul zeigte mir die besten Routen. In der Mongolei waren mir Helge Reizt und Glastonbury von Nomads Tours & Expeditions mit unschätzbaren Ratschlägen behilflich. Mein Dank gilt auch Ganchimeg, Oyungerel, Inkhtoyah, Louisa Waugh, Una Murphy und Livia Monami.

Entscheidend zum Erfolg der Reise haben meine beiden Dolmetscher, L. Bold und C. Mandah, beigetragen; sie teilten meine Freuden und die Entbehrungen des Rittes quer durch die Mongolei mit Begeisterung und ohne je zu klagen. Beide waren großartige Kollegen, die mir in Freundschaft verbunden bleiben; ihr Beitrag zu diesem Buch ist gar nicht zu ermessen. Besonderen Dank schulde ich U. Munkhzul, die mich an ihren Einblicken in ihr Land teilhaben ließ und zwei Jahre lang eine wunderbare Begleiterin war. Sie verließ uns, weil sie zu einer eigenen Reise aufbrechen musste.

Sehr dankbar bin ich Rebecca Waters für ihre klugen und einfühlsamen redaktionellen Kommentare. Und wie immer bin ich Christine Walker von der *Sunday Times* überaus dankbar, denn sie gab mir den Auftrag, meinen ersten Artikel über die Mongolei zu schreiben. Ein Teil des siebten Kapitels erschien, leicht abgewandelt, zuerst in ihrer Zeitung.

Mongolische Namen und Wörter werden in höchst verwirrenden unterschiedlichen Schreibweisen in lateinischer Umschrift wiedergegeben. In den meisten Fällen habe ich mich für die von modernen Historikern akzeptierte Variante entschieden, doch gelegentlich gab ich einer verständlicheren Version den Vorzug. Puristen mögen über manche Schreibweisen entsetzt sein, doch mir war es wichtiger, dem Leser bestimmte Namen in der vertrauten Version anzubieten, statt ihn durch fremdartige Varianten zu irritieren. Mein Anhaltspunkt war durchweg die vorzüglich annotierte Übersetzung von *The Mission of Friar William of Rubruck* von Peter Jackson und David Morgan, die 1990 von der Hakluyt Society veröffentlicht wurde. (Entsprechend wurde bei der Übersetzung ins Deutsche vorgegangen.)

Abschließend möchte ich den großartigen Beitrag von Cinzia Fratucello würdigen. Dank ihrer wertvollen Hilfe war die gemeinsame Arbeit an der schwierigen Vorbereitung des Buchs die reine Freude. Durch ihren aufmunternden Zuspruch, ihren Rat und ihr sorgfältiges Lektorat hat das Buch ungeheuer gewonnen. Das Ergebnis dieser Arbeit ist ihr, mit großer Dankbarkeit, gewidmet.

REGISTER

Kursive Seitenzahlen verweisen auf Abbildungen

Abaqa 26
Abu Nasir Muhammed 93
Achaimeniden 13
Adler-Jäger 59, 132f.
Ahmed Yasavi (Scheich) 88
aimak 117,139
airag 121ff., 134, 171, 198
Aksay-Schlucht 111
Aldanjavin Ajusch 138, 177
Alma-Ata (früher Almaty) 97, 104, 111, 116
Almaty 70
Altai (Gebirge) 116, 133, 157, 165, 167, 170, 181
Altai (Stadt) 191f.
Alte vom Berge, der 79
Amudarja (Oxus) 77
Aralsee 76ff.
Aralsk 76f.
Archangai 207, 218, 233, 253
archi 171
Ardabil 81
Ardakan 13
Asowsches Meer 53
Assassinen 83
Avalokiteshvara 286

badachir 231
Bajan Ölgij 59, 99, 115f., 132f., 190
Balchaschsee 116
Balchuun 157
Baldj 291, 306
Balkh 81
Balliste 91
Barnaul 190
Barthomoläus (Mönch) 266
Batakazitschan 290
Batardene 197
Batschiriit 298ff.
Batu Khan 65, 82, 86, 262
Bawden, Charles 238
Beijing 132, 261, 268, 291
bekçi 19
Binder 303
Birma 14
Bischkek 104f.
Bogd Khan 237ff., 277ff., 286
Bosporus 37
Boum-Schlucht 105
Breslau 84
Buchara 80
Buchier, Guillaume 264, 266
Buda 86
Budapest 14
Buddhismus 130, 154f., 158, 237, 241, 269, 286ff.
Bujandelgeruulech Chiid 241
Bulat Okudschawa 101
Bulstrode, Mrs. 278
Burana-Turm 105
Burchan Chaldun 289ff., 293, 299, 307
Byron, Robert 33

Carpini, Giovanni de Piano 28, 107, 307
Chalcha-Mongolen 143
Chalkedon, Konzil von 112

Chan Balgasin Tuur 261
Changai-Gebirge 207
Charchorin 272
Chentij-Berge 289, 293
China 14, 82, 90, 106, 132, 142
Choijampts (Abt) 285ff.
Choilbasan 240f., 282f.
Cholpon-Ata 106
Chorasm 90f.
Chruschtschow 292
Chuluut (Stadt) 208ff., 220f., 224
Chuluut (Fluss) 207, 218, 227
Cirina 262, 266

Dadal 115, 122, 291f., 304, 306, 308
Dajanderch 162, 285
Dariv 180,186f.
del 121ff., 134, 148
Deluun Boldog 306
Deutschland 86
Dnjepr 54
Don 52
Donau 86
Dschagatai 82
Dschingis Khan 14, 26, 51, 79f., 82ff., 90f., 122f., 142, 291ff.
Dsungaren 142
Duut 157

Elburs-Gebirge 79
England 14, 85
Erdene Zuu 268

Fars (Provinz) 13
Fatih 27
Fergana 55
Filatova 49
firman 27
Flagellanten 86

Gandan-Kloster 276
Geheime Geschichte der Mongolen 289ff.
Georgien 85
ger 99, 118ff., 134f.
Gobi 90, 107, 189
Gobi-Altai 180
Goldadler 133
Goldene Horde 26, 51, 63, 82
Gorno-Altai 190
Gran 86

Gujuk 261
Gurwan Nuur 308ff.
Guulin 193

Hagia Sophia 19f., 27, 32f.
Hanalishah 12
haschaschin 79
Heinrich III. 79
Heinrich von Lothringen, Graf 85
Hentiyn-Berge 83
Herat 81
Herodot 39, 54
Herzog von Boulogne 85
Hinduismus 269
Hiung-nu (Hunnen) 14, 55
Hovd (Fluss) 119
Hovd (Stadt) 126, 137f., 139, 143f., 152ff., 190f.
Hsu Schu-Tseng 238
Hulegu 26

Ibn Khaldun 40
Ich Tamir 229, 245
Indien 14
Ionier 39
Iran 12f.
Iseo, Giacomo d' 65
Ismaili-Assassinen 79
Issyk-kul 105, 107
Istanbul 19, 21ff., 29
Itugen 158

Jakut 81
Japan 14
Jebtsundamba Khutuktu 237
Jl-Khanat 26
Juden 86
Julian, Kaiser 112f.
Justinian der Große 32

Kachara-Tal 108
Kalachakra-Buddhismus 269
Kalmücken 63
Kamele, zweihöckrige 76, 128
Kandahar 81
Karakol 106
Karakorum 29, 52, 65, 81, 122, 133, 142, 260f., 264, 268, 270
Karakorum-Kanal 77
Karatau-Gebirge 89

Kasachen 77, 88, 106, 132f.
Kasachstan 29, 116
Kasachstan-Express 87
Kasan 63
Kaschgar 105
Kashgai 12ff.
Kaukasus 81
Khatu 120
Khiva 81
Khorasan 81
Khos Tereg 120
Kiew 84
Kimmerier 14
Kirgisen 106
Kirgisistan 105
K'i-tan 142
Konstantin, Kaiser 112
Kosaken 63
Kota 266
koumiss 64, 121
Krakau 84
Krim 48, 50f., 63, 81
Kublai Khan 133, 142, 261
kurgan (skythisches Grab) 54, 109
Kyzylkum-Wüste 87, 89

Lama 154, 158, 229
Lamaserien (Lamaklöster) 237f., 240
Lenok (Fisch) 218
Lhasa 107
Liegnitz 84
Lomonossow 46
Longjumeau, André de 263
Ludwig IX. 51, 79, 85

Magjid Janraisig 286
Mamajew Kurgan 63
Mappa Mundi 17
Marco Polo 28, 107, 123, 133, 142, 149, 307f.
Marv-Dasht-Ebene 12
Marxismus 130, 292
Melitopol 53
Merv 81
Michael VIII. (Kaiser von Byzanz) 26
Moldawien 84
Mönch Chairchan 146, 159, 172f., 175
Möngke Khan 65, 133, 142, 261f., 264ff., 270f.
Mongolei 63, 65, 107, 132
Mongolen 51, 79ff., 82ff., 86f.
Mongolen, burjätische 298
Mongolische Revolutionäre Partei 239
Möst 146, 176
Mouchliotissa 21
Mujnak 77

Naadam 137–149, 172f., 175
Namarjin-Tal 119f., 126
Naphtha 91
negdel 183
Nestorianer 265f.
Nischapur 81

Ögädäi 82f., 87, 261
Oirat-Mongolen 143
Ölgij 117f., 120
Omar Khayyam 81
Öndör Ulan 228
Öndörchaan 304
Onon 290, 298, 303, 305f.
Orchon-Tal 260, 268
orto-Prinzip 123
Ossendowski, Ferdynand 278
Ostsee 83
owoo 168f., 180, 289, 294f.

Paris, Matthew 14, 85f.
Pegolotti 307
Persepolis 12f.
Pest 84
Peter der Große 63
Polen 84f.
Prester John 84f.
Procopius 33
Prschewalsk 106
Prschewalskij 107
Przewalski-Wildpferd 107

Qasvin 81
Qing-Dynastie 238
Qom 81
quriltai 82, 87, 147, 261

Rubruk, Wilhelm von (Bruder Wilhelm) 28f., 39, 51, 53f., 63ff., 82, 87, 93, 107, 120f., 133,142, 169, 203, 243, 261f., 264ff., 270ff., 283, 307
Russland 14, 63, 84f.

Sailijskij-Alatau-Berge 111
Sajó 84
Samarkand 81, 90f., 108
San Tasch 109
Sangiin Herem 143f.
Saraj 51
Saratow 71
Sarmathen 14
Sartak-Khan 51, 64, 262f.
Saul'der 90f.
Schamanismus 130, 154, 159, 269
Schiras 15
Schuragiyn 128
Schwarzes Meer 39, 81
Seidenstraße 105
Sergius (Mönch) 265f.
Sewastopol 48f.
Shang-tou 268
Shargyn Gobi 179
Sivand 12
Skakatai 63
Skythen 39, 51, 53, 81
Skythien 18
Split 86
Stalin 76, 240, 283, 292
Subedei 82
Suchbaatar 239
Sudak 51
Sultan-Ahmed-Moschee 19
Syrdarja (Jaxartes) 77

Täbris 81
Taimen (Fisch) 218
Tamerlan 88, 105, 108
Tataren 51, 62f., 85f.
Tatarische Republik, Autonome 63
Temudschin 291f.
Tengri 158
Teseli 104
Tibet 107
Tien-Schan-Gebirge 104
Tocharer 14
Todleben 49
Tomor-Ochir 292
Transsylvanien 84
Tsaatan 178
Tsast Uul 120, 123
Tschelkar 76
Tsendbal 49, 132, 283
Tsetserleg 221, 234f., 241, 243, 251
tuins 270
Turkestan 87
Turkmenistan 77
Turugart-Pass 105
Tuul 276

Udine 86
Uiguren 106, 261
Ukraine 81
Ulan Bator 116ff., 129, 186, 236, 275f., 279, 282, 293
Ulskii-Hügelgrab 55
umsgol 161
Ungarn 84f.
Ungern-Sternberg, Baron von 238
Urga (heute Ulan Bator) 107, 236, 239, 276, 279
urgas 124
urtyn-duur 196
Usbeken 106
Usbekistan 77, 89
Utrar 90ff.

Venedig 86

Walachei 84
Waley, Arthur 291
Weselowsky, N. I. 55
Wien 86
Wiener Neustadt 86
Wolga 62f., 83
Wolgograd (früher Stalingrad) 57, 61f.
Wu-ti, Kaiser 55

Xinjiang 106f., 132, 261

Yeh-lü Tsch'u-ts'ai 142
Yuan-Dynastie 142
Yule, Henry 28

Zag 193, 198
Zagreb 86

Carmen Rohrbach
Muscheln am Weg
192 S., 39 Farbf., geb. mit SU
ISBN 3-89405-603-7

Zu Fuß mit einem Esel unterwegs auf dem französischen Abschnitt des berühmten Jakobsweges: eine intensive Begegnung mit Menschen, Landschaften und der geheimnisvollen Geschichte des mittelalterlichen Pilgerpfades.

Carmen Rohrbach
Im Reich der Königin von Saba
198 S., 23 Farbf., geb. mit SU
ISBN 3-89405-396-8

Carmen Rohrbach bereiste den Jemen als erste Frau allein – ein Ausflug in eine noch immer vom Zauber von 1001 Nacht behafteten Welt.

Carmen Rohrbach
Am grünen Fluss
192 S., 26 Farbf., geb. mit SU
ISBN 3-89405-433-6

300 Kilometer an der Isar entlang von der Quelle bis zur Mündung: ein Bericht mit neu entdeckten Geschichten, überraschenden Einblicken und Informationen vom Leben des grünen Flusses und der Menschen an seinen Ufern.